HEYNE BÜCHER

ESOTERISCHES WISSEN

Ma Deva Pyari

Tantrisches Leben

Der spirituelle Weg des Sexus

Aus dem Amerikanischen von
Thomas Görden

WILHELM HEYNE VERLAG
MÜNCHEN

HEYNE ESOTERISCHES WISSEN
Herausgegeben von Michael Görden
13/9723

Umwelthinweis:
Dieses Buch wurde auf chlor- und säurefreiem Papier gedruckt.

Printed in Germany 1998
Umschlaggestaltung: init. Büro für Gestaltung, Bielefeld
Umschlagabbildung: Bavaria Bildagentur, Gauting
Technische Betreuung: Sibylle Hartl
Satz: Schaber Datentechnik, Wels
Druck und Bindung: RMO, München

ISBN 3-453-12595-9

Inhalt

Dieses Buch wurde geschrieben in:

Hamburg
Vaals - Holland
Glückstadt
Bochum
Trittau
Holm Seppensen
Ingelheim
Hechtsforthschleuse
Unterirding
Wernhardsgrub - Österreich
Osho Stadt in der Zschachenmühle
Berlin
über dem Mittelmeer
auf Ibiza
in Münster
und Ahaus

von 1990 bis Ende 1996

Pyari im Alter von sechs Monaten.

Vorwort

Für mich ist Pyari eine der mutigsten Frauen dieses Jahrhunderts. Sie ist fantastisch. Ich habe das große Glück, sie seit 10 Jahren zu kennen und wir hatten unglaublich viel Spaß zusammen.

Sie ist eine funkensprühende, wilde, wunderschöne Blume, erwachsen aus der Flower-Power-Bewegung, inspirierend durch ihre lebendige, authentische Art. Sie ist mein Lebenselixier. Ihre Power, ihre Lebensbejahung mit dem bedingungslosen Mut zur Liebe haben mein eigenes Leben mehr als bereichert. Ich fühle mich reich beschenkt durch ihre Bekanntschaft. Sie ist ein explosives Feuerwerk an positiver Strahlkraft und gleichzeitig eine Oase der Stille, wenn wir zusammen meditieren.

Sie hat mich in die Kunst der Meditation eingeweiht und in vieles mehr. Durch sie habe ich das erste Mal erfahren, was Mahamudra ist, der große Orgasmus.

Ich liebe sie und bin dankbar und froh, daß sie uns jetzt an ihrem aufregenden Leben teilhaben läßt. Dies ist sicher das spannendste Buch seit langem. Man darf gespannt sein, was sie uns alles zu erzählen hat.

Ma Anand Sangeet

Osho.

Ich bedanke mich herzlich bei:

Sw. Anand Avinash
Ma Prem Adhara
Sw. Prem Atman
Ma Anand Sangeet
Ma Antar Savera
Kofi
Liliana Heitman
Silvia Lott
Bernhard und Markus
Paul und Mary
Betsy Miller
Vera
Patrick
René

den Bäumen und Vögeln in Raakmoor
und am Friedhof an der Wohlers Allee in Hamburg
und am Tostedter Weg in Holm Seppensen

und vor allem

OSHO

Einleitung

Dieses Buch widme ich den Frauen und allen Männern, die die Frauen lieben. Es ist ein Geschenk an die Millionen von Menschen, die noch nie das Glück eines Orgasmus erfahren durften, noch nie vor Freude schrien, während sie jene Lichtexplosion erlebten, die sich ereignet, wenn der Körper in eine Ekstase gerät, die tausendmal stärker als eine Atombombe ist.

Und denken Sie daran: **Die Ejakulation ist kein Orgasmus, die Ejakulation ist ein Energieverlust.**

Der Orgasmus ist eine Transformation, ein Quantensprung, ein Geschenk des Göttlichen. Er trägt Sie in eine neue Dimension und läßt Sie für eine Zeitlang in einem anderen Seinszustand verweilen. Dieser andere Seinszustand kann Tage, ja sogar Monate anhalten, wenn der Orgasmus wirklich machtvoll war! Im ›Kama Sutra‹, einem alten indischen Buch über den Sex, heißt es, daß ein intensives Liebeserlebnis Befriedigung für ein ganzes Jahr verschaffen kann!

Für mich, die ich in einem tropischen Land aufwuchs, wo Sex ein ständiges Gesprächsthema ist, war es ein Schock, zu sehen, wie gehemmt die Deutschen sind. Mir wurde klar, was für ein Glück es ist, einen solchen Vater wie den ›meinen‹ zu ›besitzen‹. Als Kind wußte ich nicht, wie wertvoll er für ›mein‹ Wachstum und ›meine‹ Gesundheit war. Damals wünschte ich mir einen normalen Vater, der nur Augen für ›meine‹ Mutter gehabt und für den Sex lediglich der Fortpflanzung gedient hätte. Ich fand es traurig, einen so attraktiven Mann zum Vater zu ›haben‹, den ich manchmal dabei ertappte, wie er mit anderen Frauen flirtete, ohne sich um Alter oder Klassenzugehörigkeit zu kümmern. (In Brasilien entscheidet der Beruf, den man ausübt, und das Einkommen, das man damit erzielt, darüber, in welcher Gegend man sich das Wohnen leisten kann und damit, welcher Klasse man angehört.)

Heute empfinde ich ihm gegenüber große Dankbarkeit. Oft bemerke ich an mir selbst eine Neigung zu schimpfen und mich zu beklagen und eine Menge anderen Müll, den ich von den Eltern geerbt habe, aber der freie Fluß machtvoller Leidenschaft wurde in mir durch das Vorbild dieses Vaters lebendig erhalten, der gegenwärtig mit einer Frau ›meines‹ Alters zusammenlebt!

Auch ihm widme ich dieses Buch.

Und den Hunderten von Menschen, die zu mir gekommen sind auf der Suche nach Freiheit, Befriedigung und einem besseren Verständnis des Körpers.

Aber vor allem schreibe ich für all jene, die überall auf der Welt Gefangene sind, und das oft aus bloßer Unwissenheit! Es wird wunderbar sein, wenn Millionen Frauen, die immer noch als bloße Gebärmaschinen betrachtet werden, dieses Buch lesen oder mit mir in Kontakt kommen – und sich selbst befreien!

Selbst in Deutschland, wo so viele für Menschenrechte und Freiheit gekämpft haben, fesseln sich die Leute immer noch mit solchen hübsch dekorierten Ketten wie der Ehe und festen Beziehungen! In welchen Farben man diese Lebensformen auch darstellt und wie man sie auch nennen mag, sie sind und bleiben Gefängnisse! Vielleicht ist es nur eine Frage falscher Information, mangelnder Inspiration. Um neue Verhaltensmuster zu entwickeln, ›braucht‹ man ein paar Hinweise, Anstöße ... Dazu soll dieses Buch beitragen. Es ist der persönliche Bericht einer Frau auf der Suche nach Befriedigung und Erkenntnis und enthält einige Vorschläge, die anderen als Anregung und Hilfe dienen können.

Die ökonomischen Verhältnisse und die unausgewogenen

sozialen Beziehungen zwischen Männern und Frauen oder den Planeten zu verändern bedeutet nichts im Vergleich zu der Herausforderung, sich selbst zu verändern und das Recht zu beanspruchen, glücklich und befriedigt zu sein. Genau das schlage ich Ihnen vor, die Sie gerade dieses Buch lesen. Und dieses Buch ist nicht das Ergebnis irgendeines missionarischen Trips; ich habe es aus der reinen Freude heraus geschrieben, verschiedene Erfahrungen mit Ihnen zu teilen. Wenn jemand glücklich ist, wirkt sich dieses Glück auf das kollektive Unterbewußtsein der ganzen Welt aus: Wenn Sie das Leben genießen, wird dadurch auch ›mein‹ Leben schöner!

In ›meiner‹ mehr als zwanzigjährigen Arbeit mit Menschen habe ich erkannt, daß 99 Prozent aller Probleme auf ein gestörtes Sexleben zurückzuführen sind. Das hat Freud schon viel früher herausgefunden, aber durch eine therapeutische Herangehensweise. Ich schlage einen anderen Ansatz vor: **Tun Sie, was Sie möchten, und denken Sie nicht, daß daran etwas Falsches wäre!** Ich weiß, das ist nicht so einfach, aber wenn Sie wenigstens den Entschluß fassen, in diese Richtung zu gehen und das völlig in Ordnung finden, haben Sie schon die Hälfte der Reise bewältigt. Die andere Hälfte ist ein lebenslanger Prozeß, aber er ist es wert, sich auf ihn einzulassen, denn Befriedigung ist doch gewiß ein lohnendes Ziel, oder etwa nicht?

Frauen haben viel gelitten. Durch die Jahrhunderte sah man sie als Quelle aller Sünden: Von Eva wurde behauptet, sie habe Adam aus Bosheit den Apfel der Lust gegeben; im Hinduismus gibt es die Vorstellung, Frauen müßten im Körper eines Mannes reinkarnieren, um nach dem Tod ins Paradies eingehen zu können; im Mittelalter wurden wir als Hexen verbrannt, und mohammedanischen Frauen wird die Klitoris entfernt, damit der Sex ihnen keine Lust mehr verschafft, keine Versuchung mehr für sie ist, so daß sie bis zur Verheiratung Jungfrauen bleiben und dann als gute

Gebärmaschinen funktionieren! Und dieser barbarische Akt geschieht einer großen Zahl von Frauen auf der ganzen Welt **jetzt in diesem Moment**. Viele von Ihnen sterben sogar dabei, da der Eingriff oft ohne jede hygienische Vorsorge durchgeführt wird.

Stellen Sie sich einmal vor, eine Religion würde die Entfernung des Penis propagieren! Das ist natürlich nur ein Witz, Männer! Ich liebe ein schönes, erigiertes männliches Organ! Doch ebenso sollte man den Frauen auch ›ihre‹ Klitoris lassen, denn sie ist die mächtigste Quelle von Lust und Freude auf diesem Planeten! Sie ist ein Segen für uns Frauen und auch für die Männer, die, wenn sie intelligent sind, mit uns die immense Wonne teilen können, die aus diesem kleinen, zwischen den Beinen verborgenen Organ hervorgeht, dessen wundervolle Komplexität nur sehr wenige Menschen wirklich begreifen.

Und das verdammte Tabu der Jungfräulichkeit, das mir als Heranwachsende so viel Schmerz bereitete, sollte endlich aus dem Leben getilgt werden, damit junge Frauen auf der ganzen Welt frei sind, alles zu genießen, was ›ihre‹ glühenden Körper begehren.

Glücklicherwiese gibt es in Deutschland Männer, die den Wunsch ›haben‹, Frauen wirklich zu verstehen, und deshalb in der Lage sind, sie zu befriedigen und dadurch selbst Befriedigung zu erfahren. **Sexuelle Befriedigung beruht immer auf Gegenseitigkeit, und der Mann kann selbst keine wirkliche Befriedigung erfahren, wenn die Frau keinen Orgasmus erreicht!** Sie tragen gemeinsam die Verantwortung dafür, daß es zum Orgasmus kommt.

Noch etwas sollte man sich unbedingt bewußtmachen: **Eine sexuell befriedigte Frau kann das ganze Leben um sie herum auf wunderbare Weise verwandeln!** Wenn sie im Bett wirkliche Freude erlebt, bekommen die Kinder liebevollere Küsse, das Essen schmeckt viel köstlicher, und das Leben leuchtet in vielen neuen Farben.

Dieses Buch stellt einen Versuch dar, Leben, wie ich es erfahre, mit anderen zu teilen. Vielleicht verhilft es Männern zu der Erkenntnis, **daß es eine Befriedung in sich ist, eine Frau zufriedenzustellen.** Was für ein Satz in dieser Männerwelt!

Sehr oft, wenn ich mich dem Orgasmus nähere, wenn der Körper spürt, daß es gleich zur Explosion kommt, trete ich in Kontakt mit dem Frauenbewußtsein auf der ganzen Welt. Es ist nicht so, daß ich das willentlich anstrebe. Es geschieht einfach. Irgendwie, irgendwo baut sich dieser Kontakt auf ... Wenn Sie wahre Freude erleben, sind Sie nicht länger eine Insel, sondern treten in Kontakt. Daher fühle ich, daß wir, je mehr Menschen glücklich sind, auch allgemein mehr Glück erleben werden, nicht nur in ›unseren‹ kleinen privaten Leben, sondern weltweit, so daß das kollektive Bewußtsein eine Stufe höher steigt.

Ja, jedesmal wenn ich mit Körper und Geist einen Orgasmus erlebe, entsteht ein Kontakt zu allen Frauen, die diese Erfahrung machen, zu jedem menschlichen Wesen, das diese Freude erfährt, und zu jedem Stern, der aus ihr geboren wird!

Und wenn der Orgasmus stärker als eine Atombombe ist, kann man ihn auch dazu nutzen, Konditionierungen aufzulösen und Menschen dazu zu bringen, den Verstand zu transzendieren, so daß ein neuer Mann und eine neue Frau entstehen, mit einem vollkommen neuen Bewußtsein.

Ich wünsche Ihnen viel Spaß beim Lesen dieses Buches. Es enthält einige spielerische Methoden, mit denen sich der Körper von Blockaden befreien und der Weg erhellen läßt. In dieser Welt ist es nicht leicht, eine Frau zu sein oder Befriedigung zu finden. Aber Befriedigung ist etwas, für das man bereit sein sollte, jeden Preis zu bezahlen, oder nicht?

1

Sex ›hat‹ nicht notwendigerweise etwas mit Liebe zu tun

Damit meine ich nicht, daß Prostitution gutzuheißen wäre, denn wenn Sie einmal anfangen, den Körper zu verkaufen, verlieren Sie den Kontakt zur Energiequelle – diese Energie, die aus der Freude geboren wird, entsteht nicht, wenn Sex verkauft wird. Es sei denn, jemand ›hat‹ so viel Freude am Sex, daß Prostitution einfach als Entschuldigung dafür dient, ihn ständig zu genießen. Aber im allgemeinen ist das nicht der Fall. Menschen verkaufen den Körper, weil sie glauben, auf diese Weise rasch Geld verdienen zu können. Doch in Wahrheit ist es nicht so einfach: Sie vergeuden die höchste Freude, die der Körper Ihnen zu schenken vermag, und so wird durch Geld der einfachste Weg zum Glück verdorben. Der Beruf der Prostituierten ist in Wirklichkeit ein sehr schwerer, denn am Ende verliert ein Mensch dabei die natürliche Fähigkeit, Lust zu genießen: Wenn die Freude einmal verkauft wurde, ist es sehr schwer, sie zurückzuerlangen.

Wenn man den Körper eines anderen Menschen kauft, erlebt man nicht jene enorme Freude, die daraus erwächst, daß der andere einen wirklich begehrt. Prostitution führt Männer und Frauen genauso weit von der natürlichen Fähigkeit, Freude und Befriedigung zu erleben, weg wie die institutionalisierte Form der Prostitution: die Ehe.

Wenn ich sage, daß Sex und Liebe nicht miteinander einhergehen müssen, meine ich damit, daß der Körper nicht an Liebe denkt, wenn er einen anderen Körper begehrt. Die Hormone, ›ihre‹

Zusammensetzung und ›ihre‹ manchmal etwas sonderbaren Vorlieben, bestimmen, was wir Liebe nennen. Diese von den Hormonen gesteuerte körperliche Anziehung paßt häufig überhaupt nicht zu den Vorstellungen darüber, von wem wir uns eigentlich angezogen fühlen sollten. Vorstellungen sind Vorurteile, auf die wir durch die Familien, die Gesellschaft, die Kirchen, die Schule konditioniert worden sind. Aber die Hormone wissen nicht, was in den persönlichen Biocomputern (›unseren‹ Gehirnen) gespeichert wurde, was von anderen Menschen, jenen, die uns erzogen, dort einprogrammiert wurde. Wir wissen noch nicht einmal, wer diese Programme in uns hineingeschrieben hat oder warum. Aber die Vorurteile sind da, beherrschen ›unser‹ Leben, unterdrücken die natürlichen Impulse, blockieren die Fähigkeit, glücklich zu sein.

Dann löst der Geruch, die Nase oder der besondere Gang eines Menschen etwas in uns aus, etwas, das uns glücklich macht, wenn wir ihn sehen, etwas, das uns in der Hoffnung, er wäre es, zum Telefon stürzen und das Herz schneller schlagen läßt, wenn er dann tatsächlich am Apparat ist... Und wir nennen es Liebe. Manchmal läßt die Konditionierung noch nicht einmal diese Gefühle zu. Die Gedanken liefern uns dafür viele Gründe: Die andere Person ist verheiratet, man selbst ist verheiratet, sie lebt in einer festen Beziehung, man selbst lebt in einer festen Beziehung. Der andere ist schwarz, oder weiß, man selbst ist zu alt, der andere ist zu unreif, oder arm, oder zu frei in ›seinen‹ Ansichten, und so weiter.

Manchmal gelingt es uns, alle diese Barrieren zu überschreiten und uns diesem Gefühl, das wir Liebe nennen, ganz hinzugeben. Doch wenn wir dann ein paarmal mit der anderen Person im Bett waren, wird das Gefühl schal und die ›Liebe‹ schwindet. Das Herz schlägt nicht mehr schneller, wir stürzen nicht mehr aufgeregt ans Telefon. Statt dessen sehen wir uns mit Verpflichtungen und Verantwortung konfrontiert, und es kommt zu Streitigkeiten. Eine Beziehung ist entstanden. Das, was wir einmal Liebe genannt haben, ist tot. Warum? Weil die Programme in den Köpfen bewirken, daß wir alles in einem falschen Licht sehen.

Erstens war das, was wir Liebe nannten, nur die Wirkung der Hormone im Körper, die danach streben, die Art zu erhalten, was ein natürliches Phänomen ist.

Zweitens veranlaßt uns die Angst vor dem Alleinsein dazu, uns an einen anderen Menschen zu klammern, sobald wir gemerkt haben, daß mit ihm oder ihr etwas Vergnügen möglich ist. Aber nach ein paar angenehmen Tagen oder Nächten beginnen die meisten Menschen sich miteinander zu langweilen und sind doch dumm genug, aus einem bloßen Sicherheitsbedürfnis heraus zusammenzubleiben. Und dann bekommen wir es mit der negativsten Folgeerscheinung von Befriedigung, Liebe und Spaß zu tun: **der Beziehung**.

Eine Beziehung ist der Tod jedes energetischen Austausches zwischen zwei Menschen.

Warum?

Weil die Energie aus dem Geheimnis kommt, dem Unbekannten, aus der Ungewißheit, ob man ihn oder sie wiedersehen wird. Diese Energie schenkt uns Freude. Nicht jede Art von Sex bringt Befriedigung, nur guter Sex, und **guten Sex ›hat‹ man, wenn beide Partner nicht viel voneinander wissen und deshalb gegenseitiges Erkunden möglich ist. Während dieses Erkundens hört das Denken auf. Wenn das Denken aufhört, wenn es keine Gedanken gibt, kann der Körper den Gipfel der Freude erleben. Dann stellt sich Befriedigung ein, Ekstase.**

Damit will ich nicht sagen, daß zwei Menschen keine sexuelle Freude erleben können, wenn sie schon lange Zeit zusammenleben. Das können sie, aber es ist schwierig, vielleicht das allerschwerste im Zusammenhang mit Liebe und Vergnügen. Aber ich habe ein paar wichtige Dinge darüber herausgefunden. Hier sind sie:

- **Sagen Sie niemals, daß Sie eine Beziehung mit jemandem ›haben‹, und versuchen Sie nie, eine aufzubauen. Sie können zusammen leben, zusammen arbeiten, aber geben Sie dem Ganzen niemals einen abstrakten Rahmen. Werfen Sie solche Vorstellungen über Bord, dann können Sie weiterhin das Geheimnis genießen, das den Sex erfüllend und befriedigend macht.**

- **Streben Sie nie danach, über den anderen Bescheid zu wissen, ihn zu verstehen. Das läßt die sexuelle Attraktivität erlöschen. Sparen Sie die Energie dafür auf, sich spontan auf ihn oder sie einzulassen und sich selbst zu verstehen, damit sind Sie ›Ihr‹ ganzes Leben genug beschäftigt. Vergeuden Sie die Energie nicht mit dem Versuch, andere Menschen zu kennen: Das wird Ihnen niemals gelingen, und die Freude wird dadurch verdorben. Sie kennen ja noch nicht einmal sich selbst, wie wollen Sie da einen anderen Menschen verstehen?!!!**

Als ich 1982 nach Europa kam, glaubte ich, daß die Leute hier schon viel freier wären und Sex daher in einer viel weiteren Dimension gesehen und gelebt werden könnte. Das beruhte auf einer wunderschönen Erfahrung mit einem Zwanzigjährigen, als ich im Mai 1970 für einen Monat Urlaub in London machte. Im darauffolgenden Jahr kehrte ich zurück und verbrachte wieder einen Monat in Europa, und zwar in Amsterdam, Bellinzona und dann erneut in Amsterdam. Bei diesem zweiten Besuch traf ich diesen jungen, schönen Deutschen und den Bruder, der genauso hübsch war. Beide waren offen dafür, mit mir Liebe zu teilen, und beide versuchten, mir bei der Klärung ›meiner‹ seelischen Verwirrung zu helfen, die damals ziemlich groß war.

Ich traf Sebastian in einem makrobiotischen Restaurant. Ich habe immer die Augen aufgehalten, außen und innen. Als dieser gutaussehende Junge hereinkam und sich an einen Tisch unmittelbar vor mir setzte, fuhr ich fort, Briefe zu schreiben, doch dabei beobachtete ich voller Freude jede ›seiner‹ Bewegungen, besonders die Gewohnheit, mit den Fingern die Spitzen ›seiner‹ herrlichen Locken aufzuwickeln. Das tut er auch heute noch! Im Juli 93 ›hatten‹ wir eine ziemlich unglücklich verlaufende Begegnung in Berlin, aber als ich ihn die Locken rollen sah, verspürte ich wieder das gleiche liebevolle Gefühl.

Als er aufstand, um das Lokal zu verlassen, folgte ich ihm. Auf der Treppe fragte ich:

»Macht es dich verlegen, wenn ich dir sage, daß du sehr schön bist?«

Überrascht und erfreut erwiderte er ›meinen‹ Blick und antwortete:

»Nein. Es gefällt mir. Wohin gehst du?«

»Nirgendwohin. Wohin gehst **du?**«

»Auch nirgendwohin. Dann laß uns zusammen nirgendwohin gehen.«

Wir gingen ein bißchen spazieren, und ich erzählte ihm, daß ich in einem Haus übernachtete, wohin mich ein Gitarrist eingeladen hatte, den ich ein paar Tage zuvor auf einer Party kennengelernt hatte. Wir hatten die Nacht zusammen verbracht, und anschließend war ich einfach bei ihm geblieben. In dem Haus lebten zwei brasilianische Stars – Gilberto Gil und Caetano Veloso – mit ›ihren‹ Frauen, nachdem sie während der Militärdiktatur das Land verlassen mußten. In diesem Haus tat sich immer eine Menge:

Musik, Acid-Trips, und ständig gingen Besucher ein und aus. Ich war glücklich, privaten Kontakt mit ›meinen‹ brasilianischen Lieblingsmusikern zu pflegen. Tatsächlich kannte ich Gilberto Gil bereits aus der Musikszene von Rio. Wir hatten die gleichen Sessions besucht, aber er erinnerte sich nicht an mich. Erst in London lernten wir uns wirklich kennen. Sie nannten mich die ›Wochenend-Hexe‹, weil ich mich damals, obwohl ich noch als Stewardess arbeitete, bereits intensiv mit Tarot, Astrologie, Chiromantie und Tantra beschäftigte. Dem Job als Stewardess verdankte ich den Freiflug nach Europa.

Das alles erzählte ich Sebastian, und er sagte:

»Wir fahren dorthin und holen ›deine‹ Sachen, und dann kommst du mit zu ›mir‹.«

Ich schaute ihn an. Leidenschaft ...

»Warum nicht?«

Und los ging's. Er besorgte uns ein Taxi. Es war das erste Mal, daß ich in London Taxi fuhr, da ›mein‹ Reisebudget äußerst knapp war. Die Glasscheibe, die uns vom Fahrer trennte, war eine lustige Sache. So viel Privatsphäre! Und was für ein hübscher Wagen! Ich ›mußte‹ an die schmutzigen, vergammelten Taxis in Brasilien denken und fühlte mich wie in einem Traum: Cinderella mit dem Prinzen!

Alle waren schockiert, als ich ›meine‹ Sachen holen kam. Was für ein schnelles Mädchen! Erst vor ein paar Tagen war ich bei ihnen eingezogen, und schon wieder ein neuer ›Liebhaber‹? Aber was wollte man da machen? Der Gitarrist törnte mich nun einmal nicht mehr an!

Niemand sagte ein Wort, aber ich spürte eine ziemlich unangenehme Energie ... Rasch packte ich die Koffer und ging zurück zum Taxi. Gilberto Gil lächelte. Vielleicht bewunderte er ›meinen‹ Mut, ganz ›meinen‹ Gefühlen entsprechend zu leben.

Als Sebastian und ich uns im Bett küßten, wurde mir sofort

klar: Das mit uns beiden würde eine sehr tiefe Sache werden! Und von da an änderte sich für mich etwas für immer. Küsse können manchmal sehr viel verraten! Als mich zwölf Jahre später Avinash im Bett küßte, ›hatte‹ ich das gleiche Gefühl.

Sebastian und ich verbrachten eine wundervolle Liebesnacht. Als ich am nächsten Morgen aufgewacht war und noch im Bett lag, kam er ins Zimmer, um etwas zu holen. Ich lächelte ihn an, immer noch ganz von den Freuden der vergangenen Nacht erfüllt. Er sagte:

»Ich bin nicht Sebastian, ich bin Tom, ›sein‹ Bruder.«

Verblüfft dachte ich:

›Meine Güte, gleich zwei von diesen tollen Burschen!‹

Später beim Frühstück bemerkte ich, daß sie sich ein wenig unterschieden, aber nicht viel. Tom war härter, rationaler, ein Jahr jünger, und diese Wohnung diente ihm als Büro.

Sebastian und ich verbrachten eine herrliche Woche in London und flogen dann zusammen nach Amsterdam, wo wir bei ›seinem‹ Vater wohnten, der mit einer schönen Frau und einem einjährigen Sohn lebte. In dem Zimmer, das wir bewohnten, gab es große Fenster, durch die man auf einen dieser fantastischen Amsterdamer Kanäle schaute. Noch nie hatte ich eine so schöne Stadt gesehen und fühlte mich wie im Himmel.

Das Paradies kann so nah sein! Es ist ein ungeheurer Segen, wenn man einfach den Gefühlen folgt. Ich war erstaunt, daß wir in der Wohnung ›seines‹ Vaters so ungestört Liebe machen konnten. Zum erstenmal in Europa: Was für ein Erlebnis für eine junge Frau aus der Dritten Welt! Ich schloß daraus, daß die Möglichkeiten der freien Liebe, die ich mir erträumte, hier viel größer waren. Ich nahm diese Idee mit nach Brasilien zurück, wo ich begann, konsequent für sie einzutreten.

Von diesem Zeitpunkt an vertrat ich, wo immer ich war, und mit wem ich auch redete, stets die Auffassung, daß Liebe eine

Energiewelle ist, die machtvollste Energie der Welt, und daß wir ihr genug Raum und Zeit geben sollten, sich auf natürliche Weise zu entfalten. Mit Liebe meinte ich die Anziehung, die plötzlich zwischen zwei Menschen entsteht und bewirkt, daß sie sich umarmen, eine herrliche Zeit im Bett verbringen oder sich treffen, ohne daß dabei Probleme gelöst oder besprochen werden müssen. Heutzutage nenne ich das nicht mehr Liebe, obwohl ich dieser Sache zwischen zwei Menschen immer noch die gleiche Bedeutung beimesse wie jener einen heilenden göttlichen Kraft – der wahren Liebe!

Nach diesem ersten Besuch in Europa träumte ich davon, dorthin zurückzukehren. Ich war nicht mutig genug gewesen, einfach bei Sebastian zu bleiben. Dabei wollte er das so gerne! Wir hatten eine wunderbare Zeit zusammen verbracht. Wenn wir nicht miteinander im Bett waren, besuchten wir Rockkonzerte und Flohmärkte, wo ich die verrücktesten Kleider kaufte. Und manchmal verließen wir das Bett nur, um zu essen. Einmal blieb er sogar in mir stecken. Wir brauchten Stunden, um voneinander loszukommen – wie Hunde! Das war außerordentlich schmerzhaft für ihn. Aber es bedeutet, daß wir wirkliche Freude erlebten, denn wenn das Vergnügen besonders groß ist, stellt sich Schmerz ein, um es zu vervollkommnen.

Vielleicht war es einer der größten Fehler in diesem Leben, nicht bei ihm geblieben zu sein. Aber ich lebte zu jener Zeit in Brasilien mit einem Mann in einem großen und schönen Haus zusammen, das wir gemeinsam mit einer netten Freundin und einem Vetter bewohnten, für den ich ebenfalls tiefe Zuneigung hegte. Ich ›hatte‹ das Gefühl, einfach nicht in Europa bleiben zu können! Zudem hätte es bedeutet, den Beruf als Stewardess aufzugeben, der mir sehr gefiel. Wir hatten uns sogar schon einen möglichen Job in einem japanischen Hotel für mich angeschaut, da ich nicht von ihm abhängig sein wollte, wenn ich geblieben wäre. Aber es hatte mir nicht gefallen. Ich fühlte mich wie in einem Gefängnis, mit nur einem Mann, und wo ich doch sonst niemanden kannte.

Doch ›meine‹ Rückkehr nach Brasilien war ein Schock! Ich war sehr traurig, daß ich ihn verlassen mußte, und er war ebenfalls sehr deprimiert darüber, sich nicht mehr an der Gesellschaft dieser wilden und leidenschaftlichen brasilianischen Geliebten erfreuen zu können. Ich nahm einige herrlich verrückte Second-Hand-Kleider und ein auf Posterformat vergrößertes Foto von uns beiden mit. Er bewahrte auch ein solches Poster auf, von einem anderen ›unserer‹ Fotos.

Als ich am Flughafen von Rio ankam, trug ich ein exotisches, langes grünes Kleid, das aus einem orientalischen Teppich geschneidert war. Die Fotografen, die am Flughafen immer Jagd auf Berühmtheiten machten, stürzten sich auf mich. Am nächsten Tag konnte man in der auflagenstärksten Zeitung der Stadt ein Foto von mir sehen!

Daddy erwartete mich am Flughafen mit der unerfreulichen Neuigkeit, daß alle Mitbewohner ›unser‹ Haus verlassen hatten und daß einer ›meiner‹ Schecks geplatzt war. Sérgio, der Mann, mit dem ich zusammenlebte, war in den Norden Brasiliens gegangen, um dort ein anderes Mädchen zu besuchen. Wie ich rasch herausfand, hatte der Vetter die gesamte Miete mit jenem Blankoscheck bezahlt, den ich hinterlassen hatte, damit davon ›mein‹ Anteil an den Mietkosten beglichen werden konnte. Zudem stand im ganzen Erdgeschoß zehn Zentimeter hoch das Wasser, und Teller voller vergammelter Essensreste verbreiteten einen fürchterlichen Gestank. Es sah aus, als habe eine wilde Party stattgefunden, nach der alle auf Nimmerwiedersehen verschwunden waren.

Ich war sehr frustriert und enttäuscht. Das Ganze war mir eine Lehre, in Zukunft den folgenden Grundsatz zu beherzigen: **Verlasse niemals wegen vergangener glücklicher Erfahrungen das, was dir gegenwärtig Freude bereitet!**

In dieser Hinsicht lerne ich immer noch dazu, denn es ist wirklich eine schwer zu absorbierende Lebenslektion. Wir sind so sehr darauf konditioniert, uns an vermeintliche Sicherheiten aus der Vergangenheit oder Pläne für eine bessere Zukunft zu klammern, statt in der Gegenwart zu leben. Wie dumm wir doch sind!

Da saß ich also, in einem verwahrlosten und leeren Haus, ohne die Möglichkeit, in Sebastians Arme zurückzukehren. Sérgio kam bald darauf zurück, aber er vermochte mich nicht mehr so wie früher zu bezaubern. Alles, was ich tun konnte, war, davon zu träumen, im nächsten Jahr mit einen neuen Freiflugticket einen weiteren Urlaubsmonat in Europa zu verbringen. Sebastian brach zu einer Reise in den Osten auf und schrieb mir Liebesbriefe, ebenfalls hoffend, daß das Jahr rasch verging. Die ganzen Umstände stürzten mich in eine tiefe Depression. Wenn ich in Rio war, was wegen des Airline-Jobs nicht allzu oft der Fall war, lag ich fast den ganzen Tag im Bett und verfolgte Sebastians Reiserlebnisse, die er mir in den Briefen beschrieb. Die verrückteste Neuigkeit war, daß man ihn an der indischen Grenze verhaftet hatte, weil Hasch bei ihm gefunden worden war. Und im Gefängnis zog er sich dann eine Hepatitis zu! Und währenddessen war ich so weit von ihm weg und kämpfte mit der Depression.

Ich war Anfang Juni nach Brasilien zurückgekehrt, und im folgenden Januar traf ich zwei Jungs, die mich an die Zeit mit Sebastian erinnerten. Ich besuchte einen Freund, Marcelo, der bei der Fluggesellschaft mein Kollege gewesen war. Man hatte ihn verhaftet, weil er LSD verkauft hatte. Tatsächlich war er der erste gewesen, der diese magische Droge nach Brasilien brachte. Ich hatte von derselben Bezugsquelle ebenfalls etwas davon beschafft, weil ich Freunden diese neueste wissenschaftliche Entdeckung zeigen wollte, die es der menschlichen Rasse ermöglichen würde, sich von geistigen Konditionierungen zu befreien. Marcelo war der einzige Sohn eines während der Militärdiktatur einflußreichen Generals.

Es gelang ihm, auf Bewährung freizukommen, und ›sein‹ Vater half ihm dabei, an einem abgelegenen Strand eine Bar zu eröffnen, wo er die neuesten Rock-Hits spielte. Der Partner in diesem Unternehmen war ein Rockmusiker namens Capitão.

Als wir dort eintrafen, saßen zwei junge Männer auf dem Boden und spielten akustische Gitarre. ›Meine‹ Augen leuchteten: Das war die Freiheit, wie ich sie in Europa erlebt hatte! ›Ihre‹ Augen leuchteten gleichfalls: Hier war eine freie Frau in Brasilien! In gewisser Weise war ich sofort in die beiden verliebt. Telmo, der eine, spazierte kurz darauf mit einer Freundin am Strand entlang, und ich flirtete mit dem anderen, Oscar, einem sehr schönen Neunzehnjährigen.

Sérgio und ich waren in Wahrheit verheiratet. Wir hielten das aber geheim, weil wir als Kommunisten die Idee der Ehe haßten. Aber wir hatten uns dazu entschlossen, um finanzielle Unterstützung von ›unseren‹ Familien zu erhalten, denn wir lebten in einem Atelier, einem sehr kleinen Zimmer, das vollgestellt war mit ›seinen‹ Bildern, Farben und Pinseln und einem behelfsmäßigen Bett. Es gab noch nicht einmal eine Toilette! Auch gegenüber der Fluggesellschaft mußte ich die Ehe geheimhalten, weil sie nur alleinstehende Frauen beschäftigten.

Als wir die Bar betraten, rief Marcello sofort:

»Ich liebe diese Frau!«

Wir waren ineinander verliebt und scharf aufeinander, und wir waren mehrfach zusammen ins Bett gegangen, aber er hatte es nicht geschafft, den Liebesakt zu vollziehen, da er sich hauptsächlich für Männer interessierte und nie zuvor mit einer Frau zusammengewesen war.

Sérgio sagte ebenso laut:

»Und ich liebe sie auch!«

Ein paar Jahre später erzählte Telmo mir, daß er sofort begriff, wieviel Eifersucht Sérgio wegen mir auszustehen hatte.

Als Sérgio und ich uns einige Jahre zuvor kennengelernt hatten, hielt ich es für selbstverständlich, daß es in der Liebe völlige Freiheit geben sollte. Für zwei Menschen, die eine kommunistische Revolution in einem lateinamerikanischen Land herbeiführen wollten, stand das außerhalb jeder Diskussion. Es schien völlig überflüssig, zu fragen:

»Hast du ›**Der Ursprung der Familie, des Privateigentums und des Staates**‹ von Engels gelesen?«

Für Revolutionäre war das eine Art Bibel, so wie ›*Das Kapital*‹. Ich hatte das Buch selbst nicht gelesen, aber die wesentlichen Inhalte lernte ich in Gesprächen mit erfahreneren und älteren Genossen kennen. Ich verstand es und war mit Engels vollauf einer Meinung!

Als Sérgio und ich fast ein Jahr zusammenlebten, bereits verheiratet waren und eine kleine Wohnung ›hatten‹, wo die Künstler und Revolutionäre der Stadt ein und aus gingen, begegnete mir während eines Fluges jemand, der ›meine‹ Hormone in Wallung brachte. Er arbeitete für dieselbe Fluggesellschaft, und wir verbrachten in Manaus, der heißen Hauptstadt des Staates Amazonas, einen gemeinsamen Abend. Abgesehen davon, daß wir in einem Nachtklub zusammen getanzt hatten, war nichts zwischen uns passiert. Aber die Begegnung hatte mich tief berührt.

Als ich nach Rio zurückkam, sagte ich zu Sérgio:

»Ich bin mit den anderen Crewmitgliedern tanzen gewesen, und einer von ihnen hat bei mir einen tiefen Eindruck hinterlassen.«

Ich erinnere mich noch genau an die Szene: Wir aßen zusammen Hühnchen in der Küche ›seiner‹ Eltern. (Damals aß ich noch Fleisch.) Er hörte auf zu essen, ein Stück Hühnerfleisch in der Hand haltend, und starrte mich an. Ich verstand nicht, was in ihm vorging! Er war der erste Mann, mit dem ich wirklichen Sex erlebt hatte, wir schienen ineinander verliebt zu sein, was für mich bedeutete, gute Freunde zu sein, offen und voller Vertrauen!

Er sagte:

»Du mußt zwischen uns beiden wählen.«

Ich versuchte, ihn an all das zu erinnern, an das wir glaubten. Er wollte darüber nicht sprechen.

Nach einem Moment der Stille sagte ich, daß ich mich für ihn entschieden hätte.

Aber die Hormone wußten nichts davon. Ich träumte oft davon, Celso zu treffen, aber als wir uns noch mal auf einem Flug trafen, erlebte ich nur einen frustrierenden Fick. Er kam zu schnell – kein Orgasmus ...!

Arme Frauen – fast immer enttäuscht von den Männern, zu denen sie sich über alle Maßen hingezogen fühlen. Und alles wegen mangelhafter Informationen für Männer und Frauen.

Aber ich wollte ihn immer noch treffen. Das geschah dann kurz in Rio, als er einen freien Tag dort ›hatte‹. Doch es gab keine Chance für Sex.

Als ich einen freien Tag in São Paulo ›hatte‹, wollte ich ihn besuchen, hatte die Adresse gefunden und war sehr überrascht, nicht ihn, sondern eine Frau anzutreffen, mit der er zusammenlebte.

Ich war sehr enttäuscht. Ich hatte geglaubt, daß zwischen uns Offenheit herrschen, daß es keine Lügen geben sollte. Damals wurde mir klar, wieviel Unaufrichtigkeit im Bereich von Liebe und Sex zwischen den Menschen herrscht. Die Geschichte mit Sérgio war bereits sehr schwierig geworden, weil ich fürchtete, den Mann zu verlieren, den ich zu lieben glaubte. Immer deutlicher zeigte sich, daß er mich zu unterdrücken versuchte, genau wie es ›meine‹ Mutter immer getan hatte, besonders was Sex betraf.

Nach diesem kleinen Vorfall mit dem Arbeitskollegen ›hatte‹ ich zahlreiche Affären, die ich Sérgio nicht einzugestehen wagte.

Sie waren unbefriedigend für mich, vielleicht weil ich mich schuldig fühlte und darunter litt, Sérgio nicht die Wahrheit sagen zu ›können‹. Das ist schwer und kann einen guten Orgasmus verhindern, der doch ›unser‹ natürliches Recht ist! Aber wie hätte ich in der damaligen Situation aufrichtig sein ›können‹?

Nachdem ich über ein Jahr dieses verrückte Doppelleben geführt hatte, flog ich zu einer Fortbildung nach Dallas, Texas. Ich hatte die Fluggesellschaft gewechselt, und der Kurs in der Firmenzentrale diente als Vorbereitung auf den neuen Job. Mit mir absolvierte eine Psychologiestudentin diesen Kurs, die rasch zu einer guten Freundin wurde, vielleicht weil wir beide die einzigen dort waren, die neben ›unserer‹ Stewardessentätigkeit an einer Universität studierten. ›Ihr‹ Name war Neuza.

Als wir eines Abends mit den anderen jungen Frauen in einem Restaurant saßen, erzählte sie mir:

»Es gibt eine neue Droge namens LSD, die den Geist öffnet und die Psyche von Neurosen und Blockaden befreit. Bei den Leuten hier, die Hippies genannt werden, kann man sie sich leicht beschaffen.«

Wir saßen in einem bürgerlichen texanischen Restaurant mit den Kolleginnen und sahen wie völlig normale Mädchen aus. Doch sie fuhr fort:

»Möchtest du es gerne ausprobieren?«

»Warum nicht?« erwiderte ich.

Wir hatte uns erst vor ein paar Tagen kennengelernt, und bislang war ich im ganzen Leben noch nicht einmal betrunken gewesen! Revolutionäre taten so etwas nicht!

»Wir können den Typ dort drüben fragen«, sagte sie und zeigte auf einen langhaarigen Jungen, der an einem anderen Tisch saß.

Es war der erste Besuch in den Staaten. Alles war ganz neu und verblüffend für mich, und einen Mann mit langen Haaren hatte ich noch nie zuvor gesehen.

»Du mußt mitkommen«, fügte sie hinzu, »denn ›mein‹ Englisch ist ziemlich schlecht. Du mußt mir helfen.«

Wir gingen zu ihm, als sei es das Normalste von der Welt, und fragten ihn, ob er wüßte, wie wir uns LSD beschaffen könnten. Er lächelte ganz offen und natürlich und sagte, daß er das für uns arrangieren könnte. Wir verabredeten, ihn an ›unserem‹ nächsten freien Tag in ›seiner‹ Wohnung aufzusuchen.

Dort trafen wir die unglaublichsten Menschen, die wir je gesehen hatten! Sie lauschten einer fremd klingenden, großartigen Musik. Später erfuhren wir, daß es die Songs von Jimmy Hendrix und Janis Joplin waren.

Der langhaarige Junge gab uns eine violette Pille, die wir uns teilen sollten. Eine halbe Stunde später spürten wir noch keine Wirkung und beschlossen, in ›unsere‹ Unterkunft im Ausbildungszentrum der texanischen Fluglinie zurückzukehren. Sie boten an, uns mit dem Wagen dorthin zu fahren. Sie waren so nett zu uns!

Neuza und ich saßen auf dem Rücksitz. Plötzlich schaute sie mich an und flüsterte auf portugiesisch:

»He, es tut sich was, spürst du es auch?«

Auch in mir machte in diesem Moment etwas ›klick‹. Sie fragten, ob wir mit ihnen etwas essen gehen wollten, worauf wir bei einem dieser schrecklichen McDonald's-Restaurants hielten.

Auf dem Weg vom Wagen zum Restaurant riefen uns ein paar Jungs von der Straße aus zu:

»Hey, Mädchen, warum geht ihr nicht mit uns auf den Trip?«

Ich wunderte mich, woher sie wissen konnten, daß wir uns auf einem Trip befanden? Damals hörte ich dieses Wort zum ersten Mal. Für ein einfaches kommunistisches Mädchen aus einem Dritte-Welt-Land war das wirklich eine sehr bemerkenswerte Erfahrung!

Als wir im Restaurant saßen, schien plötzlich alles um mich herum lebendig zu werden. Noch jetzt läßt die Erinnerung daran die Zellen ›meines‹ Körpers vor Aufregung vibrieren. Ich glaube, daß Acid, wenn man es einmal genommen hat, für immer im Körper bleibt, so daß sogar die bloße Erinnerung einen erneut auf den Trip schickt.

Ich erinnere mich, daß ich, als wir nach dem Essen vollkommen high in die Schule zurückkehrten, die Wände der Eingangshalle berührte. Ich war verblüfft, wie wunderschön diese Wände sein konnten, wie pulsierend lebendig!

In ›meinen‹ Workshops gibt es eine besonders wirksame Übung, die darin besteht, mit einer Wand Liebe zu machen. Sie geht auf das damalige Erlebnis zurück, als ich die große Wand einer amerikanischen Stewardessen-Schule liebkoste! Ja, damals fühlte ich ganz deutlich, daß alles reine Energie ist und daß in jedem Ding dieser materiellen Welt die Elektronen unaufhörlich um die Protonen kreisen.

Sogar die materielle Welt ist Energie!

Das war die große Entdeckung!

Für mich war es der zweite große Wendepunkt in diesem Leben.

Gestern, während ich das hier schrieb, kam ›mein‹ Sohn Atman zu mir und fragte:

»Pyari, ich habe gehört, daß viele Leute nie von Acid-Trips zurückkehren. Stimmt das?«

Ich sagte:

»Ja, es stimmt. Ich bin nie zurückgekehrt. Jeder Trip war ein Schritt vorwärts für mich. Der erste Trip zeigte mir, daß alles lebendig ist, daß wir zu allem in Beziehung treten können. Der heilige Franziskus redete mit den Tieren und den Bäumen. Wir können sogar mit den Steinen reden und mit dem Teller, von dem wir essen, denn alles ist Bewußtsein, alles ist in Bewegung, und die Elektronen können uns verstehen!«

Er schaute mich verwundert an:

»Du weißt so viele Dinge, Pyari. Du mußt mir mehr davon erzählen.«

Und ich sagte mir: »Ja, ich denke immer, alles wäre so offensichtlich. Aber das ist es nicht. Ich sollte anderen öfter von ›meinen‹ Erfahrungen berichten.«

In diesem Zusammenhang fällt mir ein, daß Osho sagte, Wissenschaftler hätten herausgefunden, ein Elektron ändere sein Verhalten, wenn es bemerkt, daß es durch ein Spezialmikroskop beobachtet wird. So wie wir, wenn wir auf dem Klo sitzen und herausfinden, daß uns jemand beobachtet: SOFORT bemühen wir uns dann, uns zu benehmen, und bewegen und verhalten uns auf andere Weise. Ich weiß nicht, *wie* die Elektronen merken, daß sie beobachtet werden, oder ob es einen Weg gibt, sie zu beobachten, ohne daß sie es merken, aber es ist eine Tatsache, daß sie sich auf andere Weise verhalten, wenn sie erkennen, daß sie beobachtet werden. Diese sehr bedeutsame Entdeckung beweist, daß alle Dinge Bewußtsein ›besitzen‹ und spüren, wenn wir ihnen Aufmerksamkeit schenken, sogar diese winzigen Elementarteilchen! Ist das nicht erstaunlich? Und ändert sich dadurch nicht ›unser‹ gesamtes Weltbild? Diese Erkenntnis gewann ich bei dem ersten LSD-Trip, und nicht mit dem Intellekt, sondern mit Händen, die spürten, wie lebendig alle Dinge sind ...!

Danach schrieb ich Sérgio einen Brief, in dem ich ihm von dem neuen Horizont erzählte, der sich für mich geöffnet hatte. Er rauchte schon seit längerem Gras, und ich hatte es gemeinsam mit ihm ausprobiert, aber es gab mir nichts. Die LSD-Erfahrung war etwas völlig anderes, denn das neue Verständnis, das sie den Menschen bringen würde, kam aus einem völlig neuen Bereich: einer anderen Bewußtseinsdimension! Nicht mehr nur der soziale Widerstand gegen ein Wirtschaftssystem und eine eingeengte politische Perspektive. Es gab neue Sphären des Wissens, es gab so viel mehr zu lernen und zu erkunden!

Von Dallas flogen wir nach Chile, und dort traf ich einen Mann, den ich erst jetzt wirklich verstehe. Mit jetzt meine ich jene Jahre, seit ich mit Osho in das Reich der Meditation gereist bin.

Neuza ›hatte‹ eine Affäre mit einem Kollegen von der Fluggesellschaft, der aus Chile stammte, und als wir dort eintrafen, stellte er mich einem Freund vor. Ich erinnere mich nicht mehr an ›seinen‹ Namen, und er war nicht der erste ›Liebhaber‹ während dieser Reise. In Dallas hatte ich einen netten ›Freak‹ kennengelernt, der mich mit Jimmy Hendrix' Musik bekanntmachte und mir ›In a gadda da vida‹ vorspielte, einen herrlichen Rocksong, der auch heute noch ›meinen‹ Körper in Bewegung bringt. Doch mit ihm hatte ich keinen Orgasmus erreicht.

Der Junge in Chile war von ganz anderer Sorte. Ich erzählte ihm von ›meinem‹ momentanen Sexleben, nachdem wir ein paarmal Liebe gemacht hatten, ohne daß ich zum Orgasmus gelangt war. Die Affäre dauerte nur zehn Tage, aber das genügte, um die Wände niederzureißen und alle Konditionierungen zu durchbrechen, die mich davon abhielten, wirkliches Vergnügen zu erleben.

Auf die Tür ›hatte‹ er ein Zitat aus Hermann Hesses Steppenwolf geschrieben: »Eintritt nur für Verrückte«. Und er war fest entschlossen, mir einen Orgasmus zu schenken.

»Keine Schuldgefühle«, sagte er zu mir. »Es ist ein Geburtsrecht, Freude am Körper zu ›haben‹!«

Und er berührte ›meine‹ Klitoris so lange, bis ich absolut entspannt war und vor Freude dahinschmolz. Ich erreichte den Punkt des Orgasmus! Das Zimmer war in blaues Licht getaucht. Neuza war ebenfalls dort, mit ›ihrem‹ ›Liebhaber‹, so daß wir eine weitere sehr wichtig Erfahrung miteinander teilen konnten: den Gipfel der Freude!

Das war nicht das erste Mal, daß ich mit jemandem Liebe machte und ein Paar war im nächsten Bett. Das passierte während des Kurses in Dallas. Aber für diese Kollegin Angie war Sex etwas, für das man sich betrinken mußte und was man am nächsten Tag wieder vergaß. Sie lachte nervös, woran sich zeigte, wie angespannt sie war. Ganz anders als Neuza, mit der alles möglich war.

Neuza, der Chilene, und Pyari, 1969.

Wie heilig diese Momente der körperlichen Liebe sind, habe ich vielleicht durch jene klugen Worte gelernt, die ich zu Hause oft von Vater hörte:

»Sex ist gesund und hält dich jung.«

Als Neuza und ich an Bord des Flugzeuges gingen, das uns nach Brasilien zurückbrachte, spürten wir beide, daß sich ›unser‹ Leben für immer verändert hatte. Die hinter uns liegende Nacht mit ›unseren Liebhabern‹ hatte uns beiden jene Orgasmuserfahrung gebracht, die wir verdienten. ›Unsere‹ persönlichen Probleme und Blockaden ließen wir hinter uns. Wir hielten einander die Hand, und es gab nichts zwischen uns zu sagen. Erst als die Maschine schon zur Landung ansetzte, fiel uns ein, daß wir noch gar nicht ›unsere‹ Telefonnummern ausgetauscht hatten. Und wir lachten herzlich, als sie zu mir sagte:

»Es ist unglaublich, daß wir noch nicht einmal ›unsere‹ Telefonnummern wissen, obwohl wir so viel zusammen erlebt haben. Was für ein komisches Gefühl, sie aufzuschreiben!«

Wir lachten ebenso vergnügt wie im Wohnheim der Schule, als wir in der Nacht nach dem LSD-Trip einem der Mädchen, das sehr dumm und bürgerlich war, erzählten, wir hätten zu viel getrunken. Das vierte Mädchen im Zimmer war eine Freundin und durfte die Wahrheit erfahren. Ich weiß noch, daß sie behauptete, auch schon LSD genommen zu haben. Ich nehme an, sie erzählte das nur, um von uns akzeptiert zu werden und ›unsere‹ Freundschaft nicht zu verlieren. Denn wie hätte sie damals in Brasilien an LSD herankommen können, was selbst heute noch nicht einfach ist?

Menschen tun so dumme Dinge, um Freundschaft und Liebe zu gewinnen. Wie abhängig wir doch von anderen sind!

Zwischen Neuza und mir entwickelte sich eine tiefe, intensive Verbindung, die uns beiden half, in viele Richtungen zu wachsen. Die Leute nannten uns lesbisch, weil wir wirklich ineinander verliebt waren. Manchmal machten wir uns einen Spaß daraus, so zu tun, als stimme diese Vermutung: Dann küßten wir uns und umarmten uns auf übertriebene Weise und lachten über die Dummheit der anderen! Aber wir ›hatten‹ nie Sex miteinander. Ich weiß nicht, warum. Vielleicht unterdrückten wir beide diese Neigung, vielleicht ›hatten‹ wir aber auch einfach kein natürliches Verlangen danach, denn die Liebe floß ohnehin intensiv zwischen uns, und ›unserer‹ Körper erfreuten wir uns bei den Liebesaffären mit Männern – daher war einfach keine Begierde zwischen uns übrig!

Ich weiß noch, wie wir einmal in einem Hotelzimmer in Lima in zwei getrennt stehenden Betten lagen und einander über den Zwischenraum hinweg die Hand hielten. Sie hörte eine Weile auf zu lesen (ständig las sie so viele Bücher!) und sagte zu mir:

»Könntest du dir vorstellen, daß wir wirklich Lesben wären?«

Ich fühlte mich ein wenig seltsam, aber ich schwieg. Sie wandte sich wieder dem Buch zu, immer noch ›meine‹ Hand haltend. Ich spürte einen leichten Impuls, zu ihr ins Bett zu steigen, aber ich wagte es nicht.

Tatsächlich macht der Sex mit Frauen mir keine Freude. Einige Jahre später habe ich es ein paarmal versucht und dabei festgestellt, daß ich einen Mann ›brauche‹, um wirklich heiß zu werden. Frauen fühlen sich so weich an, genau wie ich selbst. Ich mag den Gegensatz, das Männliche, weil ich dann ›meine‹ eigene Weiblichkeit deutlicher spüre. Ich kann Frauen liebkosen, sie gern ›haben‹, mich an ›ihrer‹ Gegenwart erfreuen, aber ›mein‹ Körper wird nur durch einen Mann wirklich elektrisiert, durch den Yang-Aspekt der Natur.

Ich habe Osho sagen hören, Homosexualität könne Menschen niemals zu spiritueller Liebe führen, auch wenn Schwule, wenn sie ›ihre‹ sexuelle Neigung verteidigen, meistens behaupten, spiritueller zu sein. Aber das scheint mir ganz klar nicht der Wahrheit zu entsprechen. Für mich ist Homosexualität ein sexuell verklemmter Zustand, der auf eine nicht ausreichend abgeschlossene Analphase zurückzuführen ist, die normalerweise in der Kindheit gelebt werden sollte. In einem solchen Fall entwickelt sich kein sexuelles Interesse am anderen Geschlecht. Da die sexuelle Energie aber nicht eingesperrt werden kann, sondern irgendwie ausgelebt werden muß, versuchen diese Menschen es dann mit gleichgeschlechtlichem Sex. Und das funktioniert, weil es das Bekannte und deshalb weniger angst machend ist. Dann hält der Betreffende sich für schwul ... glaubt, das müsse ›sein‹ ganzes Leben so bleiben.

Es ist eine Tatsache, daß die Eltern von Homosexuellen sehr repressiv sind, beim Mann vor allem die Mutter, bei der Frau vor allem der Vater. ›Meine‹ Mutter war eine extrem gehemmte und andere unterdrückende Person, und ›ihre‹ Söhne erlebten beide den Sex zum erstenmal mit einem alten Mann aus dem Tennisklub, zu dem wir gingen, und der eine von ihnen fährt immer noch auf Jungen ab, offenbar geprägt durch diese erste Erfahrung. Das ist auf eine Mutter zurückzuführen, die immer glaubte, kein Mädchen sei gut genug für ›ihre‹ Söhne, und die versuchte, uns von jeder Form von Sex fernzuhalten. Von ›meinem‹ anderen Bruder läßt sich auch nicht gerade behaupten, daß er ein gesundes Sexualleben ›hätte‹, mit ›seinem‹ dicken Bauch und einer Frau, die sich mit nichts anderem als der Pflege ›ihrer‹ Schönheit beschäftigte. Inzwischen, seit der Geburt der Kinder, ist sie genauso dick geworden wie er, und dicke Menschen sind immer sexuell unbefriedigt! Sex hält den Körper schön!

Zu diesem Thema könnte man ein eigenes Buch schreiben. Ich möchte aber noch bemerken, daß viele Homosexuelle, die an meinen Workshops teilnahmen, sich dabei in mich verliebten und den Sex mit mir genossen, daraufhin zu einer heterosexuellen Orientierung überwechselten. Homosexuelle sind sehr feinfühlige Menschen, die es immerhin gewagt haben, etwas in den Augen der Gesellschaft Verbotenes zu tun. Ich mag sie sehr! Daher verurteile ich sie nicht, sondern beobachte lediglich unvoreingenommen die Tatsachen. Nicht nur ich sage, daß Homosexualität ein Stadium im Leben eines jeden Menschen ist. Und dieses Stadium ist nur vorübergehend! Man sollte es allen erlauben, dieses Stadium zu erleben, wenn es sich einstellt, was, wenn es nicht unterdrückt wird, irgendwann in der Kindheit der Fall ist. **Falls es erst im Erwachsenenalter geschieht, sollte man sich bewußtmachen, daß es lediglich eine Phase ist, durch die man hindurchgeht, um sie dann hinter sich zu lassen.** Sagen Sie niemals von sich selbst, Sie seien homosexuell, denn damit halten Sie sich davon ab, sich weiterzuentwickeln, und im Leben gibt es in Wahrheit keine Unterteilungen wie ›homo‹ oder ›hetero‹. Sie existieren nur in den Köpfen der Leute! Dadurch daß Sie sich selbst mit einem solchen Etikett versehen, verhindern Sie, daß ›Ihr‹ Körper ein natürliches Interesse am anderen Geschlecht entwickelt, wenn er reif dafür ist. Vielleicht geschieht das erst, wenn Sie bereits älter sind. Was macht das schon? Doch wenn Sie die Tür schließen, wird es nie geschehen, was bedeutet: Sie sind steckengeblieben, der Körper ist nicht mehr frei, neue Gefühle zu erkunden, sich sexuell zu entwickeln!

Damit will ich nicht sagen, daß die Heterosexuellen sich in einer besseren Situation befinden. Alle sind gehemmt! Und wenn man keine Homosexualität erlebt hat, kann man die Heterosexualität nicht voll genießen. Tatsächlich genießen auf diesem Planeten nur sehr wenige Menschen Sex als ein natürliches Recht, mit all ›seinen‹ Ekstasen, Leiden und Segnungen, und gelangen auf diesem Weg zu völliger Erleuchtung. Reich sagte, daß dieses System gehemmte Menschen hervorbringt, weil solche Menschen sich leichter versklaven lassen. Diese Aussage war der wahre Grund für ›seine‹ Ermordung!

Abschließend möchte ich sagen, daß Sex, wenn er sich wirklich frei entfalten kann, mit der Autosexualität beginnt – was mehr oder weniger im Säuglingsalter geschieht; dann, während der

Kindheit, folgt die homosexuelle Phase; und in der Pubertät findet der Übergang zur Heterosexualität statt. Wenn uns erlaubt wird, diese Stadien unbehindert zu durchleben, kann es mitunter geschehen, daß wir dabei wahre Liebe finden und sogar über den Sex hinausgehen und uns selbst als Götter und Göttinnen erkennen. Andernfalls bleiben wir irgendwo auf dem Weg stecken und glauben, wir ›hätten‹ eine bestimmte Art von Sexualität. Doch niemand ›hat‹ Sexualität. Diese Energie, die uns auf den Planeten gebracht hat, fließt lediglich **durch** uns hindurch ...

❦

Als ich nach der Schulung in Dallas nach Rio zurückkehrte, hatte ›mein‹ Leben eine neue Qualität. Mit dem ersten Besuch in den Staaten, in der Metropolis, hatte dieses Mädchen aus einer der Kolonien sich verwandelt: Amerika bedeutete für mich nun nicht mehr nur Imperialismus und die Träume von Revolution und Gleichheit zerstörendes Großkapital. Freie Liebe und Mutation gab es dort ebenfalls. Eine Menge langhaariger junger Leute war dabei, die amerikanische Gesellschaft von innen heraus zu verändern, und sie hatten bewirkt, daß auch wir mit einem veränderten Bewußtsein in die Provinz zurückkehrten. Und das alles geschah nicht mit Waffengewalt, sondern durch Drogen, Blumen und Liebe! Das war eine wirkliche Revolution!

Und Acid war dabei eine große Hilfe. Manche Leute sagten, ich wäre drogensüchtig geworden. Das kümmerte mich nicht: Ich hatte einfach einen anderen Weg für mich entdeckt. Und die Revolutionäre hatten sich nicht als gute ›Liebhaber‹ erwiesen: Sie vertrauten der Macht der Liebe nicht.

Wir hatten Anfang 1969, und ich reiste um die Welt, lernte eine Menge Männer kennen und ›hatte‹ viele gute Orgasmen!

Am Jahresende, in New York, traf ich den Mann, der mich tantrischen Sex lehrte. Mit ihm verbrachte ich zehn unvergeßliche Tage in dieser verrückten Stadt.

Am einunddreißigsten Dezember, dem Beginn der siebziger Jahre, nahm ich wieder einen LSD-Trip, diesmal mit Sérgio, Vater, einem Freund namens Amilcar, der in mich verliebt war (ein Dichter aus dem Nordosten Brasiliens, mit viel Feuer im Blut), und Sérgios Kusine Gracinha, einem wunderschönen Mädchen, in das Sérgio seit vielen Jahren verliebt war, ohne ihr je ein Wort davon zu sagen!

In diesem Buch klinge ich manchmal so ernst! Ich lege aber wert auf die Feststellung, daß ich alles andere als ernsthaft vernünftig bin. Meistens betrachte ich das Leben als Spiel, als eine Kurzgeschichte, die immer zu früh endet, und mit folgender Moral: **Verschwende die Zeit nicht mit Problemen; genieße sie lieber, bevor es zu spät ist!**

Der LSD-Trip mit ›meiner‹ Familie war einfach fantastisch!

Wir feierten den Beginn des neuen Jahrzehnts im Bewußtsein, daß der Kampf für gesellschaftliche Befreiung zu Ende war und auf ihn die Morgendämmerung eines großen Wandels folgte. Die Anwendung von Gewalt, wie wir sie in den sechziger Jahren befürwortet hatten, schien nicht mehr notwendig. Mir persönlich wurde während dieser scheinbar unendlichen Nacht klar, daß ich nicht als Revolutionärin sterben wollte, denn ich war immer vor allem auf der Suche nach Freude und Liebe gewesen. In der freien Zeit zwischendurch hatte ich bessere Systeme für die Gesellschaft studiert, die wir verändern wollten, und versucht, jenen zu helfen, die kämpften, und die Bevölkerung zu informieren und aufzuwecken. Doch tief in mir waren immer Liebe und Spaß die eigentlichen Triebfedern gewesen. Und ich ›hatte‹ Besseres zu tun, als mir deswegen Vorwürfe zu machen. Ich war vor allem auf Sex und Liebe aus und fand das völlig in Ordnung. Es handelte sich um einen von innen heraus wirkenden Prozeß, fast einen Zwang, dem ich einfach die ganze Zeit über folgte. Vermutlich war das der Grund dafür, daß ich Ende 1968, als die Studentenrevolte überall den Höhepunkt erreichte, verdächtigt wurde, ein Polizeispitzel zu sein: einfach weil ich mich weigerte, die Rolle der Märtyrerin zu spielen!

Das war eine sehr leidvolle Erfahrung für mich, besonders da ich zur gleichen Zeit den Job bei Varig, der brasilianischen Fluggesellschaft verlor, ebenfalls wegen üblem Gerede! Dabei liebte ich diese Arbeit so sehr! Aber sie waren dort einfach viel zu dumm.

Ich hatte den Anführer der revolutionären Studenten von Brasília mit auf das Hotelzimmer genommen, wo ich mit einem anderen Mädchen aus der Kabinencrew die Nacht verbrachte. Ich hatte sie gebeten, uns für eine Weile allein zu lassen. Leider endete diese Begegnung mit dem Studentenführer in einem schnellen und frustrierenden Fick! Dabei hatte ich mir so sehr gewünscht, nach Brasília zurückzukehren, um ihn ein zweites Mal zu treffen und mit ihm Liebe zu machen.

Bei der ersten Begegnung waren wir die ganze Nacht durch die Stadt gezogen und hatten jede kleine Gelegenheit genutzt, Petting zu machen und uns zu zeigen, wie scharf wir aufeinander waren. Aber es hatte sich keine Gelegenheit ergeben, wirklich miteinander Sex zu ›haben‹. Das Mädchen, mit dem ich mir ein Zimmer teilte, schlief bereits, und er mußte ständig auf der Hut vor der Polizei sein.

Diese schöne, gefährliche und frustrierende Begegnung ›hatte‹ zur Folge, daß böse Gerüchte über mich in Umlauf gesetzt wurden. Es wurde erzählt, ich sei eine Prostituierte und nähme Männer mit ins Hotel, von denen ich für einen schnellen Fick 50 Dollar kassierte! Der Studentenführer war wirklich ein mutiger Bursche: Er hätte in diesem 5-Sterne-Hotel, in dem er mich aufs Zimmer begleitete, verhaftet werden können, und vielleicht war das der Grund, daß er sich nicht entspannen und den Sex mit mir genießen konnte. Hinterher konnte ich ›meinem‹ Chef nicht erklären, warum wir uns nicht einen anderen Ort für ›unsere‹ Liebesnacht ausgewählt hatten, und ich konnte auch die Identität ›meines Liebhabers‹ nicht preisgeben. Also wurde ich gefeuert, und den Studentenführer sah ich nie wieder, weil ich nun keine Möglichkeit mehr ›hatte‹, nach Brasília zu kommen. Und wie hätte ich von einer anderen Stadt aus einen im Untergrund lebenden Linkenführer kontaktieren sollen?

Einmal sah ich ›sein‹ Foto auf dem Titelblatt einer Zeitschrift, als Anführer an der Spitze eines Demonstrationszuges. Möglicherweise ist er später ermordet worden, wie so viele von ihnen damals.

Aber jede Erfahrung im Leben kann ein Schritt für die eigene Entwicklung sein, wenn man in der Lage ist, weiterzugehen und das Beste für sich daraus zu ziehen.

❦

Das Gefühl, das ich in jener Neujahrsnacht ›hatte‹, ist immer noch da. Jetzt in diesem Moment. Es existiert außerhalb von Raum und Zeit, denn damals erfüllte es mich für immer. Heute nehme ich kein LSD mehr, um in diese Weite einzutreten. Sie ist immer gegenwärtig. Wenn das Acid zu mir kommt, wenn es mir angeboten wird, ist es in Ordnung, dann nehme ich es – oder nicht –, aber das Gefühl der Ekstase ist immer da, die ganze Zeit über. Ich kann einfach die Augen schließen und in mich hineinschauen, wann immer ich möchte. Und was möchte ich? Ich möchte Liebe, Vergnügen, ich möchte laut ausrufen, daß Liebe und Vergnügen das ist, was ich möchte. Ich möchte Musik hören, von Leuten gemacht, die nein zu den vielen schrecklichen Dingen sagen, die in dieser Gesellschaft für normal gehalten werden, obwohl sie es nicht sind, obwohl sie in Wahrheit ein Ausdruck von Krankheit sind. Vor allem die Männer sind dafür verantwortlich, denn sie haben diese Gesellschaft geschaffen, und die Frauen müssen unter ihr leiden! Aber es ist an der Zeit, daß wir Frauen selbst Verantwortung übernehmen, nicht indem wir gegen die Männer kämpfen, sondern indem wir uns selbst verändern und ALLEIN herausfinden, was es bedeutet, eine Frau zu sein! Nur wenn wir in der Lage sind, allein zu sein und die volle Verantwortung für uns selbst zu übernehmen, können wir wirklich mit einem Mann zusammensein!

Ich will also Musik hören, ich will Klang und Stille genießen, Punk und Klassik, Meditation und Revolution, Schmerz und Freude. Ich möchte einfache Dinge essen, die besser schmecken, einen subtilen Geschmack ›haben‹, den ich nur schweigend wirklich genießen kann. Neben Tee und Wasser schmecken mir nur sehr wenige andere Getränke. Und ich will Freude und Liebe, wann immer das möglich ist. Niemals etwas anderes. Zur Liebe gibt es für mich keine Alternative. Ja, die Liebe zur Musik ist heute für mich vielleicht die höchste Freude. Ist die Energie zum fünften Chakra aufgestiegen? Vielleicht, denn wir können niemals etwas mit Sicherheit wissen.

Doch die Liebe muß genährt werden! Ich werde Ihnen erzählen, wie ich mir das vorstelle...

Ja, das Gefühl des Trips in jener Nacht... Ich wollte den Menschen, die ich liebte, zur Erfahrung eines LSD-Trips verhelfen.

Ich erinnere mich, daß Daddy im Gras lag, hinauf in den Himmel schaute, den Körper auf und ab bewegte, der Musik lauschte und sagte:

»Jetzt verstehe ich, warum du die Stones magst!«

Wir befanden uns auf einem schönen Dachgarten im zehnten Stock eines großen Hauses am Botafogo-Strand. Auf dem weißen Sand unter uns tanzte eine große, in Weiß gekleidete Menschenmenge für Iemanjá, die ›Göttin des Meeres‹. Wie es in dieser in Brasilien populären Religion üblich ist, warfen sie Blumen für die Göttin in die Wellen, die heranrollten und den Strand küßten. Kleine, von Kerzen erleuchtete Boote aus Pappe schwammen hinaus in den Ozean, und Tausende entlang des Strandes aufgestellte Kerzen trugen zusätzlich zur Magie dieses Schauspiels bei.

Damals verstand ich mich sehr gut mit Dad. Als ich klein gewesen war, hatten wir eine Menge Probleme miteinander ›gehabt‹, und erst nach diesem Trip in Dallas war mir klargeworden, was für ein wunderbarer Mensch er war.

Als ich Sérgio heiratete, wurde er paranoisch. Ich vermute, er war ganz einfach eifersüchtig, weil ich die Liebe mit Sérgio genoß. Wie für jeden Vater war es auch für ihn ziemlich schmerzhaft zu sehen, daß ›seine‹ schöne junge Tochter einen anderen Mann liebte. Auch hatte es wohl etwas damit zu tun, daß überall auf diesem Macho-Planeten eine Frau, die Männer mag, irgendwie schief angesehen wird. Warum? Er sagte mir immer wieder, daß Sex gut sei, aber ich nehme an, er bezog das nur auf Männer, denn er erzählte mir auch, daß Frauen schwierig sein sollten, um für Männer interessant zu sein: Männer würden angeblich keine Frauen mögen, die leicht zu ›haben‹ seien. Ist das nicht verrückt?

Aber eine Frau wie ich, die an Abenteuern interessiert ist, sollte keine solchen albernen Spiele mitspielen, denn dann wird sie kein wirkliches Vergnügen genießen können. Die schönsten Augenblicke sind für mich jene, wenn Mann und Frau wirklich scharf aufeinander sind! Irgendwelche hinhaltenden Spiele berauben uns dieser Energie ...

Sie können sich sicher vorstellen, was es für Vater bedeutete, als ihm klarwurde, daß ich zur Frau geworden war. Er liebt den Sex und pflegte mit allen möglichen Frauen zu flirten, aber ich sollte Jungfrau bleiben, so daß die Männer mich lieben könnten oder ich der Liebe eines Mannes würdig war. Dabei war ich überhaupt nicht an der ›Liebe‹ der Männer interessiert. (Denn was wissen wir schon über die Liebe?) Ich war an dem Vergnügen interessiert, daß die Männer mir bereiten konnten. Als ich diese Freuden einmal für mich entdeckt hatte, war ich um keinen Preis bereit, wieder auf sie zu verzichten, nicht für die Ehe und nicht, um ›meinen‹ guten Ruf zu wahren. Deswegen habe ich mich damals gar nicht erst mit ihm auf eine Diskussion über dieses Thema eingelassen. Ich war mir bereits bewußt, wie sehr die Männer konditioniert waren, und hatte erkannt, daß selbst er, der Spaß und Vergnügen so schätzte und sich nicht darum scherte, was die Gesellschaft von uns erwartete, es nicht akzeptieren konnte, daß sich ›seine‹ Tochter in eine Frau verwandelt hatte, die Lust und Vergnügen suchte! Ein Mann durfte sich das erlauben, aber eine Frau niemals. Doch seit ich zum erstenmal wirklichen Sex kennengelernt hatte, stand für mich fest, daß ich als freie Frau leben wollte. Absolut nichts hätte mich von diesem Weg abbringen können!

Mit zwanzig, an der Universität, glaubte ich, was ›meine‹ Mutter mir immer erzählt hatte. Heute kann ich mich kaum noch an die Dinge erinnern, die sie zu mir sagte. Es erscheint mir unbegreiflich, wie sie so etwas zu einer jungen Frau sagen konnte, die sich gerade in der heißesten Zeit ›ihres‹ Lebens befand, nur um mich davon abzubringen, die Freuden eines jungen Körpers zu genießen, bebend vor Begehren nach Liebe und Spaß. Es müssen Sätze gewesen sein wie: ›Bleib Jungfrau bis du heiratest, denn die anderen Frauen sind nicht mehr gut genug für die Liebe, sondern nur noch für diese häßliche und schmutzige Sache namens Sex.‹

Sie ist das ganze Leben nur mit einem einzigen Mann im Bett gewesen, und als er sie verließ, hat sie sich nie mehr nach einem anderen umgeschaut! Vielleicht war die Enttäuschung, die er ihr bereitet hatte, zu viel für sie, vielleicht hielt sie sich für zu alt und nicht mehr schön genug. Oder aber der Gedanke, daß Sex schlecht sei, hatte sich so in ihr festgesetzt, daß es ihr unmöglich war, diese Regel im Kopf zu überwinden und die Freuden des Körpers zu genießen. Doch welche Frau in ›ihrer‹ Umgebung hätte das jemals gewagt? Welche Frauen taten es überhaupt? ›Nur Prostituierte!‹ war die übereinstimmende Meinung. Und jede Frau wurde als Prostituierte, als ›puta‹, bezeichnet, wenn sie Vergnügen suchte. Selbst ich höre, wenn ich den Sex genieße, manchmal noch Stimmen tief aus dem Unterbewußtsein, die mir vorhalten, ich würde mich wie eine Prostituierte benehmen. Doch wenn ich heute diese Stimmen höre, entgegne ich: ›Ja, das stimmt, und es macht mir Freude!‹ Dann gebe ich mich einfach ganz dem Gefühl hin, der immer größeren körperlichen Verzückung, die es mir schenkt. In Wahrheit ›haben‹ Prostituierte gar keine echte Freude am Sex. Dennoch unterdrücken wir Frauen den Körper, aus Angst, als ›eine von ihnen‹ angesehen zu werden, während die Prostituierten tatsächlich im selben Boot wie wir sitzen: Auch sie können nicht wirklich genießen. Genau das gilt es zu ändern, denn wenn wir nicht endlich anfangen, das Leben zu genießen, wird dieser arme Planet ausbrennen, verwüstet von immer ausgeklügelteren Bomben, nur weil wir nicht lernen, die Energie in den Eros fließen zu lassen! Wenn die Energie nicht Eros zugeführt wird, strömt sie zu Thanatos, dem Tod. Man kann es also gar nicht oft genug betonen: **Wenden wir uns endlich dem Vergnügen, dem Genuß zu, ehe wir oder der Planet sterben!**

Als Teenager las ich eine Menge, um herauszufinden, warum zum Teufel ich hier war. Einmal stieß ich auf das Buch eines Priesters, der schrieb, nicht nur Frauen, sondern auch Männer sollten bis zur Heirat sexuell enthaltsam bleiben. Also beschloß ich, für diese Idee kämpfen. In einem Macho-Land wie Brasilien war das eine schwere Aufgabe, aber ich traf einen Deutschen, der zwanzig Jahre alt und noch Jungfrau war wie ich. Er war der gleichen Meinung. Da ich damals nicht wußte, wie ich so frei wie die Männer leben konnte, trat ich dafür ein, daß sie zumindest die gleichen Einschränkungen wie wir Frauen auf sich nehmen sollten! Ich weiß noch, wie Dad eines Abends, als ich krank war, an ›meinem‹ Bett saß, und ich darüber philosophierte, daß die Jungfräulichkeit vor der Ehe für beide Geschlechter gelten müsse. Er fragte:

»Was sollen ›deine‹ Brüder denn dann tun? Masturbieren?«

Damals hörte ich dieses Wort zum erstenmal. So fand ich heraus, daß das, was ich zwischendurch immer wieder tat, um mir die Zeit zu vertreiben, Masturbieren genannt wurde. Ich selbst hatte dem Priester gegenüber, der mir die Beichte abnahm, von ›bösen Handlungen‹ gesprochen, als ich auf der Suche nach der Seele noch in die Kirche gegangen war. Natürlich habe ich dort nie irgendeine Form von Seele gefunden, nur mehr und mehr Zweifel, mehr und mehr Schuldgefühle.

Jetzt, wo ich dies schreibe, erscheint es mir so seltsam, daß er sich offenbar nicht die geringsten Sorgen darüber machte, ob **ich** masturbierte! Damals drängte sich mir diese Frage nicht auf, aber heute wundert es mich, daß er sich nur um die ›Bedürfnisse‹ ›seiner‹ Söhne sorgte. Vermutlich glaubte er, Frauen ›hätten‹ im Gegensatz zu Männern kein Verlangen nach Sex. Oder er dachte, es wäre in Ordnung, wenn Frauen masturbierten, weil sie das davon abhalten würde, die Jungfräulichkeit zu verlieren oder ›ihrem‹ Ehemann untreu zu sein! Nun, damals war ich damit zufrieden, endlich das Wort zu kennen für jene heimlichen Augenblicke voller schuldbewußter Freude. Endlich wußte ich, wie ich das Verbrechen beschreiben konnte, daß ich diesen gutaussehenden europäischen Priestern beichten mußte! Die Schuldgefühle hatten in jenem Augenblick begonnen, als Mutter ins Zimmer gekommen war und mich gefragt hatte, was ich denn da wohl täte. Ganz sicher strahlte ich förmlich vor Vergnügen. Doch sofort, als ich sie ansah, überfiel mich das Gefühl, ihr nicht die Wahrheit sagen zu können. Sie schaute in ›mein‹ Bett und fand einen hübschen Kugelschreiber, den ich zum Masturbieren benutzte. Zum Glück sagte sie daraufhin sehr sanft und freundlich:

»Steck dir das nicht in die Scheide, Liebling. Du könntest dir dabei weh tun.«

Ich steckte den Kugelschreiber nicht in die Scheide, sondern streichelte damit nur die Klitoris, und von diesem Moment an beschloß ich, dazu nie mehr etwas anderes als die Finger zu benutzen. Ich war noch ein Kind, und es ist wundervoll, daß sie mich damals deswegen nicht bestrafte, obwohl ich doch sonst ständig für die albernsten Kleinigkeiten bestraft wurde! Zum Glück ersparte sie mir in dieser Situation einen Schock, der mich in Zukunft davon abgehalten hätte, diese köstlichen Momente zu genießen.

Ich entdeckte die Masturbation, als ich mit Puppen spielte. Zufällig berührte der Fuß der Puppe die Klitoris, und das Gefühl dabei war so fantastisch, daß ich beschloß, es auf konzentrierte Weise noch einmal zu probieren. Das machte so viel Spaß, daß ich mit sämtlichen kleinen Gegenständen herumexperimentierte, die ich finden konnte. Und stets stellte sich das gleiche Vergnügen ein! Während die anderen Kinder draußen spielten, ›hatte‹ ich Spaß mit der Klitoris – bis Mutter mir sagte, daß das gefährlich sei ...

Nachdem sie mir dieses unbehagliche Gefühl vermittelt hatte, begann ich im Masturbieren eine ›böse Handlung‹ zu sehen, eine Sünde. Doch zugleich waren die dabei auftretenden Gefühle so lustvoll, daß ich einfach nicht darauf verzichten konnte!

Heute benutze ich die Masturbation sogar als Hilfsmittel zur Heilung des Körpers ...

Damals, als ich mit siebzehn Jahren diesen deutschen Freund traf – wir beide noch Jungfrauen und zugleich richtig scharf aufeinander –, wuchs bei jedem ›unserer‹ Treffen die Begierde zwischen ›unseren‹ Körpern, bis wir schließlich nackt zusammen ins Bett gingen und alles taten, um diesen Hunger zu befriedigen – mit Ausnahme der Penetration. Eine Menge Schuldgefühle und eine Menge Begehren waren im Spiel, wie bei allen Teenagern, die hören, wie ›ihre‹ Eltern ständig abfällig über Sex reden. Mutter lehnte ihn völlig ab; sie verachtete alle Menschen, die dem Körper Freiheit zuerkannten. Oft sprach sie voller Abscheu über Mädchen, die mit den Jungen bis in die Nacht am Strand blieben. Wenn ich mit ihr am Meer spazierenging, sahen wir immer wieder Paare, die sich in jedem einigermaßen geschützten Winkel zwischen den großen Häusern am Strand vergnügten. Dann schaute sie zu ihnen herüber und sagte:

»Sieh nur, wie widerlich das ist. Sie sollten sich schämen!«

Ich sah diese sich umarmenden und küssenden Menschen und wußte nicht, was ich davon halten sollte, weil ich selbst diese Dinge noch nie erlebt hatte und nicht wissen konnte, ob sie gut oder schlecht waren. Damals war ich dreizehn oder vierzehn Jahre alt. Es war unmöglich für mich, selbst mit einem Jungen zusammenzusein, weil Mutter ständig bei mir war und mich nicht aus den Augen ließ. Ich durfte mit keinem dieser ›freien‹ Mädchen sprechen, geschweige denn mit einem Jungen tanzen, der Mutter nicht gefiel. Sie sagte immer:

»Um herauszufinden, ob du jemanden wirklich liebst, mußt du dir vorstellen, wie er auf dem Klo sitzt und scheißt. Wenn du dabei keinen Abscheu empfindest, ist es wahre Liebe.«

Natürlich würden viele Leidenschaften dieser Prüfung nicht standhalten. Dem Geliebten beim Scheißen zusehen? Diese Vorstellung mußte einem jedes romantische Gefühl buchstäblich aus dem Herzen schneiden!

Aber ein Junge bestand die Prüfung. Ich liebte es ganz einfach, ihn vor dem inneren Auge zu sehen, scheißend oder wie auch immer, weil er so gut tanzte, daß ich einfach dahinschmolz, wenn er mich in den Armen hielt und mich im Takt der Musik bewegte ... Aber sie entschied, daß er angeblich nicht gut genug für mich war, und dann durfte ich zu keiner Party gehen, auf der ich ihn möglicherweise getroffen hätte. Und aus welchem Grund? Das wollte sie mir nicht sagen. Vielleicht weil er deutlich älter als ich war – einundzwanzig –, weil er gerne Fußball spielte, oder weil er keine Familie ›hatte‹, keinen Namen, niemand ›seinen‹ Nachnamen kannte. Er lebte allein und träumte nicht davon, ›jemand‹ zu werden in dieser beschissenen Gesellschaft. Aber er tanzte so wunderbar! Wenn ich die Augen schließe, erinnere ich mich immer noch an das Gefühl, in ›seinen‹ Armen hin und her bewegt zu werden. Er wurde Zézé genannt, und ich frage mich, ob es mir vergönnt sein wird, diesen Mann wiederzutreffen und noch einmal mit ihm zu tanzen! Heutzutage tanzen wir nicht mehr auf diese Weise, besonders in Europa. Aber wer weiß? Das Leben ist seltsam, mysteriös, und wir werden nie in der Lage sein, es völlig zu begreifen.

Aber als ich Claudio, den schönen Deutschen, kennenlernte, wurde er von Mutter akzeptiert, weil er studierte und deshalb als Ingenieur ›eine Zukunft hatte‹ – und einen deutschen Familiennamen, was in Brasilien eine Menge zählt... Ausländer werden dort ganz anders wahrgenommen, mit viel Respekt, wie eben die Bewohner der Kolonien zu den Leuten aus den Metropolen aufblicken. Was für ein Schwachsinn! Und heute in Deutschland, viele Jahre später, betrachtet die Mittelklasse Ausländer wie mich als Eindringlinge, während die Jungen, die Freaks, die Punks, die Sannyasins und die Beatniks mich respektieren und sich von Menschen anderen Blutes und fremder Kultur angezogen fühlen!

Mit Cláudio kam die gegenseitige Masturbation. Ich entdeckte, welche Freude es mir bereitete, wenn die Brüste berührt wurden, und der Hunger nach Sex wurde stärker und stärker, gemischt mit jenen Schuldgefühlen, die uns beide plagten. Doch gleichzeitig ›hatten‹ wir immer eine Menge Spaß, wenn wir zusammenwaren.

Cláudio war bei einem Onkel aufgewachsen, einem lustigen, dicken Deutschen namens Frederic, der gerne Gäste in ›sein‹ schönes Haus einlud, das in den Bergen an einem der unglaublichsten Orte lag, die ich kenne: Mauá! Er lud Mutter und mich ein, die Ferien in diesem Haus zu verbringen. Frederic war mit einer sehr ernsten und disziplinierten Frau verheiratet, die sich vegetarisch ernährte und eine Anhängerin Krishnamurtis war. Sie verhielt sich uns gegenüber ziemlich repressiv und sagte, sie wollte keinen

Ärger mit ›meiner‹ Mutter, aber ich vermute, daß sie in Wahrheit voller Vorurteile gegen Sex und Vergnügen steckte.

Manchmal wohnte eine Art Guru bei ihnen, der ebenfalls aus Deutschland stammte. Er unternahm lange Wanderungen und ernährte sich ausschließlich von Rohkost. Er ›hatte‹ einen langen, weißen Bart. Als ich dort für ›mein‹ Universitätsexamen lernte und viel herumspazierte, kreuzten sich ›unsere‹ Wege ziemlich oft. Ich fand ihn sehr faszinierend, wie er dort mit einem hölzernen Stab allein durch die Natur wanderte, und Frederics Frau behandelte ihn außerordentlich respektvoll. Aber sie alle schienen das Leben nicht so zu genießen wie ich.

›Meine‹ Eltern waren sehr besorgt, als ich auf die Universität ging, weil das, wie sie sagten, damals angeblich eine wahre Kommunistenhöhle war. Ich weiß noch, daß ich ihnen entgegnete, sie bräuchten sich keine Sorgen zu machen, da ich mich von niemandem beeinflussen lassen würde. Aber sie ›hatten‹ recht! Doch statt ›professionelle Kommunisten‹ zu treffen, die ›sehr gefährlich waren, andere zu dominieren versuchten und sie mit ihren Ideen infizierten‹, lernte ich an der Universität eine Menge interessante Poeten, Schriftsteller, Philosophen und freie Frauen kennen – die ersten wirklich unabhängigen Frauen, die mir begegneten! Und es gab dort viele Menschen, die entrüstet waren über den Zustand, in dem die Menschheit sich befand, und bereit waren, ›ihr‹ Leben dafür zu geben, einen Wandel herbeizuführen. Ich liebte dieses für mich völlig neue Milieu und verbrachte fast die ganze Zeit dort, was der erste große Wendepunkt in diesem Leben wurde. Es gab zwei Mädchen, mit denen ich mich eng befreundete: Carmen und Sônia. Erstere war die Schwester eines berühmten Malers, und sie kannte einen Mann, mit dem sie sich nur traf, um mit ihm Liebe zu machen. Mit großen Augen lauschte ich ›ihren‹ Geschichten darüber. Ich weiß nicht mehr, was ich damals so ungewöhnlich an dieser Liebesaffäre fand – vielleicht, daß er viel älter als sie war. Sônia traf sich mit einem Mann, den sie außerhalb des Bettes eigentlich gar nicht mochte, mit dem sie aber wirklich guten Sex ›hatte‹. Für ein normales Mädchen wie mich, mit einer so repressiven Mutter, klangen diese Geschichten natürlich überaus fantastisch!

Nach dem ersten Semester wurde ich eingeladen, mich am Schönheitswettbewerb von ›Fluminense‹ zu beteiligen, dem Klub, wo wir Tennis spielten, wo ich Sonntag abends Tanzen ging und mich in Tennisspieler aus anderen Städten verliebte. Die Familie war stolz auf mich, und ich war verblüfft: Nie hätte ich gedacht, schön genug für diesen Wettbewerb zu sein! Ich hielt mich immer für zu dick, so wie ›meine‹ Tochter Adhara heute, obwohl sie sich in Wirklichkeit zu einer echten Schönheit entwickelt. Und heute halte ich mich für zu alt! Nie akzeptieren wir die eigene Schönheit. Immer denken wir, daß etwas mit uns nicht stimmt.

Daher stelle ich Ihnen jetzt die erste Übung vor:

Tanzen Sie vier Monate lang täglich 45 Minuten vor einem Spiegel. Beginnen Sie die Übung angezogen, und entledigen Sie sich dann langsam der Kleider, bis Sie ganz nackt sind. Spielen Sie dazu Musik, die Sie antörnt, die Ihnen wirklich gefällt, etwas, das den Körper in Bewegung bringt, auch wenn Ihnen eigentlich gar nicht danach zumute ist. Stellen Sie sich eine schöne Kassette zusammen. (Ich kann das für Sie tun.) Und bewegen Sie sich! Legen Sie sich, wenn die 45 Minuten um sind, auf den Boden, und ruhen Sie sich eine Viertelstunde aus, mit weit geöffneten Armen und Beinen. Das ist der beste Weg, sich zu entspannen: alles weit zu öffnen!

Der Tanz sollte wild sein, ohne jede Hemmung. Tun Sie es also allein. Und lassen Sie nicht zu, daß der innere Zensor Sie dabei in irgendeiner Weise kritisiert. Lassen Sie es geschehen, daß der Körper selbst die Kontrolle übernimmt, wie noch niemals zuvor. Betrügen Sie sich nicht selbst, tun Sie es wirklich! Und sorgen Sie dafür, daß Sie nicht durch das Telefon, Gäste oder Kinder gestört werden, während dieser Momente der Einsamkeit, in denen Sie sich selbst heilen und Leben in den Körper zurückbringen. Wenn Sie Kinder ›haben‹, die Sie beaufsichtigen müssen, und sie gerne mit Ihnen tanzen möchten, dann können Sie ihnen das erlauben. Sorgen Sie aber dafür, daß die Kinder ›ihren‹ eigenen Tanz tanzen, und Sie den ›Ihren‹. Stören Sie sich nicht gegenseitig. Sie sollten den Kindern nicht zeigen, wie sie tanzen sollen, und sich Ihrerseits nicht von ihnen ablenken lassen. Wenn die Kinder das nicht verstehen können, üben Sie besser zu einem anderen Zeitpunkt, wenn Sie ungestört sind. Aber ich denke, die Kinder können lernen, daß diese Momente heilig sind, weil Mami gerade meditiert. Atman und Adhara haben es gelernt, nach einigen anfänglichen Mißverständnissen. Mir wurde klar, daß sie nicht beide gleichzeitig an der Übung teilnehmen konnten, weil sie dann miteinander wetteiferten und allerlei Probleme machten. Aber ein Kind allein, besonders Adhara, war oft dabei, wenn ich tanzte. Nur anfangs mußte der Mann, mir dem ich damals zusammenlebte, sie ein paarmal aus dem Zimmer holen, weil sie zu viel Lärm machte als sie um Aufmerksamkeit bettelte. Dann lernte sie, daß sie still sein mußte, wenn sie mit mir zusammensein wollte, während ich übte. Manchmal schlief sie, schaute mir zu oder spielte sehr leise ...

Sie können also ›Ihre‹ Kindern unterrichten, ohne sie in irgendeiner Weise zu unterdrücken. Es gibt keinen Grund, ihnen zu sagen, daß sie nicht weinen sollen. Lassen Sie sie weinen. Kinder weinen, wir weinen. Weinen ist sehr gesund. Wenn Sie noch nie geweint haben, können Sie sicher sein, daß bei Ihnen etwas nicht stimmt. Von Männern wird oft erwartet, daß sie niemals weinen, weil angeblich ›nur Frauen in Tränen ausbrechen‹. Weil es Frauen erlaubt ist zu weinen, sind sie schöner, gesünder, frischer und werden nicht so leicht verrückt. In den Nervenkliniken gibt es viel mehr Männer als Frauen!

Im Norden, besonders in Deutschland, wo ich seit einigen Jahren lebe, darf niemand Gefühle zeigen. Das Ziel ist, immer cool zu bleiben. Darum machte es mich so glücklich, als ich gestern sah, daß jemand weithin sichtbar die Worte »Zeige Gefühl!« auf eine Wand gesprüht hatte.

Traurigkeit ist ebenso in Ordnung wie Depression und jede andere Emotion. Sie alle ›gehören‹ zum Leben dazu. Wenn Sie sie anschauen, können Sie sie besser verstehen und ›haben‹ keine Angst mehr vor ihnen. Furcht entsteht aus Unwissenheit. Wenn wir alle Gefühle wirklich kennenlernen, ›haben‹ sie keine Macht mehr über uns, und wir sind frei. Wir werden auch weiterhin Gefühle erleben, aber sie beherrschen uns nicht länger, sie sind nur noch da, um von uns erfahren zu werden. Wenn Sie sich darauf einlassen, daß ein Gefühl sie ganz durchdringt, bis es den natürlichen Höhepunkt erreicht, und wenn Sie sich dann hinsetzen, umhergehen oder tanzen UND ES EINFACH BEOBACHTEN, verschwindet es allmählich. Aber Sie haben es wirklich gespürt, und das ist der Trick dabei: **es zu fühlen, es nicht zu unterdrücken.** Andernfalls leben Sie in ständiger Angst, Angst vor Gefühlen. Und dann sehen Sie so tot aus, daß niemand Sie attraktiv findet. Und falls doch, dann nur Leute, die auch einsam sind, gehemmt, und jemanden ›brauchen‹, der sich um sie kümmert oder um den sie sich kümmern können. Fürchten Sie sich also nicht vor Gefühlen. Sie machen Sie lebendig und attraktiv!

Oft fällt mir auf, wie der Verstand die Sprache beherrscht. Es ist zum Beispiel sehr schwierig, ohne diese Possesivpronomen wie ›Ihre‹, ›meine‹, ›unsere‹ zu schreiben, oder auf Verben wie ›haben‹ zu verzichten ... Ich versuche, weitgehend auf sie zu verzichten, um das Denken in eine andere Richtung zu programmieren, damit wir ein Gefühl dafür bekommen, daß uns nichts wirklich gehört. Aber es ist wirklich schwer, ohne sie zu schreiben. Daran erkenne ich, wie tief wir darauf konditioniert sind, Dinge besitzen zu wollen, sogar Gefühle und Menschen! Wenn ich also nicht auf diese Wörter verzichten kann, setze ich sie in Anführungszeichen. Wenigstens macht uns das etwas wachsamer, was das Besitzdenken angeht. Und vielleicht schaffen wir ja doch, es zu überwinden!

❦

Ich wurde also eingeladen, an einer Miß-Wahl teilzunehmen. Die Hoffnung dabei war, dadurch bekannt zu werden und vielleicht ein Buch veröffentlichen zu können, denn ich hatte immer schon leidenschaftlich gerne geschrieben. Zum Beispiel hatte ich schon mit sieben Jahren ein Gedichtbändchen verfaßt!

Doch der Schönheitswettbewerb kostete mich den Freund! Als Cláudio hörte, daß ich mich daran beteiligen wollte, sagte er:

»Ich will nicht, daß du das tust.«

»Warum?« fragte ich ihn.

Er antwortete, er wolle nicht, daß Jungen ein Foto ›seines‹ Mädchens anstarrten und dazu masturbierten. Ich fand es unglaublich, daß jemand von mir verlangte, etwas nicht zu tun, was ich gerne tun wollte. Woher nahm er das Recht, mir Vorschriften zu machen? Und wie kam er auf die Idee, andere Männer könnten ›mein‹ Foto als Vorlage zum Masturbieren benutzen? Ganz offensichtlich projizierte er, weil er so ein gehemmter, schüchterner Mensch war, lediglich bestimmte Vorstellungen nach außen! Ich weiß noch, daß ich ihm einmal ein schönes orangefarbenes Hemd zum Geburtstag schenkte. Er war darüber sehr schockiert, und trotz aller Überredungskünste ließ er sich nicht bewegen, es zu tragen, obwohl ihm diese Farbe unglaublich gut stand.

»Orange erregt zu viel Aufmerksamkeit«, sagte er.

Ich erklärte ihm die Gründe, warum ich an dieser Schönheitskonkurrenz teilnehmen wollte. Alles vergeblich. Als ich ihm sagte, daß ›mein‹ Entschluß bereits feststand, entgegnete er, Meilen entfernt, am Telefon:

»Dann ist alles zu Ende zwischen uns.«

WAS konnte zu Ende sein? Konnte die Liebe zwischen uns einfach zu Ende sein? Konnte das Begehren zwischen uns so plötzlich aufhören? Nein, keineswegs! Beenden konnte er nur ›unsere‹ Beziehung als intellektuelle Idee, jene abstrakte Vereinbarung, die zwei Menschen treffen, wenn das Feuer der Leidenschaft sie packt. Wir beide erlebten zum erstenmal Sex, und es war wunderschön und gut! Wie konnte er das so einfach per Telefon für beendet erklären?

Natürlich war ich traurig, aber zugleich beschloß ich, von nun an nie mehr einen Mann ›mein‹ Leben beherrschen zu lassen. Es war ein seltsames Gefühl, sich der Tatsache bewußt zu werden, daß rings um mich alle Mädchen sich von ›ihren‹ Freunden sagen ließen, was sie tun oder lassen sollten. Und zwar nicht, weil sie noch Teenager waren, sondern weil es einfach unterschwellig als völlig normal galt, daß die Männer uns Vorschriften machten.

Ich erinnere mich, wie ›meine‹ Mutter damals zu mir sagte, ›ihre‹ Freundinnen hätten es sehr mutig gefunden, daß ich eine solche Entscheidung getroffen und mich gegenüber dem Mann, den ich liebte, behauptet hatte. Doch ich selbst fand das überhaupt nicht außergewöhnlich: Mir war klar, daß die Liebe niemals dazu führen durfte, daß man die eigene Freiheit aufgab oder auf die Möglichkeit verzichtete, jederzeit individuelle und spontane Entscheidungen zu treffen und den eigenen Herzenswünschen zu folgen.

Der nächste Mann, von dem ich mich angezogen fühlte, war der Organisator des Schönheitswettbewerbs. Ich verging förmlich vor Leidenschaft und fragte mich, ob ein solcher Mann sich wohl jemals für mich interessieren könnte. Wir sind immer so unsicher in Liebesdingen! In jenem Fall rührten die Zweifel daher, daß er viel älter war und so schrecklich wichtig aussah! Mutter wußte alles darüber, und natürlich gefiel er ihr: Er ›hatte‹ etwas Macht, ein Auto und verstand sich sehr gut auf die Spielregeln der Gesellschaft. Er war kein einfacher Fußballspieler, der immer nur tanzen wollte! Und er fuhr mit mir überall hin, ganz offensichtlich sehr an dieser jungen Schönheit interessiert!

Eines Abends schafften wir es, im Gebüsch hinter einem Tennisklub allein zu sein. Sofort faßte er nach ›meinen‹ Brüsten und küßte mich auf so hungrige Weise, daß ich mich abgestoßen fühlte. Ich kam mir vor wie ein Stück zum Verzehr vorgesehenes Fleisch. Die Leidenschaft war verflogen ...

Am Abend des Wettbewerbs erhielt ich den meisten Applaus, aber ich redete zu viel, weil ich so glücklich war, in die Endausscheidung gekommen zu sein. Die anderen sagten nur, was von ihnen erwartet wurde, wie Plastikpuppen: keine Gefühle. Ich dagegen bedankte mich sogar bei der armen Frau, die mir beim Ankleiden geholfen hatte. Das Publikum kreischte: Huuu! Und ich verlor den Preis, erreichte nur den vierten Platz. Die ersten drei gehörten nicht zu der Karawane von Mädchen, die eine Menge Partys und lächerliche Veranstaltungen hatten über sich ergehen lassen müssen, stets die besorgten Mütter im Schlepptau. Bei ihnen handelte es sich um blonde Fotomodelle, die erst in der letzten Minute auftauchten. Die Siegerin wurde später zur Miss Brazil gewählt. Im Umkleideraum trugen mich die anderen Mädchen auf den Schultern, weil sie mich als die wahre Gewinnerin betrachteten. Mir selbst war es im Grunde gleichgültig, zu gewinnen oder nicht zu gewinnen.

In jenen Tagen war ich auf der Suche nach dem Sinn des Lebens immer noch sehr stark von der Kirche beeinflußt. Als ich eines Tages darum betete, Erste im Wettbewerb zu werden, wurde mir plötzlich klar:

›Wenn jetzt alle Teilnehmerinnen dafür beten, Erste zu werden, wie soll Gott dann entscheiden, wer gewinnt?‹ Mit diesem Gedanken verschwand bei mir jeder Wunsch zu gewinnen!

Cláudio, der den Wettbewerb oben von der Tribüne aus verfolgt hatte, fragte mich am Abend danach, ob ich wieder ›seine‹ Freundin sein wollte, doch ich entgegnete, ›seine‹ Ansichten in diesen Dingen seien mir zu dumm und ich wolle nicht mehr mit so einem Mann zusammen sein. Ein paar Monate später war ich es dann, die zu ihm ging und darum bat, ›unsere‹ Liebe zu erneuern. Aber da war er bereits mit einem dieser Mädchen zusammen, die einen Ehemann und ein paar Kinder wollen, und soweit ich weiß, ist er immer noch mit ihr verheiratet, ›hat‹ mehrere Kinder, einen guten Job und ein bequemes Haus irgendwo in Brasilien.

Mit Cláudio habe ich eine Menge über Sex gelernt. Die Liebe, die wir miteinander geteilt hatten, war sehr schön gewesen! Nach der Enttäuschung mit Arnaldo, dem Organisator der Miss-Wahl, beschloß ich, der sexuellen Energie in mir mehr Freiraum zu gönnen, auch wenn ich mich immer noch von keinem Mann penetrieren lassen wollte. Es gab ein paar Jungs, mit denen ich Petting machte. Meistens gefiel es ihnen nicht, daß ich zwar von ihnen berührt, nicht aber penetriert werden wollte. Dieses Jungfrauen-Tabu, das mir auferlegt wurde, verursachte mir wirklich eine Menge Probleme!

Eines Tages begegnete ich Abel. Er ist heute in Brasilien ein bekannter Komponist, und mit ihm machte die Lebensqualität für mich einen wirklichen Sprung nach vorn. Er war außerordentlich sexy, unter den Studentinnen heiß begehrt, flirtete unentwegt, und wenn er tanzte, berührte er dabei mit dem Körper den ganzen Körper der Mädchen. ›Meinen‹ natürlich auch! Außerdem war er ein Poet. Ich gab mich ihm völlig hin! Selbst jetzt noch spüre ich einen Energieschub in der Pussi, wenn ich mich an ihn erinnere! Doch ich würde heute nicht mehr mit Abel Liebe machen. Schon als wir uns zwölf Jahre später in einem Restaurant trafen, wußte ich, daß die Leidenschaft für ihn total erloschen war. Aber die Erinnerung an jenes Gefühl, das Fieber, die Begierde, die Hitze, die den ganzen Körper ›erfaßte‹, wenn Abel mich berührte ... Ja, während der Affäre mit Abel wurde ›mein‹ Körper zunehmend offener, je mehr dieser Mann mich begehrte. Doch immer noch war ich Jungfrau. Ein merkwürdiges, außerordentlich starkes Tabu! Bei ihm war aber nicht nur das Tabu der Grund für die Zurückhaltung, sondern auch der Umstand, daß ich ihn zugleich liebte und haßte. Ich haßte ihn, weil er eine feste Freundin ›hatte‹, die abends nicht lange ausgehen durfte. Mit ihr durfte er keine Liebe machen: Sie wollten heiraten! Währenddessen versuchte er ständig, mich zu überreden, mit ihm zu vögeln. Es sei albern, immer noch Jungfrau zu bleiben, das sei ein dummes Tabu. Alle diese Dinge hatten wir bereits von den Marxisten gelernt. Er wollte mich unbedingt durch die Vagina penetrieren, denn von hinten hatte er es bereits getan: Ich hatte ihm einfach nicht widerstehen können! Vom Kopf her wollte ich nicht. Ich wollte Jungfrau bleiben, den Körper ›meiner‹ Mutter zuliebe kastriert halten, aber da waren diese Augen, diese Hände, die Worte, die er sagte, die Wärme ›seines‹ Körpers. Es war zu viel, um den Körper ganz vor ihm zu verschließen!

Es passierte auf einer Party in S. Tereza, einem der reizendsten Viertel Rios – einem kleinen Hügel mitten in der Stadt, wo viele Künstler leben und die Natur noch sehr schön ist. Rio ist wirklich eine fantastische Stadt, voller Poesie, auch wenn es, wegen der großen Klassenunterschiede, dort viel Kriminalität und Gewalt gibt. Sogar Janis Joplin war einmal kurze Zeit dort zu Besuch. ›Ihr‹ Gastgeber, ein Maler, erzählte uns später, sie hätte während des ganzen zehntägigen Aufenthaltes kein Wort gesprochen, nur gelebt, Drogen genommen, Liebe und Musik gemacht! Ich bin ihr damals begegnet, auf einem Hippie-Bazar, einem der ersten ›feira hippie de Ipanema‹, der inzwischen zu einer rein kommerziellen Veranstaltung geworden ist, fest in den Händen von ganz normalen bürgerlichen Geschäftsleuten, auch wenn dort noch immer einige Künstler Bilder, Kunsthandwerk und Schmuck von guter Qualität anbieten.

Auf diesem Bazar traf ich also Janis Joplin. Ich blieb vor ihr stehen, und sie schaute mich an, schob die Brille ein Stück nach unten und betrachtete mich sehr aufmerksam. Dann lächelte sie, dieses wunderschöne große Lächeln, das damals die ganze Welt verzauberte! Damals hatte ich keine Ahnung, daß ich eines Tages selbst Rocksängerin werden würde und viele Leute mir sagen würden, daß ich ihr sehr ähnlich sehe! Sie ist eine große Inspiration für mich gewesen. Vielleicht mag Atman sie deshalb so sehr und betrachtet sie als ›seine‹ Muse: Während der Schwangerschaft und ›seiner‹ Kindheit war Janis Joplins Musik die meistgehörte bei uns zu Hause.

Und da waren wir, schauten einander verwundert und voller Liebe an ... keine Worte, keine Gedanken ...

Auf der wunderbaren Party in S. Tereza, wo ich Abel getroffen hatte, machten wir Petting neben einem Waschbecken. Es war dunkel. Ich weiß noch, daß ich mich über das Waschbecken beugte, während er mich von hinten penetrierte. Das Gefühl dabei war: »Ja, ich gebe mich ganz dem Vergnügen hin, weil es nichts Besseres gibt.« Zum erstenmal erlebte ich die Penetration, das Gefühl, die Energie eines Mannes in mich aufzunehmen, das Gefühl, weiblich zu sein. Und es war so ein seltsames, starkes Gefühl!

Ich frage mich immer wieder, wie Menschen das Vergnügen ablehnen können! Sie nehmen sich keine Zeit für solche Dinge! Als ich heute mit dem Mann sprach, den ich zur Zeit begehre, spürte ich eine schöne Verbundenheit zwischen uns, aber er sagte mir, momentan ›habe‹ er keine Zeit für Liebe. Er ›habe‹ genug Liebesleid erlebt, daher wolle er ›seine‹ Energie auf etwas anderes konzentrieren. Aber wie können Menschen ohne Sex und Liebe überleben? Das ist einfach verrückt!

Aber ich kann warten. Ich kann auf diesen Mann warten. Ich habe gelernt zu warten ...

Heute, fünf Jahre nachdem ich diese Passage schrieb, muß ich darüber lachen, denn eben dieser Mann hat inzwischen ein paarmal mit mir Liebe gemacht, eine starke, wilde Liebe, wie ich sie nicht wirklich mag. Sie brachte mich nicht zum Orgasmus, bis ich den Mut fand, ihm das zu sagen. Ich respektierte ihn und respektiere ihn immer noch als musikalisches Genie, und wenn wir Zeit fanden, allein zu sein und Sex zu erleben, konnte ich nicht viel sagen. Dann fühlte sich alles so magisch an, und wir waren beide so glücklich und scheu, und so verschieden voneinander, er ungefähr 20 Jahre jünger als ich, daß ich mich nur dankbar fühlen konnte, zu berühren und von ihm berührt zu werden, auch wenn es nicht viele Berührungen gab, nur eine Art Experimentieren mit dem Ficken. Als ich ihn am Telefon einmal fragte, ob er die zurückliegende Nacht genossen ›habe‹, erwiderte er:

»Nicht so sehr.«

»Warum?« fragte ich.

»Pyari, du könntest ›meine‹ Mutter sein!«

»›Hast‹ du damit Probleme?«

Sich dessen ein wenig bewußt werdend, antwortete er mit leiserer Stimme:

»Ja.«

Als ich es schließlich schaffte, ihm zu beichten, daß ich mit ihm nie zum Orgasmus gelangt war, war er sehr überrascht, aber ein paar Stunden später, in derselben Nacht, kam es dann doch noch dazu. Vielleicht hatte der Umstand, daß wir darüber sprechen konnten, es ermöglicht, daß der Orgasmus schließlich geschehen konnte. Aber seltsamerweise verlor ich, wie ein Freund es mir vorhergesagt ›hatte‹, danach das Interesse an ihm. Auch trifft es zu, daß ich damals bereits andere Bekanntschaften geknüpft ›hatte‹, die in sexueller Hinsicht weit befriedigender für mich waren ...!

Heute machen wir immer noch zusammen Musik und genießen andere Freuden, im Bereich der Kreativität. Manchmal denke ich, ich war so verrückt nach ihm wegen der Musik, die er spielt, Musik, die nicht nur den Körper, sondern auch die Seele bewegt! Und die Verbindung zwischen uns wird auch weiterhin sehr fruchtbar sein...

Mit der Zeit wurde ich zunehmend wütend auf Abel. Er war der typische brasilianische Macho: Die feste Freundin wird geheiratet, und alle anderen Frauen sind zum Vögeln da. »Meine Frau bleibt zu Hause und funktioniert als Gebärmaschine. Sie trifft sich nicht mit anderen Männern und ist nur für mich da.«

Ja, ich haßte diese Einstellung! Aber dennoch begehrte ich ihn die ganze Zeit. Wenn ich ihn sah, wurde ich sofort furchtbar aufgeregt! Er war das genaue Gegenteil von Cláudio: ein extrovertierter Typ, überhaupt nicht schüchtern. ›Meine‹ Ausflüchte, warum ich nicht von ihm gefickt werden wollte, akzeptierte er in keiner Weise.

Das Begehren nach ihm wuchs ständig, doch noch immer erwies sich die Moral, die Mutter mir eingeimpft hatte, als stärker. Wir gingen oft zusammen aus, verbrachten viel Zeit mit Musikern und anderen fantastischen Leuten. Ich sang in einer Musikgruppe, die er leitete. Wir waren zusammen kreativ und ›hatten‹ viel Spaß. Es war eine wunderbare Zeit! Immer brannte ich vor Verlangen, und er berührte mich ständig, liebkoste mich und sorgte dafür, daß ich mich in einer Art Liebesagonie befand. Dadurch geriet ich in eine derartige Verwirrung, daß ich beschloß, mich einem anderen Menschen anzuvertrauen. Ich ging zu einer Freundin, Isa. Wir waren zusammen aufgewachsen, hatten beide im selben Haus gewohnt.

Auf der Party zu ›meinem‹ zwanzigsten Geburtstag schenkte sie mir ›Das zweite Geschlecht‹, Band 2, von Simone de Beauvoir. Abel war mit ›seiner‹ Freundin gekommen. Mutter hatte mir ein schönes blaues Kleid genäht, mit einem tiefen Ausschnitt, in dem man den Ansatz ›meiner‹ kleinen Brüste sehen konnte. Ich weiß noch, daß sie auf dem Sofa saßen, und als ich mich bückte, um sie zu begrüßen, waren die Brüste plötzlich ganz offen zu sehen. Er starrte voller Verlangen darauf, sie voller Erstaunen. Ich schob das Kleid hoch, um den schönen Anblick zu bedecken, und war glücklich, daß Abel diese kleinen Hügel, die er zu ›meinem‹ großen Vergnügen so gerne berührte und streichelte, gesehen und begehrt hatte!

Doch als ich dann Simone de Beauvoir gelesen hatte, war er für mich erledigt. Diese Geburtstagsparty bedeutete einen Wendepunkt. Als ich ihn mit der Verlobten dort sah, begriff ich endlich, was für ein Macho er war! »Nie wieder ein Mann von dieser Sorte«, schwor ich mir, als ich Beauvoirs Buch zuklappte, das ich innerhalb von ein paar Tagen voller Staunen, Verwunderung und Freude gelesen hatte. Und, was das wichtigste war, die Lektüre dieses Buches veranlaßte mich zu dem Entschluß, daß ich von jetzt an wirklichen Sex erleben wollte. Ich wollte diesem albernen Jungfrauen-Tabu ein Ende setzen und mir als ersten echten ›Liebhaber‹ einen wirklich netten Jungen suchen.

Ich erinnere mich gut an Vereza. Ein farbiger Freund, der Dichter Aristóteles, hatte mich gebeten, ihn zu der Lesung eines bekannten Schauspielers und Schriftstellers zu begleiten. So begegnete ich ihm, diesem charismatischen Künstler. Er war blond, kurzhaarig, viel älter als ich, vermutlich Mitte Dreißig. ›Seine‹ Hände bewegten sich, während er vortrug, mit solcher Schönheit und Grazie! Er strahlte eine Inspiration aus, die ihn später überall im Land berühmt machen sollte. Er sprach mit dem ganzen Körper, drückte die volle Bandbreite der Emotionen aus, so daß sich der tiefere Sinn jedes Wortes offenbarte. Ich war vollkommen hingerissen, wurde von tiefer Liebe und Leidenschaft gepackt! Nach dieser ersten Begegnung versäumte ich keinen ›seiner‹ Auftritte. Ich suchte die Zeitungen nach Ankündigungen ›seiner‹ Vorstellungen ab und ging jedesmal hin, um mich an der Gegenwart dieses Mannes, dem Genie, das er verkörperte, zu erfreuen.

Ich weiß nicht mehr, wie es dazu kam, aber eines Tages saßen wir allein auf einer Treppe hinter der Bühne, und es gelang mir, ihm zu gestehen, daß ich mit ihm schlafen wollte. Er sagte, es bedeute ihm zu viel Verantwortung, der erste ›Liebhaber‹ einer Jungfrau zu sein. Wie er es genau begründete, weiß ich nicht mehr. Das ist im Nebel der Vergangenheit verloren. Ich erinnere mich nur noch bruchstückhaft an wichtige Augenblicke auf dem Weg ...

Vielleicht fand er mich ein bißchen zu dumm, weil ich mich mit zwanzig Jahren noch so an die Jungfräulichkeit geklammert hatte; oder er war einfach nicht scharf genug auf mich – wäre genug Feuer dagewesen, wäre es zwischen uns ganz ohne Worte zum Sex gekommen; oder ich war zu unreif, um einen so fantastischen Mann für mich interessieren zu können; oder er ›hatte‹ Angst vor den möglichen gesellschaftlichen Folgen: Wenn in Brasilien ein Mann mit einem Mädchen schläft, das jünger als einundzwanzig Jahre ist, kann er per Gerichtsbeschluß dazu gezwungen werden, sie zu heiraten, wenn die Eltern des Mädchens beweisen können, daß er ›ihr‹ erster ›Liebhaber‹ war.

Ein oder zwei Jahre später, als ich schon keine Jungfrau mehr war, gingen Vereza und ich zusammen ins Bett, aber es war einer jener Ficks, bei denen die Frau nichts spürt und traurig nach Hause geht ... Es ist ein Paradox des Lebens, daß ein so begnadeter Künstler wie er unfähig war, einer Frau im Bett Befriedigung zu verschaffen! Vielleicht hatte er ja aus diesem Grund nicht der erste ›Liebhaber‹ sein wollen: weil er wußte, daß er nicht gut im Bett war.

Diese Erfahrung wiederholte sich mit einem anderen Helden, einem Journalisten, der uns an der Universität einen so mitreißenden Vortrag gehalten hatte, daß mir das Herz vor Erregung bebte, dann im Bett aber eine völlige Unfähigkeit bewies, auf die sexuellen Wünsche einer Frau einzugehen. Er wurde später in Brasilien ein bekannter Revolutionär, und die Geschichte dieser frustrierenden sexuellen Begegnung ist in der Zeitschrift ›Fair Play‹ veröffentlicht worden – als Monolog einer Kommunistin, die nach dem Liebesakt zu dem Mann neben ihr sagt, daß sie nicht begreifen könne, wie er so wunderbar für die Revolution kämpfen und zugleich so unfähig sein könne, einer Frau im Bett Befriedung zu schenken! Das war der erste Text, der von mir veröffentlicht wurde. Dazu hatte mich ein anderer Lehrer ermutigt, der in mich verliebt war und sehr erstaunt, als ich ihm zeigte, was ich geschrieben hatte. Er entwickelte sich in Brasilien zu einer Berühmtheit und wurde vor ein paar Jahren Kulturminister in Rio. Es war komisch, ihn in Hamburg wiederzutreffen, wo er an einer Konferenz über brasilianische Literatur teilnahm.

❦

Ich hatte mich sehr verändert. Ein paar Monate zuvor hatte ich mich noch geweigert, mit den Freunden ins Bett zu gehen. Zu Escobar, einem wunderbaren Theaterregisseur, der scharf auf mich war, sagte ich:

»Du willst doch bloß Sex mit mir!«

Na und? Heute würde ich einen solchen Mann lieben! Aber, wer weiß? Vielleicht hätte er mich, wenn ich ja gesagt hätte, gebeten, ihn zu heiraten, Kinder von mir gewollt und sich in einen eifersüchtigen Macho verwandelt.

Mit Roberto, dem Pianisten, lag ich sogar schon nackt im Bett, als ich ihm sagte, daß ich nicht penetriert werden wollte. Ich rufe mir oft ins Gedächtnis, was er mir in jener Nacht sagte, denn es waren wirklich weise Worte:

»Natürlich, wenn du keine Jungfrau mehr bist, wirst du nicht mehr viele Männer kennenlernen, die bereit sind, sich in dich zu verlieben, weil die meisten von ihnen nur eine Jungfrau heiraten wollen. Das stimmt. Aber das Leben ist wie eine Pyramide: An der Spitze gibt es nur wenige, und das sind die Besten. Und sie wollen keine Jungfrau. Steig ganz nach oben auf die Pyramide, wähle immer nur die Besten. Qualität ist viel wichtiger als Quantität!«

Das trifft nicht nur für Liebe und Sex zu, sondern für alle Lebensbereiche, für jedes Feld und jede Dimension des menschlichen Bewußtseins: Je höher du hinaufstrebst, desto weniger Menschen findest du, die in der Lage sind, dich zu verstehen... Aber die außergewöhnlichen Menschen, die du dort oben triffst, geben dir einen Vorgeschmack auf das Paradies und die wahre Glückseligkeit... Auf die Qualität kommt es an!

Ein anderer wundervoller, intelligenter Freund, ein sehr begabter Dichter namens Lou wurde ein ›Liebhaber‹, nachdem er im Atelier eines Malers und gemeinsamen Freundes zu einem romantischen Lied mit mir getanzt hatte. Wir führten interessante Gespräche, machten schöne Spaziergänge und ziemlich heftiges Petting. Aber er konnte nicht begreifen, warum ich unbedingt Jungfrau bleiben wollte, und brach den Kontakt zu mir ab. Das war hart für mich, und als wir uns einige Monate später wiedersahen, sagte ich ihm, wie sehr ich ihn vermißt hatte. Er fragte, wieso ich ihn nicht angerufen hätte, um ihm das zu sagen. Es sei ihm nicht bewußt gewesen, daß er mir so viel bedeutete!

Es ist traurig, daß wir nicht wenigstens mit den Menschen auf bessere Weise kommunizieren, die uns wichtig sind. Dadurch würde so viel unnötiges Leid vermieden! Oft geht es nur darum, Stolz aufzugeben und über ›unsere‹ Gefühle zu sprechen, die wahren Gefühle. Auch wenn wir uns vor Zurückweisung fürchten, sollten wir es trotzdem tun, weil diese Furcht oft lediglich Paranoia ist und der andere auch Angst ›hat‹, sich mit dem gleichen Mist herumplagt.

Während dieses schrecklichen Schmerzes traf ich mich mit

Abel. Dieses intensive Leben, das darin bestand, bis spät abends in Bars zu sitzen und Musik zu machen und mich dann, wenn wir am Ende der Nacht erregt wurden, von ihm liebkosen zu lassen, half mir, Lou zu vergessen. Doch nach Simone de Beauvoir wollte ich ›wirkliche Liebe‹!

Als ich Sérgio kennenlernte, wollte er sich zunächst nicht mit mir einlassen. Wie Vereza. Wir trafen uns auf einer Party bei einem Freund, der wie Sérgio ein guter Musiker war. Mir gefielen ›seine‹ in schöne Ledersandalen gehüllten Füße. Füße sind für mich immer eine besondere Attraktion, vielleicht weil die Füße, nach astrologischer Sicht, einen starken Bezug zur Musik ›haben‹!

Er war ein hellhäutiger Mulatte mit schwarzem Kraushaar, einer Brille und dem süßen Gesicht der Intellektuellen, die ich auch heute noch ganz besonders liebe. Ich bin yang geworden, sehr aktiv, und vielleicht stimmt es, daß ich jene Männer mag, die ausgeprägte Yin-Eigenschaften ›haben‹: die Dichter, Musiker, Tänzer, jene, die Schönheit suchen und wahrnehmen, die Freude an der Liebe und der Kreativität ›haben‹ ...

Wir tanzten zusammen ...

Sehr oft begannen ›meine‹ Liebesaffären beim Tanzen ... In Brasilien wird noch viel paarweise getanzt.

Ich fragte ihn, ob er mit mir ins Kino gehen wollte. Ich bezahlte ›meine‹ Karte selbst, wie es unter Studenten üblich war. Zuvor war ich es gewohnt gewesen, mich von den Männern einladen zu lassen, mit denen ich ausging. Doch die Studentinnen an der Universität pflegten die Auslagen selbst zu bezahlen, wenn sie mit einem Mann ausgingen. Das erschien uns angemessen, denn wir waren Kommunisten, die meisten von uns waren arm, alle Frauen und Männer sollten die gleichen Rechte und Pflichten ›haben‹. Aber war das in der Praxis wirklich so? Später erkannte ich, daß es sich dabei um einen Irrtum handelte. Das lernte ich durch die Erfahrungen mit Abel und dann auch mit Sérgio.

Aber es war sehr schön, daß Abel mir half, die Realität Brasiliens mit all den ökonomischen Problemen zu begreifen und die Notwendigkeit einer sozialen Revolution. Ich begann, Marx zu verstehen, und so kam ich in die Politik.

Sérgio und ich genossen eine dreimonatige platonische Liebesaffäre. Wir redeten über viele Dinge, und ich lernte die Welt der Malerei kennen. Er war ›mein‹ erster Meister! Damals habe ich so viel gelernt! Alles war neu, und ich bin immer noch dankbar dafür, daß er mich in diese Welt einführte: ›Vernissagen‹, die Kunstakademie, die Dimension des schöpferischen Ausdrucks und der Schönheit. Wieder traf ich viele Künstler, und das Leben machte einen weiteren Quantensprung nach vorn!

Als wir schließlich beschlossen, miteinander Sex zu ›haben‹, bereiteten wir uns auf einen großen Anfang vor. Er besorgte uns ein Haus in den schönen, kühlen Bergen von Petrópolis, wo wir ein gemeinsames Wochenende verbringen konnten. Ich erfand eine Geschichte, die ich ›meinen‹ Eltern auftischte. Daddy lebte damals bereits nicht mehr bei Mutter, nachdem es zwischen ihm und mir zu einer Diskussion gekommen war, in deren Verlauf er mir gesagt hatte, er bliebe nur noch wegen mir. Ich konnte nicht verstehen, warum er an einem Ort bleiben wollte, den er haßte, nur ›seiner‹ Tochter zuliebe, und schrie ihn an: »Dann geh doch! Warum bleibst du, wenn du es gar nicht wirklich willst?«

Noch am gleichen Tag zog er aus. Alle waren traurig, auch ich, und für eine Weile redete ich nicht mehr mit ihm. Ich war achtzehn Jahre alt, steckte voller Widersprüche, fühlte mich verwirrt und unsicher. Aber obwohl ich wollte, daß er bei uns blieb, sah ich doch, daß es niemandem gut bekommt, mit jemandem zusammenzuleben, den er in Wahrheit haßt, mit dem er sich jeden Tag streitet und mit dem ihn nichts mehr verbindet. Deshalb sagte ich ihm, daß er gehen sollte. Doch nachher bewirkten Mutters Schmerz, die gesellschaftliche Schmach, die Entehrung, die es, wie sie glaubte, bedeutete, wenn der Ehemann das Haus verläßt, daß ich ihn lange Zeit haßte. Armer Mann! Und arme Frau! Wie sehr müssen Menschen unter dieser sozialen Scheiße leiden, die wir Ehe nennen! Wie kann Liebe Gegenstand von juristischen Vereinbarungen und sozialer Kontrolle sein? Ja, vielleicht war das einmal als Schutz für die Frauen gedacht, aber heute ist diese gesellschaftliche Konvention ein wirklicher Liebestöter!

Manchmal frage ich mich, ob ich unterbewußt noch immer Spuren von Mutters Moral in mir trage, dieser Idee, daß eine Frau heiraten und das ganze Leben mit nur einem Mann zusammensein sollte. Hat das Acid das alles wirklich aus mir herausgebrannt? Oder ist nach wie vor etwas davon tief in mir verborgen und erzeugt bestimmte Muster, die ich nicht bewußt erkenne?

An jenem Nachmittag, als wir uns stritten, bevor er das Haus verließ, schlug Vater mich das einzige Mal. Ich war so voller Zorn, stand dicht vor ihm und schrie ihn an, und da versetzte er mir eine Ohrfeige. Sofort war er furchtbar schockiert darüber, was er getan hatte!

Mutter, diese arme Seele, schlug uns jeden Tag, während dieser Zornausbrüche, in denen sie all ›ihre‹ Frustrationen an uns Kindern abreagierte ...

Ja, Petrópolis mit Sérgio ... Nach einer zweistündigen Fahrt erreichten wir das kleine, weit draußen in der Natur liegende Haus. Während der ganzen Fahrt fühlte ich mich sehr schlecht und erbrach Galle: Furcht, beinahe Entsetzen! Das Tabu der Jungfräulichkeit! Nun würde ich es brechen!!! Da war Mutters Scham, die Art, wie sie mich immer wieder emotional erpreßte. Und wie jede Tochter und jeder Sohn wünschte ich mir natürlich, von den Eltern geliebt zu werden ...

Ich ging in eine Apotheke und ließ mir eine Spritze verabreichen, damit die Leber aufhörte, diese gräßlichen körperlichen Signale zu senden. Das alles geschah einer jungen Frau von zwanzig Jahren!

Wenn der Körper mir heute solche Symptome schickt, unterdrücke ich sie nicht durch Medikamente. Ich rede mit ihm: ›Was ist los mit dir, Liebling? Was möchtest du mir sagen?‹ Und dann sagt er mir, wie ich ihn heilen kann. Manchmal dauert es eine Weile, bis eine Antwort kommt, und wir müssen uns in Geduld üben. Je tiefer das Problem dem Unterbewußtsein aufgeprägt ist, desto mehr Geduld brauchen wir, um eine klare Antwort zu erhalten.

Sprich mit dem Körper!

(Vielen Dank an Patti Smith, die so verrückt ist wie ich. Verrückt oder bewußt? Und deren schöner Gesang mir diese nette Inspiration schenkt!)

Das Leben ist Poesie, besonders, wenn wir uns ›seiner‹ Schönheit bewußt werden.

Und da waren wir also in Pétropolis, Sommer in den Bergen, üppiges Grün und Blumen rings um uns. Ich weiß nicht mehr, wie er an das Haus gekommen war – von wem –, aber es war wirklich hübsch: klein und einfach, doch so poetisch wie er selbst, dieser Maler und Musiker mit einem Sinn für Schönheit und einem klugen Verstand.

Er ging spazieren. Ich schlug ein Buch auf, das in dem Haus herumlag, und ›mein‹ Blick fiel auf das Foto eines menschlichen Schädels. Da lösten sich schlagartig alle Ängste auf. Ich dachte: ›Du wirst sterben. Nur Knochen werden von dir, vom Körper übrigbleiben! Was macht es da für einen Sinn, daß du das Hymen bewahrst?‹

Ich klappte das Buch zu, ließ diese Erkenntnis tief in mich hineinsinken und legte mich ins Bett. Als er zurückkam, liebten wir uns. Es war wundervoll, genau, wie ich es mir gewünscht hatte. Liebe mit einem schönen, sanften, poetischen und behutsamen Menschen, der genau so war, wie ich mir den ersten wirklichen Liebhaber immer vorgestellt hatte! Wir bekommen immer, was wir uns wünschen. Das einzige, worauf es ankommt, ist **zu wissen, was wir wollen!**

Bewußtheit ist der Schlüssel!

Vor dieser Reise nach Vaals, jetzt, im Januar 1992, zog ich eine Tarotkarte. Es war die Karte für **Bewußtheit.** Und die ganze Geschichte, wie ich Sex als Heranwachsende erlebte, kommt mir an diesem Ort wieder in den Sinn, zu dem ich gereist bin, um einen Zweiundzwanzigjährigen zu treffen, mit dem ich wieder Liebe machen möchte. Wir lernten uns beim Trampen kennen. Nachdem wir eine Zeitlang im selben Wagen gefahren waren, erfreuten wir uns während einer schönen Nacht in Zürich an ›unseren‹ Herzen und Körpern. Zunächst spazierten wir durch die Straßen, berührten uns und seufzten gemeinsam, dann gingen wir auf ein Zimmer, das die Freundin, mit der ich gereist war, uns angeboten hatte. Er bat mich, ihn auf ›seiner‹ Reise nach Italien zu begleiten, doch leider fehlte mir dazu der Mut. Ein paar Monate später besuchte er mich in Hamburg. In der ersten Nacht, als wir anfingen, tief ineinander einzutauchen, baute sich bei mir Angst auf, weil ich fürchtete, die Liebe für Avinash könnte deswegen enden. Dann wurde Bodo krank. Furcht blockierte die Liebe, und ›sein‹ Hals entzündete sich. In der Astrologie wird der Hals mit dem Vergnügen in Verbindung gebracht! Er bekam Fieber, und wir blieben im Bett, bis ich mich von der Angst befreien und ihn lieben konnte, ohne dabei an etwas anderes zu denken.

Jetzt bin ich hier in diesem kleinen Zimmer voller Pflanzen, und er ist bei einer Freundin. Das Feuer zwischen uns erlischt zusehends, aber die wunderbar gelebte Liebesaffäre mit diesem deutschen Rasta-Punk hat mir viel gegeben. Ehe er Hamburg verließ, fragte er mich bei einer liebevollen Umarmung, ob ›meine‹ weißen Haare mir Probleme machten, weil ich gesagt hatte, daß ich sie mir schwarz färben wollte.

»Sie lassen mich wie ›deine‹ Großmutter aussehen«, antwortete ich.

»Das ist mir egal! Dir etwa nicht?« fragte er mich wieder, mich immer noch im Arm haltend ... »Sie sehen schön aus, so wie sie sind; mir gefallen sie ...«

In diesem Moment erkannte ich, welche Vorurteile ich mit mir herumschleppte, die Scham, die ich empfand, wenn er mich im Supermarkt umarmte und küßte und all die schönen Gefühle zwischen uns offen zeigte, ohne sich im geringsten an den Blicken der Leute zu stören! Was für eine schöne Lektion! Vielleicht ließ ich mich von diesen Vorurteilen beeinflussen, weil der anderer ›Liebhaber‹ ein paar Monaten zuvor zu mir gesagt hatte, daß ich ›seine‹ Mutter sein könnte! Und er ist nicht so jung wie Bodo ...!

Der Sex in Petrópolis war wirklich gut. So weit ich mich erinnere, gelangten wir zusammen zum Orgasmus. Und ich glaube, daß das geschehen konnte, weil wir uns wirklich bewußt waren, was wir taten. Ich traf eine Entscheidung und setzte sie um, suchte mir den Prinzen, der der erste ›Liebhaber‹ werden sollte. Wir genossen es wirklich! Und wieder änderte sich das Leben vollkommen.

Bewußtheit ist der Schlüssel!

Danach reisten wir nach Bahia, um dort eine Ausstellung zu besuchen. Dort mußte er aus einem Fenster springen, mitten in der Nacht, weil ›unsere‹ Gastgeber glaubten, daß es sich für Unverheiratete nicht gehörte, miteinander zu schlafen!

Wegen dieser Fahrt nach Bahia war ›mein‹ Vater wirklich wütend. Warum? Selbst heute noch verstehe ich es nicht. Eifersucht? Moralvorstellungen? Er kam nach Hause und drohte, daß er mir die Reise verbieten könnte. Immerhin war ich noch zwanzig, und in Brasilien ist man erst mit einundzwanzig volljährig. Ich entgegnete, daß ich dann einfach von zu Hause weglaufen würde. Da sagte er nichts mehr.

Sérgio und ich steckten ständig in Geldschwierigkeiten. Wir

wohnten in ›seinem‹ kleinen Atelier und mußten zu ›unseren‹ Familien gehen, um etwas zu essen zu beschaffen oder zu duschen. Wenn wir ›seine‹ Eltern aufsuchten, erfüllte uns das jedesmal mit ziemlich gemischten Gefühlen. Wunderbare Momente der Intimität erlebten wir, wenn wir allein Liebe machten, uns mit Freunden trafen, Musik hörten oder über Kunst sprachen. Um dieser unerfreulichen materiellen Situation ein Ende zu machen, schlug ich vor, daß wir heiraten könnten. Ein Schlag in den Magen ... Sérgio war daraufhin ein paar Tage lang impotent, und das wollte etwas heißen, bei zweien wie uns, die jeden Tag mehr als einmal Sex miteinander ›hatten‹. Im Alter von zwanzig Jahren ist Sex wirklich die treibende Kraft! Wenn sie nicht gelebt wird, ist es schrecklich, wenn man dann auf die Vierzig zugeht. Dann spürt man, wie diese Kraft nachläßt, ohne daß man sie genügend gelebt hat.

Wir schrieben alles, was wir benötigten, auf eine Liste, die wir an Verwandte und Freunde verteilten, so daß jeder etwas aussuchen und uns zur Hochzeit schenken konnte. Wir versuchten, alles anders zu machen, folgten aber doch irgendwie der Tradition. Dennoch war es für ›meine‹ Eltern ein großer Schock, daß wir das alles auf so seltsame Weise eigenmächtig entschieden und so rasch in die Tat umsetzten.

Sérgio malte jede einzelne Einladung mit der Hand auf unterschiedlich gefärbte Karten, die er selbst zurechtschnitt, denn alle Gäste sollten eine persönliche, originelle erhalten. Rote, gelbe, blaue und grüne Karten mit ›seinen‹ wunderschönen Zeichnungen, von mir im ›avantgardistischen‹ Stil handbeschriftet, wurden verteilt. Die Kirche in der Nähe ›meines‹ Elternhauses wurde uns kostenlos zur Verfügung gestellt. Die dominikanischen Priester dort waren Kommunisten. Sie verzichteten auf jede Bezahlung und freuten sich sogar darüber, eine Hochzeitszeremonie in einem neuen Stil durchzuführen. Es sollte wie in einem Zirkus sein, wir in der Mitte der Kirche, und alle anderen sollten im Kreis um uns

Pyari am Hochzeitstag, vom Vater fotografiert.

herum stehen. Es war eine bunte, aufregende Truppe aus Revolutionären, Künstlern und ziemlich erstaunten Verwandten! Es war wie in einem ›Teatro de Arena‹, wo damit experimentiert wurde, die Bühne und die Distanz zwischen Schauspielern und Publikum abzuschaffen, so daß alle im Kreis um die Akteure saßen und sich sogar am Spielgeschehen beteiligen konnten.

In diese Kirche war ich als Kind und Teenager gegangen, auf der Suche nach Gott oder Spiritualität, oder was auch immer ich dort zu finden gehofft hatte. Merkwürdigerweise tat ich das, obwohl ›meine‹ Eltern keine Priester und Kirchen mochten, so daß ich zu Hause kein Vorbild in dieser Hinsicht ›hatte‹. Mutter ging an Weihnachten und Ostern zur Kirche, aber sie beide ›hatten‹ eine starke Aversion gegen solche Orte. Es ist komisch, daß ich trotzdem so oft den Gottesdienst besuchte, aber ich habe immer schon einen tiefen Impuls verspürt, einen Sinn in diesem ganzen Wahnsinn hier auf Erden zu finden! Und diese Kirche in der Nachbarschaft war der erste und naheliegendste Ort, danach zu suchen.

Der Hintergedanke bei dieser der Tradition gehorchenden Heirat war, eine eigene Wohnung mit allem, was wir ›brauchten‹, zu bekommen - ein gutes Geschäft, wie jede Ehe! Und tatsächlich fanden wir eine nette kleine Wohnung in S. Tereza, die von ›seinen‹ Eltern, mit zusätzlicher Unterstützung ›meiner‹ Eltern, finanziert wurde. Die Revolutionäre und Künstler der Stadt pflegten dort bald ›ihre‹ freie Zeit zu verbringen und bekamen gelegentlich einen Eimer Wasser von den über uns wohnenden Mietern auf den Kopf, wenn wir wieder einmal die ganze Nacht auf der Veranda feierten.

Bei der Hochzeit waren ›meine‹ Eltern eine wirkliche Plage: traurig, deprimiert, negativ, sich beklagend, alles kritisierend! Alles war ihnen viel zu schnell gegangen, Sérgio bezeichneten sie als ›Negro‹, weil er eine etwas breitere Nase und krauses Haar ›hatte‹. Und natürlich war eine kleine Wohnung in S. Tereza nicht das, was sie sich für eine schöne Tochter erträumten, die immerhin einmal von einem Prinzen ausgeführt worden war!

Diese Verabredung war ein totales Fiasko gewesen! Er holte mich dort ab, wo ich mit der Familie lebte, und fuhr mit mir in einem schönen Wagen zu einem abgelegenen Teil des Strandes. Dort faßte er sofort auf eine plumpe, widerliche Weise zwischen ›meine‹ Beine.

Wo hatte ich diesen Prinzen überhaupt kennengelernt? Ich glaube, es war auf einer albernen Modenschau gewesen, bei der ich mitgewirkt hatte, kurz nach der Schönheitskonkurrenz. Dort lernte ich außerdem einen Poeten kennen, der stundenlang für mich Baudelaire rezitierte, während wir in einem Park saßen. Ihn fand ich viel interessanter als diesen lüsternen Prinzen, den ich sehr zur Verzweiflung ›meiner‹ Mutter niemals wiedersehen wollte.

Später erfuhr ich, daß der Dichter kurze Zeit später Selbstmord begangen hatte. Auf was für einem seltsamen Planeten leben wir, wo reiche Prinzen so gierig sind, und schöne Menschen so früh aus Verzweiflung sterben!

Nach der Hochzeit, die eine wirklich hübsche Theatershow war und uns viel Spaß bereitete, verbrachten Sérgio und ich die Flitterwochen in dem kleinen Strandhaus eines ›meiner‹ Onkel, wo mir das erste selbstgekochte Essen verbrannte! Heute bin ich eine Küchenexpertin, aber damals, als Intellektuelle, kochte ich nicht zu Hause. Ich war immer wie eine Prinzessin behandelt worden, die eines Tages die Familie aus der Armut erlösen würde, indem sie einen Bankier oder Millionär heiratete – oder wenigstens jemanden mit einem anständigen Beruf! ›Was für eine Vergeudung ‚ihrer‘ Schönheit‹, dachten die Eltern, ›daß sie diesen Mulatten heiratet, der obendrein zu ‚seiner‘ häßlichen Hautfarbe auch noch Maler und Kommunist ist! Und, was das schlimmste ist, er ist arm! Und ‚unsere‘ Enkelkinder werden nun ebenfalls Mulatten sein!‹

Da ich diese Art von Energie nicht mehr um uns ›haben‹ wollte, beschloß ich, den Kontakt zu den Eltern völlig abzubrechen. Wir wollten ›unser‹ eigenes Leben führen, die neuen politischen Ideen umsetzen und ungestört Sex genießen.

Kurz nach der Hochzeit gab ich die Anstellung als Lehrerin auf. Die Direktorin der Schule, an der ich arbeitete, hatte gesehen, welche Erfolge ich in den ersten zwei Jahren bei der Klasse erzielt hatte, und bot mir an, als Koordinatorin die Referendarinnen zu betreuen. Während dieser Zeit als Koordinatorin begann ich mich mit Volkswirtschaftslehre zu beschäftigen und für den Kommunismus zu kämpfen. Natürlich beeinflußte ich die Mädchen mit diesen Ideen. Ich bereitete sie nicht nur auf den Lehrerberuf vor, sondern lehrte sie auch, ›ihre‹ Rechte an der Schule zu beanspruchen und für ›ihre‹ Interessen einzutreten. Die Direktorin beschloß, mich dafür zu bestrafen, und dafür, daß ich mir drei Tage im Monat freigenommen hatte. Uns Frauen war es per Gesetz erlaubt, während der Periode zu Hause zu bleiben, und ich und einige andere machten von diesem Recht Gebrauch.

Im neuen Schuljahr teilte sie mir eine Klasse mit besonders problematischen, lernbehinderten Kindern zu. Das war eindeutig nichts für mich, denn diese Kinder brachten mich schier um den Verstand! Sie pflegten plötzlich alle zusammen laut loszukreischen. Dann lehnte ich mich an die Tafel und kreischte ebenfalls. Diese Rasselbande von Kindern unterschiedlichen Alters, die nichts lernen konnten und von Krise zu Krise taumelten, raubten mir ganz einfach den letzten Nerv. Heute hätte ich Freude an ›ihrer‹ Gesellschaft, würde es als Vorwand benutzen, um mich verrückt zu benehmen und emotionalen Mist abzureagieren. Aber damals wußte ich nichts von Katharsis und diesen Dingen. Ich wollte in Kontakt mit den Leuten sein, um sie wachzurütteln und in ihnen den Wunsch nach einer Revolution zu wecken, die diese verfluchte Gesellschaft verändern konnte. Doch die Direktorin hatte mir diese Klasse zugeteilt, damit ich

Pyari mit der ersten Klasse, die sie als Siebzehnjährige in einer armen Wohngegend von Rio de Janeiro unterrichtete, während einer Weihnachtsfeier. Die Schuldirektorin sitzt mit Bill, Pyaris Bruder, der damals sechzehn war, im Hintergrund. Fotografiert von Pyaris Vater.

keine Möglichkeit mehr ›hatte‹, andere Leute politisch zu beeinflussen. Also kündigte ich. Ich brachte den Mut auf, die Sicherheit einer Anstellung im Staatsdienst aufzugeben! Es war ein herrliches Gefühl, die Unterschrift unter das Kündigungsschreiben zu setzen. Ich fühlte mich extrem frei, als ich wieder durch die Straßen lief, bereit, mir einen anderen Job zu suchen!

Bald darauf begann ich als Stewardess zu arbeiten, und eines nachmittags lud ›mein‹ Vater Sérgio und mich am Flughafen auf ein Bier ein, während ich auf den nächsten Flug wartete. Er entschuldigte sich dafür, daß er sich uns gegenüber so dumm benommen hatte. Ich finde es wunderbar, wenn ein Vater fähig ist, zu einer Tochter oder einem Sohn zu sagen: »Es tut mir leid.« Man braucht eine Menge Mut, um sich einzugestehen, daß man selbst nicht immer das letzte Wort ›haben‹ muß und auch einmal von den eigenen Kindern lernen kann. Das Vorbild, das er mir dadurch gab, hat bei mir bewirkt, daß ich oft »Es tut mir leid« zu Atman und Adhara sage.

Nach dieser Begegnung wurden wir gute Freunde, und er liebte es, mit uns auszugehen. Meistens waren wir mit Freunden aus der Kunstszene zusammen, von denen ich eine Menge über Menschen wie den genialen Van Gogh erfuhr, der schließlich Selbstmord beging, weil das Leben zu hart für ihn war, es aber doch schaffte, so lange zu überleben, wie er noch daran glaubte, der Welt etwas geben zu können. Eines Tages beendete er das letzte Bild, das er im Sinn ›gehabt hatte‹, und, peng!, verließ er den Planeten.

Gauguin beging ebenfalls Selbstmord, zündete die Hütte an, in der er auf einer Pazifikinsel zusammen mit einer schönen Geliebten aus Polynesien wohnte... beide kamen sie bei dem Feuer um, und viele ›seiner‹ Gemälde wurden ein Raub der Flammen.

In einem kleinen Atelier in der Nähe lebte Delson, ein verrückter Maler, der manchmal ins Sanatorium ging, wenn die Welt zu viel für ihn wurde. Und da war Tenório, der unglaubliche Pianist, der ein paar Jahre später in Argentinien erschossen wurde, nachdem er dort ein Konzert gegeben hatte. Er hatte morgens um vier das Hotel verlassen, um Zigaretten zu holen. Doch damals gab es in Argentinien ein Anti-Terror-Gesetz, das es allen Leuten untersagte, sich abends nach zehn Uhr im Freien aufzuhalten. Er wußte nichts davon oder war zu high, um sich um einen solchen Unsinn zu kümmern. So kehrte er nie mehr in die Arme der geliebten Carmen zurück, dieser eindrucksvollen Frau, die ich von der Universität her kannte. Ich war es gewesen, die die beiden miteinander bekannt gemacht hatte, da Tenório ständig mit Sérgio zusammenhing. Sie musizierten zusammen und rauchten Gras. Carmen blieb mit den vier Kindern, die sie auf den Planeten gebracht hatten, allein zurück, und mit den vielen von ihm komponierten Liedern, die auch weiterhin von den Freunden und Fans gespielt wurden. Südamerikanische Realität der sechziger und siebziger Jahre ...

Erst fünfzehn Jahre später, nach dem Ende der argentinischen Militärdiktatur, kam ans Licht, was in jener Nacht geschehen war.

›Mein‹ Vater war fasziniert von den Künstlern, mit denen wir befreundet waren, und er liebte es, mit uns durch die Bars zu ziehen und danach mit zu uns zu kommen oder uns zu sich einzuladen, um Musik zu hören.

Eines Tages, als wir an einem sonnigen Nachmittag durch Ipanema fuhren, sagte er dann:

»Ich möchte auch gerne einmal dieses Zeug ausprobieren, das ihr nehmt.«

Uns war dabei ein bißchen unbehaglich zumute, aber wir stimmten zu, ihm diesen schon erwähnten Trip am Silvesterabend zu geben. Der Beginn der siebziger Jahre ...

Danach wurden er und Sérgio gute Freunde. Vaters künstlerische Fähigkeiten, die er unterdrückt hatte, weil er sich um die Familie kümmerte, erfuhren durch die Gesellschaft eines so talentierten Menschen wie Sérgio eine Art Wiedergeburt, denn Sérgio hatte den Mut, völlig für ›seine‹ Kunst zu leben und zu sagen: »Ich bin ein Maler!«

Dieser Trip eröffnete Dad eine völlig neue Dimension, die er von da an erkundete. Später nahm er zusammen mit einer Geliebten LSD, einer reichen Frau, die dabei beinahe einen Edelstein ins Meer geworfen hätte, weil ihr während des Trips plötzlich klarwurde, daß Geld nicht viel bedeutet. Er rettete den Schmuck und sagte ihr, wir bräuchten uns nicht so völlig von materiellen Dingen loslösen, daß wir wertvolle Dinge ins Meer werfen – wir können sie auch den Armen geben. Das war die wertvollste Erkenntnis von Vaters Trip mit der geliebten Silvia, deren Reichtum für ihn ein echtes Ärgernis war. Heute, Jahre später, sind sie oft in jener Wohnung, in der ich aufgewachsen bin. Silvias kranker Ehemann steht nun nicht mehr zwischen ihnen, und von ›ihren‹ Reichtümern ist nicht mehr allzuviel übrig, weil das meiste dafür ausgegeben wurde, Leute am Leben zu erhalten, die schon lange hätten sterben sollen! Doch wenn Geld da ist, versuchen wir immer, unseren Aufenthalt hier in die Länge zu ziehen, statt zu lernen, wie wir ›unseren‹ Körper mit Würde verlassen können, wenn die Zeit dafür gekommen ist...

Als ich am ersten Tag des Jahres 1970 morgens mit Sérgio im Bett saß, nachdem wir eine lange Nacht damit zugebracht hatten, mit Vater und ›unseren‹ Freunden auf dem Trip zu sein und Musik von den Stones zu hören, sagte ich ihm, daß ich ihn nicht länger anlügen könne:

»Während der letzten zwei Jahre war ich mit einer Menge ›Liebhabern‹ zusammen, aber jetzt kann ich das nicht mehr vor dir verbergen. Du hast den Platz ›meiner‹ Eltern eingenommen und unterdrückst mich genauso wie sie früher. Du kannst tun, was du willst, aber Liebe und dieser Körper gehören dir nicht. Ich will die Liebe so oft erleben, wie es mir gefällt, nicht lügen, nichts kontrollieren, sondern ganz den körperlichen Empfindungen folgen...«

Damals war mir noch nicht klar, daß WIR selbst es sind, die anderen Menschen die Macht geben, uns zu unterdrücken oder sich uns gegenüber auf eine Art zu verhalten, die wir nicht mögen, weil WIR IMMER SELBST FÜR ALLES VERANTWORTLICH SIND, WAS GESCHIEHT.

Vor der Zeit mit mir war Sérgio lediglich mit einer Prostituierten zusammengewesen, die ihn mochte, so daß er mit ihr ins Bett gehen durfte, ohne dafür zu bezahlen. Ich glaubte, daß er sich, gemäß dem Verbot, das er diesbezüglich mir gegenüber ausgesprochen hatte, auch selbst so verhalten würde. Doch das erwies sich als großer Irrtum! Als er ›meine‹ Geständnisse hörte, erzählte er mir, daß er mit Maria im Bett gewesen war, einer schönen Mulattin, die irgendwie immer bei uns ein und aus gegangen war. Ich war schockiert: Mir verbot er, fremdzugehen, tat es dann aber selbst! Das war die typische Macho-Einstellung: Der Mann kann der Frau Vorschriften machen, bleibt selbst aber frei. Genau wie bei Abel!

Trotzdem war es eine große Erleichterung, von der Bürde dieser vielen Lügen befreit zu sein. Dieser wichtige Augenblick vertiefte die Freundschaft zwischen uns. Nun war es möglich, einander von den erotischen Impulsen zu erzählen, die wir im Hinblick auf bestimmte Personen verspürten und die ›unsere‹ jungen, heißblütigen Körper in Erregung versetzten. Wir mutierten, bejahten diese Veränderungen und beschlossen, alles willkommen zu heißen, was neu auf uns zukam. Wir verziehen einander die Lügen und waren bereit, im neuen Jahrzehnt einen neuen Anfang zu machen ... Ein neues Bewußtsein würde entstehen, glaubten wir, und wir würden mit dem Strom fließen, weitergehen ... Ich hatte mit vielen Männern geschlafen und fühlte mich wie die ›Underground-Queen‹, also dachte ich: ›Auf ‚meinem‘ Bett hat nur Maria gelegen. Das sollte kein Problem für mich sein. Ich verzeihe ihm.‹

Alles wurde reicher, energetischer und schöner für uns, nachdem wir den Mut aufgebracht hatten, einander die Wahrheit zu sagen. Viele Veränderungen traten ein. Wir mieteten mit zwei Freunden ein großes Haus. Anfangs wohnte dort eine Astrologin bei uns. Von ihr habe ich viel gelernt, doch heute erinnere ich mich nur an ein ziemliches Problem zwischen uns. Weinend war ich aus ›ihrem‹ Zimmer gegangen, in der festen Überzeugung, daß nun eine von uns beiden ausziehen müsse.

Ich war mit einem ›ihrer‹ früheren ›Liebhaber‹ im Bett gewesen. Er hieß Cildo Meirelles und war ein in Rio ziemlich bekannter Maler. Ständig hatten wir Blicke ausgetauscht und den Körperkontakt beim Tanzen genossen. Doch Sérgio und ihr zuliebe hatten wir uns sehr diskret verhalten.

Eines Tages gelang es uns irgendwie, allein mit der Straßenbahn zu einem schönen Ort oben auf einem Hügel in S. Tereza zu fahren. Dort stiegen wir in einen Bus um, der noch weiter hinausfährt, und schließlich berührte ich ›seine‹ Hand. Das kann auch lediglich eine freundliche Geste sein und muß nicht bedeuten, daß ich scharf auf jemanden bin, aber Hände verraten eine Menge. Wenn ich sie berühre, möchte ich immer erspüren, ob es eine wirkliche Energie zwischen mir und der anderen Person gibt, besonders bei Männern.

Ich spürte, daß er auch auf mich scharf war. So weit ich mich erinnere, fuhren wir nach Hause. Ich blies ihm einen, erreichte selbst aber keinen Orgasmus. Es war sehr frustrierend! Dennoch versuchte ich, ihn wiederzusehen, aber ohne Erfolg. Ich vermute, daß es auch für ihn sehr problematisch war, mit der ›Freundin eines Freundes‹ ins Bett zu gehen. Gewiß fragte er sich: »Wo soll diese Leidenschaft hinführen?«

Ich erzählte Marta also, daß ich mit ihm im Bett gewesen war, und sie reagierte ganz wunderbar, überhaupt nicht verletzt. Dabei hatte sie ihn so leidenschaftlich geliebt! Ich war wirklich beeindruckt von diesem Verhalten! Aber Wochen später, während dieser Diskussion über ein völlig anderes Thema, erschien sie mir schlichtweg dumm. Ich ging weg, und als ich zurückkam, fand ich über dem Bett einen Zettel, auf dem sie mir mitteilte, daß ich mich wegen einer solchen Kleinigkeit nicht verrückt machen sollte.

»In Wahrheit«, schrieb sie, »hast du keine Ahnung, was mit dir passieren wird.«

Sie ›besaß‹ eine besondere intuitive Begabung, die ich sehr respektierte, auch wenn ich nicht wirklich an übernatürliche Kräfte glaubte.

Es war sehr sonderbar, als Marta später mit uns, Vater und einigen Freunden LSD nahm: Sie fühlte sich während des Trips wie ein Papagei, ›hatte‹ außerkörperliche Erfahrungen und war sich aller Dinge um sie herum außerordentlich bewußt.

Damals ahnte ich nicht, daß ich in Brasilien selbst eine bekannte Astrologin werden und Bücher darüber schreiben würde. Diese seltsame, weise Marta Pires Ferreira war eine sehr interessante Frau und auch eine fantastische Malerin. Zu jener Zeit malte sie geheimnisvolle kleine Tiere, die in dieser Dimension nicht wirklich existierten, aber einen sehr tief berührten, wenn man sie intensiv betrachtete.

Torquato war der andere Mitbewohner. In ihn war ich glühend verliebt, ging aber niemals mit ihm ins Bett. Ich weiß nicht einmal mehr warum, denn er schien auch in mich verliebt zu sein. Da er aber ein ziemlich verrückter Bursche war, nehme ich an, daß er sich entweder für schwul hielt oder sich nicht mit einer Frau einlassen wollte, die die Geliebte eines anderen war. Aber wir ›hatten‹ eine Menge Spaß zusammen. Wir hatten uns an der Universität kennengelernt, er war wie ich stark politisch engagiert und liebte die Musik der Stones. So hörten wir in den Nächten, in denen das Haus immer voller interessanter Gäste war, nicht nur Jazz, sondern auch jene frenetischen Gitarren, die Genitalien und Herz gleichermaßen berühren.

Nach Marta und ihm zogen ein nettes junges Mädchen und ›mein‹ Vetter Frankie ein, das ›schwarze Schaf‹ der Familie, mit einem großen Herzen und einem enormen Appetit auf Drogen aller Art. Ich liebte ihn, weil er verrückt war und ich verrückte Leute mag.

Auch die Zeit in diesem Haus bedeutete einen Wendepunkt für mich. Während des Jahres, das wir dort verbrachten, entwickelte es sich zu einem Treffpunkt für eine Menge Leute.

Im Mai flog ich zum erstenmal nach Europa und begegnete dort Sebastian. Danach konnten Sérgio und ich den Sex nicht mehr so mit voller Kraft genießen wie zuvor. Daß ich überhaupt nach Brasilien zurückgekehrt war, bewies, wie wenig ich damals bereit war, mich dem Fluß des Lebens anzuvertrauen, was zur Folge

›hatte‹, daß ich in Depressionen versank und sehnsüchtig auf den nächsten Urlaub wartete, um endlich Sebastian wiederzusehen.

Doch Anfang 1971 traf ich Telmo und Oscar. Als Sérgio und ich in den Bus zurück nach Rio stiegen, standen sie winkend an der Straße und schenkten uns dieses wunderschöne Lächeln, zu dem nur wirklich freie Menschen fähig sind. Telmo hatte ich ganz besonders ins Herz geschlossen. Damals konnte ich noch nicht ahnen, daß er ein paar Jahre später mit mir Atman, diesen wunderbaren Sohn, zeugen würde.

Wir hatten geplant, uns ein paar Wochen darauf bei einem Rockfestival in Guarapari wiederzusehen. Dort gibt es einen wunderschönen Strand, zu dem die Leute kommen, um sich mit dem besonderen Sand dort zu heilen.

Es war eine Überraschung, auf dem Festival zu sehen, wieviel Gemeinschaft es gab, wie gerne die Leute auch die kleinsten Sachen miteinander teilten, und daß in Brasilien bereits so viele wunderbare Menschen lebten! Oscar und ich waren ineinander verliebt, aber wir ›hatten‹ keine Gelegenheit, uns zu berühren, weil Sérgio ständig in der Nähe war und wir nicht den Mut ›besaßen‹, uns offen zu ›unserer‹ Leidenschaft zu bekennen. Dennoch ›hatten‹ wir alle viel Spaß! Wir trugen die verrückteste Kleidung, die man sich nur denken konnte, die Zivilisation war sehr weit weg, und auf dem Festival trafen sich nur Leute, die sich selbst verändern und innerhalb der verrotteten Welt, die wir zur Genüge kannten, etwas völlig Neues erschaffen wollten. Das war eine neue Revolution, die Revolution des Herzens, mit Musik und Spaß. Zum erstenmal erlebte ich ein Rockfestival, und dann gleich für eine ganze Woche! Ich sah Gruppen, die damals in Brasilien noch unbekannt waren, rauchte Gras und erlebte voller Staunen das Konzert von Baby Consuelo, die heute ein großer Star ist und viele Jahre lang im Outfit einer wilden Punkerin auftrat. Früher sah sie so sonderbar aus, daß man ihr in Disneyland den Zutritt verweigerte, als sie dort mit den sechs Kindern, die sie vom Gitarristen ›ihrer‹ Band ›hat‹, auf Urlaubsreise war. Natürlich haben sie dieses Erlebnis zu einem Song verarbeitet.

Es ist schon seltsam: Heute, im Winter 1996, nennt sie sich Baby do Brasil und sieht sehr damenhaft aus. Sie hat hier in Hamburg aus einem Buch gelesen, das sie während einer Pilgerreise in Spanien schrieb: eine spirituelle Revolution! Wir trafen uns, tranken etwas zusammen und unterhielten uns sehr angeregt. Hamburg gefiel ihr, und sie erzählte, daß die Großmutter von dort stammt. Die Begegnung mit Baby war eine große Inspiration für mich! Heute denke ich oft an sie, wenn ich merke, daß ich mich selbst sabotiere. Das ist eine der größten Erkenntnisse, von denen sie spricht: Daß wir ständig Sabotage gegen uns selbst betreiben.

›Mein‹ Bruder Joe war ebenfalls auf dem Festival, und nach der Rückkehr nach Rio verbrachte ich viel Zeit im Elternhaus ›seines‹ Freundes in Niterói, einer Stadt auf der anderen Seite der Guana-

Pyari auf dem Rockfestival in Guarapari, 13. Februar 1971.

bara Bay. Mit der Fähre gelangte man in zwanzig Minuten dorthin und befand sich in einer ganz anderen Welt, die sich sehr von dem verschmutzten Rio unterschied. Heute verbindet eine große Brücke die beiden Städte.

Dort traf ich mich regelmäßig mit Oscar, und schließlich brachten wir den Mut auf, eine Liebesnacht zusammen zu verbringen. Normalerweise redete Oscar nur wenig, eigentlich fast nie. Wir tauschten sehnsüchtige Blicke aus, doch es gab zwischen uns keine Zeit und keinen Raum für Worte.

Als wir dann zusammen im Bett waren, als die Leidenschaft hätte hervorbrechen und abheben können, schien es mir, als hörte ich ihn zum erstenmal sprechen. Und die Worte, die er benutzte, schockierten eine Intellektuelle wie mich, die unter den Künstlern Rios lebte, gerade aus Europa zurückgekehrt war und oft in die USA flog! Er sagte ›boneca‹, was eigentlich Puppe bedeutet, und mit ›Baby‹ übersetzt werden kann. Das klang so billig! Ich wußte, er versuchte nur, den Gefühlen Ausdruck zu verleihen, aber diese Worte schienen das, was zwischen uns geschah, regelrecht zu verunglimpfen. Nein, ich wollte ihn nicht reden hören! Ich wollte ihn einfach nur lieben, die Augen schließen und ›seine‹ Hände auf mir spüren, vor Freude sterben, besonders wenn er mir die Brustwarzen streichelte, was er besonders gut konnte. Manchmal schaute ich ihm in die Augen, die mich schon so lange mit den Blicken liebkost hatten!

Wir erlebten eine intensive Liebesaffäre, waren ständig scharf aufeinander, und wenn das der Fall ist, sind meistens Schwierigkeiten nicht weit.

Eines Tages planten wir alle einen gemeinsamen Ausflug an einen schönen Strand. Es war eine große Gruppe, von denen die meisten sich schon aus Guarapari kannten. Dad schlief allein in einem großen Zelt, ausgerüstet mit allem Komfort, auf den er, wie die meisten alten Leute, großen Wert legte. Wir anderen übernachteten zusammen unter einem Fallschirm. Morgens wurde es unter dieser großen Plastikplane so heiß, daß wir gezwungen waren, schon sehr früh aufzustehen. Und eines Nachts nahmen wir zusammen LSD.

Plötzlich, aus heiterem Himmel, bekam Sérgio einen heftigen Eifersuchtsanfall und fing an, sich mit Oscar zu prügeln. Alles passierte so schnell! Er schlug Oscar, der sich heftig wehrte, was Sérgio ein blaues Auge einbrachte. Ich fand das alles ganz schrecklich. Aber was sollte man dagegen tun? Eifersucht **ist** schrecklich!

Als wir wieder zu Hause waren, kam Sérgios Mutter zu Besuch und wurde äußerst wütend, als sie den Sohn in einem solchen Zustand vorfand. Sie fing an, mich auf das Übelste zu beschimpfen. Ich weiß nicht mehr, wie es sich ergab, daß ›meine‹ Mutter zur selben Zeit vorbeischaute. Jedenfalls gerieten beide Mütter heftig in Streit. Ich forderte Sérgios Mutter auf, zu gehen, und ›meine‹, den Mund zu halten.

Damals standen Mutter und ich bereits wieder auf gutem Fuß miteinander. Etwa zu der Zeit, als Vater gekommen war, um sich zu entschuldigen, kam auch sie zu Besuch. Obwohl sie nicht den Mut ›besaß‹, uns wie er um Verzeihung zu bitten, machte sie es uns doch so leicht wie möglich, sie wieder freundlich zu empfangen, in ›unserem‹ Haus und in ›unseren‹ Herzen. Ich machte ihr klar, daß ich nicht wollte, daß sie sich in ›mein‹ Leben in irgendeiner Weise einmischte. Ich wollte eigene Entscheidungen treffen und eigene Fehler machen. Und sie gab sich wirklich alle Mühe, uns nicht mehr zu kritisieren ...

Während des Streits mit Sérgios Mutter sagte sie immer wieder, daß sie auf ›meiner‹ Seite sei, aber ich entgegnete, daß es hierbei keine zwei Seiten gab, denn Sérgio war ein Freund. Wenn er eifersüchtig war, handelte es sich dabei um ein Problem, das er mit sich selbst abmachen mußte. Es sollte kein Grund für familiäre Auseinandersetzungen sein.

Heute kann ich verstehen, wie verrückt und wütend Sérgio damals war! Ich weiß, daß Eifersucht ein mächtiges Gespenst ist, bereit, dich zu verschlingen, wenn es ins Leben tritt... Die einzige Möglichkeit, eine solche Situation durchzustehen, der einzige Weg, den ich kenne, um dabei nicht verrückt zu werden, besteht darin, das Gefühl zu beobachten. Oft habe ich Osho sagen hören:

»**Beobachte die Gefühle ...**«

Dieses Gespenst hat mich veranlaßt, verrückte Dinge zu tun. Einmal sah ich, den Mann, den ich liebte und mit dem ich zusammenlebte, mit einem anderen Mädchen schlafen, ohne daß sie mich bemerkten. Zunächst fragte ich, ob ich bei ihnen bleiben dürfte, aber er forderte mich auf, zu gehen. Das war sehr schmerzhaft...! Ich kann es nicht beschreiben...! Aber ich bin sicher, jeder kennt dieses Gefühl... Wer hätte noch nicht mit Eifersucht und Zurückweisung zutun ›gehabt‹?

Also ging ich nach oben – wir hatten das erste Osho-Center in Rio eröffnet, in einem großen und schönen zweistöckigen Haus – legte eine Osho-Kassette ein und hörte Ihn sagen, daß niemand einem anderen Menschen gehört und daß es eine Chance für uns ist, allein zu sein und die Schönheit der Einsamkeit zu erkunden, wenn der oder die Geliebte mit einer anderen Person zusammen ist. Okay, es mit dem Verstand zu begreifen, ist eine Sache; es mit dem Blut vollkommen zu spüren, das die Chromosomen einer schrecklich eifersüchtigen Mutter in sich trägt, ist eine andere! Also hörte ich mir eine Weile die Kassette an, beruhigte mich und ging dann sehr langsam und still wieder nach unten, um zu beobachten, was geschah... In der Brust wurde es ganz heiß, und als ich das Gefühl ›hatte‹, explodieren zu müssen, ging ich nach oben, legte mich aufs Bett, hörte mir erneut die Kassette an... Wenn ich wieder ruhiger wurde, ging ich wieder herunter und sah ihnen zu... Und wieder baute sich der Schmerz in der Brust auf, bereit, mich aufzufressen, mir das Bewußtsein zu rauben... Und ich ging nach oben...

Die ganze Nacht über machte ich das so, und als sie mit dem Sex aufgehört ›hatten‹, bat mich Pradesh, der erste Sannyasin, den ich kennengelernt habe, mit dem ich eine erstaunlich tiefe Liebe erlebte und der mir Sannyas gegeben hatte, mit ihm zu duschen, als ich ins Bad kam. Sie war in der Küche und kochte etwas für sie beide. Nun war sie es, die das verzehrende Gespenst der Eifersucht spürte, als sie zum Duschen kam und mich bei ihm antraf. Als sie in die Duschkabine stieg, sagte sie säuerlich, für drei Leute sie es dort zu eng! Aber ›sein‹ Verlangen nach ihr war da bereits gestillt, und er sagte ihr, daß sie ja die Dusche verlassen könne, wenn sie wolle. Irgendwie schafften wir es, uns zu dritt zu duschen. Dann kam er zu mir ins Bett und erzählte mir später, daß es mit ihr nicht so schön gewesen sei wie zwischen uns, weil sie so kalt sei! Ein paar Jahre später gelang es ihnen besser!

Ich glaube nicht, daß es ein Patentrezept gibt, mit Eifersucht umzugehen. Jedesmal ist es eine neue Erfahrung! Eifersucht ist eine so starke gesellschaftliche Krankheit; die Leute erwarten von einem, daß man auf diese Weise empfindet. So öffnet man sich dafür und läßt dieses Gefühl herein ... Auch ich erlebe es immer noch. Bei mir geht es mit Schuldgefühlen einher, weil ich so frei lebe, so viele Männer treffe, und trotzdem selbst immer noch eifersüchtig werden kann. Aber was soll man da machen? Ich versuche, den Mann, der die Eifersucht in mir auslöst, zu respektieren und deswegen keinen Streit anzufangen, doch manchmal bin ich mir nicht genau bewußt, was in mir vorgeht. Die Gefühle zu beobachten ist aber in jedem Fall eine gute Lösung, ein guter Weg, die Panik hinter sich zu lassen. Und besonders gut ist es, in diesen Momenten allein zu sein.

Hier ist eine Empfehlung für solche Situationen:

Wenn Sie eifersüchtig sind, oder von einem anderen starken Gefühl überwältigt zu werden drohen, sollten Sie harte,

laute Heavy-Metal- oder Punkmusik hören und dazu fünfzehn Minuten lang den Körper schütteln, nach Möglichkeit vor einem Spiegel. Tanzen Sie dann weitere fünfzehn Minuten wild zu Rock 'n' Roll-Musik. Spielen Sie anschließend meditative Musik, zu der Sie sich still hinsetzen und mit geschlossenen Augen beobachten, was geschieht, was sich in Ihnen abspielt. Legen Sie sich zum Abschluß auf den Rücken, und atmen Sie sehr langsam, so tief wie möglich. Versuchen Sie, die Luft hinab in das Sexualzentrum, die Genitalien zu bringen. Wenn es Ihnen nicht möglich ist, den ganzen Zyklus durchzuführen, weil Sie sich am Arbeitsplatz oder auf einer Reise befinden, können Sie zumindestens auf eine Toilette oder an einen anderen ruhigen Ort gehen und den Körper schütteln, um die Gefühle abzureagieren. Atmen Sie anschließend tief hinunter in den Bauch, auch wenn Sie keine Möglichkeit ›haben‹, sich hinzulegen ... Bewußtes Atmen ist in jeder Situation hilfreich.

Ich habe festgestellt, daß es meist frustrierend ist, wenn ich anderen Leuten von den Eifersuchtsgefühlen erzähle, weil sie dann versuchen, mich mit Worten zu trösten oder mir einzureden, wie ich mich fühlen soll. Durch diese Art von Trost geht es einem nur noch schlechter. Und ich will nicht, daß die Leute Mitleid mit mir ›haben‹ – ich will den Schmerz loswerden!

Oder man gerät an jemanden, der alles besser weiß und genau erklärt, warum Eifersucht Unsinn ist, analysiert und zu Rationalisierungen greift ...

Daher ist es besser, sich allein durch diese Empfindungen hindurchzuarbeiten. Jedenfalls habe ich erkannt, daß es für mich so am besten funktioniert.

Einmal ging Avinash mit einer Freundin auf eine Party, und ich fragte, ob ich mitkommen könne oder ob sie sich dadurch gestört fühlen würden. Zuvor hatte es zwischen ihm und mir wegen dieser Geschichte ein großes Drama gegeben! Sie sagten beide, ich könne mitkommen, und ich erzählte der Freundin, die mit mir auf dem Rücksitz saß, von der Eifersucht, die ich empfand. Aber sie war nur im Kopf und sagte Dinge wie:

»Oh, du bist besorgt, weil sie viel jünger als du ist! Das kann ich verstehen!«

Das war ein neues Gespenst, das gesellschaftliche Gespenst des Altwerdens! Darauf hatte ich überhaupt keinen Gedanken verschwendet! Also versuchte ich, ihr zu erklären, was ich wirklich fühlte, aber allmählich erkannte ich, daß ich dadurch noch nervöser wurde und daß ›meine‹ Eifersucht gar nicht so schlimm war, wie diese Freundin glaubte. Die drei rauchten einen Joint, und ich setzte mich hin und meditierte. Nach einer Stunde, sie waren bereits zur Party hineingegangen, öffnete ich die Augen und sah alles in einem neuen Licht. Ich empfand bereits eine gewisse Distanz. Nicht, daß die Eifersucht und die Angst, ihn zu verlieren, verschwunden waren. Nein! Aber ich begriff, daß diese Beziehungen des Lebens sich auf einer sehr flüchtigen, oberflächlichen Ebene ereignen, denn tief drinnen gibt es die Gewißheit, daß Pyari sterben muß, und wer weiß, welche Art von Beziehung es dann zwischen ihr und diesen Leuten geben wird? Vielleicht wird sie zu einem Ort weit entfernt von diesem Planeten reisen!

Ich hatte Verbindung zu einer tieferen Ebene aufgenommen, auf der sogar Pyari selbst ein bloß oberflächliches Ding war!

Und genau in diesem Moment öffnete Avinash die Autotür und sagte:

»Hi!«

Ich zog ihn zu mir heran, und wir lachten darüber, daß wir einander wieder in den Armen lagen. Und das Herz war wirklich offen und losgelöst, als ich fragte:

»Bist du noch sehr in sie verliebt?«

Er sagte:

»Nicht mehr so sehr... Aber laß mich mit ihr tanzen, mich an ›ihrer‹ Gesellschaft erfreuen. Du brauchst nicht eifersüchtig zu sein.«

Und dann kam es mir sehr komisch vor, gemeinsam mit ihm einige Entscheidungen über materielle Dinge zu treffen. Wir mußten einige Telefonanrufe tätigen, und es war ein seltsames Gefühl, ihn wegen eines Zimmers zu fragen, das wir zur Wohnung der Kinder dazumieten wollten! Es schien mir, daß ich aus einer anderen Welt kam und gerade hier gelandet war! Die Eifersucht war vorbei! Und irgendwie hatte sich diese Liebesaffäre bereits abgekühlt. Das Leben ist ein so sonderbares Geheimnis! Fast schien es, er hätte sich nur verliebt, damit ich Gelegenheit zu lernen erhielt, mich von der Eifersucht zu befreien ...!

Ich kehre also nach einer heißen Diskussion zwischen ›ihre‹ Kinder verteidigenden Müttern in die Wohnung in S. Tereza zurück...

Joe lebte damals bei uns, in dem Zimmer, wo Marta zuvor gewohnt hatte. Weil ich mich so elend und verwirrt fühlte, schlug Joe mir vor, für eine Weile auszuziehen, damit die Dinge sich beruhigen konnten. Er half mir, eine Bleibe zu finden, und ganz plötzlich war ich aus dem Haus und Sérgios Leben verschwunden. Sérgio fuhr daraufhin zu einem ›pai de santo‹, um sich dort zu erholen. Ein ›pai de santo‹ (Heiligenvater) ist eine Art Guru aus der in Brasilien Candomblé genannten Volksreligion, die mit den an die Portugiesen verkauften schwarzen Sklaven aus Afrika herüberkam. Der ›pai de santo‹ ist nach dem Glauben dieser Religion Medium für einen Gott oder eine Göttin, die als Naturgeister angesehen werden.

Der, zu dem Sérgio ging, hieß Toninho und war ein Sohn des Oxossi. Oxossi ist der Gott des Waldes, und es heißt, daß wir Söhne und Töchter jener Kraft sind, die für uns sorgt. Als Sohn des Oxossi trug Toninho bei den Ritualen grüne Gewänder. Wenn der Geist des Waldes von ihm Besitz ergriff, führte er einen frenetischen Tanz auf, der mitunter ziemlich lange dauern konnte. Jeder Gott und jede Göttin tanzt auf eine eigene, charakteristische Weise.

Wir hatten diesen Mann durch eine von Sérgios Malschülerinnen kennengelernt, eine schöne Frau, die eine ›filha de santo‹ war, eine ›Heiligentochter‹ von Toninho. Jeder Heiligenvater ›hat‹ eine Menge Heiligensöhne und -töchter, die, nachdem ihnen das Haar abrasiert wurde, zwei Wochen lang allein in einer Hütte fasten müssen. So bereiten sie sich darauf vor, ›ihren‹ speziellen Heiligen zu channeln.

Sie hatte mir auch den Job bei der Fluggesellschaft Varig besorgt, da sie mit einem Piloten verheiratet war.

Gracinha wurde von der Polizei gesucht, weil sie sich weiterhin politisch engagierte, auch als wir anderen damit aufgehört hatten und den Traum der siebziger Jahre träumten, den Traum von Liebe und Frieden, und versuchten, in einem Gesellschaftssystem zu überleben, daß nicht von Menschen und nicht für Menschen gemacht war. ›Ihr‹ Vater gehörte der kommunistischen Partei an, was in der Zeit der Militärdiktatur absolut illegal war. Und die Dinge verschlechterten sich beinahe täglich. Alles, was der Militärregierung nicht genehm war, wurde verfolgt und unterdrückt.

Eines Tages erfuhren wir, daß die Polizei die Wohnung von Gracinhas Vater durchsucht hatte. Glücklicherweise waren weder sie noch der Vater zu diesem Zeitpunkt zu Hause gewesen. Sie bat uns um Hilfe, und Sérgios bereits erwähnte Malschülerin bot ihr an, sich im Candomblé-Haus zu verstecken. Sie schwebte wirklich in großer Gefahr! Aus heutiger Sicht wird mir bewußt, wie mutig wir damals waren, daß wir es riskierten, Ärger mit der Militärpolizei zu bekommen, der gefürchteten DOPS. Das Wort allein ließ uns erschaudern.

Ein paar Jahre später bekam ich es selbst mit der DOPS zu tun, als wir von einer Streife der Zivilpolizei angehalten wurden, die ständig auf der Suche nach verdächtigen Personen war. Ich befand mich kurz vor Tagesanbruch auf dem Rückweg von einer Tarot-Sitzung. Diese Sitzungen dauerten meist lange, so lange, wie der Klient es wünschte.

Telmo hatte mich mit dem kleinen, verbeulten Volkswagen ›seiner‹ Mutter abgeholt, dem in Brasilien billigsten und populärsten Auto. Ein ziemlich arroganter gemeinsamer Bekannter saß mit im Wagen, und wir ›hatten‹ eine Menge Kopien des Horoskops bei uns, das wir für jenes Jahr – 1972 – geschrieben hatten und vor Theatern, in Bars und bei jeder anderen Gelegenheit zum Kauf anboten. Dieser Text war für die Augen von Dritte-Welt-Polizisten ziemlich ›avantgardistisch‹, und als einer von ihnen sich den Stapel mit den Kopien schnappte, sagte ich zu ihm in ziemlich gehässigem Tonfall:

»Sie kosten Geld! Sie sind nicht dafür gedacht, sie einfach so mitzunehmen!«

Gott! Wie hatte ich so etwas zu einem Polizisten in Brasilien sagen können? Andererseits sind diese Burschen vermutlich überall auf der Welt ziemlich ähnlich ... Er wurde wütend und entdeckte sofort etwas, daß uns verdächtig machte.

»Da, Sie schreiben ›Arsch‹! Das ist unmoralisch!«

Nie war mir der Gedanke gekommen, daß dieser Körperteil unmoralisch sein könnte! Ärsche sind so süß, können so schön sein! Unmoralisch?!

›Unser‹ Bekannter machte ebenfalls eine arrogante Bemerkung, weil er glaubte, da wir ja unschuldig seien, könnten sie nichts gegen uns unternehmen.

Doch sie nahmen uns mit auf die Wache.

Nie wieder habe ich solche Angst ausgestanden! Ich zitterte am ganzen Körper. Nun wußte ich, daß das, was ich in Büchern gelesen und in Filmen gesehen hatte, nicht übertrieben war: Menschen konnten tatsächlich vor Angst zittern. Ich war durch und durch von Furcht erfüllt. Sie hatte mich völlig in der Gewalt.

Bei den Kopien im Wagen fanden sie eine Zeichnung für die esoterische Sonntagskolumne, die ich für eine Tageszeitung schrieb, wo ich nach dem Rauswurf bei der Fluggesellschaft arbeitete.

Es handelte sich um eine Zeichnung der Tarotkarte ›Der Turm‹, auf der man Menschen sieht, die kopfüber von einem Turm stürzen. Sofort deutete der Polizist dieses Bild als ›Umsturz-Turm‹, was für ihn einen verschlüsselten Hinweis auf revolutionäre Umtriebe darstellte! Also entschied er, uns zur politischen Polizei zu bringen...

Man ließ uns nicht mehr zu ›unserem‹ Wagen. Telmo und ich saßen auf dem Rücksitz eines Polizeiwagens, mit einem Polizisten links uns rechts von uns. Der Bekannte saß vorn, ebenfalls zwischen zwei Polizisten. Man hatte uns bereits als gefährlich eingestuft. Zwischen mir und dem Fenster saß jener Beamte, der die Horoskope entdeckt hatte und ärgerlich geworden war, als ich ihm sagte, sie seien nur gegen Bezahlung zu ›haben‹. Plötzlich fragte er mich leise:

»Hast du etwas bei dir, das dich belasten kann?«

In ›meiner‹ Handtasche befand sich ein Brief von Gracinha. Unter großen Schwierigkeiten war es ihr gelungen, Rio zu verlassen und nach Acre zu fliehen. Acre ist einer der abgelegensten brasilianischen Staaten, im westlichen Amazonas-Urwald, an der Grenze zu Peru. Sérgio und ›seine‹ ganze Familie stammen von dort.

Ohne nachzudenken, nahm ich den Brief aus der Handtasche und gab ihn ihm, verrückt, wie ich nun einmal bin! Er hätte ihn behalten und mich damit für, wer weiß wie lange, hinter Gitter bringen können. Oder wir hätten erschossen werden können, ohne daß je jemand davon erfahren hätte, denn damals regierten Mord und Willkür.

Aber er nahm den Brief einfach und warf ihn aus dem Fenster!

»Hast du etwas mit ›Macumba‹ zu tun?« fragte er mich als nächstes.

›Macumba‹ ist die in Brasilien allgemein gebräuchliche Bezeichnung für die Candomblé-Religion und ›ihre‹ vielen Ableger. Die meisten Leute fürchten sich vor ihr und den Leuten, die damit zu tun ›haben‹.

»Ja«, sagte ich. Dann bat er mich, für ihn zu beten, und erklärte mir, daß er oft Verbrecher hinauf in die Berge verfolgen müsse und ›sein‹ Leben in ständiger Gefahr sei. Anschließend fragte er, ob es jemandem gab, den er nach Dienstende für uns anrufen könnte. Ich bekam von Telmo die Telefonnummer eines Onkels, der, obwohl insgeheim Kommunist, eine hohe Position als Staatsanwalt bekleidete. Der Polizist notierte sich die Nummer und versprach, um sechs Uhr morgens, gleich nach dem Ende ›seiner‹ Schicht, dort anzurufen. Doch bis dahin waren es noch einige Stunden ...

›Macumba‹ hatte mir schon einmal das Leben gerettet. Während ich als Stewardess für Branniff Airlines arbeitete, freundete ich mich mit einem Mädchen an, dessen politisches Bewußtsein ich aufweckte. Sie hieß Maria.

Ich veranstaltete Treffen, auf denen ich Texte von linksgerichteten Philosophen vorlas. Maria war gleich Feuer und Flamme und begann, für die Revolution zu arbeiten.

Als wir zusammen für einen Flug eingeteilt worden waren und durch die Kontrolle der Bundespolizei gingen, wo wir die Pässe vorzeigen mußten, wurde sie, nachdem die Polizisten einen kurzen Blick auf ›ihren‹ Paß geworfen hatten, plötzlich gepackt und abgeführt. Genau vor ›meinen‹ Augen! Ich ging zum Flugzeug und hoffte, sie würde nachkommen, doch sie tauchte nicht auf. Als die Maschine abhob, liefen mir Tränen der Verzweiflung über das Gesicht. Ich konnte nichts für sie tun! Als ich drängte, daß wir wenigstens einen Anwalt oder sonst irgend jemanden informieren sollten, sagten mir die Leute, die das Flugzeug aufräumten, ich sollte mich still verhalten, sonst würde man mich auch noch verhaften. Maria kannte in Rio praktisch niemanden, denn sie stammte aus S. Paulo. Ich wußte nicht, was ich tun, wen ich benachrichtigen sollte! Sie blieb längere Zeit im Gefängnis und wurde gefoltert; es erging ihr wie den meisten, die damals der DOPS in die Hände fielen.

Als wir uns nach ›ihrer‹ Freilassung trafen, erzählte sie mir, daß sie sie an den ›pau de arara‹ gehängt hatten, damit sie ihnen etwas über mich verriet. Sie beschloß, sich in eine Art Trance zu versetzen, und wiederholte stundenlang immer wieder:

»Sie ist eine ›Macumbeira‹, sie ist eine ›Macumbeira‹.«

Als ›Macumbeira‹ wird eine Person bezeichnet, die etwas mit ›Macumba‹ zu tun hat, und der ›pau de arara‹ ist ein Stab an der Decke, an dem sie die Gefangenen mit den Füßen fesselten und mit dem Kopf nach unten stundenlang hängen ließen, bis sie aussagten, was die Polizei von ihnen hören wollte. Und das im zwanzigsten Jahrhundert! Maria wiederholte diesen Satz, bis sie ohnmächtig wurde. Dann banden sie sie los, und ich war gerettet! Noch heute bekomme ich Magenschmerzen, wenn ich daran denke ...

Die Art, wie es ihr gelang, freigelassen zu werden, ist ebenfalls eine Erwähnung wert. Sie erzählte mir, daß die politische Polizei eine ganz bestimmte Taktik anwendete: Ein verhörender Beamter spielte den Teufel, während der andere den Engel spielte. Irgendwann entschieden die Gefangenen sich dann dafür, dem Engel zu vertrauen, und erzählten ihm alles, was sie wußten. Doch, wie sie sagte, durchschaute sie den Trick und beschloß, den ›Engel‹ zu verführen. Und um nicht mehr gefoltert zu werden, spielte sie die Verrückte und benahm sich, als wäre sie ein Huhn. Sie hockte sich auf den Boden und gackerte. Natürlich haßten die Frauen es, sich nackt ausziehen zu müssen und vergewaltigt zu werden, aber Maria, die ja vorgab, verrückt zu sein, zog sich freiwillig aus und versuchte zu erreichen, daß der ›Engel‹ scharf auf sie wurde. Aber niemand ist scharf darauf, eine Frau zu vergewaltigen, die laut gackert wie ein

Huhn, also ließen die Polizisten sie in Ruhe. Und da sie eine sehr schöne und attraktive Frau war, begann der Mann sich wirklich für sie zu interessieren. Ich weiß nicht mehr, ob sie miteinander schliefen, aber er wurde tatsächlich eine Art Freund. Sie wurde freigelassen und bekam sogar ›ihren‹ Job zurück, weil er bei der Fluggesellschaft anrief und sagte, die Polizei habe einen Fehler gemacht und Maria sei unschuldig!

Das war absolut ungewöhnlich, denn normalerweise bekam niemand damals einen Job, wenn er auch nur im leisesten Verdacht stand, mit den Revolutionären zu sympathisieren, besonders wenn er deswegen bereits im Gefängnis gewesen war. Maria erzählte mir, wie schrecklich sie sich gefühlt hatte, als sie nach der Entlassung vor den Toren des Militärgefängnisses stand: vollkommen verloren, hoffnungslos und wirklich verrückt, ohne zu wissen, wie sie weiterleben sollte in einer wahnsinnigen Welt, ohne Kraft in Körper und Seele, nach fast einem Jahr Terror, Folter und Panik, während dem sie ständig Schmerzensschreie und Geschichten von Vergewaltigungen gehört hatte, täglich mit dem Tod konfrontiert gewesen war und miterleben mußte, wie immer mehr Verhaftete an diesen schrecklichen Ort gebracht wurden. Sie sagte, damals hätte sie sich am liebsten umgedreht und wäre zurück in das Gefängnis gegangen, um dort zu sterben!

Die Zeit der Militärdiktaturen in Südamerika war wirklich ein ständiger Alptraum! Ich empfinde tiefe Dankbarkeit gegenüber dieser wunderbaren Frau, die es schaffte, ›ihr‹ beinahe zerstörtes Leben wieder neu aufzubauen, später sogar eine Farm für ›ihre‹ wirtschaftlich ruinierten Eltern kaufte und nie die Lebensfreude verlor!

Morgens um sechs Uhr dreißig tauchte also Telmos Onkel bei der DOPS auf und fragte in freundlichem Ton:

»Was ist mit den Kindern passiert?«

Sofort veränderte sich das Benehmen der Polizisten völlig. Sie redeten leise und höflich und erklärten, wir seien spät in der Nacht auf der Straße angetroffen worden, und man hätte verdächtige Unterlagen in ›unserem‹ Wagen gefunden ... Doch dann ließ man uns auf der Stelle frei!

Während der wenigen schrecklichen Stunden, die wir dort zubrachten, spielten sie auch mit uns dieses Spiel, von dem Maria erzählt hatte. Und der Teufel war wirklich furchterregend gewesen, hatte mit ›seinen‹ zornig funkelnden Augen wie ein großer Satan auf mich gewirkt!

Auf mich hatten sie es ganz besonders abgesehen, weil ich vier oder fünf Jahre älter als die beiden Jungen war, was für die Polizei so aussah, als hätte ich zwei Jugendliche dazu angestiftet, für die Revolution zu arbeiten. Dabei hatte Telmo sich nie für diese Dinge interessiert. Er befand sich auf einem ganz anderen Trip, und als ich ihn in Macaé getroffen hatte, beschäftigte ich mich ebenfalls nicht mehr mit Politik, sondern wollte die Dinge auf andere Weise verändern. Genau wie er. So lernten wir uns kennen und fühlten uns zueinander hingezogen.

Als wir, wie schon erwähnt, damals Gracinha verstecken wollten, lernten wir also Toninho kennen, den ›pai de santo‹. Er war ein interessanter, großer, stattlicher Mann. Er sagte mir, ich könnte nie eine ›filha de santo‹ werden, weil ich zu stolz und nicht bereit wäre, mich jemandem zu Füßen zu legen. Ja, damit ›hatte‹ er recht, aber zehn Jahre später legte ich mich Osho zu Füßen, doch da handelte es sich um eine völlig andere Geschichte, weil Osho mir auch auf intellektueller Ebene Erfüllung bot: Ich habe Ihn sagen gehört, daß ich selbst zu Gott werden sollte, daß es nicht ›meine‹ Bestimmung war, das Pferd eines anderen Menschen zu sein, sondern daß ich unabhängig und frei ›meine‹ eigenen Energien ausdrücken konnte! Das interessierte mich, da war ich gerne bereit, mich hinzugeben! Und dann Oshos viele Witze, die weisen Äußerungen über Politik, Ökologie, Frauen ...! Ihn konnte ich als reines Licht sehen, das mich dazu inspirierte, selbst genauso zu werden!

Toninho war für mich ein typischer brasilianischer Macho, ein ziemlich schlauer Mann, dem wir einmal sogar Geld liehen, das er uns aber nie zurückzahlte. Bei der ökonomischen Situation in Brasilien weiß man nie, ob jemand, dem man Geld leiht, es ehrlich meint, oder ob er einen nur ausnehmen will. Und selbst wenn er wirklich bemüht ist, die Schulden zurückzuzahlen, scheitert das manchmal daran, daß die hohe Inflation das Geld förmlich auffrißt.

Die Freundschaft mit Toninho endete, als er alles versuchte, um mich loszuwerden, weil er das Geld offensichtlich nicht zurückzahlen wollte oder konnte. Für ihn waren wir lediglich ›reiche Typen‹ aus dem Süden der Stadt, wo früher die Mittelklasse wohnte. (Heute sind, abgesehen von einer sehr kleinen Oberschicht, alle in Brasilien verarmt!) Aus diesem Blickwinkel hielt er es offenbar für ›sein‹ gutes Recht, das Geld zu behalten.

Doch damals, als wir ihn kennenlernten, erwachte in uns die Neugierde auf das innere Leben. Wir kamen regelmäßig zu ihm und brachten Freunde mit, zum Beispiel Torquato.

Einmal tanzten wir im Eßzimmer zur Musik von **Cream** und zu einer anderen Platte, an deren Namen ich mich nicht erinnere. (Auf dem Cover war blauer Himmel zu sehen und ein junges, nacktes, blondes Mädchen, das ein Flugzeug hielt.) Alle waren ekstatisch ... Und plötzlich war da ein starkes, unbekanntes Gefühl, das ich auch heute noch nicht beschreiben kann. Vielleicht war es einfach nur einer dieser Verzückungszustände, wie sie heute ziemlich normal für mich sind. Aber in jenen Tagen, als ich gerade erst am Anfang der Reise in die innere Welt stand, kam es mir vor, als hätte Toninho mir dieses Gefühl übermittelt. Ich stürzte auf den großen Hof, wo die Rituale durchgeführt wurden. Er stand dort und schien zu wissen, was in mir vorging.

»Hast du es gespürt?« fragte er mich.

Ich war ganz Energie und Wonne! Und ich hatte eine neue Stufe erklommen, eine weitere Entdeckung gemacht: Zwischen Menschen waren energetische Dinge möglich, die sich mit Worten nicht beschreiben ließen ...!

Nach der Eifersuchtsszene mit Oscar ging Sérgio an diesen Ort, um sich auszuruhen und das Geschehene zu verarbeiten, besonders daß ich bei ihm ausgezogen war. Toninho half ihm bereitwillig. Immerhin bekam er ja Geld von uns, und damals dachten wir noch, er würde es uns zurückzahlen.

Gerade als ich glaubte, für ein Wiedersehen mit Sérgio innerlich bereit zu sein, weil die Gefühle sich genügend abgekühlt hatten, erreichte mich die furchtbare Nachricht, daß ›seine‹ Familie ein Sanatorium angerufen hatte. Zwei Männer mit einer Zwangsjacke waren gekommen und hatten Sérgio abgeholt. Er konnte nicht schreien, konnte gar nichts tun, weil das in einer solchen Situation die eigene Lage nur noch verschlimmert! Wenn jemand aus der eigenen Familie dich für verrückt erklärt, können sie dich jederzeit abholen und wegbringen, damit ›du wieder zur Ruhe kommst‹. Und niemand kann etwas gegen diesen Akt der Gewalt ausrichten! Leben wir nicht in einer verrückten Welt?!!!

In der Irrenanstalt wurde er für zehn Tage in künstlichen Schlaf versetzt. Sie behaupteten, er müsse auf Drogenentzug gesetzt werden. Welche Drogen?! Sérgio hatte Hasch geraucht, jahrelang, schon bevor ich ihn kennenlernte. Und LSD nahm er vielleicht fünfmal in dem Jahr. Er war gerade dabei gewesen, viel schöner und freier zu werden, ließ sich das Haar wachsen, im Afro-Stil, was ihm eine sehr starke Ausstrahlung verlieh. Er hatte sich immer mehr einer Gesellschaft entzogen, die ›dein‹ Verhalten zu kontrollieren versucht, ›deine‹ Gedanken und sogar die Gefühle! Sie wollen alles kontrollieren, was du tust. Und wenn du sagst, daß du von jetzt an ein unabhängiges Individuum sein willst, stecken sie dich ins Irrenhaus!

Und warum hatte Toninho, der doch so respekteinflößend wirkte, diesen Willkürakt nicht verhindern können?

Ich war völlig außer mir! Ich wollte Sérgio dort herausholen. Immerhin war ich ›seine‹ gesetzlich angetraute Ehefrau. Ich wollte für ihn tun, was in ›meiner‹ Macht stand. Ich liebte diesen Mann!

Ich rief ›seine‹ Schwester an, mit der ich zuvor auf recht freundschaftlichem Fuß gestanden hatte. Sie war sehr kalt und wollte mir nicht sagen, wohin man ihn gebracht hatte. Ich wurde wütend. Alles war wie in einem schlechten Film. Einfach unglaublich!

Ich sagte ihr, daß ich diese ganze Geschichte absurd fand, daß es ›mein‹ Recht sei, zu erfahren, in welches Sanatorium sie ihn gebracht hatten, und daß ›unsere‹ Ehe und ›unsere‹ Auseinandersetzungen sie nicht das geringste angingen. Aber sie wollte nicht zuhören. Herz und Bewußtsein waren bei ihr von einem harten Panzer aus Vorurteilen umgeben, die ich zum damaligen Zeitpunkt nicht verstehen konnte! Ich war schockiert und niedergeschlagen. Es war ein enormer Schmerz, zu wissen, daß ein Mann, den ich so sehr liebte, mit dem ich lebte und lernte, in einer Nervenklinik unter Beruhigungsmittel gesetzt worden war, wodurch all die Bewußtheit, die er während der LSD-Trips erlangt hatte, wieder verschwinden würde! Er hatte bereits erste Erfahrungen mit der inneren Welt gemacht und ähnelte überhaupt nicht mehr dem Jungen, als den ich ihn fünf Jahre zuvor kennengelernt hatte. Ich glaubte, daß das alles nur wegen mir geschehen war, und fühlte mich entsetzlich schuldig! Zudem hinderten mich diese Gefühle daran, das Zusammensein mit Oscar wirklich zu genießen.

Diese Schwester war ›meine‹ einzige Hoffnung gewesen, ihn zu finden und etwas gegen diesen Machtmißbrauch zu unternehmen. Als ich sah, daß von ihr keine Hilfe zu erwarten war, rief ich alle Sanatorien in Rio an. Aber sobald ich ›seinen‹ und ›meinen‹ Namen nannte, wurde das Gespräch jedesmal abgebrochen: Sie legten einfach auf!

Ich weiß nicht, wo er während dieses Alptraums, daß man ihn für verrückt hielt, überall hingebracht wurde. Die Familie hatte in den Kliniken offenbar jedesmal behauptet, ich sei eine Drogendealerin und hätte ›meinen‹ armen Ehemann zum Rauschgiftkonsum verführt. Daher entschieden sie, mit ihm eine Entziehungskur durchzuführen und jeden Kontakt zu der kriminellen Ehefrau zu unterbinden.

Ich fühlte mich vollkommen machtlos und ohne Hoffnung! Vielleicht, wenn ich mehr Energie investiert hätte, zu den Sanatorien gegangen wäre, für Sérgio gekämpft hätte ... aber wer weiß? Vielleicht hätten sie mich ebenfalls dabehalten oder sogar ins Gefängnis gesteckt! In mir herrschte ein Gefühlschaos, um das ich mich ebenfalls kümmern ›mußte‹, ohne recht zu wissen, wie. Telmo und Joe standen mir zur Seite, halfen mir, mit dem Schmerz fertigzuwerden; auch Oscar half mir manchmal, indem er mir etwas Vergnügen schenkte. Ich zog umher, übernachtete hier und dort, bei Freunden oder Freunden von Freunden.

Sérgios Mutter hatte den Mietvertrag für das Haus unterzeichnet, in dem wir ein gutes Jahr gelebt hatten. In Brasilien muß jemand für eine Person bürgen, die einen Vertrag unterschreibt. Wir hatten einen Monat lang die Miete nicht bezahlt, wegen dem großen Chaos, in dem wir uns befanden, worauf sie den Vertrag kündigte. Sie behauptete, ›ihr‹ Sohn sei von einer verrückten Frau beeinflußt worden, die ihn gezwungen hätte, sie zu heiraten. Sie wollte nicht, daß Sérgio und ich wieder zusammenkamen, das war offensichtlich: Sie manipulierte ›sein‹ Leben vollkommen! Und auch ›meines‹, denn ich durfte einen Mann, den ich liebte, nicht mehr wiedersehen. Sérgio war ein Freund, auch wenn wir mitunter ziemlich schwere Zeiten durchgemacht hatten. Jahre später, als ich die Scheidung beantragte, weil ich mit Atman schwanger war, fragte mich der Anwalt, ob ich es mir nicht noch einmal überlegen wollte, weil er sah, wie Sérgio und ich uns küßten, einander die Hand hielten und wirklich froh waren, uns wiederzusehen! Bei dieser Gelegenheit erzählte mir Sérgio von dem Alptraum, den er damals hatte durchstehen ›müssen‹. Ich erkannte, daß die Schönheit, die er während der LSD-Trips erlangt hatte, durch die Ruhigstellung und die Medikamente, die sie ihm verabreicht hatten, ausgelöscht worden war. Und es ist ihm nie gelungen, sie zurückzuerlangen ...

Wenn ich einen Mann einmal geliebt habe, dann hört diese Liebe nie auf. Adharas Vater, den ich dafür haßte, daß er mich geschwängert und so viel Chaos in ›mein‹ Leben gebracht und mich dann während der Schwangerschaft im Stich gelassen hatte, bekam volle Hilfe und Unterstützung von mir, als er später an Krebs erkrankte. Ich fuhr mit der damals einjährigen Adhara zu dem Krankenhaus, in dem er lag, sechshundert Kilometer von Rio entfernt, und pflegte ihn mit makrobiotischer Kost gesund. Nach drei Tagen konnte er nach Hause entlassen werden! Die Ärzte erklärten mir damals, daß sie noch nie etwas Derartiges erlebt hätten und daß ganz offensichtlich die Liebe ihn gerettet hätte.

»Lieben Sie ihn?« fragten sie mich. Wenn das der Fall ist, sollten sie wieder mit ihm zusammenleben!

Ich erwiderte:

»Ja, ich liebe ihn, aber das bedeutet nicht, daß ich mit ihm leben möchte. Liebe bedeutet etwas anderes, als daß ein Mann und eine Frau zusammenleben. Um zusammen zu wohnen, müssen beide die gleichen Vorstellungen bezüglich des täglichen Lebens ›haben‹, darüber, was man vom Alltag erwartet.«

❦

Nun war Sérgio also im Krankenhaus, und ich ›hatte‹ kein Dach über dem Kopf! Joe, Telmo und ich mieteten schließlich ein anderes Haus in einer armen Wohngegend von S. Tereza. Ein paar Tage, nachdem wir uns mit dem Vermieter einig geworden waren, flog ich, mich noch immer sehr schuldig und verwirrt fühlend, zurück nach Europa, zu Sebastian. Daddy fuhr mich zum Flughafen, den Wagen voll mit ›meinen‹ neuen langhaarigen Freunden. Ich saß auf dem Rücksitz, und Oscar streichelte mir die Brüste, was mir ein geradezu irrsinniges Vergnügen bereitete.

Am Flughafen fragte mich Daddy:

»Was findest du an diesen Leuten, Liebling? Sérgio ist wenigstens ein Künstler. Aber **wer** sind diese Leute?«

Ich schaute ihn an, und mir wurde klar, daß es Zeit für ihn war, einen neuen Schritt zu machen, um den Wachstumsprozeß zu verstehen, den ich durchlief. Aber diesmal schaffte er das nicht. Es gelang ihm nicht, ›Flower Power‹ und all das Schöne, was daraus erwuchs, zu verstehen ... Auch den späteren Schritt, eine Sannyasin zu werden, konnte er nicht nachvollziehen.

Sebastian hatte in Amsterdam ein Boot gemietet. Das hatte ich mir im Jahr davor gewünscht. Es war aufregend für mich, wieder in Europa zu sein, und ich war glücklich, ihn zu treffen, aber die Leidenschaft zwischen uns war vorüber! Ich dachte nur an Oscar, wie er im Auto ›meine‹ Brustwarzen gestreichelt hatte; an die schöne Zeit auf dem Rockfestival, daran, wie die Leute dort Freude, Liebe, Essen und Zelte miteinander geteilt hatten; an die Zeit, wie Oscar und ich in dem Haus in Niterói Liebe gemacht hatten ... Und auch das schreckliche Schuldgefühl war da, überfiel mich jedesmal, wenn ich an Sérgio dachte.

Ich spürte die Asche eines Feuers, das wirklich bis zum Ende auszukosten ich im Jahr davor nicht mutig genug gewesen war. Damals hatte ich ›meine‹ Sicherheit nicht aufs Spiel setzen wollen ... welche Sicherheit? Alles hatte sich als trügerisch erwiesen, als Burgen im Sand: ein leeres Haus, ein ungedeckter Scheck ... jetzt, ein Jahr danach, gab es nur Chaos: Ich hatte einen Mann in einer Nervenklinik zurückgelassen, einen ›Liebhaber‹ und Freunde, die ich nicht vergessen konnte!

Ich erzählte Sebastian, daß ich mich Sérgio gegenüber schuldig fühlte, weil ich ihm nicht hatte helfen können und weil ich, indem ich der Lust gefolgt war, ein solches Chaos verursacht hatte.

»Daher«, sagte ich ihm, »bin ich im Moment nicht sehr auf Sex aus. Ich fühle mich so verloren und verwirrt!«

Ich glaube, in der ganzen Zeit gelang es uns nur ein- oder zweimal, miteinander zu schlafen.

Die Leidenschaft für Oscar kühlte ab, als Post von ihm eintraf. Es war ein so dummer Brief, daß mir klarwurde: ›Außerhalb des Bettes ‚haben' wir wirklich nichts miteinander gemeinsam.‹ Die Poetin in mir war von ›seinen‹ Zeilen völlig enttäuscht und dachte:

›Kann er mir denn noch nicht einmal einen schönen Brief schreiben?‹

Es ist wirklich komisch, wie ein Begehren dahinschwinden kann!

Ebenso verrückt war es, wie die Dinge sich für Sebastian und mich entwickelten. Am Tag nach ›meiner‹ Ankunft, als Sebastian zu einem Gurdjieff-Freundeskreis gegangen war, bot mir ›sein‹ Bruder Tom an, mich zu einem Freund zu bringen, wo ich duschen konnte. Auf dem Boot gab es keine Dusche, und als Brasilianerin war das tägliche Duschen für mich ein unverzichtbares Bedürfnis. Als wir dort waren, zog er sich aus und folgte mir unter die Dusche. Wir begannen, uns zu küssen, und ›hatten‹ große Freude aneinander. Natürlich wurde ich dadurch noch verwirrter und schämte mich noch mehr, aber die beiden nahmen die Sache ziemlich locker. An einem der nächsten Tage, als wir mit einem Boot über die Amsterdamer Kanäle fuhren, und ich mich sehr deprimiert fühlte, sagten sie, beide dicht neben mir liegend:

»Gemeinsam werden wir es schaffen, dich aufzuheitern!«

Sie beschlossen, mit mir für ein paar Tage in die Schweiz zu reisen, zum Haus ›ihrer‹ Mutter. Ich freute mich, die Schweiz kennenzulernen, und trampte mit Sebastian, um Tom dort zu treffen, der vorausgefahren war. Ich fühlte mich Sebastian gegenüber bereits wie eine Fremde, Ehemann und Ehefrau, durch eine Beziehung aneinander gekettet.

In den Bergen von Bellinzona nahmen wir zusammen LSD, und dabei wurde mir klar, daß Tom mich viel mehr faszinierte. Es war neu, ein frisches Feuer... Sebastian beschloß abzureisen. Aber die Affäre mit Tom dauerte nicht lange! Der Sex mit ihm war nicht so gut wie mit Sebastian. Statt dessen redeten wir sehr viel und erfreuten uns an den kreativen Ideen, die Toms intelligentes Gehirn unaufhörlich produzierte.

Ich kehrte allein nach Amsterdam zurück, weil Toms Auto plötzlich streikte. Und es war Zeit für den Rückflug nach Rio. Wieder fuhr mich Sebastian zum Flughafen, und in diesem Jahr war er noch trauriger als zuvor.

Als ich die beiden Brüder Jahre später wiedersah, 1982, inzwischen zur reifen Mutter geworden, mit zwei Kindern und einer Liebesaffäre mit einem tantrischen Mann – wir alle Sannyasins –, erzählte Tom mir, daß ich die verrückteste Frau sei, die sie je getroffen hätten, und daß Sebastian mich nie vergessen hätte.

Es lag also nicht, wie ich damals glaubte, an Europa und der vermeintlichen sexuellen Freiheit hier, daß ich zwei Brüder gleichzeitig lieben konnte, ohne daß die beiden dabei vor Eifersucht ausrasteten, sondern an der Fähigkeit, Sex und Liebe ohne jede Einschränkung zu schenken und zu genießen, die ich mir erworben hatte. Ich bin stets offen dafür gewesen, die Lektionen des Lebens zu lernen, und durch die Idee der freien Liebe, wie ich sie bei Simone de Beauvoir und den Kommunisten gefunden hatte, war ›meine‹ ganze Sichtweise völlig verwandelt worden.

Das war das erste Mal, daß ich gleichzeitig mit mehr als einem Mann die Liebe teilte, was seither für mich etwas völlig Normales ist. Und zumeist kommen auch alle Beteiligten damit sehr gut klar!

Doch leider bereitet es den meisten Leuten schon genug Probleme, eine einzige ›Liebesbeziehung‹ zu bewältigen. Die Vorstellung, daß Sex und Liebe notwendigerweise verknüpft sein müssen, macht es oft unmöglich, im Bett Erfüllung zu finden. Die Körper bleiben hungrig. Dann wenden sich die Menschen dem anderen Extrem zu: Sie gehen zu einer Prostituierten oder sonst jemandem, der für raschen Sex zu ›haben‹ ist. Aber aus dem Gefühl heraus, daß ›ich nicht bekommen kann, was ich mir wirklich wünsche‹, bleibt Sex immer unbefriedigend.

Befriedigung stellt sich ein, wenn wir ganz von Augenblick zu Augenblick handeln, wenn die von einer unbekannten Kraft gelenkten Hormone auf natürliche Weise das Blut in Wallung bringen, sobald ›unser‹ Blick die Augen jenes Menschen trifft, mit dem wir wirklich zusammensein wollen. Genau dieser Mensch ist es dann, der uns Befriedigung verschafft. Aber oft lassen wir eine solche Chance aus, weil die Tabus im Kopf uns daran hindern. Warum muß immer erst Liebe im Spiel sein? Warum können wir nicht einfach den Augenblick genießen, wenn wir, einfach aus Spaß, in den Armen eines anderen Menschen liegen, ohne an die Zukunft, an eine Beziehung oder Ehe zu denken?

In Brasilien kam das durchaus vor, aber als ich nach Deutschland zog, traf ich hier auf eine tief verwurzelte Konditionierung, daß Sex nicht so wichtig sei und daß eine Beziehung die Voraussetzung sei, um ihn zuzulassen. Ich kenne den Grund dafür nicht genau und verstehe nicht völlig, warum hier so viel Traurigkeit in der Luft liegt, so viel gezwungenes Schweigen, warum so wenig gelacht wird und die Augen der Kinder weniger leuchten. Wohin sind der Eros und die Libido verschwunden? Niemand mag laute Musik, weil sie an Freude und Glücklichsein erinnert und man nur in düsterem Schweigen Traurigkeit und Probleme pflegen kann. Nur die Punks, die Sannyasins und andere Aussteiger machen gerne Lärm, als Protest und Aufstand gegen den langsamen Tod ...

Von den Kindern wird verlangt, daß sie still sein sollen, weil

Krach und Freiheit die Erwachsenen sonst dazu zwingen würden, zu lachen oder gleichfalls laut zu sein. Das könnte den Sex aufwecken, plötzliches Glück aufscheinen lassen ...

Was kann man dagegen tun? Was soll man mit Augen tun, die andere Augen suchen, mit Händen, die sich nach Berührung sehnen, mit Mündern, hungrig nach Gefühl?

Die Leute senken den Blick oder sagen mechanisch: »Guten Tag!« So wie sie es schon seit hundert Jahren tun! Und gehen mit Hunden spazieren, die die Städte verschmutzen! Oder sie trinken. Alle trinken täglich Bier, um die sexuelle Frustration zu vergessen. Deutschland ›hat‹ den höchsten Alkoholverbrauch auf der ganzen Welt! Und die Leute reden ständig über Probleme, hauptsächlich über Beziehungsprobleme. Doch jede Beziehung, über die geredet werden muß, ist bereits tot. Eine ›Beziehung‹ ist immer ein lebloses Phänomen, weil Liebe und Befriedigung zwischen zwei lebendigen, sich ständig wandelnden Wesen niemals aus einer abstrakten Vereinbarung erwachsen können!

Wenn Menschen lebendig sind, erlauben sie den Körpern einfach, sich zu bewegen – zu berühren, zu fühlen, zu genießen und glücklich zu sein, ohne Angst vor dem, was geschieht. Dann ›braucht‹ man nichts, weil befriedigender Sex der stärkste Drink, die verrückteste Droge und die beste Medizin ist!

Doch was geschieht? Wenn wir jemanden sehen, zu dem wir uns hingezogen fühlen, sind wir gar nicht wirklich präsent. Wir genießen nicht das, was uns gefällt: vielleicht das Haar, die Nase, die Augen ... Statt zu kontemplieren, uns den Genuß des Schauens zu gönnen, von diesem ästhetischen Gefühl zu trinken, beginnen wir zu grübeln, ob die andere Person uns mag, ob sie ein perfekter Ehepartner wäre, ob sie schon in festen Händen ist ... Wir leben nur im Kopf. Der Körper wird vernachlässigt, das Herz mißachtet. Beide Menschen sind da und könnten sich des Körpers bewußt sein, die Hormone die Führung übernehmen lassen und dadurch gesünder, freier, lebendiger und meditativer werden. Aber alles wird durch das Denken verdorben ...

Und selbst wenn wir es zu einem Kontakt, einer Berührung kommen lassen, geben wir uns nicht wirklich hin, weil das Denken ständig im Weg ist, allerlei Fragen und Probleme aufwirft, die uns aus dem gegenwärtigen Augenblick herausreißen:

›Werden wir nachher miteinander schlafen?‹

›Werde ich eine Erektion haben?‹

›Ist sie verheiratet?‹

›Wird er geduldig sein, bis ich einen Orgasmus erreiche?‹

›Werden wir eine feste Beziehung eingehen?‹

Sollten wir es schaffen, trotz dieses Dickichts aus möglichen Komplikationen tatsächlich zusammen ins Bett zu gehen, setzt sich das Kreisen der Gedanken weiter fort:

›Wird er mich morgen anrufen?‹

›Wird er mich hinterher noch lieben?‹

›Liebt er mich wirklich?‹

›Was ist, wenn ich keine Erektion bekomme‹

›Was ist, wenn ich zu schnell komme?‹

›Geht sie mit jedem Mann so rasch ins Bett?‹

›Sie ist ja viel älter, als ich gedacht hatte!‹

›Sein Schwanz ist aber wirklich klein!‹

Und immer so weiter.

Und das alles nur, weil wir Sex nicht als ein Spiel betrachten können, als ein Vergnügen in sich, aus dem alles hervorblüht, aus dem sogar echte Liebe entstehen kann. Und Liebe ist das einzige Ziel im Leben!

Wenn ich sage, daß wir Sex völlig frei genießen sollten, meine ich damit nicht, daß wir Nacht für Nacht mit jemand anderem ins Bett gehen müssen! Aber wir können auf die Kräfte des Körpers achten, die uns sagen, wenn sich uns eine Gelegenheit eröffnet, eine wirkliche Begegnung voller Feuer und Energie zu erleben.

Daraus kann Liebe entstehen, aber sie entsteht niemals aus Beziehungen und der Ehe! Keine Beziehung oder Ehe wird uns je Befriedigung bringen. **Befriedigung kommt immer aus der Freiheit!**

Der Schlüssel liegt darin, achtsam zu sein, sensibel die Energien im Körper zu spüren, ihnen zu lauschen, ohne daß uns ein einziger Augenblick entgeht.

IMMER HIER UND JETZT!

2

Die Liebe in uns stärken

Liebe ist in uns. Sie kommt von innen. Es ist nicht so, daß andere Menschen sie zu uns bringen und uns schenken. Sie kommt aus einer unbekannten Quelle und folgt einer unbekannten Bestimmung. Wir können für die Liebe nur Gastgeber sein. Liebe ist ein göttlicher Gast!

Ich glaube an keinen Gott. Ich habe versucht, mir selbst die Existenz eines Schöpfers zu beweisen, aber das erwies sich als vergeblich. Diese Erkenntnis kam mir mit siebzehn. Damals begann ich, mich vom Glauben zu entfernen. Glauben woran? An eine Menge Geschichten, die wie Märchen klingen und nicht in Frage gestellt werden dürfen, weil das als Sünde gilt.

Seit ich mich erinnern kann, habe ich mich immer für die innere Welt interessiert. Die Kirche in der Nachbarschaft war der einzige Ort, wo ich als Kind versuchen konnte, Antworten zu finden. Doch dann erkannte ich, daß das Beten zu Gott unsinnig war, weil alle Leute um das gleiche bitten und dieser überbeschäftigte Bursche sie nicht alle zufriedenstellen kann! Außerdem müßte Gott, wenn es ihn gäbe, entweder dumm oder ein Masochist sein, um so eine verrückte Welt zu erschaffen!

Doch die Liebe braucht keinen Beweis, keinen Glauben! Manchmal ist sie da, und dann können wir sie spüren. Es ist, wie Jesus gesagt hat: Die Liebe ist Gott, Gott ist Liebe! Und das bedeutet nicht, daß irgendein höheres Wesen, ein Schöpfer, Liebe als überlegene Eigenschaft ›besitzt‹. Nein! Diese Energie, die wir Liebe nennen, ist es, die ständig neu erschafft. Die sich ständig fortsetzende Schöpfung entsteht aus Liebe. Es ist eine ewige Ausdehnung in alle Richtungen, ein nie endendes Spiel. Und das Herz ist das Zentrum! **Das Herz, mit den Begierden, die wir spüren, erschafft immer weiter, und die meiste Zeit geschieht dies, ohne daß wir uns bewußt sind, was wir tun!**

Als ich Sannyasin wurde, erhielt ich die Botschaft: »Sannyasin zu sein bedeutet, sich so der Liebe hinzugeben, daß man zu einem Medium für das Göttliche wird.« Ma Deva Pyari, der Name, den ich empfing, heißt übersetzt: ›die göttliche Geliebte‹. Das zu lesen machte mich natürlich sehr glücklich! Ich liebte den Namen. Aber damals, im Februar 1980, wußte ich noch nicht, was Liebe ist. Ich kannte nur Lust und Freude. Nicht, daß daran etwas auszusetzen wäre: Es ist das, was ich zuvor beschrieben habe. Ich habe diesbezüglich keinerlei Vorbehalte. Heute liebe ich Freude und Lust ebenso wie früher, aber es gibt einen Unterschied: Ich lerne, zu lieben! Und deshalb kann ich den Sex noch mehr genießen.

Es ist ein Jammer, daß uns niemand beibringt, wie man liebt! Wir lernen Mathematik und Geographie. Im Geschichtsunterricht erfahren wir etwas über tausend Kriege und Helden, die große Mörder gewesen sind (je mehr Menschen sie getötet haben, desto mehr müssen wir über ›ihre‹ Taten auswendig lernen). Wir lernen die politischen Teilungen auf der Mutter Erde kennen ... aber die Liebe? Wo bekommen wir Informationen über sie?

Auch den Sex lernen wir auf eine sehr gefährliche Weise kennen: In ›Macho‹-Ländern schickt der Vater den Sohn zu einer Prostituierten, wenn er erwachsen wird. Frauen können ein bißchen aus Porno-Zeitschriften und Pornofilmen erfahren; wenn sie überhaupt Zugang dazu ›haben‹. Sonst bleibt ihnen nichts übrig, als auf die Ehe zu warten, aufgeregt und ängstlich gegenüber dem Unbekannten, das dann nicht selten als Vergewaltigung in der Hochzeitsnacht über sie hereinbricht. Dennoch arbeitet überall auf der Welt die Werbung für nahezu jedes Produkt mit sexuellen Anspielungen und Verlockungen. So entwickeln sich die Vorstellungen darüber, auf welche Weise Sex praktiziert und empfunden werden sollte: ein völlig falsches Konzept für dieses natürliche biologische Phänomen!

Aber Liebe ist noch viel schwerer zu erlernen! Um diese unglaublich heilende Kraft zu spüren, ist es nicht nötig, bis ans Lebensende einem einzigen Menschen treu zu sein, noch nicht einmal für einen kürzeren Zeitraum, **weil Liebe ganz einfach nicht das geringste mit Treue zu tun ›hat‹**, auch wenn die meisten Leute das glauben. Sie bedeutet auch nicht, daß wir uns für einen anderen Menschen aufopfern. Im Gegenteil, je befriedigter Sie selbst sind, desto mehr sind Sie fähig, Liebe zu entwickeln und auszudrücken; je glücklicher Sie sind, desto mehr Menschen werden die Chance ›haben‹, von Ihnen Liebe zu empfangen. **Denn Glücklichsein und Befriedigung sind die Keimstätten der Liebe!**

Osho, der spirituelle Meister, der so viele Türen für mich geöffnet hat, half mir, zu dieser Einsicht zu gelangen. Dadurch, daß ich auf intellektuelle Weise begriff, wurde der Boden bereitet, und jetzt beginnt die Liebe für Pyari zu blühen. Sie ist eine so erstaunliche, delikate, geheimnisvolle und manchmal sehr aufwühlende, beunruhigende Energie! Ich sehe in ihr die Quelle allen Lebens in uns, im ganzen Universum. Und ich fühle Dankbarkeit, wann immer ich in der Lage bin, einen so wunderbaren Gast bei mir willkommen zu heißen.

Früher hegte ich tief in mir den unterbewußten Glauben, kein Mann hätte mich je wirklich geliebt. Ich habe es zu Hause nie kennengelernt. Ich habe nicht erlebt, daß ›meine‹ Eltern sich wirklich liebten. Sie diskutierten nur miteinander, stritten, haßten sich. Wie hätte ich da die Liebe kennenlernen sollen? Wie daran glauben, daß sie überhaupt existiert? Wie sie in mir entdecken, sie nach außen bringen, so daß sie sich in den Augen eines anderen Menschen spiegeln konnte? Wenn man es gewohnt ist, immer nur wütende Augen zu sehen, wird man mißtrauisch ...

Jetzt wird es in Hamburg, St. Pauli, gerade Tag. Es ist nicht mehr so kalt, nur noch ein Grad unter Null! Früher hätte ich mir gewiß nicht vorstellen können, ein Grad unter Null nicht kalt zu finden! Aber man gewöhnt sich an alles ...!

Im Sommer 95 erlebte ich die Explosion der Liebe auf eine sehr komplexe Weise. Ich lernte, daß sie kommt, einen packt, die Hormone in Bewegung bringt, um einen zum Sex zu veranlassen – was auch gut ist –, und plötzlich ist man völlig überwältigt! Nichts zu machen: Die Liebe verläßt dich nie wieder! Selbst wenn du dich sehr bemühst, sie zu vergessen, weil sie dir ungelegen kommt ...

Ich war unterwegs, um für Adhara und Atman etwas zum Rauchen zu kaufen – was tut eine Mutter nicht alles für die Kinder, die sie liebt?! –, damit wir einen harmonischen Urlaub in Dänemark erleben konnten: Eine dieser Familienreisen, die auf die eine oder andere Weise ein Desaster sind! Ich wußte, daß es wenigstens ein fremdes Element geben ›sollte‹, um die Harmonie zu bewahren. Die ganze Struktur der Familie ist ein solcher Neurosen-Erzeuger, daß etwas Medizin mitgenommen werden ›mußte‹! Wir alle wußten das! Ich weiß nicht, warum wir uns zu dieser Reise entschlossen. Ich hatte geglaubt, Adhara ›bräuchte‹ es, wieder einmal mit der Familie zusammenzusein, was sie immer sagt. Und ein paar Schuldgefühle halfen, die Tour zu organisieren: Wieder einmal ein Geschenk, daß eine Mutter ›ihren‹ Kindern anzubieten hat, in dieser Gesellschaft, die ständig Schuldgefühle produziert ...! Adhara, als Tochter einer Frau, die bereits jenseits der Gesellschaft ist, scheint das genaue Gegenteil zu tun, um ein Ego zu entwickeln! Das Leben ist so paradox ...! Wieder einmal wollte ich sie zufriedenstellen!

Da läuft also eine kleine Mutter an einem heißen Sommertag durch diese fantastisch verrückte Stadt, um ein Heilmittel gegen die verfaulte Struktur der Familie zu kaufen, die nur dazu beiträgt, kranke Menschen hervorzubringen, die sich leicht von den Nationen versklaven lassen ... Aber was soll man da machen? Gegenwärtig ist die Alternative dazu erst ein kleiner Embryo, den wir erst langsam lebensfähig machen ...

Also ging ich in ein bestimmtes besetztes Haus. Ich war bereits ein paarmal dort gewesen. Hinter der Bar schauten mich zwei schöne und unschuldige Augen an, voller Liebe, Respekt und Zuneigung. Die Liebe ist ein solches Wunder! Ein so zarter Sprößling, der beschützt und genährt werden ›muß‹, damit er zu einem riesigen Baum voller duftender Blüten heranwachsen kann ... Aber irgendwie war das Gefühl neu, wie immer, wenn die Liebe kommt ... Auch kannte ich dieses Gesicht irgendwoher. Er sagte:

»Hi!«

Ich erwiderte den Gruß. Diese Augen gefielen mir bereits, diese Liebe und Zuneigung, der Zauber hatte mich bereits gefangen ... Wir penetrierten uns zärtlich mit den Augen ... An der Bar saß jemand, der Portugiesisch sprach, da er in Portugal geboren war. Betrunken. Ich habe Betrunkene nie leiden mögen, aber selbst das würde ich akzeptieren lernen! Wir wechselten ein paar Worte ...

Der Barmann mit den schönen Augen bat mich später, ihn in diesem Buch Buck zu nennen. ›Sein‹ wirklicher Name ist schön und poetisch. Freunden, die davon hörten, gefiel diese Idee nicht. Aber er sagte:

»Warum nicht?! Buck ist doch auch einfach nur ein Name!«

Dann hörte ich, wie der Portugiese zu ihm sagte:

»Sie mag dich.«

Das war ganz anders als bei dem Workshop, den ich im Dezember 1982 im Mukta R. M. C. in Stuttgart leitete. Dort gab es 26 Teilnehmer: 22 Deutsche, drei Holländer und einen schwarzen Soldaten aus den USA. Plötzlich unterbrach ich die Übungen und beschloß, ihnen zu sagen, wie verzweifelt ich darüber war, daß es mir nicht gelingen wollte, sie aufzutauen! Es war Sonntag nachmittag, das Wochenende war fast vorüber, und ich ›hatte‹ das Gefühl, daß überhaupt nichts geschehen wollte. Ich hatte drei Stunden lang mit ihnen über Sex geredet, über Repression, über die Dinge, die Thema dieses Buches sind, und dann sagte ich:

»Da ist zum Beispiel Avinash: Ich fühlte mich von Anfang an sehr von ihm angezogen ... Als wir uns alle nackt auszogen und ich ›seinen‹ Hintern sah, spürte ich im Körper eine Welle der Erregung ... Ich ging zu ihm und berührte ihn, bestrebt, ihm dieses Gefühl zu zeigen, doch erhielt kein Feedback. Kein Nein, und kein Ja. Ich bin sicher, Avinash hat ›meine‹ Hände auf ›seinem‹ Körper überhaupt nicht bemerkt. Wo war er mit den Gedanken? Wo seid ihr alle, daß ›eure‹ Körper so träge und abgestumpft sind? Vermutlich seid ihr zu sehr im Kopf! Dieser Workshop dient dazu, die Sinne, die Kreativität aufzuwecken ... Doch niemand läßt sich darauf ein, und ich weiß nicht mehr, was ich noch tun soll! Ich bin völlig ratlos!«

Sofort stand Avinash auf, setzte sich neben mich und legte die Hand auf ›mein‹ Knie. Ich war angenehm überrascht. Ich sprach noch ein bißchen weiter und gönnte ihnen dann eine Teepause. Wir hatten bereits 48 Stunden nicht geschlafen und gegessen. Dieser Workshop war ein Körperausdrucks- und Tantra-Marathon, mit Rock, Jazz, Blues, brasilianischer und Reggae-Musik; Meditationen, Massage, Theater ...

Nach dem Tee schauten Avinash und ich uns tief in die Augen. Wir waren offen füreinander und gaben uns hin. So erlebten wir eine Vereinigung, die eine Ewigkeit zu dauern schien. Später erfuhr ich, daß es ungefähr dreißig wilde Minuten gewesen waren, währenddessen die anderen nicht wußten, was sie tun sollten. Aber das bewirkte, daß die ganze Gruppe sich öffnete. Als wir schließlich in den Seminarraum zurückkamen, tanzten alle, sprangen umher, gebärdeten sich wild, umarmten und streichelten sich ...

Ich ›hatte‹ das Gefühl, geradewegs aus der Dimension der Sterne zu kommen!

Einige Jahre zuvor hatte ich bei Meister Morya gelesen, daß in jedem Augenblick wahrer Liebe ein Stern geboren wird!

Diese 24 Menschen – einer war gegangen – trugen mich durch den Raum und übergossen mich mit Champagner. Ich empfand eine unbeschreibliche Freude, als ich sah, was mit diesen so ernsten Menschenwesen geschehen war, die noch eine Stunde zuvor steif um mich herum gesessen hatten und darauf warteten, Anweisungen zu erhalten wie Schulkinder. Dabei wollte ich doch nur, daß sie das Seminar genossen und echte Wonne erlebten!

Doch plötzlich hatte sich alles auf wundersame Weise verwandelt. Es war, als hätte etwas ›klick!‹ gemacht, als Avinashs und ›meine‹ Augen sich trafen und wir uns für eine Weile ›ausklinkten‹! Als die anderen plötzlich keine ›Lehrerin‹ mehr bei sich ›hatten‹, erkannten sie, daß ein Freiraum da war, das zu tun, was ihnen Spaß machte. Also beschlossen sie, die gemeinsame Zeit zu genießen, zu feiern und sich vom Zauber der Liebe, der sich zwischen ihnen ausbreitete, durchdringen zu lassen. Hier hat zwischen Pyari und Avinash alles angefangen ...

Die ganze Nacht feierten wir, tanzten, ließen uns gehen ... Ich zeigte ihnen einige Tricks, mit deren Hilfe sie sich von Blockaden befreien konnten, ein paar Spiele, Massagen und Tänze ...

Am nächsten Morgen waren viele von ihnen immer noch dort, lachend und miteinander verschmelzend, so wie am vergangenen Samstag, als zehn von uns für eine Fernsehsendung gefilmt wurden. Das Kamerateam hatte erwartet, wir würden einige merkwürdige Posen einnehmen, um zu demonstrieren, was tantrischer Sex ist. Aber mit den Meditationstechniken und Tänzen, die ich vorschlug, versetzten wir uns einfach ganz in die Gegenwart, so daß wir uns plötzlich alle frei fühlten, anfingen zu lachen, uns zu lieben und zu umarmen! Und der Produzent der Sendung fragte mich, ob es am Ende der Workshops immer so zugehe. Ich sagte:

»Ja, es kann gar nicht anders sein!«

Damals in Stuttgart nahm ein Schauspieler aus Holland – Srajano – an der Gruppe teil, zusammen mit Devagyan, die in ihn verliebt war. Sie hatten beide zuvor bereits meinen Workshop in Haarlem besucht. An diesem Morgen bekam sie einen Eifersuchtsanfall, weil er sich für ein anderes Mädchen interessierte. So erlebten wir zum Finale noch ein großes Drama!

Avinash fuhr kurz zur Arbeit, um dort Bescheid zu sagen, daß er an diesem Tag nicht arbeiten würde, und kam dann zurück zu mir. Zusammen mit Srajano und dem anderen Mädchen gingen wir zu Adhara ins Bett. Sie war zwei Tage zuvor fünf Jahr alt geworden. Auf der kleinen Party, die die Workshop-Teilnehmer für uns organisiert hatten, sagte sie zu mir:

»Pyari, ich möchte, daß Avinash ›mein‹ Daddy wird!«

Damals lachte er, und ich auch, aber es ist tatsächlich so gekommen, denn seither haben wir gemeinsam Atman und ihr geholfen, erwachsen zu werden. Wir haben viele gemeinsame Projekte auf die Beine gestellt, zusammen Musik gemacht, und jene magische Energie in uns genährt, die wir Liebe nennen. Diese Energie ›hat‹ nichts mit dem Gefühl zu tun, das wir spüren, wenn wir sagen, daß wir verliebt sind. Verliebtsein ist etwas, das über uns kommt, eine Verrücktheit, aber trotzdem nichts Schlechtes. Heute weiß ich, daß Liebe aus diesem anfänglichen Verliebtsein entstehen kann, wie eine kleine Pflanze, die allmählich heranwächst. Wir müssen sie gießen, sie verstehen, alle Feuerproben bestehen und sie willkommen heißen, in welcher Verkleidung sie auch zu uns kommen mag, auch wenn die sexuelle Leidenschaft erloschen ist! Sich verlieben, jemanden sexuell begehren, bedeutet für mich einen Abstieg ins erste Chakra, um sich dann von dort zu erheben. Man fällt vom Kopf auf den Boden, und das ist in keiner Weise negativ gemeint!

An jenem Morgen in Stuttgart LACHTEN wir vier Stunden lang zusammen im Bett, als hätten wir eine starke Droge genommen. Als Srajano und das Mädchen aufbrachen, sagte Avinash zu mir:

»Bring mir alles bei, okay?«

Und genau so ist es dann gekommen! Es ist wundervoll, wenn

Adhara und Avinash, als sie sich 1982 in Stuttgart zum erstenmal begegneten.

›Pyari and the Colorful Condoms‹ spielen auf dem ›Alster-Vergnügen‹, einem der größten Straßenfeste in Hamburg, September 1988. Während der Show ließen sie einen Hut herumgehen. Avinash am Schlagzeug, Atman an der Gitarre. Adhara sitzt im Hintergrund. Aufgenommen von Pyaris Vater während eines Deutschlandbesuchs.

ein Mann sich einer Frau ganz hingibt und von ihr lernen möchte. Das ist, als würde alles in der Welt dieses Mannes auf den Kopf gestellt, damit das Beste zum Vorschein kommen kann ...

Stundenlang berührten wir einander, liebten uns auf wundervolle, tantrische Weise. Heute leben wir immer noch zusammen. Avinash assistiert mir bei den Workshops, denkt sich neue Projekte aus, übersetzt für mich ins Deutsche, begleitet mich am Schlagzeug, wenn ich singe, und bringt Pyari immer wieder auf die Bühne, mit all der Wonne, Kreativität und Liebe, die er verkörpert!

›Pyari and the Colorful Condoms‹ im ›Fool's Garden‹ in Hamburg, Januar 1992.

Aber wir kreierten nie eine Beziehung. Manchmal denken wir darüber nach, uns zu trennen, eigene Wege zu gehen. Und weil wir keine Beziehung ›haben‹, fühlen wir uns frei, vorwärts zu gehen, und alles ist dadurch viel leichter: Wir lieben andere Menschen, wir erleben Krisen, Meinungsverschiedenheiten, Verzweiflung, Eifersuchtsattacken, den ganzen Prozeß, Liebe zu entwickeln und zu nähren. Stets sind wir bereit, zu lernen und uns beim anderen zu entschuldigen, Konflikte sofort zu klären, wenn sie auftreten, um uns dann um so schneller wieder in den Armen liegen zu können. Und alles wird dadurch ständig leichter für uns, Lösungen für die täglichen Probleme finden sich immer rascher. Wenn andere Leute über uns sagen, wir ›hätten‹ eine Beziehung, erklären wir ihnen, daß das nicht stimmt. Wir weigern uns einfach, eine solche gedankliche Vorstellung aufkommen zu lassen. Wir legen beide Wert darauf, **frei zu bleiben**, und versuchen, andere für diesen Pfad der Liebe zu begeistern.

Als ich Mukta verließ, würfelte Avinash, um zu entscheiden, ob er mit mir kommen ›sollte‹. Er hat die Antwort der Würfel akzeptiert, und seither steigen wir gemeinsam immer höher und höher, beobachten die Trips, die Konditionierungen und Neurosen ... Wir haben es immer als Spiel betrachtet, obwohl es mich manchmal schmerzte, daß er mit mir gekommen war, weil die Würfel es ihm gesagt hatten! Aber im Grunde wollten wir einfach immer nur eine gute Zeit zusammen verbringen, Liebe machen, immer mehr Orgasmen erleben ...

Einmal, in Poona, brachte er mich, um mich abzukühlen, elfmal hintereinander zum Orgasmus, bis ich erschöpft und erfüllt war. Aber wir haben nie an Liebe gedacht ... Wir sind Künstler, die Körper passen gut zusammen. Seit Jahren ›haben‹ wir täglich, wann immer möglich, Sex miteinander, er ist der schönste Mann, den ich kenne. Warum also nicht mit ihm das Leben genießen?

Srajano und Devagyan schlossen sich dem ›Zirkus‹ an. Zusammen mit dem amerikanischen Soldaten und einem weiteren Sannyasin, der uns im Wagen mitnahm, fuhren wir von Stuttgart aus nach Hannover, um eine Frau zu besuchen, deren Einladung uns einer der Workshop-Teilnehmer überbracht hatte. Diesmal war Srajano an der Reihe, Eifersucht zu erleben, als Devagyan mit dem Soldaten schlief, der am nächsten Morgen weiterreisen mußte. Das Schöne daran war, daß er dabei völlig bewußt war. Als er merkte, was in ihm vorging, schrie er, auf scherzhaft theatralische Weise:

»Wißt ihr was? Ich bin eifersüchtig! Ich bin EIFERSÜCHTIG!«

Avinash und ich nahmen ihn in den Arm, und wir lachten herzlich miteinander!

Die ganze Gruppe befand sich auf einem Meskalin-Trip, den Srajano uns angeboten hatte. Ein paar Stunden später kam Devagyan nackt zu mir und sagte, mit etwas Panik in den Augen:

»Das Haus brennt! Und das ist REAL!«

Vermutlich glaubte sie, Trips würden die Realität ausblenden. Doch, was mich betrifft, haben sie stets mehr Wirklichkeit für mich gebracht.

Ich sah, wie draußen vor dem Fenster bereits große Flammen loderten. Sie fühlte sich schuldig, weil sie glaubte, der Ausbruch des Feuers ›hätte‹ etwas mit dem Sex zu tun, den sie dort unten mit dem Amerikaner genossen hatte, genau vor dem Fenster!

Avinash lag nackt auf dem Boden, in den Armen einer dicken Freundin der Gastgeberin. Sofort, als die Wirkung der Droge bei ihr einsetzte, hatte sie sich an ihn geklammert. Ich verkündete so ruhig wie möglich, daß ein Feuer ausgebrochen war, und dachte sofort daran, mit Adhara, die friedlich an ›meiner‹ Seite schlief, ins Freie zu rennen. Aber dann fiel mir ein, daß ich ja völlig nackt war...! Avinash schaute sich ein bißchen verwirrt um:

»Pyari, wo ist ›meine‹ Brille? Wo ist ›meine‹ Brille?«

Inzwischen hatte der Soldat ein paar Eimer Wasser herbeigeschafft und löschte zusammen mit Srajano und dem anderen anwesenden Mann, den sie rasch aus den Armen der Gastgeberin befreit hatten, das Feuer innerhalb von fünf Minuten, und im selben Moment fand sich auch Avinashs Brille wieder ein!

Wir wandten uns für den Rest der Nacht wieder der Verzauberung und der Freude zu. Ich war ein wenig enttäuscht, daß ›unsere‹ Gastgeberin keine Sannyasin war, wie ich zunächst angenommen hatte, da wir in ein ›Meditations-Zentrum‹ eingeladen worden waren. Doch als wir eintrafen, sah ich, daß sie sich mit St. Germain und der Arbeit mit den farbigen Flammen befaßte. Ehe ich Osho kennenlernte, hatte ich mich auch einmal damit beschäftigt, und ich verwende diese Techniken immer noch in den Workshops. Auch hatte sie mich gebeten, eine violette Fantasiereise zu leiten, ehe wir das Meskalin nahmen. Avinash sagte, das sei vielleicht der Grund für das Feuer gewesen, weil die Frau sich offenbar ein wenig mit Hexerei beschäftigte ... Doch das glaube ich nicht. Jedenfalls war sie nicht offen für Oshos Meditationen und konnte den Weg des Nicht-Denkens nicht verstehen, dem wir alle folgten, ausgenommen sie und ›ihre‹ Freundin. Dennoch machte uns diese kleine Party großen Spaß. Später lud sie Avinash und mich ein, ein Bad zu nehmen, und bot uns Champagner an, als wir uns fröhlich im warmen Wasser entspannten.

Wir blieben einige Tage in diesem Haus. Die Frau war fasziniert von der Verbindung, die zwischen Avinash und mir bestand, kritisierte uns aber, weil wir Adhara so oft allein ließen.

»Ich weiß, welche Neurosen ich mit mir herumschleppe, und ich will die Kinder nicht zu sehr beeinflussen«, erklärte ich ihr. »Wenn Adhara mich will, versuche ich, für sie da zu sein. Ansonsten soll sie selbst den Weg finden. Das wird ihr Stärke verleihen.«

Srajano und Devagyan begleiteten uns zu den beiden nächsten

Workshops: ein weiterer in Stuttgart, dann der nächste in Rajneeshstadt. Dorthin wurde mir Atman gebracht, aus der Sannyas-Kommune, wo wir nach der Ankunft in Deutschland zunächst gelebt hatten. Zusammen mit Srajano und Avinash fuhren wir zu Devagyans Haus im Norden von Holland. Während der nächsten Wochen zogen wir mit Srajano zunächst nach Haarlem, dann nach Amsterdam. Er war ein sehr kreativer, witziger und bewußter Mensch. Die Freundschaft mit ihm war sehr inspirierend für uns. Gemeinsam mit den Kindern entwickelten wir ein Musical, das wir an vielen verschiedenen Orten aufführten: in Amsterdam, San Francisco, einer Kleinstadt in den kalifornischen Bergen, Rio,

Adhara und Atman in Srajanos Wohnung in Haarlem – an Atmans neuntem Geburtstag, 2. März 1983.

Stuttgart und mehrfach in Hamburg. Es hieß ›Jump Out‹, und die Gruppe hieß ›The Love Celophane Road Show‹. Diese Idee stammte von Srajano – es war der Titel eines ›seiner‹ Lieblingssongs.

❦

Adhara bei einem Auftritt der ›Love Celophane Road Show‹ in San Francisco im Sommer '83.

Adhara in San Francisco.

Bevor ich vor zwei Jahren Buck kennenlernte, konnte ich nie wirklich glauben, daß Avinash oder irgendein anderer Mann mich wirklich liebte. Avinash ist ein schüchterner und unschuldiger Mann, der sich die Kindlichkeit bewahrt hat, was ihn sehr schön, feminin und offen macht. Ich habe immer geglaubt, daß er bei mir bleiben wollte, weil es im Bett zwischen uns so gut und leicht lief und weil ich eine starke Frau bin, während er jung war, ziellos, sich oft deprimiert und unerfüllt fühlend. In San Francisco sah ich ihn zum erstenmal am Schlagzeug sitzen. Damals sagte ich zu ihm:

»Hey, du bist ganz anders, wenn du Schlagzeug spielst, voller Power und Leidenschaft! Laß die Energie dort hinein fließen, dann werden dir Traurigkeit und Verzweiflung nicht länger zu schaffen machen!«

So war es auch: Ein paar Jahre später spielte er in der Band, und seither erlebt man ihn nur noch sehr selten schlecht gelaunt oder niedergeschlagen.

Als wir uns kennenlernten, erzählte er mir, daß er oft geträumt hatte, ein Phönix aus der Asche zu sein, der stirbt und wiedergeboren wird, um einer Frau zu begegnen, mit der er auf einem fliegenden Teppich um die Welt reist.

Aber nie wäre ich auf den Gedanken gekommen, daß er mich lieben könnte. Mit Ausnahme eines einzigen Males, während einer Sizilien-Reise, hat er das nie zu mir gesagt, und es verunsicherte mich, daß er viel jünger als ich ist. Für ihn war das immer okay, aber ich habe diesen Altersunterschied als Last empfunden: diese dummen gesellschaftlichen Vorstellungen über die Liebe ...! Sogar ›seine‹ Mutter hat ihn davor gewarnt, als er, ein halbes Jahr nachdem wir uns kennengelernt hatten, mit mir nach Amerika reiste. Sie machte sich Sorgen, daß ich viel früher als er alt werden würde. Da sagte er zu mir:

»Ich habe ihr erwidert, daß wir ganz in der Gegenwart leben und nicht wissen, was in der Zukunft geschehen wird.«

Seither ist viel Zeit vergangen, wir leben noch immer gern zusammen, und ich mache mir keine Gedanken mehr über den Altersunterschied ...

Im vergangenen Jahr war ein Neunzehnjähriger in mich verliebt, und ich ›hatte‹ viel Freude mit ihm, solange dieser Traum dauerte! Aber da junge Menschen sich rasch verändern, ging ich

Avinash in San Francisco, November 1983.

›Pyari and the Colorful Condoms‹,
Januar 1992 im ›Fool's Garden‹, Hamburg.

Avinash und Pyari, Weihnachten '82 in Stuttgart.

durch die Hölle, als die zwei intensiven Monate der gegenseitigen Liebe und des unglaublich guten Sex vorüber waren!

Er wollte bei mir einziehen, doch ich lebte in einer Einzimmerwohnung mit Avinash, der bei Atman und Adhara übernachten mußte, wenn ich mit dem Jungen schlafen wollte. Manchmal kam er, wenn Avinash schon im Bett lag, einfach auf einen Tee oder ein paar Küsse vorbei, und dann endete es damit, daß wir uns stundenlang auf dem Küchenfußboden der Leidenschaft hingaben!

Wir lernten uns in einem finsteren Laden namens Molotov kennen, wo ich gerne zu Trance-Musik tanzte, die dort Dienstagsnacht gespielt wurde. Buck hatte mir an jenem Morgen gesagt, daß er etwas Abstand von mir ›brauchte‹, daß ich viel älter als er sei, und ihn das sagen zu hören, brach mir fast das Herz ... Ich ging nach Hause, um zu weinen und diesen tödlichen Schmerz zu beobachten, der ein paar Stunden lang anhielt. Als es vorbei war, beschloß ich, mich schön und sexy anzuziehen und tanzen zu gehen, mit dem Wunsch, jemanden zu treffen, dem ich gefiel.

In dem Moment, als ich das Molotov betrat, sah ich einen jungen Mann, der wie wild mit einem Poncho tanzte, die Haare zu Zöpfen geflochten wie ein Indianer. Ich ging, um etwas zu essen, und er folgte mir lächelnd. Ich lächelte zurück. Später erzählte er mir, er habe gedacht:

›Jemand, der offen ist ...‹

Ich fragte mich:

›So ein junger Typ! Warum gefalle ich den Jungen immer so?‹

Er rauchte einen Joint und fing an, mich anzustarren. Ich starrte zurück. Das tue ich gern, und es macht mich immer glücklich, wenn jemand Spaß daran hat. Aber später erzählte er mir, er hätte gar nicht bemerkt, daß ich ihn anschaute. Es war dunkel, die Luft voller Zigarettenqualm und Räucherstäbchen. Auf einer Leinwand hinter ihm wurde ein Film gezeigt. Er dachte, ich würde mir den Film anschauen, und blickte in eine andere Richtung. Das enttäuschte mich, und ich ging tanzen, aber ich tanzte für ihn, weil ich spürte, wie ›seine‹ Augen mir den Körper penetrierten, mich bereits liebten ... Er sagte immer, ich hätte ihn mit diesem Tanz verführt. Ich habe mir in der Tat alle Mühe gegeben ...!

Da ich mich ein wenig erschöpft fühlte, legte ich mich auf eine Matratze, um mich zu entspannen. Immer noch spürte ich diese Blicke auf mir ...

Als ich aufstand, um nach Hause zu gehen, sprang er auf und legte sich sofort auf die Stelle, wo ich zuvor gelegen hatte. Ich beschloß, dem, was sich da möglicherweise anbahnte, eine Chance zu geben, und ging dorthin zurück. Er schaute mir in die Augen. Ich machte es mir bequem und erwiderte den Blick. Wir blieben dort für Stunden, gefangen im Zauber der Liebe!

Viel später begann er, ›mein‹ Gesicht zu berühren, etwas unsicher und schüchtern. Ich liebkoste ›seine‹ Finger, erkundete jede Zelle der Haut, langsam und sehr sanft, zeigte ihm, wie ich gerne berührt werden wollte. Als ich einmal stöhnte, daß ich die schöne, zärtliche Art so sehr liebte, wie er mich streichelte, sagte er, das hätte er in jenem Augenblick von mir gelernt!

Viele Stunden haben wir dort gelegen und einander gespürt. Dann deckte er mich mit dem Poncho zu, öffnete mir die Weste und fing an, mir die Brüste zu streicheln. Diese Berührung, die genau so war, wie ich es liebe, brachte mich ins Paradies der Freude. Er hatte es so schnell gelernt! Ich war verblüfft: Schon küßte er mich und saugte an ›meinen‹ Brustwarzen, ohne sich um die Leute ringsum zu kümmern. Das war für einen Mann in Deutschland sehr ungewöhnlich! Wir hatten noch kein einziges Wort miteinander gesprochen!

Viel später kam jemand zu uns und rief ihn, aber er schickte den Typen weg. Ich signalisierte ihm, daß ich mit ihm tanzen wollte, und wir standen auf. Die ganze Diskothek sah anders aus! Stunden waren vergangen. Ich schloß die Augen und ließ den Körper wieder fließen, diesmal in die Musik hinein. Ich konnte ihn gar nicht anschauen, so wunderschön und voller Liebe war es, wie er da für mich tanzte! Ich war vollkommen liebestrunken!

Plötzlich war er von der Tanzfläche verschwunden! Ich schaute mich um, und alles kam mir vor wie in einer Vision! Als ich schon anfing, traurig zu werden, entdeckte ich ihn auf der Damentoilette, wo er in den Spiegel schaute. Ich ging hinein, und sofort setzte er sich auf den Boden, zog mich zu sich heran, bedeckte uns mit dem großen Poncho und begann wieder, mich zu erregen, indem er mir die Brustwarzen streichelte. Und noch immer hatten wir kein Wort miteinander gesprochen!

Ehe wir die Toilette verließen, blickte ich in den Spiegel und sah eine wunderschöne Frau voller Serotonin, jenem Hormon, das während freudvoller Erfahrungen erzeugt wird und Intelligenz und Lebenskraft steigert! Nun war ich meilenweit von der weinenden Lady am Nachmittag entfernt.

Als wir an einem dunklen Wintermorgen das Molotov verließen, sah ich Jungen aus einem anderen besetzten Haus, wo die Leute, wie ich wußte, an Escorbutus erkrankt waren. Sie warteten auf ihn! Da wurde mir klar, daß er auch dort wohnte, und bekam schreckliche Angst, daß ich mich angesteckt hatte. Er war völlig in mich verliebt, warf mir endlose Blicke zu und wollte mit zu mir nach Hause kommen! Doch ich lehnte ab, verwirrt und in Panik, gab ihm noch nicht einmal die Hand. Ich mußte ihn zuerst zu einem Arzt schicken! Und auch selbst zu einem gehen! Mist! Die Liebe kann so beunruhigend sein. Man braucht für sie wirklich viel Mut ...! Wir wissen nie, was auf die Freude folgt!

Er sprach kein Englisch, da er in Polen geboren war. Deshalb habe ich begonnen, Deutsch zu lernen!

Am Donnerstag nachmittag spazierten wir durch den Park, nachdem ich ihn in dem besetzten Haus abgeholt hatte. Er erzählte mir, daß er am nächsten Tag Angst bekommen hätte, als er erfuhr, wie alt ich war. Ich hatte ihm einen Zettel mit den Terminen ›meiner‹ Workshops gegeben, und darin hatte er erstaunlicherweise ›mein‹ Geburtsdatum gefunden. Für gewöhnlich ist es darin eigentlich nie ausgedruckt. Aber es war sowieso zu spät: Er hatte von der Ekstase gekostet, die wir gemeinsam erleben konnten, und sagte mir, er glaube, mit ›meinem‹ Alter klarzukommen.

»Ich brauche bloß noch eine Woche Zeit, um gesund zu werden«, fügte er hinzu.

Wir beschlossen, einen Arzt aufzusuchen. Und den Rest des Tages und die ganze Nacht liefen wir durch die Stadt, voller Liebe und Begierde, und schauten uns in die Augen ...

Am nächsten Tag kamen wir zu spät zum Arzttermin. Der Arzt verließ bereits die Praxis, und wir saßen auf der Treppe, fühlten uns heiß und hoffnungslos. Das ganze Wochenende hindurch konnten wir uns nur mit den Augen lieben und berührten uns nur in den Haaren! So eine verrückte Mischung aus Panik und Leidenschaft, Liebe und Angst!!!

Am Montag erfuhren wir, daß er gesund war, und endlich, nach fast einer Woche, konnten wir wieder körperliche Freuden teilen. Wir waren so sehr ineinander verliebt!!!

Ich wollte nicht wissen, wie alt er war, und war wirklich geschockt, als eine Freundin es mir sagte. Aber wieder einmal war das eine gute Lektion für mich: Ich ›hatte‹ sehr darunter gelitten, daß die Geschichte mit Buck vorüber war, der viel älter als dieser Junge war. Und bei dieser Liebesaffäre mit ihm war die Initiative ja gar nicht von mir ausgegangen! Ich hatte mich einfach dem Zauber der Blicke ausgeliefert, die er mir ständig zuwarf, der Liebe, die er ständig ausstrahlte, der Zuneigung zu mir, die er empfand ... Dennoch fühlte ich mich schuldig, als er den Altersunterschied erwähnte, so als hätte ich etwas Unrechtes getan, etwas in gewisser Weise Krankes ... Und dann schickte mir das Leben noch am selben Tag Liebe in Gestalt eines Jungen, der noch einmal sechs Jahre jünger als Buck war! Ich machte mir also keineswegs selbst etwas vor: **Liebe ›hat‹ wirklich nichts mit dem Alter zu tun. Außerdem gilt dieses angebliche Tabu nur für Frauen, denn niemand findet etwas daran auszusetzen, wenn der MANN älter als die Frau ist!**

Ich genoß diese Liebe also wie nie zuvor. Ich spürte enorme Kraft, arbeitete viel, gab viele schöne Seminare, heilte Menschen ...

Wir konnten so wunderbar mit den Körpern und den Händen kommunizieren! Sogar einfach nur zusammen auszugehen war jedesmal ein Ereignis! Wir genossen es, durch die kalten, regennassen Straßen zu laufen, erfreuten uns an der Nähe des anderen! Ständig beklagte er sich über die Gesellschaft, und ich riet ihm, sich in sie hineinzubegeben, um sich selbst zu finden. Und das alles begleitet von Gelächter, Küssen und Erstaunen ... So viel Liebe und Spaß! Und dabei bin ich älter als ›seine‹ Mutter!

Bis zu dem Tag, an dem wir wirklichen Geschlechtsverkehr ›hatten‹! Zu Anfang penetrierte er mich nicht, weil er mit einem Kondom die Erektion nicht halten konnte. Wir spielten einfach nur mit den Körpern und der Energie! Und es war so fantastisch! Wir waren überwältigt vor Freude und Kraft, die ganze Zeit hindurch heiß aufeinander! Die Leidenschaft hielt stundenlang an, und wir benötigten nur wenig Schlaf.

Dann beschloß er, einen Aidstest zu machen, und sagte, wenn der Test negativ sei, könnten wir ohne Kondom miteinander schlafen, da er schon länger als sechs Monate mit keiner anderen Frau zusammengewesen sei. Er brauchte einige Zeit, sich zu dem Test durchzuringen, und etwas sanfter Druck meinerseits war ›nötig‹, bis er den Entschluß endlich in die Tat umsetzte.

Eines Nachmittags, während wir uns liebten, sehnten wir uns wieder beide nach der Penetration. Er rief den Arzt an und erfuhr, daß der Test negativ war. Wieder wollte er mich überzeugen, daß wir es ohne Kondom tun sollten.

Bei Osho habe ich jedoch gelernt, daß eine Freude, die dadurch vereitelt werden kann, daß man kurz innehält, um eine kleine Schutzhülle aus Latex überzustreifen, es nicht wert ist, erlebt zu werden. Ekstase spielt sich nicht im Körper ab. Wenn das Kondom uns davon abhält, Ekstase zu erleben, dann befinden wir uns ausschließlich auf der physischen Ebene. Daran ist an sich nichts Schlechtes, aber Aids hat uns eine neue Dimension des Sex eröffnet. Es ist wirklich sehr schön, im heißesten Moment eine kurze Unterbrechung einzulegen, um ein Kondom überzustreifen. Dadurch wird die Bewußtheit außerordentlich gesteigert! Aids kann uns zu der Erkenntnis verhelfen, daß die sexuelle Revolution Sex zu einem Ziel in sich gemacht hatte. Dabei ist Sex in Wahrheit nur ein Mittel.

Zwar bin ich überzeugt, daß Aids auf der politischen Ebene lediglich eine weitere amerikanische Taktik darstellt, unerwünschte Minderheiten zu vernichten, aber dennoch haben manche Menschen daraus wirklich wertvolle Einsichten gewonnen, auch wenn die Mehrheit lediglich mit Furcht reagierte und sich für monogame Beziehungen entschied, um sich zu schützen!

Ich versuchte, ihm das zu erklären, aber für einen sexuell noch nicht sehr erfahrenen Neunzehnjährigen war das zu hart! Er wußte nichts von Tantra, Erleuchtung und solchen Dingen. Er wollte einfach nur körperliche Freuden mit einer Frau erkunden, die er liebte, ständig darüber erstaunt und erfreut, wie frei ich war! Ich weiß noch, daß er, nachdem er mir beim ersten Mal, als wir zusammen im Bett waren, den Fuß geküßt hatte, verwundert sagte:

»Die Art, wie du den Körper bewegst, ist so wundervoll! Er ist total da für Freude! Das macht mich wirklich wild!«

Ich dachte, daß es zu hart wäre, nein zu sagen, und beriet mich mit zwei anderen Sannyasin-Freundinnen. Beide sagten, auf unterschiedliche Weise, es wäre in Ordnung, mich darauf einzulassen. Wie dumm war das von mir! Sie ›haben‹ die Reise erst begonnen, nachdem sie mich kennenlernten, sie wissen nicht, was tantrischer Sex ist, und doch bat ich sie in einer Sache um Rat, in der ich selbst viel erfahrener als sie bin! Aber ich habe daraus gelernt. Und zwar auf eine sehr schmerzliche Weise!!!

Wir schliefen also ohne Kondome miteinander, und da war es mit dem Zauber zwischen uns vorbei. Alles war auf den Sex reduziert, und aus Cinderella mit dem Prinzen wurden wieder zwei Frösche im Sumpf des Lebens!

Natürlich taten wir es wieder und wieder, Tag für Tag, die Energie wurde vergeudet, er bekam eine Lungeninfektion und kollabierte mit hohem Fieber im Bett ›unserer‹ winzigkleinen Wohnung! Avinash sagte mir, ich sollte ihn zu den Eltern schicken, da der Junge zu krank war, als daß wir uns hätten um ihn kümmern können, zumal bei uns gar nicht genug Platz war, wo er mit diesem hohen Fieber hätte liegen können.

Mir wurde bereits klar, was wir getan hatten ...!

Nach drei Tagen, als er sich wieder etwas besser fühlte, erklärte ich ihm die Lage, und er ging zurück in das besetzte Haus, wo ein Freund von ihm in derselben Nacht unter seltsamen Umständen starb: Er hatte mit dem Trinken aufgehört, doch jemand gab ihm Alkohol vermischt mit einer Droge! Er starb auf der Stelle! Einer der schönsten Jungen dort! Verdammt, das war wirklich die Hölle nach dem Paradies!

Ich hatte mich bei ihm angesteckt, und als er um zwei Uhr morgens zurückkam, glühte ich ebenfalls vor Fieber. Er ›hatte‹ einen Schlüssel, und er kam, wann er wollte, für gewöhnlich spät in der Nacht.

Doch in dieser Nacht sagte ich ihm, er müsse zunächst selbst gesund werden, ehe er wiederkommen könnte. Ich wollte einfach nur allein sein und mich selbst heilen. Ich war am Ende, er weinte und sagte kein Wort, erwähnte nicht einmal den Tod dieses Freundes, den ich gleichfalls gekannt und gemocht ›hatte‹ und von dem ich wußte, daß er zwei kleine Söhne zu versorgen ›hatte‹. Erst ein paar Tage später erzählte er mir davon. Es war so entsetzlich für ihn gewesen!

Doch in jenem Augenblick war ich unfähig zuzuhören, lag wie tot im Bett, wußte nicht einzuschlafen, außer mir vor Angst wegen der Krankheit ...

»Bitte geh!« war alles, was ich über die Lippen brachte.

Doch am nächsten Tag machte ich mir Sorgen um ihn. Er schien wieder krank zu sein, und ich wußte, daß es in dem besetzten Haus keine Heizung gab! Ich hatte mich selbst dort nie lange aufgehalten, weil es zu kalt war, sondern ihn nur rasch abgeholt, oder ihn an mich gedrückt, fast berstend vor Liebe, um dann rasch wieder vor diesen sibirischen Temperaturen zu fliehen!

Da ich immer noch im Bett lag, unfähig, nach draußen zu gehen, rief ich ›seine‹ Mutter an und erzählte ihr, was los war. Ich schlug ihr vor, daß sie ihn nach Hause holen sollte, damit er sich erholen und gesund werden konnte. Das war das erste Mal, daß ich mit ihr sprach! Sie war froh und sagte, sie würde versuchen, ihn zu erreichen.

Er selbst tauchte von sich aus nach zwei Tagen bei ihr auf. Wie es scheint, war er wütend auf mich und enttäuscht. Er schlief nur, sehr depressiv, sagte kaum ein Wort und machte einen sehr verstörten Eindruck. Die Mutter schickte ihn zu einem Psychologen, der natürlich versuchte, ›unseren‹ Fall in eine bestimmte Kategorie hineinzupressen – und wir waren offensichtlich ein ›sehr spezieller Fall‹! Ich habe versucht, ihn für eine neue Wahrheit zu öffnen, und ihm erklärt, daß wir Energie verlieren und die Magie der Liebe schwindet, wenn wir nur auf einen normalen Fick aus sind. Auch warnte ich ihn vor der Gesellschaft, die er genau so sehr haßte wie ich. Ich wies ihn darauf hin, daß sie immer versucht, uns mit Lügen und Unwissenheit unter ›ihre‹ Regeln zu zwingen. Ich bat ihn, dem

Analytiker nichts über mich zu erzählen, aber er entschuldigte sich dafür, daß er zu diesen Therapiesitzungen ging, mit den Worten:

»Er ist in Ordnung. Er ist ein Farbiger ... Ich möchte hören, was er sagt ...«

Als ob ein Mensch besser wäre, nur weil er eine andere Hautfarbe ›hat‹! Manche halten Farbige für minderwertig, andere halten sie für etwas Besonderes! Ist es nicht verrückt, welche seltsamen Wege der menschliche Verstand geht?!!!

Der geheimnisvolle Raum, in dem wir Freude miteinander geteilt ›hatten‹, war völlig zerstört. Er ›hatte‹ das auch gespürt, und ›unsere‹ beiden Realitäten waren da schon meilenweit entfernt ... Diese Erkenntnis war auch für ihn sehr schmerzhaft. Zwar schliefen wir noch ein paarmal miteinander, aber das war nichts im Vergleich zu dem, was wir zuvor gemeinsam erlebt hatten ...! Er kam nun jedesmal so schnell, daß der Sex mit ihm mir keine Freude mehr bereitete.

Plötzlich entschied er, ›meine‹ Wünsche zu akzeptieren und Kondome zu besorgen. Aber da war es schon viel zu spät. Wir wußten, daß die Liebe verschwunden war ...

Ich brach mir einen Zahn ab, als er einmal vorbeikam, um ein paar Dinge abzuholen, die er vor der Rückkehr zu den Eltern bei uns untergestellt hatte, obwohl wir ohnehin über so wenig Platz verfügten! Die Mutter hatte ihn hergefahren, und er war so in Eile, daß ich, um ihn nach unten begleiten zu können, das Essen hastig hinunterschlang und dabei auf einen Olivenkern biß!

Die Konsequenzen dieses Unfalls machten mir ein ganzes Jahr lang zu schaffen! Als er ein zweites Mal unter ähnlich eiligen Begleitumständen vorbeikam, verletzte ich mich dicht neben dem Auge. Dann beschloß ich, was diese Geschichte mit ihm anging, von nun die Ruhe zu bewahren ... In der Tat eine schwere Lektion!

❦

Die Tatsache, daß Avinash viel jünger als ich ist, hörte auf, ein Problem zu sein, als ich in der Buddha-Halle in Oregon Osho durch die Stimme eines Sannyasins sagen hörte, daß jede Frau sich wünsche, daß der Mann für sie zum Sohn wird, während der Mann in der Frau, die er liebt, die Mutter sieht: So sei die Natur der Dinge. Als Beispiel erwähnte er den erleuchteten indischen Meister Ramakrisha, der ›seine‹ Frau Sharda ›Mutter‹ zu nennen pflegte!

Als ich das hörte, entspannte ich mich. Von da an habe ich die Macht der Liebe akzeptiert und nie wieder ein Problem daraus gemacht, selbst wenn sie in Gestalt von sehr viel jüngeren Männern zu mir kam. Es bedarf dafür keiner Erklärungen, keiner psychologischen Argumente von der Art, wie ein ebenfalls wesentlich jüngerer Mann sie zu finden versuchte, als er sich am Ende des Workshops *Touch* – er hatte daran teilgenommen, weil er sich verzweifelt allein und ›liebesbedürftig‹ fühlte – in ›meinen‹ Armen wiederfand.

Während des Wochenendes hatte er sich überwiegend mit einer ›meiner‹ Freundinnen beschäftigt. Der Sonntag abend endete dann für ihn engumschlungen mit mir. Die anderen Teilnehmer brachen bereits auf, und ich war kaum in der Lage, mich richtig von ihnen zu verabschieden. Ich sagte ihm dann, um den Workshop mit einer guten Verabschiedung zu beenden, daß wir uns anschließend wieder der Freude zuwenden könnten. Das taten wir dann auch, und so fanden diese intensiven zwei Tage in der Ekstase eines wundervollen Orgasmus, den er mir schenkte, einen glänzenden Abschluß.

In der Gruppe befand sich auch eine Frau, der ich helfen wollte, einen wirklichen Orgasmus mit einem Mann zu erleben, was ihr noch nie gelungen war. Ich sagte zu ihr:

»Deswegen bist du hergekommen, und ich will, daß wir beide erfolgreich sind!«

Alle lachten, auch sie, und ich fuhr fort:

»Warum sind wir sonst wohl hier?«

Die ganze Gruppe war einverstanden, ihr zu helfen, also sagte ich:

»Such dir einen Mann aus. Und laß dir die Chance nicht entgehen, den Mann zu wählen, den du wirklich willst, denn normalerweise trauen wir uns das nicht. Wir ›haben‹ Angst, zurückgewiesen zu werden, Angst, der Wahrheit des Herzens zu folgen und uns auf die damit verbundenen Emotionen einzulassen ... Betrüg dich also nicht selbst, sondern wähle den, von dem du dich gefühlsmäßig am meisten angezogen fühlst.«

Sie war, natürlich, eine sehr gehemmte Frau, trotzdem aber recht gutaussehend, besonders wenn sie sich selbst die Erlaubnis gab, gut auszusehen!

Ist Ihnen schon aufgefallen, daß wir uns selbst oft nicht gestatten, schön zu sein?

Als Teenager mochte ich nicht hübsch sein, weil ich nicht wollte, daß die Männer mir nachstellten. Ich wollte in Ruhe gelassen werden. Später, sogar noch in Deutschland, wo die meisten Männer Frauen wegen der Entscheidung, frei zu sein, respektieren, habe ich ›meine‹ Schönheit immer noch ein wenig versteckt. Ich erprobte zwar schon ›meine‹ Möglichkeiten, gut und sexy auszusehen, verbarg diese Eigenschaften aber immer noch ein bißchen, so als wäre es eine Art Sünde.

1989 in Poona, als ich mich für Oshos Vortrag in der Buddha-Halle vorbereitete – damals kleideten wir uns noch ganz, wie wir selbst es wollten –, bemerkte ich, wie ich mich auf diese Weise selbst unterdrückte. Natürlich wollte ich großartig aussehen, aber als ich mich fertig angekleidet vor den Spiegel stellte, um mich zu kämmen, sah ich eine so schöne und attraktive Frau, daß ich laut sagte:

»Nein, so kann ich nicht dorthin gehen!«

»Warum?« fragte ich mich.

»Weil ich zu schön aussehe!«

Als ich das hörte, war ich wirklich schockiert! Und ich brauchte einige Zeit, um wirklich so angezogen auszugehen. Natürlich achtete ich sorgfältig darauf, wie ich ging und mich bewegte, damit ich die Schönheit des Körpers auf keine Weise unterdrückte.

Also ermutigte ich die Frau in dem Workshop, den wahren Gefühlen zu folgen, und sie suchte sich den Mann aus, in den ich selbst mich ›verliebt‹ hatte. Ich gestattete mir keinerlei Eifersuchtsgefühle und erklärte ihm genau, was er tun sollte, um ihr einen Orgasmus zu geben:

1. **Berühre und lecke langsam und sanft die Brustwarzen. Zusammen mit der Klitoris sind sie der Yang-Teil des weiblichen Körpers. Sie entsprechen dem Penis des Mannes.**
2. **Berühre die Klitoris, wenn die Frau durch die Manipulation der Brüste erregt ist. Sei dabei immer sanft, denn wenn diese Körperteile auf zu kräftige Weise berührt werden, kann sich die Frau nicht genug entspannen, um Freude zu erleben. Ein guter Orgasmus ereignet sich nur im Zustand der Entspannung.**
3. **Penetriere eine Frau niemals, ehe sie nicht wenigstens einmal einen Orgasmus erreicht und sich entspannt hat, denn sonst ist sie in der Vagina, die der Yin-Teil des weiblichen Körpers ist, nicht wirklich offen. Die Vagina kann ihr nicht das Yang-Erlebnis der Freude geben. Orgasmus ist ein Yang-Phänomen. Nach dem Orgasmus ist sie bereit, das negative, empfangende, feminine Prinzip zu sein und die Energie des Mannes in ›ihrem‹ Körper aufzunehmen.**
4. **Benutze im Zeitalter von Aids immer ein Kondom.**

Es machte mir Freude, ihn zu beraten. Dann machte die Gruppe eine Pause, um den beiden Gelegenheit zu geben, sich auf einem

Bett miteinander zu vergnügen, das wir im Umkleideraum für sie vorbereitet hatten.

Als sie nach zwei Stunden noch immer nicht zum Ende kamen, schlugen wir ein paar Gongs und gingen dann herein, um sie zu holen. Sie waren beide wie verwandelt, schienen förmlich zu glühen. Aber sie hatte dennoch keinen Orgasmus erreicht! Später erzählte er mir, daß sie sich viel zu sehr angestrengt hatte und immer wollte, daß er sie auf sehr kraftvolle Weise berühren sollte. Ich hatte ihr keine Erläuterungen gegeben, weil ich geglaubt hatte, er würde es allein schaffen, aber das erwies sich als Irrtum. Er war zu unsicher. Es war alles zu neu für ihn! Aber immerhin half es ihm, sich darüber klarzuwerden, wen er wirklich wollte, und am Ende des Workshops gab ich ihm die Chance, ›meine‹ Empfehlungen bei mir höchstpersönlich zu erproben! Ich war glücklich, daß er mir auf diese Weise bewies, was für eine gute ›Lehrerin‹ ich für ihn gewesen war!

Danach wagte er aber nicht, mich nach Hause zu begleiten. Doch ich sehnte mich sowieso danach, mich in Avinashs Armen auszuruhen, für den, sonderbarerweise, der Workshop damit geendet hatte, daß er mit den Brüsten jener Frau spielte, der es nicht gelungen war, zum Orgasmus zu gelangen. Später sagte er zu mir:

»Ich sah, welche Freude du erlebtest. Da beschloß ich, ebenfalls Spaß zu ›haben‹. Und ihr hat es wirklich gefallen!«

Wieder sah sie großartig aus, nachdem sie Avinashs sexuelle Energie erlebt hatte. Doch leider erreichte sie immer noch keinen Orgasmus!

Mit Ausnahme von mir, wenn ich etwas erkläre, soll bei den Workshops nicht gesprochen werden. Das Reden kostet Energie und bewirkt, daß wir im Kopf sind – im täglichen Leben machen wir ohnehin viel zu viel mit dem Kopf! Als ich nach dem Ende des Seminars mit dem Mann, der mir kurz zuvor solche Freude bereitet hatte, nach draußen ging, fragte er mich als erstes:

»Warum fühlen sich jüngere Männer so von dir angezogen? Wie erklärst du dir das?«

Ich sagte:

»Ich ›habe‹ keine Ahnung. Es geschieht einfach, und ich denke nicht groß darüber nach. Hautfarbe, Alter und die körperliche Gestalt gehören zur physischen Dimension. Ekstase und Liebe kommen aus einem anderen Bereich. Ich will keine Zeit damit verschwenden, darüber nachzugrübeln, warum die Liebe sich ereignet. Wenn sie geschieht, will ich sie genießen, weil ich weiß, daß sie kommt und geht und nicht von uns abhängig ist. Wir sollten sie einfach als willkommenen Gast bei uns aufnehmen. Und wenn sie dann plötzlich wieder verschwindet, müssen wir bereit sein, sie gehen zu lassen! Das ist das Geheimnis der Liebe.«

❦

Immer dachte ich, daß kein Mann mich wirklich lieben könnte.

»Sie lieben dich nicht, sagte das traumatisierte Kind in mir.«

Ich konnte das genießen, was wir normalerweise Liebe nennen, was aber in Wirklichkeit lediglich körperliches Vergnügen und der Austausch von Energien ist. Das war in Ordnung. Aber Liebe? Was ist Liebe? Ich weiß es nicht wirklich. Doch heute fange ich an, sie zu fühlen. Und sie ist beinahe wie ein Schmerz: Das komplizierte Paradox der Gegensätze des Lebens, die Yin- und Yang-Prozesse ...

Das wurde mir klar, als ich Buck kennenlernte. Bis zu diesem Zeitpunkt wollte ich immer, daß Avinash vollkommen war, ich wollte, daß alle fehlerlos sein und ›meinem‹ Idealbild erleuchteter Menschen entsprechen sollten. Ich nenne des Faschismus. In vielen Dingen bin ich immer noch faschistisch. ›Meine‹ Mutter wurde in einem von deutschen Nonnen geleiteten Internat erzogen, wo die Mädchen noch nicht einmal nackt duschen durften! Selbst unter der Dusche mußten sie bis zu den Füßen reichende Nachthemden tragen, damit der Körper völlig unsichtbar blieb. Sie hat diese absurde christliche Form der Repression später abgelegt, am Strand Bikinis getragen, und wir durften nackt zu Hause herumlaufen, gemeinsam Dusche und Toilette benutzen. Aber den chistlichen Perfektionismus behielt sie bei, obwohl sie nie viel mit der Kirche zu tun haben wollte. Sie sagte immer, daß Gott die Natur sei, und die Natur sei **vollkommen!**

Diese Idee des Perfektionismus steckt mir also tief in den Knochen. Vielleicht verdanke ich das nicht nur ihr: Die gesamte Zivilisation seit dem Mittelalter ist mehr oder weniger so. Wenn man sich auf die religiöse Suche begibt, ist es sehr schwer, nicht in diese Falle zu geraten. Das Streben nach Vollkommenheit gehört zu den Regeln fast aller Religionen. Und obgleich ich dem Weg des Tantra folge, der sich am Körper und der Natur orientiert, bin ich noch immer nicht frei vom Virus des Perfektionismus.

Als ich Buck traf, der so offen für Liebe und Hingabe war, ergab ich mich sofort dem, was zwischen uns geschah, und dadurch sprengte ich eine Menge innerer Fesseln – vor allem, weil ich zum ersten Mal Liebe in den Augen eines Mannes erblickte!

Als wir uns nach der ersten Begegnung verabschiedeten, umarmten wir uns für ein paar Minuten, und dabei machte es für mich ›klick‹. Er besorgte mir etwas zum Rauchen. Dann fuhr ich mit Avinash und Atman und Adhara, den beiden Teenager-Sannyasins, nach Dänemark.

Während der ganzen Reise dachte ich ständig an Buck, und als wir zurückkamen, fuhr mich Avinash sofort zu dessen Adresse. Ich wußte nicht, wo ›sein‹ Zimmer war. Ich wußte praktisch überhaupt nichts von ihm. Es dauerte eine Weile, bis ich ihn gefunden hatte. Er war gerade dabei, das Auto vollzupacken, um mit ein paar sehr bekifften Freunden in den Süden zu fahren.

Wieder fielen wir einander in die Arme, verschmolzen im Raum der Liebe.

»Oh«, sagte er, »ich bekomme von dir so viel Energie!«

Nach einem tiefen Blick in ›meine‹ Augen, fügte er hinzu:

»Ich fühle mich so verloren.«

In Gegenwart dieses jungen Mannes mit dem kahlrasierten Kopf schien eine ganz andere Frau in mir zum Vorschein zu kommen. Er war voll mit Drogen, verloren, aber lebte doch völlig aus dem Herzen! Und er war voller Liebe!

Ich wartete auf ihn, sehnsüchtig ... Fast jeden Tag ging ich nachschauen, ob er zurück war.

Am 12. September 1994 erfuhr ich, daß er eingetroffen war. Ich ging zu ›seinem‹ Zimmer und war glücklich, inmitten des großen Chaos dort ein paar Bücher über die innere Welt liegen zu sehen. An diesem ersten Nachmittag hatte ich die Gelegenheit, ein wenig mit ihm allein zu sein, was, wie sich bald herausstellte, nur sehr selten möglich war.

»Wir müssen es langsam angehen, Pyari«, sagte er zu mir, als wir spät in der Nacht aus dem Lokal zurückkehrten, wo wir Tee getrunken, geredet und ein paar erste, köstliche Küsse getauscht hatten.

Also habe ich ihn nie unter Druck gesetzt. Ich bin feminin geblieben. Ganz in der Gegenwart, und sehr bewußt.

Es war eine völlig neue Welt für mich: Er lebte in einem besetzten Haus. Er hatte keine Haare, mit denen ich hätte spielen können ... dabei liebe ich Haare so! Ich schneide mir nie die Haare. Zuletzt habe ich sie mir 1967 geschnitten, und damals wirklich kurz! Weil es so lange dauerte, bis sie wieder nachgewachsen waren, habe ich sie seither nie mehr abgeschnitten. Auch Atman und Adhara habe ich nur die Haare geschnitten, wenn sie mich darum baten oder wenn sie so viele Läuse ›hatten‹, daß es unumgänglich war.

In dieser fremden, neuen Welt, fasziniert von diesem liebevollen Wesen, blieb ich selbst also vollkommen weiblich. Ich liebte es, an ›seiner‹ Seite zu sein, was auch immer geschah, inmitten von Chaos, Schmutz, Rauch und Alkohol, Partys und Trips. Ich tat, was ich besonders liebe: **auf dem Marktplatz meditieren.** Ich war, wie er es ausdrückte, ›sein‹ Wegweiser zur Liebe.

»Wenn ich dich anschaue, weiß ich, daß die Liebe existiert, und werde innerlich ganz ruhig«, sagte er mir einmal.

Viele Male haben ›seine‹ Augen nach ›meinen‹ gesucht, um sich dort auszuruhen, oder der Körper kam zu mir, um Wärme und Zärtlichkeit zu spüren, um zu berühren und berührt zu werden. Doch was ich am meisten an ihm mochte, was mich wirklich an die Liebe glauben ließ, war, daß er mich sogar in den verrücktesten Situationen anziehend fand! Nie entdeckte ich ein Anzeichen von Verachtung in ›seinen‹ Augen. Ich liebe es, mich verrückt zu gebärden, und das ist für die meisten Menschen, die mir begegnet sind, ein Problem gewesen – manchmal wird es sogar den freiesten unter ihnen zu viel! Das gilt sogar für Avinash. Unbewußt hab ich deshalb stets gedacht:

›Ich kann nicht wirklich ich selbst sein! Vollkommen ich selbst zu sein ist unmöglich!‹

Doch Buck duldete ›meine‹ Verrücktheit nicht nur, er fand sie sogar liebenswert. Je verrückter ich wurde, desto mehr liebte er mich! Es faszinierte ihn.

»Das liebe ich am meisten an dir«, sagte er mir einmal, als wir über meine Wildheit sprachen.

Er trug mich umher, schrie mit mir, rannte und sprang mit mir durch die Straßen, wann immer mich der Wunsch nach Verrücktheit überkam.

Nie zuvor hatte ich mich mit einem Menschen so frei gefühlt. **Und Freiheit ist der beste Treibstoff für die Seele, für die Liebe!**

Ein paarmal versuchten wir auch, Sex miteinander zu ›haben‹, aber er konnte sich nicht genügend entspannen. Er ›hatte‹ offenbar zu viel Respekt vor mir, der viele Alkohol und innere Blockaden machten ihm zu schaffen. ›Seine‹ Mutter ist Prostituierte – daher konnte er Sex nicht als etwas Heiliges sehen. Abgesehen von den schönen Küssen am Anfang war dafür auch überhaupt keine Zeit. Einen Monat später, an ›seinem‹ Geburtstag, näherten wir uns körperlich etwas, als er betrunken war und mich zum erstenmal mit Avinash gesehen hatte. Zuvor hatten wir es zweimal versucht, aber da war er jedesmal zu schnell gekommen, wofür er sich sehr schämte.

»Du weißt, daß ich 6000 Blockaden ›habe‹, Pyari!« sagte er, wenn wir manchmal scharf aufeinander waren und ich versuchte, ihn so weit zu entspannen, daß wir uns lieben konnten.

Als er schließlich Oshos Buch über Sex las, waren wir nicht mehr so oft zusammen, so daß er ihn vielleicht mit anderen Frauen erlebt hat.

Aber für mich hat sich durch die Begegnung mit ihm eine Menge verändert. Ich habe erkannt, nicht mit dem Kopf, sondern gefühlsmäßig und mit dem ganzen Körper, daß Liebe nichts mit ›unseren‹ Idealen zu tun ›hat‹. Während ich mit Avinash sechs Jahre lang zweimal täglich eine Stunde lang meditierte, genoß ich mit Buck einfach nur das Chaos des Lebens, die Nächte in der Stadt, ›seine‹ Freunde, die ich selbst vermutlich nie Freunde nennen würde ...

Wie konnte ich also immer noch Vollkommenheit von Avinash verlangen? Wie konnte ich überhaupt irgend etwas von anderen verlangen, während ich selbst mit einem so vollkommen verrückten Burschen wie Buck glücklich war, der so viel Liebe in sich trug, und dennoch zugleich völlig blockiert und verwirrt war – und Sex nur als Explosion unterdrückter Gefühle erleben konnte, die zum Vorschein kamen, wenn er betrunken war, oder wenn wir es endlich einmal schafften, ein paar Momente für uns allein zu ›haben‹. Fast immer, wenn wir zusammen schliefen – also vier Monate hindurch fast jede Nacht –, wurden wir von Leuten geweckt, die ins Zimmer platzten, weil sie etwas von ihm wollten, von ihm und dem Licht und der Liebe zehrten, die er immer bedingungslos zu geben bereit war. Nie habe ich ihn nein sagen hören. Nur zu mir, denn er sagte, daß ich ihm dabei half, es zu lernen.

»Dir vertraue ich: Zu dir kann ich nein sagen.«

Was für ein Satz! Je mehr du vertraust, desto mehr kannst du nein sagen! Verrückt! Aber absolut wahr! Wenn du vertraust, fürchtest du dich vor nichts, vor keinem Verlust, vor keiner Auseinandersetzung!

Ja, ich habe auch gelitten. Ich wünschte, daß wir besseren Sex ›gehabt‹ hätten, mehr Ruhe, daß er die 6000 Blockaden überwunden hätte, aber die meiste Zeit über genoß ich es, ›seine‹ weibliche Seite zu sein, wie er oft sagte. Auch habe ich begriffen, daß jeder Mann, den du liebst, dich in eine andere Frau verwandelt. Da die Menschen verschieden sind, wird, wenn du wirklich feminin wirst und das Leben um nichts bittest, mit jedem neuen Mann, den du liebst, ein neues ›Du‹ geboren werden, eine neue Frau!

Weihnachten 1995, nach einer Menge Verwirrung, Chaos, Leiden und Tränen, schafften wir es, uns fast eine ganze Nacht lang allein in eine Hängematte zu legen. Wir hörten ein Tonband, auf dem Osho über die Liebe spricht. Ich glaube, das war die schönste Zeit, die wir zusammen erlebten! Ich spürte, wie aus der Stille in ›unseren‹ Herzen Liebe ausstrahlte und das ganze Zimmer füllte. Am Ende des Tonbandes wurde Buck erregt und berührte mich in der Scheide. Ich war erfreut, daß wir schließlich doch noch etwas guten Sex erleben konnten, und stand auf, um mit ihm ins Bett zu gehen. Doch sobald ihm klarwurde, was vorging, hatten ihn die 6000 Blockaden wieder in der Gewalt, und er wollte nicht weitermachen. Er fürchtete, mir gegenüber respektlos zu sein. Er hatte das Gefühl, wir dürften keinen Sex miteinander ›haben‹, weil ich ›seine‹ Schwester war. Ich habe viele Male versucht, ihn dazu zu bringen, diese ganzen negativen Vorstellungen hinter sich zu lassen, doch da ›seine‹ Mutter Prostituierte war, sah er den Sex zwangsläufig in einem eher häßlichen Licht. Später, als es für mich nicht mehr so wichtig war, mit ihm zusammenzusein, beobachtete ich, mit welcher Art Frauen er Sex genießen konnte: Sie mußten ziemlich unbewußt sein, viele Drogen nehmen oder außerhalb des Bettes unmöglich mit ihm in der Öffentlichkeit zu sehen sein. Das zu erkennen machte mich traurig. Jetzt ist er in Indien. Ich habe mich sehr gefreut, als er uns eine Postkarte schickte, auf der er schrieb, daß Avinash und ich immer noch in ›seinem‹ Herzen leben: in dem wunderschönen Herzen, das in diesem chaotischen und liebevollen menschlichen Wesen schlägt!

Mit ihm lernte ich, zu lieben und wirklich anzunehmen, was das Leben mir bringt ... WIRKLICH? Ist es nicht arrogant, so etwas zu sagen? Damit meine ich nicht, daß ich auf diesem Pfad aufgehört hätte, zu lernen und zu wachsen. Im Gegenteil: Ich bewege mich immer weiter, weil ich mich immer mehr der Liebe ergebe. Manchmal muß ich stundenlang weinen, um fähig zu sein, das Ego zu überwinden und zu erkennen:

DAS IST KEINE LIEBE! LASS LOS! WEINE, BEREUE UND ÖFFNE DICH WIEDER.

Weiblich zu sein ist schwierig: passiv gegenüber ›unseren‹ Energien zu sein und sich dem Mann, den wir lieben, ganz hinzugeben. Aber weil Buck mich immer akzeptierte, mit all ›meiner‹ Verrücktheit, die ich zuvor bei keinem anderen Menschen auf eine gesunde Weise hatte herauslassen können, konnte ich ebenso alles akzeptieren, über mich selbst erstaunt, verblüfft über die Wandlung, die mit mir vorging ...

Mit diesem Gefühl kehrte ich dann jedesmal nach Hause zurück, um mich in Avinashs Armen auszuruhen, der mir wie ein großer, starker Baum vorkommt, mich immer umarmt und tröstet, sogar in Augenblicken tiefer Verzweiflung. Endlich erkannte ich:

Avinash liebt mich! Ich konnte die Liebe in ›seinen‹ Augen sehen! Ich konnte sehen, wie glücklich er war, wenn ich glücklich nach Hause kam! Keine Eifersucht in ›seiner‹ Aura, kein Konflikt, weil ein anderer Mann mich geliebt hatte. Ich konnte ihm alles erzählen, ich konnte Schmerz, Freude und Sorge mit ihm teilen. Und wenn er und Buck sich begegneten, verliebten sie sich sofort ineinander. Die Liebe erkennt sich selbst!

Ja, nun habe ich gelernt, Liebe in den Augen der Männer zu sehen. Ich habe begonnen, auf die Liebe zu vertrauen. Ich sehe jetzt, daß viele Leute mich lieben. Und daß ich liebe. Ich liebe mich selbst. Ich liebe viele andere Menschen. Und nur weil ich mich selbst liebe, kann ich andere Menschen lieben. Denn wie kannst du andere lieben, wenn du dich selbst haßt? Und wenn du dich selbst haßt, wie können dich dann die anderen lieben? Und Liebe ist immer bedingungslos. Sie ist der Stoff, aus dem die Schöpfung gemacht ist. Liebe bewirkt, daß wir nicht länger von sexueller Energie und Leidenschaft getrieben werden, sondern akzeptieren, was das Leben uns bringt ... Wie es im **Buch von Mirdad** steht: »Wenn du alles liebst, bist du an nichts gebunden.« Wenn wir alles und jedes lieben, gibt es keinen Grund mehr, sich gebunden zu fühlen und Dinge festhalten zu wollen. Bindung entsteht, wenn wir Angst davor ›haben‹, eine Sache oder eine Person, die wir lieben, zu verlieren. Wenn wir viele lieben, wenn wir alle lieben, gibt es keine Angst vor Verlusten, weil uns überall die Liebe willkommen heißt.

Liebe bedeutet, offen und positiv zu sein und alles zu bejahen, was das Leben uns bringt.

3

Ehe und Prostitution: Wie wir uns davon befreien können

Schon als Kind dachte ich mir, daß mit diesem Märchen von der glücklichen Ehe etwas nicht so recht stimmen konnte. Die Situation bei uns zu Hause war alles andere als erfreulich. Es war keine Umgebung, in der Kinder gute Aussichten ›hatten‹, zu gesunden menschlichen Wesen heranzuwachsen. Wenn Kinder mit ansehen müssen, wie die Eltern sich fast täglich streiten und irgendwann überhaupt nicht mehr miteinander reden, wenn sie immer wieder ohne ersichtlichen Grund geschlagen werden und keinen Grund erkennen können, warum Mutter und Vater überhaupt noch zusammenleben, werden sie später höchstwahrscheinlich recht sonderbare Erwachsene sein! Zunächst dachte ich, daß ›meine‹ Eltern einfach nicht zusammenpaßten. Sie beschwerte sich ständig, daß er zu wenig Geld nach Hause brachte. Er entschuldigte sich ständig dafür, nicht der normale Acht-Stunden-Arbeiter zu sein, der nichts anderes im Sinn ›hat‹, als der Familie ein angenehmes Leben zu ermöglichen. Sie behauptete, er würde das ganze Geld für andere Frauen ausgeben, wogegen er sich verteidigte, indem er lange Listen mit Ausgaben für die Familie aufstellte, die in Wahrheit nie getätigt worden waren. Alles erschien uns völlig absurd, und wir drei Kinder fühlten uns nur richtig wohl, wenn beide Eltern außer Haus waren. Dann konnten wir der Fantasie Flügel verleihen und erfanden allerlei Theatergeschichten: Piraten, die Schiffe überfallen (wobei die Betten als Schiffe dienten), oder Städte, die in der Wüste (dem leeren Zimmer) gebaut wurden. Es gab kein Geld und daher auch keine Spielsachen. Nur in der Fantasie konnten wir für Spaß sorgen, mit den Körpern die Dramen aufführen, die wir uns ausgedacht hatten. An jenen glücklichen Abenden, wenn die Eltern ausgegangen waren, spielten wir, bis sie zurückkamen und wir rasch in die Betten sprangen.

Ich ›besaß‹ drei Puppen, die ich mir mit den Brüdern teilte. Das war die einzige Möglichkeit, mit ›echten‹ Spielsachen zu spielen, wobei jeder von uns einer der Puppen ›seine‹ Stimme lieh. Interessanterweise spielte ich immer mit der männlichen Puppe, und die beiden Brüder mit den weiblichen. Mit diesen Puppen haben wir wunderbar verrückte Geschichten gespielt!

Wenn ich die vollgestopften Kinderzimmer in Deutschland sehe, denke ich, daß die Kinder sich in diesen Spielsachendschungeln ganz verloren vorkommen müssen! Umgeben von so viel Kram, muß die Fantasie doch zwangsläufig verkümmern!

Mit zwölf Jahren schrieb ich einen Roman mit einer Prostituierten als weiblicher Hauptfigur. Das schienen mir die einzigen freien Frauen zu sein. Ich schrieb aus der Perspektive eines Mannes, eines Reisenden, dem auf ›seinem‹ Weg ins Nirgendwo natürlich nur Prostituierte begegnen konnten ... Andere Frauen waren zu Hause eingesperrt und warteten auf die Ehe. So wie ich!

Die Prostituierte in ›meiner‹ Geschichte war eine kluge Frau, die erkannt hatte, daß das Verkaufen des Körpers es ihr ermöglichte, frei zu sein. Das war natürlich die Ohnmachtserklärung eines Teenagers, der zu Hause keine Geborgenheit, sondern nur völliges Chaos vorfand. ›Heranwachsen wozu‹, sagte ich mir. ›Um zu heiraten?‹

Der Mann und die Prostituierte suchten beide nach dem Sinn des Lebens. Sie waren froh, jemanden getroffen zu haben, mit dem sie die Freuden des Körpers genießen konnten, und die Freiheit, nicht aneinander gekettet zu sein. Auch sprachen sie gerne über ›ihre‹ Ängste um dieses absurden Planeten! Über Liebe redeten sie nie. Heute erinnert mich das an Sartre!

Ich gab das Manuskript einer Tante, die geschieden war und, allerdings in sehr, sehr langen Abständen, den ›Liebhaber‹ wechselte, weswegen Mutter sie überhaupt nicht leiden konnte. Mutter beklagte sich immer, daß diese Schwester ›meines‹ Vaters ihn wegen ›seiner‹ Liebesaffären in Schutz nahm. Heute, während ich das hier schreibe, wird mir klar, daß sie das Manuskript vermutlich verlor, weil sie unbewußt dieses Manifest eines seltsamen Mädchens wie mir verschwinden lassen wollte, das schon so früh unerhörte Geschichten schrieb, wie sie von einer kranken und repressiven Gesellschaft niemals toleriert worden wären.

Ich war so traurig! Ich ›besaß‹ keine Kopie des Manuskripts, denn es war mit der Hand geschrieben, was damals bei uns, ohne Computer und Schreibmaschinen, die einzige Möglichkeit war. Der Schock war so groß, daß ich nie wieder einen Roman geschrieben habe! Vielleicht im Anschluß an dieses Buch. Geschichten gibt es genug.

Jedenfalls trat ich in dem Roman zum erstenmal entschieden gegen die Ehe ein, wenn auch die Lösung, die ich damals fand, nur in den unschuldigen Augen eines verzweifelt nach einem Ausweg suchenden Kindes eine echte Alternative darstellen konnte ...

Von Vater hörte ich Sätze wie:

»Es ist besser, in getrennten Zimmern zu schlafen. Das bewirkt, daß der Sex geheimnisvoll bleibt!«

Das erschien mir seltsam, denn sie selbst schliefen in einem Zimmer, wenn auch in getrennten Betten. Und sie haßten einander! Daher dachte ich manchmal, nur reiche Leute könnten sich lieben, weil nur sie es sich leisten konnten, in getrennten Zimmern zu schlafen! Aber zu reichen Leuten hatte ich nie Kontakt ... Und bis zu der Zeit, als ich den Roman schrieb, ›besaßen‹ wir keinen Fernseher. Wo hätte ich sie also sehen sollen?

Ich kannte die Nachbarn, deren Tochter ›meine‹ beste Freundin war. Auch sie wurde unterdrückt. Ich durfte sie oft besuchen. Sie waren noch langweiliger als ›meine‹ Familie. Der Vater war so höflich und immer sehr merkwürdig gekleidet, mit Anzug und Krawatte! Die Mutter war sehr schön und zerbrechlich. ›Meine‹ Mutter konnte wenigstens wütend werden! Doch bei dieser zarten Person konnte ich mir nicht vorstellen, daß sie je nein sagte. Dieses Gefängnis namens Ehe schien mir für die Frau einen langsamen Tod zu bedeuten!

Mutter ›hatte‹ großen Respekt vor diesen Leuten, weil der Großvater des Nachbarn einmal Präsident des Landes gewesen war. Arme Mutter!

Doch auch sie schliefen zusammen in einem Zimmer, und die Liebe schien ihnen nicht das Vergnügen zu bereiten, das ich eigentlich erwartet hätte.

Die reichsten Leute, die ich kannte, waren Juden. Auch ihnen brachte Mutter großen Respekt entgegen, weil sie jüdische Menschen sehr mochte.

»Sie sind sehr intelligent und verdienen gerne viel Geld«, pflegte sie zu sagen.

Auch dieses Ehepaar schlief nicht in getrennten Zimmern, obgleich sie es sich hätten leisten können, denn sie bewohnten eine riesige Wohnung unmittelbar am Strand. Sie schliefen im selben großen Bett, und sehr eigenartig war, daß ›ihre‹ Tochter eine Menge Puppen ›hatte‹, mit denen sie aber nie spielen durfte, damit keine der Puppen beschädigt wurde. Sie standen oben auf dem Schrank, schön, doch unberührbar. Das Mädchen war dick, häßlich, sonderbar. Die Mutter sah noch schrecklicher aus als sie, und ich verstand nicht, warum ich dorthin gehen und mir all diese Puppen anschauen sollte, die man nicht anfassen durfte, und warum ›meine‹ Mutter sich gegenüber dieser dicken, dummen Frau so ehrerbietig verhielt, obgleich sie selbst doch viel schöner, lebendiger und kreativer als dieser reiche Leichnam war!

Ich durfte keine Freundinnen zu uns nach Hause einladen, weil

Mutter sich für ›unsere‹ Armut schämte. Damals gab es in Copacabana noch nicht so viele arme Familien. Vor drei Jahren, als ich dorthin reiste, fand ich, daß es inzwischen wie in Bombay aussieht. Alles wirkt so schmutzig und heruntergekommen, und es gibt auf den Straßen so viele Bettler! Fast alle Revolutionäre sind getötet worden, und die US-amerikanische Ausbeutung zusammen mit der nationalen Korruption haben fast die ganze Bevölkerung verarmen lassen. Die großen Wohnungen am Strand ›gehören‹ Ausländern oder ›Angehörigen‹ der sehr kleinen Oberschicht, die ärmeren Schichten müssen sich mit den daran angrenzenden Straßen begnügen. Auf den Hügeln liegen die Slums, mit dem Samba und dem Kokain, einer Droge, die das ganze Land beherrscht, von den ganz Armen bis hinauf zur Regierung! Doch Cannabis wird überall verfolgt! Im Nordosten, wo in kleinem Umfang Gras angebaut wird, aus dem die Mütter früher für die Kinder Tee gegen Bauchschmerzen zubereiteten, werden die Felder immer wieder verbrannt, damit das Kokain sich um so leichter ausbreiten kann. Wenn die Kleinbauern versuchen, Gras in den Süden zu bringen, werden sie verhaftet. Nur weil man damit nicht viel Geld verdienen kann. Kokain dagegen ... Mit dem ›Brilho‹, wie es in Brasilien genannt wird, kann man wirklich reich werden. Also versuchen sie, den Markt zu kontrollieren, damit alle auf Kokain umsteigen: Wenn es nichts zu rauchen gibt, werden die Leute statt dessen schon anfangen zu schnupfen ...!

Für mich ist Kokain eine Ego-Droge. Du fühlst dich GROSSARTIG, wenn du es nimmst, glaubst, alles tun und alle um den Finger wickeln zu können. Und am nächsten Tag bist du am Boden zerstört! **Vollkommen deprimiert ...**

Während der Zeit als Stewardess hatte ich einmal Gelegenheit, Kokain auszuprobieren. Damals war ich mit Neuza in Miami. Beim Einkaufsbummel hatten wir einen schönen, langhaarigen Jungen kennengelernt, der in einem ziemlich schrägen Modegeschäft als

Verkäufer arbeitete. Er und Neuza interessierten sich ein wenig für einander, aber er war nicht der Typ Mann, auf den sie normalerweise stand – zu sehr ›Rock-style‹ und zu weich. Also landete er bei mir. Tatsächlich war er der erste Mann, bei dem ich etwas über meditativen Sex lernte. Ich weiß noch, daß er, als wir ins Bett gingen, zu mir sagte:

»Bleib cool, entspanne dich, bewege dich zur Musik und mach dir keine Sorgen, ob du kommen wirst.«

Wir liebten uns stundenlang zum Klang der Musik, und ich ›hatte‹ viel Freude mit ihm. Er hieß Joe, wie ›mein‹ Bruder, redete nicht viel und gab mir ein Foto, auf dem man ihn während eines großen Rockfestivals sah, entspannt einen Joint rauchend.

Als wir uns das nächste Mal trafen, bot er mir etwas Kokain an. Ich kann mich nicht erinnern, daß ich in der Nacht eine besondere Wirkung gespürt hätte, zumal wir außerdem auch noch Gras geraucht hatten ...

Aber am NÄCHSTEN TAG! Ich war völlig am Ende, zitternd, unsicher, total daneben! Das war ganz anders als nach den glückseligen und das Herz öffnenden LSD-Trips! Zum Glück war Dad bei mir ... Von jetzt an werde ich ihn Joinha nennen, wie ›seine‹ Freunde. Ich mag nicht ständig Dad schreiben, und ›mein Vater‹ hat diesen besitzergreifenden Unterton, den ich vermeiden möchte. Mutter werde ich Conceição nennen. So lautet in Brasilien der Name der Mutter Jesu, weil in der Stadt Conceição angeblich durch sie ein Wunder geschah. Auch heute noch pilgern Tausende kranker Menschen an diesen Ort, um durch das Madonnenbild geheilt zu werden. ›Meine‹ Großmutter versprach dort einst, ›ihrer‹ Tochter diesen Namen zu geben, wenn sie geheilt werden würde.

Joinha reiste mit mir und wurde von uns im Hotel versteckt, damit wir nicht für ihn bezahlen mußten. Als Vater einer Stewardess durfte er kostenlos fliegen, aber wir konnten uns die teuren Hotelübernachtungen nicht leisten.

Er sagte zu mir:

»Keine Angst, Liebling, das ist Kokain. So werden die Leute süchtig! Es geht vorbei. Das ist nur ein schwerer Kater! Den mußt du jetzt durchstehen.«

Es war nicht mehr viel Zeit, bis der Wagen eintraf, der uns zum Flughafen bringen sollte. Mit zitternden Händen legte ich das für die Arbeit obligatorische Make-up auf und dachte:

›Nie wieder rühre ich diese verdammte Droge an!‹

Ein weiterer Grund, Joinha dankbar zu sein: In diesem wichtigen Augenblick bewahrte er mich davor, in Panik zu geraten. Und statt mich zu verachten, verhielt er sich sehr verständnisvoll, was die Sache für mich viel leichter machte!

Während meiner Arbeit als Stewardess habe ich etwas sehr Wesentliches gelernt: Ich erkannte, wie wichtig es ist, in der Gegenwart zu leben. Nie wußten wir, wann wir die Menschen, die wir unterwegs trafen, wiedersehen würden, oder ob es überhaupt ein zweites Mal gab. Das Leben war so schnell, jeder Aufenthalt so kurz - nur ein oder zwei Tage hier und dort, manchmal nur ein paar Stunden -, daß keine Zeit blieb, lange nachzudenken. Wir mußten von Augenblick zu Augenblick leben, und das werde ich nie mehr vergessen! Die ständige Veränderung von Raum und Zeit während der vielen Flüge trägt ebenfalls dazu bei, ohne Nachdenken in der Gegenwart zu leben. Alles ist vergänglich, und damit ist man der Wahrheit über das Leben ja sehr nahe. Bequeme Wohnungen und das Fernsehen gaukeln uns vor, dieses kleine Leben dauere ewig. **Aber das ist nicht wahr! Nichts ist ewig, außer dem Bewußtsein!**

Einmal ergab sich die Gelegenheit, mit der geliebten Freundin Maria zehn Tage Urlaub in Miami zu machen. Ich mochte Miami nicht. Es gab dort viele dieser antikommunistischen Exil-Kubaner, Gegner Fidel Castros. Und außer einem Nachtklub, der eine ganze Autostunde von ›unserem‹ Hotel entfernt lag, gab es keinen Ort, wo man interessante Leute treffen konnte. Selbst dort verdiente nur die Band Beachtung. Sie ›hatten‹ einen langhaarigen Sänger, der jeden Abend ›Once I went to Phoenix‹ sang, besonders seit ich ihn einmal darum gebeten hatte.

Als ich eines Abends allein dorthin gegangen war, wartete ich bis zum Ende des Auftritts und ging dann mit dem Sänger in irgendein Zimmer, wo wir Sex miteinander ›hatten‹. Es war nicht besonders gut. Er kam zu früh und entschuldigte sich damit, daß er zu Hause eine Freundin ›hätte‹, die er nicht vergessen könnte ...

Auf der Bühne wirkte er ganz entschieden attraktiver als im Bett. Und die Gäste in diesem Klub waren wie überall in Miami: dicke, alte, reiche Leute – mit großen Autos und Plastiklächeln waren sie traurige, unecht lachende Vertreter des American Way of Life, den wir durch freie Liebe, Kommunen, Chancengleichheit für alle und die legale Möglichkeit, high und glückselig zu sein, ersetzen wollten!

Aber ich war fest entschlossen, diese zehn Tage trotzdem zu genießen. Immerhin ›hatten‹ Maria und ich immer viel Spaß zusammen, und obendrein stellte sich heraus, daß Mário zur Crew ›gehörte‹, mit dem ich in Panamá eine wunderbare Nacht verbracht hatte! Ich war so glücklich! Doch als ich lächelnd zu ihm ging, um ihn zu begrüßen, wirkte ›seine‹ kalte Reaktion auf mich, als hätte ich einen Eimer Wasser über den Kopf bekommen. Ich zeigte ihm sofort, wie mich dieses Verhalten enttäuschte, und ließ ihn stehen. Bald darauf kam er zu mir und erklärte mir, daß in Miami eine Freundin auf ihn warte, daß er sich darauf freue, sie wiederzusehen, und daß wir keine Luftschlösser bauen sollten, denn er liebe sie aufrichtig.

»Das ist kein Problem«, sagte ich zu ihm.

Er fragte mich, ob er mich fotografieren dürfe, und als er mir später einen Abzug dieses Fotos gab, wurde mir bewußt, wie Schönheit und Traurigkeit oft einhergehen können! Ich sah darauf völlig niedergeschlagen und zugleich absolut großartig aus!

Maria sagte:

»Hey, sei nicht traurig! Wir werden zusammen viel Spaß in Miami ›haben‹, du wirst sehen. Ich werde mich mit dem Kubaner verabreden, der mich schon oft eingeladen hat, und er wird uns in schöne Lokale ausführen, wo wir tanzen können ...«

Ich entgegnete:

»Maria, ich hasse diese Kubaner in Miami! Sie sind alle Anti-Kommunisten, dumme Leute, die vom amerikanischen Traum infiziert sind. Was ›haben‹ wir mit denen zu schaffen?«

»Na, hör mal! Wir sind keine Nonnen, und wir ›brauchen‹ ein bißchen Spaß! Die Revolutionäre ›haben‹ keine Zeit für diese ›bürgerlichen‹ Vergnügen. Sie gehen nicht tanzen und ›haben‹ keinen Spaß an den Körpern. Dabei ist Sex doch keine Sünde, oder? Wir gehören doch keiner Religion an, nicht wahr?«

Ich sah dieses strahlendes Lächeln auf dem großen, sinnlichen Mund, und wir lachten herzlich, glücklich, wieder einmal einander in den Armen zu liegen:

»Manchmal bist du viel zu ernst«, sagte sie zu mir. »Komm, laß uns ein bißchen Spaß ›haben‹!«

»Mit diesen Kubanern kann ich keinen Spaß haben«, erwiderte ich dennoch.

»Glaubst du etwa, daß dieser Mário, nach dem du ganz verrückt bist, besser als die Kubaner ist? Er ist so dumm wie ein kleiner ›Bourgeois‹, wenn er eine Frau wie dich wegen irgendeiner kalten, weißen Fernsehglotzerin in Miami abblitzen läßt!«

Während des ganzen Fluges war ich wie von Sinnen und dachte ständig an die heiße und leidenschaftliche Liebesnacht, die ich mit Mário in Panamá verbracht hatte. Jedesmal wenn er sich während der stressigen Arbeit in der Flugzeugkabine an mir vorbeischob, bebte der Körper vor Begehren. Ihm war dabei sichtlich unbehaglich zumute. Er spürte ganz offensichtlich die Energie zwischen uns, schien aber entschlossen an der Entscheidung festzuhalten, in Miami mit dem anderen Mädchen zusammenzusein.

Als wir im Hotel eintrafen, erzählte mir Maria, sie hätte sich mit dem Kubaner verabredet, der das Flugzeug reinigte. Wenn ich heute daran zurückdenke, spüre ich eine tiefe Zuneigung zu ihr. Was für eine leidenschaftliche Frau sie war – mit einem solchen Mann auszugehen und doch gleichzeitig für die Revolution zu arbeiten! Und sie war viel tiefer darin verwickelt als ich, tat wirklich etwas, statt nur von einem Wandel zu träumen und andere Leute zum Handeln aufzufordern. Auch wäre es mir nicht im Traum eingefallen, mit jemandem aus einer Putzkolonne auszugehen! Ich ›brauchte‹ einen Künstler, einen Intellektuellen. Sie dagegen machte nie irgendwelche Klassenunterschiede und kümmerte sich nicht darum, was ein Mann im Kopf ›hatte‹. Das war einer der letzten Flüge vor ›ihrer‹ Verhaftung, und ich vermute, daß sie damals während eines Urlaubsaufenthaltes in México heimlich nach Kuba gereist war, mit einem geheimen Auftrag. Sie ist dafür ins Gefängnis gekommen, aber trotzdem hat sie nie ein Wort darüber gesprochen.

Als sie mich schon fast überredet hatte, sie zu der Verabredung mit dem Kubaner zu begleiten, klingelte das Telefon. Es war Mário.

»›Meine‹ Freundin hat heute abend keine Zeit, ich habe also nichts zu tun. Wenn du willst, komme ich vorbei ...«

Natürlich sagte ich ihm, er könne kommen, was Maria mit den Worten kommentierte:

»Das ist aber wirklich taktlos! Wie kann er sagen, daß er dich nur sehen will, weil die andere keine Zeit ›hat‹? Konnte er sich denn keinen anderen Grund einfallen lassen?«

»Wenigstens sagt er die Wahrheit, Maria! Es ist mir gleich, ob er mich liebt oder nicht. Ich lebe schließlich auch mit Sérgio zusammen und würde mich wegen Mário niemals von ihm trennen. Das ist bloß Leidenschaft, und es ist in Ordnung, so wie es ist. Wer weiß schon, wie lange es dauern wird? Wer weiß denn überhaupt, was die Zukunft bringt? Vielleicht stürzt morgen das Flugzeug ab, dann gibt es keine ›Liebhaber‹ mehr, keinen Sex, kein Leben ...«

Sie schwieg einen Moment, ging zum Spiegel, trug auf den Mund, den ich so liebte, noch etwas Lippenstift auf und ging, strahlend schön, zur Tür:

»Mach dir einen tollen Abend!« sagte sie. »Ich komme heute nacht wahrscheinlich nicht aufs Zimmer zurück. Ich ›brauche‹ auch ein bißchen Spaß ...«

Das wurde eine der intensivsten sexuellen Begegnungen, die ich je ›hatte‹! Es gab viele dieser wundervollen Nächte, die mir den Weg aus dem Käfig der Ehe ebneten. Ich fand den Ausweg, und er führte bei mir nicht in die Prostitution, denn es läuft auf dasselbe hinaus, ob ein Mann dich dafür bezahlt, daß du für ihn kochst und ihm die Wäsche wäschst, oder dafür, daß du die Beine breit machst, um ihm Erleichterung zu verschaffen! Besser ist es, sich überhaupt nicht bezahlen zu lassen: **frei zu sein.** Es ist besser, zu leben als nur zu überleben, besser, wenn wir ›unser‹ Geld selbst verdienen, indem wir die eigenen Fähigkeiten und Talente einsetzen, wo immer sie liegen mögen und wie hart der Weg auch sein mag, **denn frei zu sein, ist der höchste Zustand im Leben eines Menschen!**

Diese Nacht in Miami war ein Wendepunkt. Klarer als zuvor entdeckte ich, welche Freuden der Körper mir bereiten ›konnte‹!

Als Mário kam, herrschte zwischen uns eine Mischung aus Schüchternheit und Scham. Uns war beiden unbehaglich zumute, weil wir uns der Leidenschaft, dem Sex hingaben. Wir sagten nicht viel. Es gab nichts zu sagen! Wir fielen regelrecht übereinander her, waren beide sehr hungrig und entzückt darüber, daß wir mutig genug waren, ja zu sagen. Wir waren völlig offen und wußten, daß es möglicherweise die letzte Gelegenheit war, noch einmal eine gemeinsame Nacht zu verbringen.

Heute fällt es mir nicht mehr so leicht, mich an die Einzelheiten zu erinnern, aber ›mein‹ Körper wird immer noch heiß dabei. Die Erinnerung ist in den Zellen. Liebe scheint niemals verlorenzugehen!

Das einzige in ›meinem‹ Gedächtnis haftengebliebene Bild aus jener Nacht ist, wie ich mich über das Bett beuge und von hinten penetriert werde. Vielleicht weil er genau das erwähnte, als er später mit Maria darüber sprach, wie intensiv diese Liebesnacht gewesen wäre! Vermutlich hatte er noch nie zuvor eine Frau von hinten penetriert!

Heute können wir den Sex nicht mehr auf diese Weise genießen! Aids hat uns auf eine andere Ebene gebracht! Die durch die Krankheit verursachten Probleme haben einem feinfühligeren Sex die Türen geöffnet. Heutzutage empfehle ich keinen Analverkehr mehr. Er ist zu risikoreich. Zu leicht können dabei kleine Blutgefäße einreißen, so daß die Gefahr einer Ansteckung besteht. Und Analverkehr ist auch gar nicht nötig! Für die Frau ist er ohnehin lediglich ein köstlicher Rückfall in die tierische Dimension!

Aus dieser Erfahrung in Miami lernte ich, daß Sex machtvoll genug war, Menschen zusammenzubringen, und daß es sich lohnte, ihn zu leben, auch wenn es nur für eine Nacht war!

Wie verrückt liebten wir uns, und fickten und liebten uns immer wieder, die ganze Nacht. Wir schliefen nicht eine Minute, denn in solchen starken Liebesnächten gibt es keine Träume und keine Unbewußtheit. Sex und Liebe hielten uns hellwach und lebendig, bis die Welt uns zurückrief!

Am nächsten Tag wollte er sich mit dem anderen Mädchen treffen.

»Ich liebe ›meine‹ Freundin, und ich werde sie heute sehen«, sagte er, als er es schließlich – es war schon fast Mittag – schaffte, das Bett zu verlassen.

Heute, im Rückblick, verstehe ich, was damals in ihm vorging:

Er fürchtete sich vor der Kraft, die zwischen uns am Werk war. Es war keine bewußte Wahl gewesen, sondern die Leidenschaft hatte uns ganz einfach überwältigt, erst in Panamá und nun in Miami. Für mich war das normal. Ich war von einem Vater erzogen worden, der über diese Dinge Bescheid wußte, Neuza und ich studierten beide Psychologie, sie an der Universität, ich für mich allein, und ich ›hatte‹ ein umfangreiches Hintergrundwissen über die Ideen der Revolution ... doch er? Er war ein ganz normaler Junge, der an die Regeln der Gesellschaft glaubte und vermutlich einfach nur Spaß mit einem attraktiven Mädchen wollte, das für einen ›guten Fick‹ zu haben war! Sie wissen ja, daß viele Männer so über Frauen sprechen, nicht wahr? Sie sagen bloß:

»Die da, die fickt gerne!«

Doch dann waren wir beide plötzlich über diese Kraft gestolpert, wurden schwindelig, verrückt, fast erleuchtet, ohne zu wissen, wie uns geschah.

Als er ging, bemühte er sich, wieder die Kontrolle über die Gefühle zu bekommen.

›Was tue ich eigentlich hier? Was soll das? Ich liebe dieses Miststück nicht!‹

Bei Osho habe ich gelesen, daß zwei Liebende verschwinden, wenn sie wirklich eins werden. Mit Avinash habe ich das schon erlebt: das Gefühl, daß es keine Körper mehr gibt, daß alle Grenzen verschwunden sind und nur noch Bewußtsein übrigbleibt ... Wenn ich heute etwas in der materiellen Welt erschaffen möchte, so wie jetzt dieses Buch, kann ich nicht oft mit ihm oder einer anderen Person, für die ich tiefe Liebe empfinde, zusammensein, weil ich dann wieder das Gefühl ›habe‹, zu verschwinden, die Materie zu verlassen ... Aber um zu erschaffen, muß ich hier sein! Jetzt!

Doch damals ›hatte‹ ich keine Vorstellung davon, was geschah. ›Warum sagt er andauernd, daß er mich nicht liebt?‹ fragte ich mich. ›Das verlange ich doch gar nicht von ihm!‹

Wenn jemand, mit dem ich Sex ›hatte‹, mich nicht wiedersehen will, weil ›er mich nicht liebt‹, dann ist das lediglich Angst davor, Liebe wirklich zuzulassen, sich darin zu verlieren, das Bewußtsein zu verlieren! Dabei verlieren wir das Bewußtsein überhaupt nicht, wenn wir lieben.

DAS EGO IST ES, DAS WIR IN DER LIEBE VERLIEREN! UND DAS EGO SOLLTEN WIR UNBEDINGT VERLIEREN, DENN ES IST DAS GRÖSSTE HINDERNIS FÜR BEWUSSTHEIT UND LIEBE!

Und denken Sie immer daran: Ehe und feste Beziehungen sind der Tod der Liebe, weil sie das Ego stärken!

Mário sagte schroff, wir wären verrückt, und ging. Ich erkannte den Mann, der mich die ganze Nacht so leidenschaftlich geliebt hatte, kaum wieder.

Um nicht vor Verzweiflung und Eifersucht völlig durchzudrehen, nahm ich Marias Einladung an, mit ihr und zwei Kubanern auszugehen. Mich traurig und verwirrt fühlend, ging ich zu diesem Abendessen: Zwei Revolutionärinnen saßen in einem reichen Restaurant in Miami Beach, wo die Millionäre des amerikanischen Imperialismus hinfahren, um das Geld auszugeben, das sie aus Südamerika und Asien herauspressen!

Diese Gedanken gingen mir durch den Kopf, während ich das hervorragende, köstliche Essen verspeiste, und Maria sich fröhlich mit einem Kubaner unterhielt, der bereits ›ihr Liebhaber‹ war. Vorübergehend haßte ich sie sogar, weil ich noch nicht klar erkannt hatte, was für eine großartige Frau sie in Wahrheit war.

›Wie kann sie sich von diesem Reaktionär ficken lassen?‹ dachte ich. ›Sie ist wirklich dumm! Ich habe es noch nicht geschafft, ihr wirkliches politisches Bewußtsein zu vermitteln!‹

»Du bist eine sehr interessante und schöne Frau«, sagte der andere Kubaner plötzlich zu mir.

›Was‹, sagte ich mir, ›denkt sich dieser Bastard? Will er etwa mit mir ins Bett?‹ Doch der verächtliche Blick, den ich ihm zuwarf, schien ›sein‹ Interesse noch zu steigern!

»Es gefällt mir wirklich, wenn du so wütend wirst! ›Dein‹ Gesicht rötet sich dann so lebendig, daß ich mich sogar in dich verlieben könnte ...«

Ich schaute ihn wieder an und dachte verzweifelt:

›Was mache ich hier eigentlich? Wieso gehe ich mit Leuten, die ich nicht mag, in solche gräßlichen Restaurants, bloß um einen blöden Kerl zu vergessen, den ich eigentlich hassen müßte; statt dessen sehne ich mich nach ihm wie ein Mönch nach Gott!‹

Der Kubaner sagte, er würde gerne alles in ›seiner‹ Macht stehende tun, um mich glücklich zu machen.

»Du kannst überhaupt nichts für mich tun«, entgegnete ich aggressiv. »Alles, was ich will, ist, wieder mit dem Mann zusammensein, mit dem ich die letzte Nacht verbracht habe. Aber er liebt ein Mädchen, das genauso bürgerlich ist wie du. Für eine Frau wie mich scheint es auf dieser Welt keinen Platz zu geben!«

Sogar Maria und ›ihr‹ Partner schienen sich nun ein bißchen unbehaglich zu fühlen und gingen rasch zur Tanzfläche, lachend.

»Du gefällst mir immer besser«, sagte er und berührte sanft ›meine‹ Hand. Ich entzog sie ihm, und er fuhr fort, in diesem kubanischen Spanisch mit mir zu sprechen, das mich an Fidel erinnerte, was mich nur noch wütender auf mich selbst machte:

»Ich mag Frauen, die einem Mann gegenüber solche Leidenschaft empfinden können. Davon gibt es nicht viele.«

Mit großer Sympathie schaute er mir in die Augen. Noch nie hatte jemand so mit mir gesprochen! Meistens verachteten mich die Leute dafür, daß ich eine Frau war, ›die mit jedem ins Bett geht‹. Oder ich fühlte mich diesen langhaarigen Jungen unterlegen, die bereits auf einem anderen Stern zu leben schienen. Ich fühlte mich damals sehr verwirrt, ›hatte‹ zwar das Gefühl, auf dem richtigen

Weg zu sein, fragte mich aber, warum es nur so wenige wie mich zu geben schien!

›Warum klammern sich die meisten Frauen, von wenigen Ausnahmen abgesehen, so sehr an völlig unsinnige Bedürfnisse?‹ fragte ich mich oft.

»Wieso hast du Kuba verlassen?« fragte ich ihn plötzlich.

»Darf ich dich zunächst zum Tanzen auffordern? Wir haben lange Zeit gesessen und geredet; wir sollten jetzt auch ein bißchen Spaß haben«, sagte er.

Ich wußte, er ›hatte recht‹, aber ich sträubte mich dagegen, einem Exil-Kubaner in irgendeiner Weise entgegenzukommen. Und ich wußte, daß ich auf der Hut sein mußte, da er zweifellos gerne mit mir ins Bett wollte!

Wir gingen auf die dicht besetzte Tanzfläche, und der Kubaner erwies sich als **wirklich guter Tänzer.** ›Mein‹ Körper wachte auf, und das machte mich ganz wild, weil ich diesen Kerl auf keinen Fall wollte. Wir tanzten Wange an Wange, wie Joinha es liebte und mir so gut beigebracht hatte, und dabei wurden die Körper heiß!

Als das Lied zu Ende war, wollte ich nach Hause fahren, um möglichst weit von diesem Kerl weg zu sein. Ich wollte nicht nachgeben, nicht einem solchen Menschen! Maria war mit ›ihrem‹ ›Liebhaber‹ verschwunden, und ›mein‹ Tanzpartner fuhr mich zurück zum Hotel.

»Darf ich dich morgen zum Frühstück einladen?« fragte er, ehe ich aus der großen Limousine stieg.

»Ich möchte morgen lange schlafen«, erwiderte ich mit kalter Stimme.

»Dann werde ich kommen und unten auf dich warten, weil ich weiß, daß du mich nicht anrufen würdest. Wenn du aufwachst, gehen wir zusammen frühstücken, zu Mittag oder zu Abend essen, ganz wie du wünschst.«

»Ich bin zu verrückt nach diesem anderen Mann«, sagte ich.

»Das weiß ich«, sagte er.

Ich fragte:

»Warum hast du Kuba verlassen?«

»Das erzähle ich dir morgen beim Frühstück.«

Wieder etwas wütend, stieg ich aus dem Wagen, und am nächsten Tag bebte ich in einer Art Fieber. Ich grübelte darüber nach, ob ich Mário anrufen sollte oder nicht.

›Ich sollte etwas mehr Selbstachtung besitzen‹, dachte ich. ›Er liebt mich nicht, er will nur mit mir ins Bett.‹

›Na und?‹ antwortete ich mir selbst. ›Ich will ja auch nur mit ihm ins Bett!‹ Und das Herz bebte und schlug sehr rasch. Dann griff ich nach dem Telefon und zog die Hand doch wieder zurück, rauchte eine Zigarette nach der anderen. Als das Telefon plötzlich klingelte, befand ich mich am Rande eines Nervenzusammenbruchs. Ich hob nicht sofort ab, ließ es lange klingeln, und als ich mich endlich meldete, hörte ich auf spanisch:

»Bist du bereit, mit mir zu frühstücken?«

Ich war zugleich erleichtert und auf eine müde Weise gereizt. Laut sagte ich:

»Schon wieder du? Du willst doch nur mit mir schlafen! Aber ich bin verrückt nach einem anderen Mann! Laß mich bitte in Ruhe. Ich fühle mich nicht gut ... Außerdem bist du ein Kubaner ...«

Er fragte:

»Warum ist es ein Problem, daß ich Kubaner bin?«

Ich wollte herausschreien, daß ich Kommunistin war, daß ich solche Männer mit großen Autos haßte, wie er einer war, daß ich Drogen nahm ... Aber ich wollte keinen Ärger mit der Polizei und sagte mir, daß es vermutlich besser war, solche Dinge nicht am Telefon zu sagen ... Und wo, zum Teufel, war Maria? Warum war sie nicht längst zurück, und warum hatte sie mich überhaupt diesem kubanischen Macho vorgestellt, der überhaupt nicht ›mein‹ Typ war ... Ich ging mit dem Telefon auf und ab und wußte nicht, was ich sagen sollte ...

»Ich treffe mich nicht mit Männern wie dir«, sagte ich.

»Ich liebe dich«, sagte er.

So etwas hatte noch kein Mann zu mir gesagt, doch ich hielt es lediglich für den Macho-Trick eines Millionärs, mit dem er Frauen ins Bett lockte.

»Ich bin unten im Foyer und komme jetzt zu dir hinauf ... Aber ich verspreche, daß es das letzte Mal ist, daß ich dir gegenüber aufdringlich bin.«

Er legte auf, und ich dachte:

›Aufdringlich?‹ Ich mußte an Che Guevara denken und fragte mich, ob er je so etwas zu einer Frau gesagt hätte! Und noch nie hatte ich einen Mann getroffen, der zu mir sagte, daß er mich liebte ... Sie waren entweder schüchtern, oder ich war für sie eine, die leicht zu ›haben‹ ist ... Selbst Sérgio hatte nie von Liebe gesprochen! Der Kubaner klopfte an die Tür. Mir wurde bewußt, daß ich eben erst aufgestanden war ...

»Wie schön, dich ohne Make-up zu sehen. Gerade erst dem Bett entstiegen ...«

»Aber ich rieche schon nach Zigaretten«, sagte ich.

»Ich rauche ebenfalls viel«, sagte er. »Die Sonne scheint, es ist ein so schöner Tag! Laß uns zusammen etwas unternehmen.«

Er fuhr mich in ›seinem‹ riesigen Wagen spazieren und fragte, wo ich gerne hin wollte.

»Ich hasse diesen ganzen Reichtum von Miami«, erwiderte ich, »und ich will dir ehrlich sagen, daß ich Kommunistin bin.«

Es war gefährlich, das so offen zuzugeben. Das konnte uns eine Menge kosten, sogar das Leben, aber irgendwie vertraute ich diesem Kubaner bereits.

Er schaute mich traurig an und sagte:

»Jetzt verstehe ich ...«

»Und ich rauche Gras ... ich nehme LSD ...«

Er lächelte und sagte:

»Du bist eine wirklich gefährliche Frau! Aber sag mir trotzdem, wo wir hinfahren sollen! Sollen wir zu ›meiner‹ Wohnung fahren?«

Und das taten wir dann wirklich. Er bestellte ein Frühstück, las mir jeden Wunsch von den Augen ab, und ich fing an, diese kleine und gemütliche Wohnung zu mögen.

»Soll ich dich massieren?« fragte er.

›Eine Massage? Hey, das klingt wirklich gut!‹ dachte ich. Noch nie hatte mir ein Mann angeboten, mich zu massieren.

Er schaffte es, daß ich mich entspannte. Nachdem er mich massiert hatte, streichelte er mich zärtlich und küßte mich am ganzen Körper, saugte an ›meinen‹ Brüsten, an der Scheide, brachte mich viele Male zum Orgasmus, bis wir nicht mehr konnten und bis zum Abend schliefen.

»Noch nie habe ich eine Frau wie dich geliebt«, sagte er zu mir, als ich die Augen aufschlug. Dabei berührte er zärtlich ›mein‹ Gesicht.

Ich war verwirrter als je zuvor. Wie konnte es sein, daß dieser Kerl mir gefiel? Was war, wenn Sérgio erfuhr, daß ich mit einem antikommunistischen Exil-Kubaner im Bett gewesen war? Aber es war zu spät! Ich begann, ihn schön zu finden, und ich wollte gar nicht mehr ins Hotel zurück ...

»Soll ich dich zurückfahren?« fragte er.

Weil ich nicht antwortete, einfach nur wortlos zur Toilette ging, kam er hinter mir her und sagte:

»Es tut mir so leid! Wahrscheinlich haßt du mich jetzt!«

Ich ging langsam zu ihm und ließ es zu, daß er mich umarmte. Ich spürte, wie das sexuelle Feuer mir bereits wieder durch den Körper strömte. Er freute sich darüber wahnsinnig, führte mich sanft zum Bett zurück, wo wir uns erneut so wunderbar liebten, daß ich geradezu in einem Meer aus Freude und Ekstase verschwand. Ich vergaß alle Vorurteile. Erst am folgenden Morgen kehrten wir aus diesem Paradies zurück – 24 Stunden Liebe! Ich rief Maria an:

»Hey, wo steckst du denn?« rief sie lachend ins Telefon. »Ich muß fliegen. Irgendeine Frau ist krank, und ich muß für sie einspringen. Ich muß dich und diesen netten Kubaner allein lassen. Ich dachte, du wärest bei Mário! ...«

»Nein, er hat nicht angerufen, und ich ...«

»Er hat nicht angerufen? Unsinn! Die ganze Nacht hat er verzweifelt versucht, dich zu erreichen, und jetzt liegt er erschöpft und allein in ›seinem‹ Zimmer und schläft. Der arme Junge ist ganz fertig wegen dir ...«

Das war ja unglaublich!

»Was? Er hat angerufen?«

»Ja. Er sagte, er könnte jetzt nicht mehr bei diesem blonden Mädchen bleiben ... Nach dieser Nacht mit dir ...«

»Maria, willst du mich auf den Arm nehmen?«

»Nein, das stimmt wirklich! ... Und wo bist du? Er hat sich schon bei mir ausgeweint, hat ein paar Briefe vor ›deine‹ Tür gelegt und gesagt, daß er ein dummer, kleiner ›Macho‹ ist ... Ich weiß wirklich nicht, was du mit diesem Jungen angestellt hast!«

Und sie lachte.

»Maria, du bist verrückt!«

»Nein, **du** bist verrückt; wo **steckst** du?«

»Ich komme ...«

Ich sagte Juan, daß ich gehen müßte, daß Maria wieder in den Dienst müßte. Er fuhr mich zurück. Unterwegs schwiegen wir, und am Hotel fragte er mich, ob er mit hinaufkommen dürfe, um sich von ihr zu verabschieden.

Als sie mich mit ihm sah, lachte sie. Ich liebte ›ihr‹ Lachen. Wir ›mußten‹ alle drei lachen.

»Ich dachte, du magst keine Kubaner«, sagte sie.

Ich bat ihn, uns allein zu lassen, versprach aber, ihn später anzurufen, und als er weg war, erzählte sie mir alles. Es war tatsächlich, wie sie am Telefon gesagt hatte: Mário hatte die ganze Nacht versucht, mich zu erreichen, war ziemlich eifersüchtig gewesen und schließlich erschöpft eingeschlafen, weil wir in der Nacht davor ja kein Auge zugetan hatten. Als ich mit Juan das Hotel verlassen hatte, hatte er in ›seinem‹ Zimmer fest geschlafen! Als er aufwachte, schob er mir eine Nachricht unter die Tür, und noch eine und noch eine, bis schließlich Maria am Abend zurückgekommen war. Da war er schon völlig verzweifelt gewesen und hatte fast die ganze Nacht bei ihr gesessen, ihr erzählt, wie wunderbar die Nacht mit mir gewesen sei und daß er nicht vergessen könne, wie er mit mir Analverkehr ›gehabt‹ hatte – warum das wohl so wichtig für ihn war? Ich sei so offen und hingebungsvoll gewesen, nie zuvor sei er einer solchen Frau begegnet. Und am nächsten Morgen habe er mich so schlecht behandelt. Später, als er mit diesem kleinen, gehemmten und ängstlichen Mädchen zusammengewesen war, sei er sich schrecklich dumm vorgekommen. Ihm sei klargeworden, daß er keine Beziehung zu ihr wolle. Ich sei die wahre Frau für ihn – wild, pulsierend vor Leben, sexy. Da hatte er die andere einfach sitzenlassen und war zum Hotel zurückgefahren. Doch dann hatte er mich nicht angetroffen…!

An jenem Morgen, nachdem er die zweite Nacht hindurch auf mich gewartet hatte, war er auf ›sein‹ Zimmer gegangen, als Maria die Nachricht erhielt, daß sie fliegen mußte. Sie waren beide total fertig, und er hatte bereits Verdacht geschöpft, daß ich mit einem anderen Mann zusammenwar.

Ich ließ mich bäuchlings aufs Bett fallen. Es war zum Verrücktwerden!

»Ich verstehe das Leben nicht«, sagte ich.

»Ich auch nicht«, antwortete sie aus dem Badezimmer. »Es ist ein Jammer, daß ich gerade jetzt fliegen muß. **Nie** ›haben‹ wir Zeit! Hattest du Spaß mit Juan? Ich liebe ›meinen Cubanito‹!«

»Maria«, sagte ich und setzte mich wieder auf, »noch nie habe ich auf solche Weise Liebe gemacht! Es ist völlig irre: Vor zwei Nächten glaubte ich, daß mit Mário wäre einmalig, und nun habe ich schon wieder eine neue Dimension des Sex kennengelernt!«

Sie kam zu mir und gab mir einen Kuß.

»Du bist schon wieder verliebt! Du bist immer verliebt, du Glückskind! Aber, sei vorsichtig! Dieser Juan ist wirklich gefährlich! Er ist ein Millionär, Anti-Kommunist und hilft den Gegnern Fidels!«

»Woher weißt du das?«

»Frag ihn selbst! Mário ist weniger gefährlich, Liebling!«

Sie ging zur Tür, ich folgte ihr, Portugiesisch redend:

»Maria, ich will nicht mehr mit Mário zusammensein! Und dieser verdammte Juan ist total in mich verliebt. Ich habe noch nie erlebt, daß ein Mann so in mich verliebt ist. Er schenkt mir so viel Freude, und immer noch mehr, die ganze Zeit über ...! Und er ist so süß, so liebenswert! Was soll ich nur tun?«

Wir redeten weiter, während ich ihr half, die Koffer nach unten zu tragen. Die restliche Crew machte schon die üblichen Bemerkungen: »Da kommen die beiden Verrückten!« Und dann ›mußten‹ wir leise sprechen, weil sich uns ein paar Brasilianer näherten.

»Und diese Kubaner glauben an die Ehe«, sagte sie. »Sei vorsichtig, denn Geld korrumpiert.«

»Scheiß drauf! Ich will ›sein‹ Geld nicht!«

»Kubaner wissen, wie man eine Frau liebt! ... Das habe ich dir ja gesagt. Wenn wir dabei aufpassen und uns nicht emotional einlassen ...«

Dann tauchte plötzlich Juan mit dem Wagen auf.

»Soll ich euch zum Flughafen fahren?«

Wir fuhren Maria dorthin, lachten dabei viel, und ich fragte ihn, ob es stimmte, daß er den Leuten geholfen hätte, die versucht hatten, Kuba zu überfallen.

»Und lüg mich nicht an, denn ich bin zu dir auch ehrlich gewesen.«

»Ich war selbst dabei«, sagte er beschämt.

Ich schrie, schlug nach ihm und fing an zu weinen. Maria sagte:

»Zugegeben, das ist eine ziemliche Scheiße, aber du hast doch sowieso nicht vor, ihn zu heiraten, oder?«

Das löste den Ernst der Situation ein wenig. Maria und ich verabschiedeten uns, wobei sie mir sagte, daß sie mich sehr gern ›hatte‹. ›Meine‹ Augen waren voller Tränen. Wir umarmten uns, die Kollegen schüttelten die Köpfe, weil sie dachten, wir wären voll mit Drogen. Dann ging ich völlig verwirrt zu Juans Wagen zurück.

»Wohin soll ich dich bringen?« fragte er freundlich.

»Ich weiß es nicht ...«

»Es tut mir leid«, sagte er und sah dabei aufrichtig bekümmert aus.

Ich umarmte ihn, und wir fuhren zu ›seiner‹ Wohnung. Von dort rief ich den Crew-Chef an und gab ihm Juans Nummer.

Die ganze freie Woche in Miami verbrachte ich in ›seinem‹ Bett – die Kommunistin und der kubanische Millionär –, endlos liebten wir uns, unterbrochen nur, wenn die Körper erschlafften, wenn wir das Fast Food aßen, das er von irgendwoher kommen ließ, oder wenn wir duschten, wobei wir dann unter Wasser schon wieder anfingen, uns zu streicheln und miteinander zu verschmelzen. Es war zu der Zeit, als Yoko Ono und John Lennon eine Woche im Bett verbrachten und in Interviews von Liebe und Frieden sprachen. Dort waren auch wir, schweigend und anonym. Niemandem sagten wir, wer wir waren; wir benutzten nur die Sprache der Freude, die Laute des Entzückens, weit weg von Vernunft, Vorurteilen und den Vorstellungen der Gesellschaft ...

Nach einer Woche fuhren wir zum Hotel. Dort holte ich ›mein‹ Gepäck, und er brachte mich zum Flughafen. Die anderen Crewmitglieder glaubten ›ihren‹ Augen nicht zu trauen! Nie zuvor hatten sie mich mit einem kurzhaarigen Mann gesehen, noch dazu mit einem Millionär ...

»Laß mich dir den Koffer zur Maschine tragen«, sagte er.

»Nein, Juan, das kann ich selbst tun.«

»Bitte, das gibt mir noch ein paar weitere Minuten mit dir ... Und denke daran, ich erfülle dir jeden Wunsch ... Und ich werde nicht verlangen, daß du mich heiratest!«

»Ich bin sowieso schon verheiratet – mit einem Kommunisten!«

Zum erstenmal wagte ich, einem Fremden davon zu erzählen. Wir waren traurig und glücklich zur selben Zeit. Wir hatten uns wirklich geliebt.

»Wirst du wiederkommen?«

»Ja.«

Dann ging ich. Mário war wütend auf mich, wußte nicht, was er sagen sollte; ich wußte es auch nicht. Bei der Arbeit ›hatten‹ wir ohnehin wenig Gelegenheit, miteinander zu sprechen, und ich sagte ihm nur, daß er sich sehr feige verhalten hätte. Aber ich verstand gleichzeitig nicht, was in mir vorging.

Einige Monate hindurch holte mich Juan, wenn ich in Miami ein paar Tage frei ›hatte‹, stets am Flughafen ab und wir liebten uns in ›seiner‹ Wohnung. Wir gingen nicht aus, trafen uns nicht mit ›seinen‹ Freunden, er machte mir keine Geschenke. Ich wollte auf keinen Fall etwas von ihm geschenkt ›haben‹. An ›meinem‹ Geburtstag fragte er mich, ob ich ein kleines Fläschchen Parfüm annehmen würde.

»Ich benutze kein Parfüm, Juan! Ich will nichts von dir geschenkt ›haben‹, dieses Geld macht mich krank. Ich will dich nur lieben. Ich will nicht korrumpiert werden, und ich nehme sowieso von keinem Mann Geschenke an, weil ich mich dann fühlen würde, als hätte ich mich kaufen lassen.«

Viele Male machte ich ihn traurig. Doch was sollte man da machen? In dieser Liebe trafen zwei unterschiedliche Welten aufeinander. Außerhalb des Bettes war es für uns beide schwer!

»Guatemala ist schön. Ich ›habe‹ eine große Villa dort. Wir könnten ...«

»Nein, Juan. Ich arbeite für eine Fluggesellschaft, und wenn ich beruflich nach Miami komme, können wir uns treffen; weiter nichts. Ich möchte der Welt helfen, sich zu verändern, und ich möchte mich selbst verändern, und Liebe ist die größte Energie. Aber sie ist so vergänglich wie das Leben selbst. Eines Tages wird sie erlöschen, und dann sitze ich in Guatemala und bin von einem Mann abhängig, den ich nicht mehr liebe ...«

Nie hat er geglaubt, daß diese Liebe eines Tages vorüber sein könnte. Sie war so stark, so schön. Und doch wurde ich schrecklich wütend auf ihn, wenn wir über Kuba sprachen, über Fidel, die ganzen Ideen der Chancengleichheit für alle und eine gerechte Welt für die ganze Menschheit.

»Wir sind füreinander geschaffen, erkennst du das nicht?« sagte er nach solchen Diskussionen, die damit endeten, daß ich unter seinen Liebkosungen und Küßen genußvoll stöhnte.

»Juan, Liebling, niemand ist für einen anderen Menschen geschaffen. Wir sind alle frei, wir kommen allein, wir gehen allein, alles, was wir tun können, ist, die Liebe willkommen zu heißen, wenn sie uns begegnet, und sie gehen zu lassen, wenn es vorüber ist. Liebe ist eine Blume, so schön und so zerbrechlich! Wir werden sie niemals verstehen. Die Liebe regiert uns!«

Als er mich eines Tages wieder einmal zum Flugzeug brachte, sagte ich:

»Juan, komm mich nicht wieder am Flughafen abholen.«

Er war traurig, aber er hatte es in der Nacht zuvor selbst gespürt. Als wir zusammen im Bett gewesen waren, hatte die Liebe uns nicht mehr besucht ...

Angesichts der Realitäten in ›meiner‹ unmittelbaren Umgebung war für mich schon als Teenager die Idee der Ehe unakzeptabel. Auch die Prostitution schien kein Ausweg zu sein, wie ich das zuvor, als ich den Roman schrieb, noch vermutet hatte. Diese Dinge wirkten auf mich alle sehr verwirrend.

Eine Tante schien mit ›ihrem‹ Mann sehr glücklich zu sein, doch sie waren beide so dick und sahen so sonderbar aus! Und wenn ich mit Joinha über die beiden sprach, sagte er:

»Du glaubst, ›dein‹ Onkel wäre ein wunderbarer Mann, nicht wahr? Und das nur, weil er so ein guter Heuchler ist!«

Ich mochte diesen Onkel. Er ›besaß‹ ein Zimmer voll mit Büchern, wohin ich mich oft zurückzog, um in diese Welt der Geschichten und Träume zu flüchten. Er mochte mich ebenfalls, da sie nur einen Sohn ›hatten‹. Die Tante war insgeheim eifersüchtig auf die Geschenke, die er mir machte, und auf die Zuneigung, die wir füreinander empfanden.

Aber später fand ich heraus, daß Joinha ›recht hatte‹: Das Glück, dessen sie sich zu erfreuen schienen, basierte auf Lügen. Ich hatte, wenn ich bei ihnen zu Besuch war, viel über die ›richtige‹ Moral zu hören bekommen, doch später, als ich mit Sérgio zusammenlebte, erfuhr ich von dem Skandal, durch den diese scheinbar so glückliche Ehe beendet worden war: Er ›hatte‹ ein Kind mit einer ehemaligen Sekretärin, und diese beiden waren eine zweite Familie für ihn. Als ›meine‹ Tante davon erfuhr, war es mit dem häuslichen Glück vorbei. Von da an gab es bei ihnen den gleichen Streit, wie ich ihn zwischen ›meinen‹ Eltern ständig erlebt hatte, und für den Onkel wurde ich eine Art Kummerkasten. Natürlich wollte er nicht ›meine‹ wirkliche Meinung hören! Damals wußte ich bereits, warum die Institution der Ehe entstanden war, aber wenn ich davon anfing, entgegnete er sofort:

»Von ›deinen‹ kommunistischen Ideen will ich nichts hören!«

Ein paar Jahre später starb er an einem Herzanfall, und ich dachte:

›Arme Menschheit! Ein weiteres Opfer der Ehe ...‹

Ich war selbst verheiratet gewesen, aber ich wußte wenigstens wozu: wegen des Geldes und anderer materieller Vorteile! Es war lediglich ein Geschäft gewesen, und das ist die wahre Natur der Ehe! Ich weiß, daß sie im Feudalismus entstanden ist, als der reiche Mann wollte, daß alle ›seine Besitztümer‹ ihm für immer ›gehörten‹. Aber auf der Erde gibt es kein ›für immer‹. Alles muß vergehen!

›Wenn ich einen Sohn zeuge, der von ‚meinem Blut' ist, lebe ich in ihm weiter!‹ dachte ein solcher Mann.

›Aber wie kann ich sicher sein, daß es auch wirklich ‚mein' Sohn ist?‹

Die einzige Sicherheit bestand darin, eine Frau vollständig zu ›besitzen‹, so daß sie mit keinem anderen Mann Sex ›haben‹ konnte. Dann war das Kind, das sie gebar, auf jeden Fall von ihm, ›sein Fleisch und Blut‹, und konnte den Fortbestand des Imperiums sichern, das er durch Krieg, Mord und Ehrgeiz erschaffen hatte.

So ist die Ehe entstanden! Bei den primitiven Stämmen, den Nomaden, gibt es keine Ehe. Die Indianer in Südamerika erfreuen sich noch immer völliger Freiheit!

Und diese reichen Feudalherren waren unzufrieden, wenn die Frau ein Mädchen zur Welt brachte, weil Mädchen wiederum zum Besitz irgendeines anderen Vandalen wurden, der sie dann gleichfalls als Gebärmaschinen benutzte!

Dann begab sich der Mann auf Kreuzzüge, verteidigte nicht existierende Götter, raubte alles, dessen er habhaft werden konnte, und ließ die Frau als Gefangene zurück, den Bauch von einem eisernen Keuschheitsgürtel umgeben, damit niemand ›ihre Scheide‹ benutzen konnte und keine Zweifel am Blut ›ihres‹ Erben aufkamen.

Vielleicht kam es gelegentlich vor, daß der Knappe, der den

Schlüssel für den Keuschheitsgürtel in Verwahrung ›hatte‹, ihn mitfühlend der Lady aushändigte, damit sie wenigstens einmal im Leben die Freuden des Körpers genießen konnte, den die Natur ihr geschenkt hatte ...

Das ist der Ursprung der Ehe! Und dennoch fahren wir immer noch fort, dieses Verbrechen an den Frauen zu verteidigen, ja, uns sogar danach zu sehnen! Sogar Lesbierinnen fordern, in völliger Unwissenheit, die Freiheit, sich den Unsinn der Ehe antun zu dürfen! Eine Freundin, die sich selbst als lesbisch bezeichnet, hat mir allen Ernstes gesagt, daß sie mit einer anderen Frau eine ›wirkliche Ehe‹ führen und ein Kind großziehen will. Die meisten Frauen, selbst wenn sie frei und feministisch eingestellt sind, wissen nicht, wie und warum diese absurde und gewalttätige Institution entstanden ist!

Es mag zutreffen, daß in manchen Ländern die Ehe ein Schutz für die Frauen ist, wenn sie ein Kind bekommen. Aber wenn der Mann gezwungen wird, für den Unterhalt einer Frau aufzukommen, weil er mit ihr verheiratet ist, hilft er damit der Mutter und dem Kind nicht auf die bestmögliche Weise. Unterstützung sollte immer aus Liebe geschehen, nicht aus juristischem Zwang. Das Geld sollte vom Staat kommen, und in einer zivilisierteren Gesellschaft von der Kommune, die für alle Kinder sorgt, ohne daß damit irgendein Besitzdenken verknüpft wäre, weder seitens der Mutter, noch seitens des Vaters, der Verwandten oder irgendwelcher anderer Personen.

Prostitution ist die natürliche Konsequenz, wenn es zwischen den Menschen keine Liebe gibt.

In einer Gesellschaft, in der freie Liebe praktiziert wird, was bedeutet, daß man mit jedem Menschen sexuelle Freude erleben kann, zu dem man sich hingezogen fühlt, ganz gleich, wer die betreffende Person ist, wird es keine Prostitution geben!

Prostitution existiert, weil Sex die stärkste Energie im menschlichen Körper ist und nicht unterdrückt werden kann, wie sehr man es auch versucht.

Wenn Sex nicht auf natürliche Weise gelebt werden kann, wenn von Menschen erwartet wird, daß sie heiraten, und sie den Sex nicht genießen können, weil die Frau nach einiger Zeit nicht mehr attraktiv ist, muß es für den Sex noch andere Frauen geben, Frauen, die nur zum Ficken da sind. Und die Ehefrauen verbergen ›ihre‹ Frustration, indem sie sich in obsessiver Weise um die Kinder kümmern und später an Krebs sterben, hauptsächlich an Brustkrebs!

Und wenn die Ehe noch nicht einmal aus Zuneigung zwischen Mann und Frau geschlossen, sondern von der Familie arrangiert wurde, welche Art von Sex wird es dann wohl geben?

Bei monogamen Beziehungen endet die sexuelle Anziehung zwangsläufig irgendwann. Die Liebe hat sowieso nie existiert. Was wir Liebe nannten, war nur Leidenschaft, die, ›meiner‹ Erfahrung nach, ungefähr ein Jahr andauert. Wenn in der Natur der Zyklus der Jahreszeiten vollendet ist, suchen die Menschen nach neuen Impulsen. Und Sex ist für die Natur ein Muß, da er für den Selbsterhalt unverzichtbar ist, für die Fortpflanzung der Spezies. Wenn die vier Jahreszeiten verstrichen sind, beginnen die Paare, gegenseitige Charakterfehler zu entdecken. In der Regel kommt es dann zu endlosen Streitereien, bis sie sich schließlich trennen und nach dem neuen Prinzen, der neuen Prinzessin suchen, weil der oder die letzte angeblich nicht zu ihnen paßte. Witzigerweise verlieben sie sich dann meistens in jemanden, der genauso ist wie der oder die Verflossene! Ganz einfach, weil die Prägung im Gehirn darüber entscheidet, von wem sie sich angezogen fühlen.

Vor zwei Jahren arbeitete ich in Hamburg bei einem Gesundheitsberatungs-Projekt für ausländische Prostituierte mit. Sie suchten jemanden, der keine Vorurteile gegenüber den sogenannten

›Sex-Arbeiterinnen‹ ›hatte‹ und Spanisch sprach. Ich trat diesen Job voller Enthusiasmus an, doch am Ende war ich vollkommen frustriert!

Die Hauptschwierigkeit bestand darin, daß wir sie nur in einigen wenigen Themen beraten durften und andere Probleme ausklammern mußten, was mir völlig unmöglich war! Außerdem fingen einige von ihnen an, besonders dann, wenn ich allein zu ihnen ging – meistens gingen wir zu zweit –, sich wirklich für mich zu interessieren! Sie sind eindeutig viel freier als die sogenannten normalen Frauen, und erkannten sofort, daß ich anders bin. Wenn sie also Zuneigung zu mir faßten, gab ich ihnen über den bloßen Rat, ein Kondom zu benutzen und sich vor Aids zu schützen, hinaus weitere Informationen. Es macht mich glücklich, daß es mir gelungen ist, einige von ihnen dazu zu bewegen, diesen Job aufzugeben und vielleicht ein neues Leben anzufangen, sich dem Zugriff der Männer zu entziehen! Das heißt nicht, daß wir die Männer nicht lieben sollen! Es heißt nur, daß wir frei sein sollen, zu lieben, wen und wann wir wollen, was etwas völlig anderes ist!

In dieser Zeit wurde mir klar, wie schlimm die Situation dieser Frauen sogar in einer Stadt wie Hamburg ist. Die meisten von ihnen sind unter falschen Voraussetzungen ins Land gelockt wurden, ohne zu wissen, welche Arbeit sie erwartete. Das erfahren sie erst nach ›ihrer‹ Ankunft! Doch dann müssen sie den Rückflug selbst bezahlen, was sie sich natürlich nicht leisten können. Und es wird alles getan, sie wie Gefangene zu halten. Sie ›haben‹ kein Visum, sprechen die Sprache nicht – es bleibt ihnen nichts anderes übrig, als zu tun, was von ihnen verlangt wird. Einigen gelingt später die Flucht, aber die meisten wissen nicht, wie sie je wieder freikommen können!

›Und wozu frei sein? Nur um von einer Hölle in die nächste zu geraten?‹ So denkt man, wenn man diese Arbeit längere Zeit gemacht hat. Man verliert die Selbstachtung!

Meistens schicken sie den Familien im Heimatland Geld, ohne daß diese Familien je erfahren, welche Art von Arbeit sie hier tun.

Ich schrieb den Text für einen Comic, mit dem den Frauen die für sie wichtigen Informationen vermittelt werden sollten. Dabei half mir eine Prostituierte, die in Kolumbien als Lehrerin gearbeitet hatte. Sie erzählte mir viele traurige Geschichten, von denen ich eine für die Broschüre verwendete. Wir sprachen oft über die Art, wie ich lebe und die Dinge sehe. Ich bin für einige von ihnen eine gute Inspirationsquelle gewesen.

Die Lage der Frauen aus dem Osten ist noch schlimmer! Lateinamerikanerinnen ›haben‹ indianisches Blut in sich, was ihnen offenbar die Kraft verleiht, sich in manchen Situationen besser zu behaupten. Frauen aus dem Osten werden hier dagegen völlig versklavt, und es war uns kaum möglich, Kontakt mit ihnen aufzunehmen. Es findet heute, *mitten in Deutschland*, ein schlimmer Frauenhandel statt, und nichts wird dagegen unternommen, weil die Mafia hier sehr stark ist. Wenn ich wieder ein paar schreckliche Geschichten gehört hatte, fragte ich die Kolleginnen in dem Projekt oft ganz verzweifelt:

»Warum rufen wir nicht die Polizei?«

»Weil die sowieso nichts unternimmt. Außerdem besteht die Gefahr, daß man uns die Arbeit mit den Prostituierten ganz verbietet, wenn wir wegen der Scheiße, die mit ihnen passiert, Anzeige erstatten.«

Ich mußte diesen Job aufgeben, konnte es nicht ertragen, weiterzumachen! Selbst jetzt noch empfinde ich große Wut, wenn mir diese Dinge während des Schreibens wieder bewußt werden.

Aber es war gut, etwas über diesen Teil der Wirklichkeit zu erfahren, der mich immer interessiert hat. Und die Prostitution ist ganz gewiß nicht so, wie ich sie mir als Kind vorstellte. Diese Frauen leiden viel, die meisten haben sich diesen Beruf nicht ausgesucht, wissen nicht, wie sie wieder aussteigen sollen, und führen ein Leben in ständiger Unsicherheit! Sie sitzen mit den verheirateten Frauen im selben Boot. Beides ist Sklaverei, wie sie den Frauen seit Jahrtausenden von den Männern aufgebürdet worden ist.

Es ist, wie Yoko Ono es einmal formuliert hat.

»Die Frauen sind die Nigger der Welt!«

Die Prostituierten sagten mir auch, daß sie die türkischen Männer hassen, weil die immer so aggressiv ficken, so hart und verletzend, als wollten sie die Frauen bestrafen. Sie sind ganz anders als die Deutschen, die irgendwie dankbar zu sein scheinen, behutsam und sanft sind. Kein Wunder: Was kann man in einer Kultur, die Frauen und den Sex verachtet, schon von den Männern erwarten?

Ich werde furchtbar traurig, wenn ich diese türkischen Frauen mit den häßlichen Kleidern und Schleiern sehe, die den Körper verstecken und sich nur um Kinder und Hausarbeit kümmern, ohne je zu erleben, was eine Frau wirklich sein kann! Oft schauen sie mich verwundert an, sind ganz verblüfft, weil ich mich ständig in einer Art ›Selbstberauschtheit‹ befinde, mir des Körpers bewußt bin und danach strebe, die zu inspirieren, die gleichfalls als freie Individuen leben möchten!

Die Ehe ist einfach nur eine Form der Prostitution. Die Frau bekommt Geld dafür, daß sie den Mann bedient und ihm Kinder gebiert. In Deutschland, wo die Frauen freier sind, sind sie meistens selbst berufstätig und teilen sich die Verantwortung mit dem Mann. In diesem Fall ist es natürlich nicht gerechtfertigt, von Prostitution zu sprechen. Aber wozu sollen wir überhaupt heiraten, wenn wir uns lieben? Warum muß man einen Vertrag schließen, um die Liebe zu schützen?

Die Liebe genügt sich selbst! Sie ist die kreative Energie in der Welt. Sie braucht keinen Schutz, weil sie bereits in sich eine schützende Energie ist.

Auch jede Art von Berufstätigkeit, der man nachgeht, ohne wirklich Freude daran zu ›haben‹, ist eine Form von Prostitution.

Durch die Arbeit stehen wir in Verbindung mit der Erde. Wir sollten sie nicht wegen des Geldes tun, sondern weil wir sie lieben.

Geld wird Ihnen reichlich zufließen, wenn Sie tun, was Sie lieben!

In einer Gesellschaft ohne Ehe ist für Prostitution kein Platz. Wenn die Leute nicht aneinander gekettet sind, sind sie frei, wirklich zu lieben. Dann werden sie nicht mehr das ›Bedürfnis haben‹, sich Sex oder Liebe zu kaufen. Ohnehin bekommt man selbst auf der Reeperbahn, die als einer der freizügigsten Orte in ganz Europa gilt, zum Einstandspreis von fünfzig Mark auch nur die Gelegenheit geboten, zwei Minuten masturbiert zu werden. Lassen Sie sich also nicht in die Falle locken! Auf diese Weise werden Sie keine Befriedigung finden. Befreien Sie sich von der Ehe und von festen Beziehungen, dann wird der Körper ganz natürlich den Weg gehen, der Ihnen die größte Befriedigung schenkt!

Um es noch einmal zu betonen: Ich meine damit nicht, daß Sie nicht mit jemandem zusammenleben können, den Sie lieben. Was ich meine ist, daß Sie frei bleiben. Wenn eine Heirat aus praktischen Erforderungen heraus notwendig ist, dann tun Sie es in dem Wissen, daß die Gesellschaft von Ihnen will, daß Sie dieses Spiel mitspielen. Aber nehmen Sie es nicht ernst! Ich war zweimal verheiratet. In beiden Fällen aus rein praktischen Erwägungen. Als Sérgio und ich heirateten, wußten wir, daß dies der einzige Weg war, in einem Dritte-Welt-Land zu überleben, und wir erzählten kaum jemandem davon, weil wir uns dafür schämten! Isa, die Freundin, die mir das Buch von Simone de Beauvoir schenkte, sagte damals lachend:

»Alle sind stolz, wenn sie heiraten! Doch ihr beide verbergt es und schämt euch sogar deswegen. Das ist wirklich revolutionär!«

Ich änderte noch nicht einmal den Familiennamen!

Ist es nicht lächerlich, daß nur Frauen den Namen ändern müssen? Deshalb bestand John Lennon darauf, John Lennon Ono genannt zu werden.

Später heiratete ich erneut, damit die Kinder die Schule besuchen konnten. Also aus rein juristischen Gründen!

Hier in Deutschland schützen sie die Ehe, indem sie den Leuten wirtschaftliche Zwänge auferlegen: Wer verheiratet ist, zahlt weniger Steuern! Das Problem besteht darin, daß man, wenn man aus praktischen Gründen heiratet, dieses später oft vergißt und dann anfängt, an die Realität dieser Ketten zu glauben! Und die Frau wundert sich dann, warum der Ehemann mit ›ihrer‹ besten Freundin schläft. Ebenso wird der Mann rasend vor Eifersucht, wenn ›sein‹ engster Vertrauter ihm die Frau ›stiehlt‹. Die besten Freunde sind immer die leichtesten Auswege! Sie sind ständig in der Nähe, ihnen vertraut man sich an, sie wissen alles! Also dreht sich das Rad weiter ... Auch sie ›haben‹ wieder ein paar gute Freunde, die beim nächsten Fluchtversuch helfen ...

Nationen können ohne die Ehe nicht existieren! Sogar Lenin mußte sie akzeptieren, weil er erkannt hatte, daß in einer Welt, die völlig gegen den Kommunismus eingestellt war, der Staat gestärkt werden mußte! Und er wußte, daß es ohne Ehe keinen Staat geben konnte. Es gibt keine Nation ohne Familie. Und umgekehrt: Sobald die Menschen frei sind, zu sein und den eigenen Weg zu gehen, wird die Erde nicht mehr von Politikern künstlich aufgeteilt werden. Es wird eine Welt sein, eine Mutter Erde! Die Menschen verblöden, wenn man sie im Gefängnis der Familie einsperrt und sie zwingt, für die Kinder zu arbeiten, so daß sie keine Zeit ›haben‹, das Leben zu genießen. Dann ist es sehr leicht, sie davon zu überzeugen, daß sie für die Nation kämpfen und als Helden sterben müssen!

MAKE LOVE, NOT WAR!
MACHT LIEBE, STATT KRIEG ZU FÜHREN!

Das ist eine immer noch aktuelle, wichtige und nach wie vor nicht umgesetzte Empfehlung an die Menschheit!

4

Leben Männer und Frauen in der gleichen Welt?

In diesen Tagen erreichte mich die traurige Nachricht, daß der Bruder Joe in Brasília, der schönen und grausamen Hauptstadt Brasiliens, ermordet worden ist. Wir saßen hier in Holm Seppensen im Garten, Adhara und Atman waren zu Besuch, und ich las den Brief, den der Bruder Bill an Adhara geschrieben hatte. Sie spricht gut portugiesisch, aber da sie in Deutschland aufgewachsen ist, fällt es ihr schwer, einen handgeschriebenen Brief in dieser Sprache zu lesen. Also gab sie mir den Brief, damit ich ihn ihr vorlesen ›sollte‹.

›Mein‹ erster Gedanke war, allen zu vergeben, die mich einst hatten leiden lassen, besser gesagt, durch deren Verhalten ich mich verletzt gefühlt hatte. Ich hatte einige schmerzliche Auseinandersetzungen mit dem Bruder ›gehabt‹ und spürte diese Wunden noch immer. ›Jetzt habe ich keine Gelegenheit mehr, ihm zu vergeben und ihn in den Armen zu halten‹, dachte ich. Atmans Vater kam mir in den Sinn, und ich vergab auch ihm. Adhara und ich umarmten uns weinend, und sie sagte:

»Ich habe den Onkel kaum gekannt!«

Zuletzt hatte sie ihn 1985 in London gesehen, als wir uns auf der Rückreise nach Deutschland befunden hatten.

Vor zwei Tagen rief mich Joinha an und erzählte, daß Joes Leiche halb verbrannt in der Nähe einer Kaserne gefunden worden war und daß das in Brasília einen großen Skandal ausgelöst hatte, weil er im Fernsehen mutig und engagiert eine beliebte tägliche Astrologie-Sendung moderiert hatte. Auch war er Direktor des

Joe mit Atman auf dem Schoß, Telmo und Margot, an Atmans erstem Geburtstag am 2. März 1975 in Brasília.

OPUS gewesen, einer berühmten Akademie. Dort wurden Kurse in Körperarbeit, Astrologie und Arbeit mit den farbigen Flammen angeboten.

Die Leiche ist wegen der polizeilichen Ermittlungen noch nicht freigegeben worden.

Joinha und ich führten ein langes und liebevolles Telefonat. Ich bat ihn, den Körper verbrennen zu lassen, weil sich das Joe immer gewünscht hatte. Die östlichen Meister lehren, daß sich der Geist so am besten vom Körper lösen kann.

Während eines anderen Telefonats mit Joinha, einen Monat zuvor, hatte ich mich von ihm zurückgestoßen und abgewiesen gefühlt und ihm deshalb einen wütenden Brief geschrieben. Er hatte mir damals am Telefon gesagt, daß er schon zu alt sei und es ihm deshalb nicht recht sei, wenn Atman nach Brasilien komme, um dort einige Zeit bei ihm zu verbringen. Auch wollte er Julia nicht kennenlernen, Atmans Freundin, die Atman gerne mitbringen wollte. Nach diesem Anruf weinte ich den ganzen Tag! Vielleicht ahnte ich Joes Tod bereits voraus. Ich begann genau am Tag nach ›seinem‹ Verschwinden den Brief zu schreiben, ohne das geringste davon zu wissen!

Doch dieses neue Telefongespräch mit Joinha verlief ganz anders. Er hatte verstanden, was ich ihm mit dem Brief hatte sagen

Joe und Margot bei einem kabbalistischen Geburtstag im OPUS, 27. September 1978.

wollen, wie er mich immer verstanden hat, auch wenn es manchmal hart für ihn gewesen sein muß. Ich hatte ihm geschrieben, ich fände es empörend, daß er offenbar nicht im geringsten neugierig sei, was aus dem ältesten Enkel geworden sei. Immerhin hatte er Atman schon fünf Jahre nicht mehr gesehen! Und daß er Julia nicht bei sich aufnehmen wollte, sei einfach gemein!

Ich bin froh, daß er auch mit achtzig Jahren noch ein intelligenter Mann ist! Er hat mir jetzt am Telefon eine Menge erklärt und dann zu guter Letzt uns alle zu sich eingeladen! Wir weinten beide und sagten uns gegenseitig, daß wir uns lieben. Er sagte, er werde den ersten Teil ›meines‹ Briefes einfach wegwerfen, womit ich selbstverständlich sehr einverstanden war. Wir verabschiedeten uns voneinander, als ob es das letzte Mal war, so wie wir es immer tun. Ich fühlte mich nach dem Telefonat belebt und energetisiert, und als ich anschließend mit Atman, Julia, Avinash und Thiesch'n auf eine Party ging, sang ich dort zur Gitarre viele schöne Lieder.

Der Schmerz über den Tod des Bruders verging, als mir Joe ein paar Tage später während einer Meditation erschien. Er weinte, und ›mein‹ Körper füllte sich plötzlich mit einer feinen, leuchtenden Energie! Ich nahm Joe in den Arm, versicherte ihm, daß ich ihn liebte, und sagte, es gäbe keinen Grund, sich abgelehnt zu fühlen ... Dann wurde der Kontakt unterbrochen. Kurz darauf spürte ich erneut ›seine‹ energetische Anwesenheit, umarmte ihn und sagte, daß wir wirkliche Geschwister gewesen seien und daß es mir leid täte, was er im Leben habe durchmachen ›müssen‹. (Er hatte sich als Kind abgelehnt gefühlt und dieses Gefühl lange mit sich herumgetragen.) Auch versicherte ich ihm, daß ich ihn nie wegen der Homosexualität verachtet hätte – das hatte er stets geglaubt, und vielleicht war das der Grund, daß er mich nie völlig akzeptierte. Dann sagte ich ihm, er könne sich nun für andere Wirklichkeitsdimensionen öffnen, die Familie, ja sogar diesen Planeten hinter sich lassen! Ich riet ihm, zu gehen, sich von der Erde zu befreien, sich auf die Suche nach etwas Neuem zu machen... Dann verschwand er – oder was immer es war, das mir das Gefühl ›seiner‹ Gegenwart vermittelte. Diese Erfahrung war sehr schmerzhaft, doch hinterher fühlte ich mich sehr befreit und erleichtert. Interessanterweise geschah das an einem der seltenen Abende, wenn Avinash ›seine‹ weiße Robe anzieht und mit mir meditiert!

Joe hat mit mir den Traum der sechziger und siebziger Jahre gelebt. Als wir Teenager waren, tanzten wir zu den neuen Rock 'n' Roll-Songs aus dem Radio. Das machte uns großen Spaß, und wir waren darin wirklich gut. Später, als ich zur Universität ging, übernahm er mir gegenüber Conceiçãos repressive Haltung. Einmal wollte er mich sogar schlagen! Doch als er anfing, Pot zu rauchen, lachten wir viel zusammen. Ich erinnere mich an eine Nacht, als wir gar nicht aufhören konnten zu lachen, uns auf dem Boden wälzten und uns die Bäuche hielten! Die anderen Leute machten sich schon sorgen um uns, aber wir wußten, daß mit uns alles in Ordnung war, und mußten über die Besorgtheit nur noch mehr lachen!

Auch Joinha und ich neigten gelegentlich zu solchen Lachanfällen. Das letzte Mal passierte es, als er mich vor ein paar Jahren in Hamburg besuchte.

Ich ging in die Küche, und dort stand er auf einem Stuhl, mit einer seltsam aussehenden Whiskyflasche, die er irgendwo gekauft hatte. Er schaute mich an und sagte:

»Ich möchte sie hier herauf stellen, damit sie nicht kaputtgeht...«

Und wir fingen an zu lachen! Alles schien stillzustehen! Er stand mit der Flasche in der Hand auf dem Stuhl, ich an der Tür, und wir lachten und lachten... Wir konnten nicht aufhören! Wir hielten uns die schmerzenden Bäuche, während er die Hand mit der Flasche immer noch hoch in die Luft reckte. Tränen liefen uns über die Wangen... Schließlich sagte er:

»Hör auf! Bitte!«

Ich wollte ja auch gerne aufhören, aber wie?

Wir brauchten ziemlich lange, um uns zu beruhigen. Wir waren erschöpft und glücklich... Danach fingen wir jedesmal, wenn wir die Flasche sahen, wieder zu lachen an. Und die Flasche blieb dort bis zu ›seiner‹ Abreise stehen.

Joe und ich sagten von uns, daß wir beide androgyn wären. Das bedeutete, daß wir uns von Männern und Frauen angezogen fühlen konnten, da wir beide uns gleichzeitig als Mann und als Frau fühlten. Uns gefiel diese Idee, ihm besonders, da es ihm leichtfiel, Männer zu lieben, während der Sex mit einer Frau ihm Probleme bereitete, obwohl er Frauen mochte – diese Schwierigkeiten waren alle auf die Hemmungen zurückzuführen, die Conceição uns anerzogen hatte. Als Frau war ich stärker vom Vater beeinflußt worden, dem freien und liberalen Joinha. Doch Bill und Joe neigten dazu, die Erfahrungen mit der Mutter auf andere Frauen zu projizieren, dieser Mutter, die verklemmt und scheu gewesen war, und ›besessen‹ von dem Haß auf jede freie Frau und auf alle, die das Leben oder gar den Sex genossen!

Als Joe noch ein Teenager war, verliebte er sich in Rini. Sie war die Tochter eines Brasilianers und einer umherreisenden Amerikanerin. Da der Vater sie erzogen hatte und sie keinerlei Repressionen von seiten der Mutter erlebte, war sie gewiß das freieste Mädchen, das wir damals kannten. Wir gingen zusammen an den Strand, und ich mochte sie sehr gerne. Von ihr habe ich gelernt, das Bikinioberteil hinten zu öffnen, wenn wir uns auf dem Bauch in die Sonne legten. Das war das erste mutige Aufbegehren in einem ›Macho‹-Land, wo es den Männer erlaubt war, nur mit Unterhosen bekleidet herumzulaufen, während wir die Brüste verbergen mußten, diesen schönen Teil des weiblichen Körpers! Sich oben-ohne am Strand aufzuhalten ist dort auch heute noch ein ziemliches Problem. Als ich vor drei Jahren zuletzt in Brasilien war, zog ich sofort die Aufmerksamkeit aller Männer auf mich, als ich den Busen entblößte. Einer sagte sogar laut:

»Seht mal, was diese ›Gringa‹ für schöne Brüste hat!«

Ich antwortete ebenso laut, daß ich Brasilianerin sei und daß er ruhig ein bißchen mehr Respekt zeigen könnte. Doch er lächelte weiter voller Sarkasmus, als ob Frauen, die die Brüste zeigten, keinen Respekt verdienten.

Conceição kritisierte Joe ständig wegen der Schwärmerei für Rini, und das nur, weil Rini zwei oder drei Jahre älter als er und schon so frei war! Sie sagte ihm, daß sie es ihm nicht erlauben würde, sich näher mit Rini einzulassen! Sie fand es ungeheuerlich, daß er auch nur auf den Gedanken kommen konnte, Sex mit einem Mädchen zu ›haben‹. Mädchen, die das mit sich machen ließen, taugten in Mutters Augen sowieso nichts, und für Prostituierte war er nicht der Typ. Er suchte Liebe, er war Künstler, ein sensibler Junge. Und er ›hatte‹ kein Geld für Prostituierte. Außerdem hätte Conceição ihm das nie erlaubt.

So kam es, daß er die erste sexuelle Erfahrung mit einem alten Mann in dem Klub machte, der für uns wie ein zweites Zuhause war. Dieser Mann gab den Jungen sogar Geld dafür! Und für Kinder wie uns, die immer pleite waren, stellte das eine ziemliche Versuchung dar ... Joe blieb in dieser Erfahrung stecken und fand, daß es im leichter fiel, sich mit jungen Männern einzulassen, um sich sexuelle Befriedigung zu verschaffen.

Als er beschloß, sich aus Conceiçãos Griff zu befreien, fiel ihm die Schwester ein, die damals bereits ein ›verrücktes‹ Leben führte, und bei einer Vernissage, die ich mit Sérgio besuchte, kam er, um sich von mir trösten zu lassen. Im Anschluß daran entwickelte sich zwischen uns eine tiefe Freundschaft.

Schwierigkeiten tauchten auf, als wir mit Telmo das Haus in S. Tereza mieteten. Joe brachte ständig Jungen mit, die bei uns wohnten. Ich ›hatte‹ den Eindruck, daß diese Jungen ihn nicht wirklich liebten, sondern nur an dem Geld und der Unterstützung interessiert waren, die sie von ihm erhielten. Ich sagte ihm, daß ich nicht mit diesen Leuten zusammenleben wollte, was ihn zu dem Glauben veranlaßte, ich würde ihn nicht wirklich akzeptieren. Er zog aus, und wir wurden nie wieder richtige Freunde.

Aber er ›hatte‹ einen wichtigen Anteil an dem Wachstumsprozeß, den ich durchlief, besonders zu Beginn der siebziger Jahre. Selbst nach dem emotionalen Bruch zwischen uns unternahmen wir noch vieles gemeinsam. Ich habe von ihm Dinge gelernt, die ich heute noch in den Workshops einsetze: Körperausdruck und Theaterübungen, die er unterrichtete. Da wir uns äußerlich ähnelten – im Gegensatz zu Bill, der anders aussieht –, dachten wir, wir seien dieselbe Energie, die sich durch uns in beiden Geschlechtern verkörpert habe, und hielten uns für die bereits vollendete Vereinigung des weiblichen und des männlichen Pols. Das ist der neue, androgyne Menschentypus des Wassermannzeitalters! Auch der Tantriker – der Schüler des Tantra – strebt dieses Ziel an: eine innere Synthese von Yin und Yang zu erreichen.

Joe nahm auch an vielen der ersten von mir organisierten tantrischen Rituale teil ...

Es ist schockierend und kurios, daß Joe ausgerechnet jetzt stirbt, wo ich über die Unterschiede zwischen Männern und Frauen schreibe! Er ›hatte‹ einen klaren Blick für diese Unterschiede, und die Frauen, mit denen er sich anfreundete, waren immer sehr intelligent und frei und liebten ihn, weil er ein so außergewöhnlicher Mensch war. Margot, die Frau, mit der er verheiratet war und ein Kind ›hat‹, ist eines der fantastischsten menschlichen Wesen, das ich kenne. Von ihr habe ich gelernt, mich auf den Mann, den ich liebe, voll und ganz einzulassen, was auch geschieht. Margots Liebe zu Joe war immer bedingungslos. Deswegen ist es ihnen gelungen, mehr als zwanzig Jahre zusammenzubleiben! – Mit zwei Trennungen: als er mit einer anderen unglaublichen Frau nach England ging, um die spirituelle Kommune Findhorn zu besuchen, und Jahre später, als sie zusammen in London lebten. Nach dem Aufenthalt in Findhorn war er dorthin gegangen, und sie war ihm mit dem Kind gefolgt.

Margot und ich haben viel zusammen erlebt, und mit ›ihren‹ Stretching-Seminaren, die sie oft gab, hat sie mich dazu inspiriert, den Körper auf kreative Weise zu gebrauchen.

Manchmal fand ich es unverständlich, wie sie einfach alles akzeptieren konnte, was Joe tat. Ich bin immer auf der Seite der Frauen gewesen, besonders wenn ich merkte, daß sie unglücklich waren oder nicht genug vom Leben ›hatten‹! Wegen ›seines‹ Verhaltens gegenüber Margot kam es zwischen Joe und mir zu Spannungen, und leider besteht nun keine Möglichkeit mehr, diese Dinge zu klären ...

Einmal beschlossen Margot und ich, zusammen in die Flitterwochen zu fahren, weil wir uns so gern ›hatten‹. Wir nahmen Atman mit, der damals ein Jahr alt war, und fuhren per Anhalter zum Flughafen von Brasília. Ein Privatjet nahm uns mit nach Santos, wo wir ›ihre‹ Eltern besuchten, und von dort fuhren wir mit dem Bus nach Foz do Iguaçu, wo damals ›ihre‹ Schwester mit Mann und Kind lebte.

Es war ein großes Abenteuer, aber es ergab sich keine Gelegenheit, miteinander Sex zu erleben. Atman verlangte zu viel Aufmerksamkeit, und wir fühlten uns beide ohnehin stärker zu Männern hingezogen.

Leider wird nun Joe die Vision einer neuen Gesellschaft, die wir alle zu verwirklichen versuchten, nicht mehr Gestalt annehmen sehen. Er wird das Wassermannzeitalter, für das er so intensiv arbeitete und das er so herbeisehnte, nicht mehr in voller Blüte erleben können!

Doch ohnehin sehe ich, daß die Vision, die ich für mich entdecke und in die ich immer tiefer eintauchen möchte, im gegenwärtigen Stadium des Planeten noch nicht allgemein realisierbar ist. Weiterhin werden die Frauen gesellschaftlich unterdrückt und ausgebeutet, und die meisten von uns begreifen noch nicht einmal, was geschieht, und wie wir wenigstens im Privatleben eine Änderung herbeiführen können! Ich verstehe zum Beispiel bis heute nicht, warum Margot und Joe geheiratet haben, obwohl sie doch beide zu wissen schienen, welche Veränderungen im New Age zu erwarten sind. Damals war sie schwanger, und wir ›hatten‹ nicht mehr viel Kontakt. Ich ›habe‹ das Gefühl, daß die beiden irgendwo auf dem Weg steckengeblieben sind und sich nicht weiterentwickelt haben ... Es ist schwer für eine Frau, sich keine Heirat zu wünschen, besonders wenn sie von dem Mann, den sie liebt, ein Kind erwartet. Immer noch sind die Frauen so sehr auf die traditionelle gesellschaftliche Rolle festgelegt!

❦

Ich wurde im Laufe der Jahre immer freier, der Orgasmus war ein ständiger Gefährte, doch erst durch Osho gewann ich Klarheit bezüglich jener Frage, die mich schon lange Zeit beschäftigt hatte:

Leben Männer und Frauen in der gleichen Welt?

Gesellschaftlich betrachtet, zweifellos nicht!

Was die Unterdrückung der Frauen angeht, gibt es weitaus schlimmere Länder als Brasilien, aber noch immer gilt es dort als völlig natürlich, daß ein Mann viele Frauen fickt; doch wenn er ›seine‹ Frau mit einem anderen erwischt, kann er sie töten, ohne dafür ernsthaft bestraft zu werden. Die Gerichte sprechen in diesem Fall von einem **Verbrechen aus Leidenschaft,** was bedeutet, daß der Mann während der Tat nicht voll zurechnungsfähig war und deshalb mit wenigen Jahren Gefängnis davonkommt oder sogar für unschuldig erklärt wird!

Diese sogenannten **Verbrechen aus Leidenschaft** waren mir immer ein Dorn im Auge. Man hört selten, daß Frauen die Ehemänner töten, auch wenn in Brasilien allgemein bekannt ist, daß die meisten Männer außereheliche Affären ›haben‹. Doch von Frauen wird nicht erwartet, daß sie ›ihren‹ Mann umbringen, wenn sie davon erfahren. »Männer sind nun einmal so«, heißt es dann.

Der erste Frauenmord, von dem ich hörte, war der Mord an Aída Curi, einem Mädchen, das von zwei ›Playboys‹ von einem großen Gebäude gestoßen worden war. Conceição benutzte diesen Vorfall als Waffe, um mich noch mehr zu unterdrücken. Immer wenn sie mir etwas ausreden wollte, kreischte sie:

»Willst du etwa auch wie Aída Curi enden?«

Die Leute behaupteten, sie hätte Selbstmord begangen, aber später, nach einem langen Prozeß, wurde bewiesen, daß die zwei jungen Männer sie umgebracht hatten. Soweit ich mich erinnere, sind sie dafür nie ernsthaft bestraft worden. Und das Mädchen war seither einfach nur eine Legende, mit der Mütter ›ihre‹ Töchter noch mehr unterdrücken könnten.

Eines Tages erfuhr ich vom Mord an einer reichen und schönen Frau, die auf der andere Seite der Bucht gelebt hatte. Man erzählte über sie, sie sei keine ›ernsthafte‹ Frau gewesen, was besagte, daß sie ins Bett ging, mit wem sie wollte. Jahre später las ich im Wartezimmer einer Arztpraxis die Geschichte dieses Mordes in einer Zeitschrift: Er wurde als **Verbrechen aus Leidenschaft** bezeichnet. ›Ihr Liebhaber‹ erklärte, daß er das Verhalten der Frau nicht mehr habe ertragen können, die in der Tat eine reiche, freie Frau gewesen war. Obendrein, was ich besonders schockierend fand, hatte er von ›ihrem‹ Geld gelebt. Als sie ihm sagte, daß er gehen sollte, tötete er sie einfach! Vor Gericht erklärte er, daß er völlig den Kopf verloren hätte, daß er sie geliebt hätte und sie eigentlich nicht hatte töten wollen. Daraufhin mußte er sich lediglich für eine Weile in einer psychiatrischen Klinik behandeln lassen ... das war alles!

Dann, als ich 1984 Brasilien besuchte, stieß ich auf ein Buch mit dem Titel: ›Warum mußte Cláudia Lessin sterben?‹ Ich las es in drei Tagen und mußte mich ein paarmal fast übergeben, so entsetzlich war die Geschichte dieses Verbrechens, das ebenfalls als Selbstmord getarnt worden war. Das von zwei Journalisten geschriebene Buch basiert auf den Ermittlungen eines Polizisten, der die Mörder überführt hatte. Das hatte ihn den Job gekostet, denn einer der beiden Verbrecher war Sohn eines Generals der Militärregierung. Dieser General ›hatte‹ gute Verbindungen zu einem der multinationalen Konzerne, von denen Brasilien ausgebeutet wird. So setzte sich der Mörder einfach in die Schweiz ab, und ›seinem‹ Komplizen geschah überhaupt nichts, er konnte sogar seinen Arbeitsplatz behalten. Sie hatten das Mädchen vergewaltigen wollen. Sie hatte geschrien und gedroht, daß sie sie wegen ›ihrer‹ Kokaingeschäfte anzeigen wollte. Das war ihnen Grund genug, sie umzubringen und die Leiche ins Meer zu werfen. Sie wurde aber nicht von der Strömung hinausgetragen, sondern am nächsten Tag nackt an den Steinen von São Conrado gefunden. Als die beiden die Leiche zum Meer geschleppt hatten, waren sie von einem armen Bauarbeiter beobachtet worden, der wegen heftiger Zahnschmerzen nicht hatte schlafen können. Er notierte sich die Autonummer und verständigte die Polizei. Alles war völlig offensichtlich! Dennoch wurde der zuständige Inspektor angewiesen, die Ermittlungen einzustellen, und keiner der beiden Mörder mußte je ins Gefängnis! Besonders traurig an der Geschichte war, daß Cláudia gerade erst vom Vater aus den USA zurückgeholt worden war, wo sie ›illegal‹ mit einem Hippie zusammengelebt hatte, der Prostitution betrieb, um sie beide ernähren zu können. (Wer will schon darüber entscheiden, was in diesen unnatürlichen Ländern legal ist, und was nicht?) Weil sie unter einundzwanzig war,

›hatte‹ der Vater des Recht, sie ins **Land der Zukunft** zurückzuholen, wie Brasilien gerne genannt wird, und dieser tragische Tod war die Folge: statt Liebe mit einem Hippie, Kokain und Mord an der Seite einer angesehenen Familie!

Da sie die Schwester eines berühmten brasilianischen Filmstars war, entwickelte sich das Ganze zu einem großen Skandal.

Und diese Dinge geschehen nach wie vor: Bei dem letzten Besuch in Brasilien stieß ich auf einen Zeitungsbericht, wonach ein Mann, der eine Frau ermordet hatte, schon nach zwei Jahren Haft wegen guter Führung entlassen worden war! Frauen protestierten gegen diese Entscheidung ...

Ich bin nicht dafür, Menschen in Gefängnisse zu sperren, aber hier in Deutschland sitzen politische Gefangene seit zwanzig Jahren in Haft, während in Brasilien ein Frauenmörder nach zwei Jahren freikommt, weil er sich gut betragen hat?!

Ein weiterer Fall: Ein armes Hausmädchen wurde beschuldigt, die **patroa** ermordet zu haben – so nennt man in Brasilien die Hausherrin. Doch sie sagte aus, daß der Ehemann in Wahrheit ›seine‹ Frau getötet und ihr dann die Tat in die Schuhe geschoben hätte! Dieses Hausmädchen wurde **sofort** ins Gefängnis gesteckt, und ich weiß nicht, ob sie die Richter von ›ihrer‹ Unschuld überzeugen konnte, denn der mutmaßliche Mörder war ein reicher Mann.

Auch auf mich hat schon einmal ein Mann eine Pistole gerichtet, während ich die zwei Wochen alte Adhara auf dem Arm hielt!

Ich wollte das Kind in der Natur zur Welt bringen, suchte noch nach einem geeigneten Ort und geriet manchmal in Panik, weil die Zeit knapp wurde ... Da bot mir ein Mann namens Arnaldo, der an einem ›meiner‹ Seminare teilgenommen hatte, eine Bleibe an. Ich befand mich bereits im achten Monat und lebte mit Telmo und Aninha zusammen, einem Mädchen, in das er sich bei einem Seminar verliebt hatte. Er hatte sie geheiratet, weil sie erst achtzehn war und die Familie ihn sonst hinter Gitter gebracht hätte!

Wir packten den Hausrat zusammen und fuhren mit einem Lastwagen dorthin. Atman war damals drei Jahre alt und ›hatte‹ langes, blond gelocktes Haar. Abaeté war eine Kleinstadt, wo hauptsächlich Farmer lebten, nicht sonderlich arm, aber sehr konservativ. Die Hütte, die uns angeboten worden war, befand sich in einem armseligen Zustand. Wir hatten es gerade eben geschafft, ein kleines Zimmer herzurichten und die Wände weiß anzustreichen, da kam Adhara schon auf die Welt!

Es gab kein Wasser – nur einen schönen Fluß, 500 Meter unterhalb der Hütte – und keinen Strom. Wir mußten hart arbeiten, aber es gefiel uns! Wasser tragen, nackt baden, Atman beim Spielen zusehen ... Manchmal gab es eine Krise, Eifersucht, viel Tränen und Verzweiflung, aber das gehörte zum Spiel dazu; wir wollten eine neue Art des Zusammenlebens verwirklichen: das Wassermannzeitalter, keine Familien mehr – Stämme! Und wir würden einem neuen Wesen zur Geburt verhelfen, allein in der Natur und als Herausforderung für die offizielle Medizin, deren Vertreter mir gesagt hatten, ich sollte kein Kind mehr bekommen, weil ›mein‹ Blut RH negativ war, während beide Väter RH positiv ›hatten‹.

Zehn Tage nach der Geburt kam Arnaldo und beschwerte sich, wir würden das Land nicht anständig bearbeiten. Er hätte uns Reis zum Pflanzen gegeben, doch wir würden ihn nur aufessen! Auch sagte er, daß die Leute in der Stadt über uns redeten. Angeblich würden wir Drogen verkaufen, was er nicht tolerieren könne. Und außerdem würden wir beiden Frauen nackt baden ... Ich erwiderte:

»Wir nehmen keine Drogen, und ich bin sicher, das weißt du ganz genau! Vielleicht ist es besser, wenn wir von hier weggehen ...«

Wir ernährten uns sehr gesund, um uns auf Adharas Ankunft vorzubereiten und ihr eine gute Geburt zu ermöglichen! Es gab keine Drogen bei uns!

Das war für mich wie ein Schlag ins Gesicht. Wir saßen draußen vor der Hütte auf ein paar Steinen, und ich begriff einfach

Atman in Abaeté, Minas Gerais, im Dezember 1977, auf einem Zebu-Bullen, dessen Dung als Nährboden für die besten psychedelischen Pilze dient!

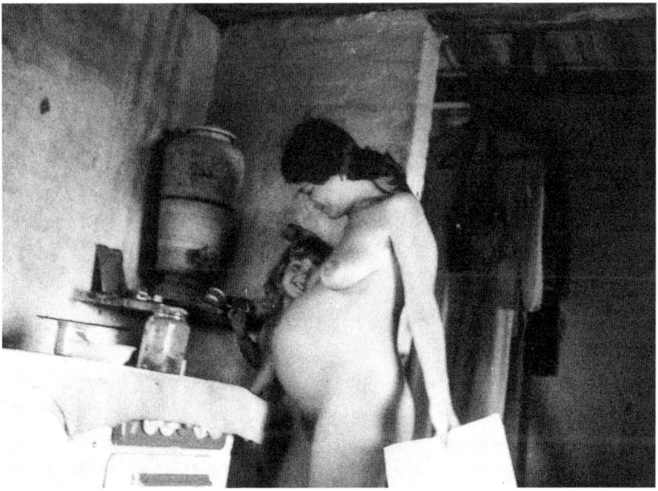

Atman spielt ein paar Tage vor Adharas Geburt mit Pyaris Brüsten.

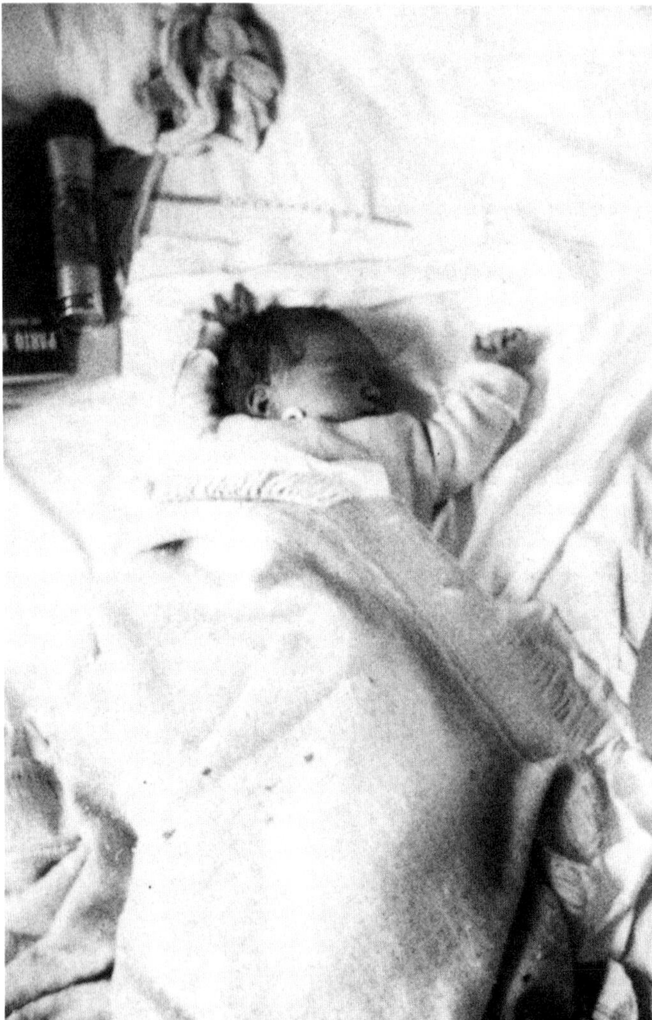

Adhara kurz nach der Geburt am 4. Dezember 1977, Abaeté.

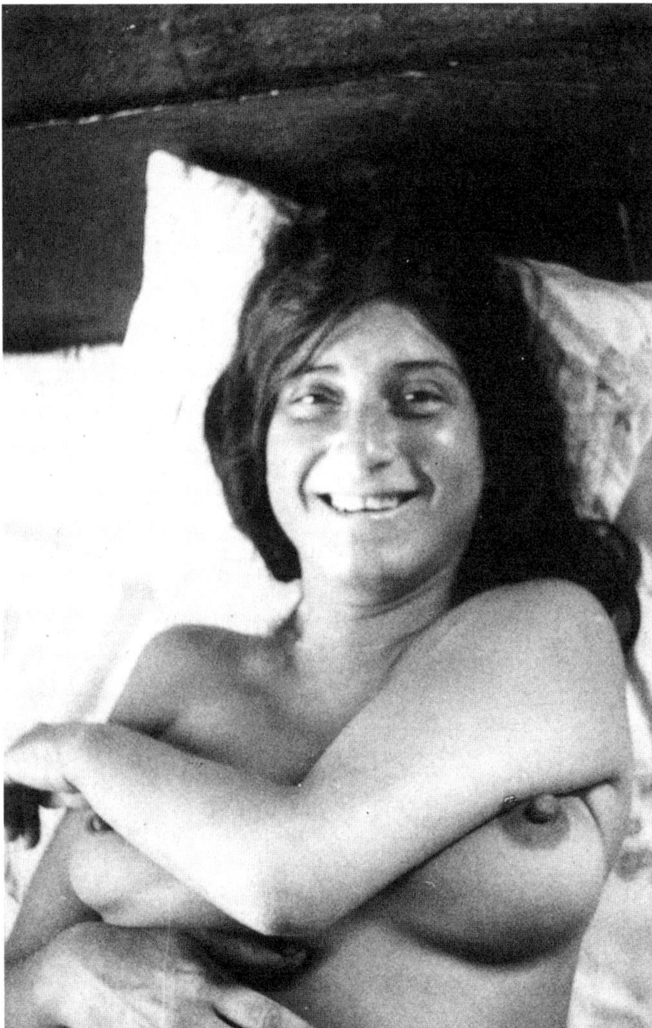

Pyari kurz nach Adharas Geburt.

Atman in Abaeté, bei Adharas Geburt.

Atman mit Arnaldos Sohn, Abaeté, Dezember 1977.

nicht, was er wollte. Ich war an diesem Tag zum erstenmal nach der Geburt wieder auf den Beinen. Ich hatte geglaubt, wir wären von einem Freund eingeladen worden, der uns eine natürliche Geburt draußen in der Natur ermöglichen wollte. Diese Hütte, die er uns zur Verfügung gestellt hatte, war nur eine Ruine. Worüber beklagte er sich? Hielt er uns für ›seine‹ Sklaven?

Ich sagte ihm, wir seien mit den Geburtsvorbereitungen beschäftigt gewesen. Wir hätten die Hütte wenigstens so weit herrichten müssen, daß ich darin das Kind zur Welt bringen konnte! Wir hatten noch keine Zeit ›gehabt‹, etwas anzupflanzen! Vielleicht glaubte er ja, wir hätten uns für ihn abgerackert wie die anderen ›Arbeitssklaven‹, die für die brasilianischen Farmer ohne Lohn schuften und die Hälfte der Ernte abgegeben müssen.

Außerdem hatte ich das Gefühl, daß er sich von mir sexuell angezogen fühlte, denn während des Seminars hatte er mir einmal eine Massage angeboten und dabei so fest zugedrückt, daß ›mein‹ Körper voller blauer Flecke gewesen war. Vielleicht versuchte er unbewußt, mich dafür zu bestrafen, daß ich nicht mit ihm schlafen wollte. Denn das kam für mich überhaupt nicht in Frage!

Und was war schon dabei, wenn zwei Frauen hier draußen in der Einsamkeit nackt badeten?

Ein paar Tage später organisierten wir einen Lastwagen, der uns von dort wegbringen sollte. Arnaldo erfuhr davon und tauchte mit einer Pistole bei uns auf. Er war wütend und sagte, wir wollten uns heimlich davonmachen. Ich ›hätte‹ zwei Ehemänner, und sie hätten das Land bearbeiten können! Toninho war eine Woche zuvor bei uns eingetroffen, mit ein paar Sachen für Adhara, und zu Atmans Freude, der ihn sehr liebte, eine Weile geblieben. Aber ich ›hatte‹ mit keinem der beiden Männer Sex! Ich war mit dem gerade angekommenen Baby genug beschäftigt!

Während Arnaldo die Waffe auf mich richtete, sah ich Wut und

Toninho trifft, ein paar Tage nach Adharas Geburt, in Abaeté ein, freudig von Atman begrüßt.

Eifersucht in ›seinen‹ Augen. Ich hielt die friedlich schlafende Adhara im Arm, die erst seit vierzehn Tagen auf diesem verrückten Planeten war! Ich weinte, versuchte aber, Telmo von einer unbedachten Reaktion abzuhalten. Glücklicherweise bewahrte er Ruhe. Er mußte ›sein‹ gesamtes Werkzeug Arnaldo dalassen, obwohl er es dringend benötigte, um Kunsthandwerk herzustellen und damit etwas Geld zu verdienen. Werkzeug ist in Brasilien sehr teuer und schwer zu beschaffen. Arnaldo wollte es als Bezahlung für die Bruchbude und den Reis, die er uns überlassen hatte.

Er hätte einen von uns erschießen können, ohne daß ihn dafür jemand ins Gefängnis gebracht hätte! In Brasilien regiert immer noch das Recht des Stärkeren.

Die armen Leute, die das Land um uns herum bewohnten, sahen schweigend zu. Sie waren freundlich zu uns gewesen, hatten uns Käse verkauft und Kaffee angeboten, aber sie konnten gegen Arnaldo nichts ausrichten! Ich ›hatte‹ das Gefühl, daß Arnaldo sich aus politischen Gründen so aufführte. Er war an einer Position in der örtlichen Regierung interessiert und würde keine Stimmen bekommen, wenn er einer Bande von ›Hippies‹ erlaubte, auf ›seinem‹ Land zu leben! Als er ein paar Tage vorher gekommen war, um sich zu beschweren, war er irgendwie freundlich und aufrichtig gewesen. Doch jetzt, mit der Pistole, sah es so aus, als müßte er den großen Mann ›spielen‹, um gegenüber den Armen und den Bürgern der Stadt ›seine‹ Macht zu demonstrieren. Ich fand es unglaublich, daß jemand so gemein sein konnte!

Dennoch bedankte ich mich bei ihm, ehe ich, Adhara immer noch im Arm haltend, in den Lastwagen stieg. Dabei schaute ich ihm tief in die Augen. Er war überrascht!

»Wofür?« fragte er, offenbar für einen Moment berührt.

»Ich habe etwas aus dieser Erfahrung gelernt«, sagte ich.

Doch immerhin sind die Frauen in Brasilien ein bißchen freier als in anderen Ländern. Diese sogenannten **Verbrechen aus Leidenschaft** werden inzwischen öffentlich angeprangert, und oft sieht man auf Hauswänden und Mauern das Venuszeichen mit dem Satz: Schluß mit den Frauenmorden! Dennoch werden in einigen entlegenen Regionen des Landes immer noch Frauen verkauft!

Ich habe einen wundervollen Film mit dem Titel ›Der Eindringling‹ gesehen. Er handelt von zwei Brüdern, die irgendwo weit draußen leben, in einer abgelegenen Gegend von Rio Grande do Sul, dem südlichsten Staat Brasiliens. Eines Tages bringt einer von ihnen eine schöne Frau mit nach Hause, die kein Wort spricht. Sie arbeitet für die beiden und wird nachts von dem, der sie mitgebracht hat, gefickt. Die Darstellerin ist heute ziemlich bekannt, und sie spielt diese Rolle großartig. Es war einer ›ihrer‹ ersten Filme.

Eines Tages verreist der Mann für ein paar Tage. Ehe er aufbricht, sagte er zu dem Bruder:

»Du kannst sie benutzen, wenn du willst.«

Der Bruder, der sich bereits in die Frau verliebt hat, geht nachts zu ihr, und sie schlafen miteinander. Als der andere zurückkommt, teilen sie sich die Frau. Es gibt eine sehr schöne Szene, in der die drei sich lieben. Doch für den ersten Bruder wird die ganze Situation zu verwirrend, und er beschließt, die Frau an ein Freudenhaus zu verkaufen. Der jüngere Bruder, der immer noch sehr in sie verliebt ist, entschließt sich nach einiger Zeit, sie in dem Bordell zu besuchen. Lange Zeit muß er in einem Raum voller Männer auf sie warten. Nachdem er mit der Frau Liebe gemacht hat, geht er hinaus und sieht den Bruder, der ebenfalls auf dem Weg ins Bordell ist. Sie beschließen, die Frau zurückzukaufen, doch der Preis ist jetzt viel höher als der, für den sie sie verkauft hatten. Die Zuhälterin sagt, die Frau hätte inzwischen eine Menge gelernt! Sie geben ihr das Geld und nehmen die Frau mit zurück nach Hause, wo sie sie sich wieder teilen. Sie ist jetzt noch schöner als zuvor!

Doch plötzlich tötet der ältere Mann die Frau. Er lädt den Bruder zu einer Reise ein, und unterwegs zeigt er ihm die Leiche. Sie liegt hinten in dem Ochsenkarren, mit dem sie fahren. Er sagt, daß er es tun mußte, um ›ihren‹ brüderlichen Frieden zu retten! Die Frau spricht in dem ganzen Film kein einziges Wort!

Die letzte Szene zeigt, wie die Brüder sich neben dem Ochsenkarren umarmen.

Es ist ein sehr stiller Film, mit wenig Dialog und sehr eindrucksvollen Bildern. Wirklich großartig!

In vielen Ländern werden Frauen immer noch verkauft: im Osten, in Afrika ...! Wer weiß, wo noch überall ...?

Als ich zum erstenmal nach Indien reiste, war ich sehr schockiert über die Situation der Frauen dort, über den Ausdruck in ›ihren‹ Augen ... Es ist wirklich verrückt, wie die Frauen dort behandelt werden! Viele von ihnen sind schön, aber sie haben keine Aussicht auf Befriedigung. Meistens wird ihnen noch nicht einmal erlaubt, sich selbst einen Mann auszuwählen! Alles wird von der Familie entschieden. Manchmal wird ein Mädchen schon bei der Geburt jemandem als Ehefrau versprochen.

Ich habe Osho sagen hören, daß ›seine‹ Mutter neun Jahre alt war, als sie verheiratet wurde. Es gab ein großes Fest, an dem sie noch nicht einmal selbst teilnehmen durfte. Sie mußte im Haus bleiben, während die Familie mit den vielen Gästen feierte. Sie war drinnen eingeschlossen, und draußen wurde ›**ihre**‹ Hochzeit zelebriert! Das ist, als würde man ein Kind verkaufen.

Und obwohl es inzwischen gesetzlich verboten ist, wird in manchen Gegenden Indiens immer noch die Witwe mit dem toten Mann verbrannt! Sie verbrennen den Leichnam des Mannes und werfen die lebende Frau auf den Scheiterhaufen. Dabei singen sie sehr laut Mantras, damit niemand ›ihre‹ Schreie hört. Und dabei gilt Indien als religiöses Land! Ich würde sagen, daß es nur ein sehr abergläubisches Land ist, wo sogar die Ansicht verbreitet ist,

Frauen müßten erst in einem männlichen Körper geboren werden, um Erleuchtung erlangen zu können. Demnach betrachtet der Hinduismus es als eine Art Strafe, eine Frau zu sein!

Mohammedanerinnen wird die Klitoris entfernt, und in vielen armen Regionen wird dieser Eingriff mit verunreinigten Messern auf eine sehr primitive Weise von Frauen ausgeführt, die nicht wirklich wissen, was sie tun! Oft sterben die Mädchen bei dieser absurden Prozedur, die sich gegen die Natur richtet und gegen das, was sie Gott nennen! Wenn ein Gott existiert, der uns mit einer Klitoris ausstattete, wer gibt Männern dann das Recht, sie uns im Namen dieses Gottes herauszuschneiden?

Vor ein paar Monaten unternahm ein Freund eine Urlaubsreise nach Afrika. Als er zurückkam, fragte ich ihn, wie die Situation der Frauen dort sei. Er antwortete:

»Oh, recht gut! Ihnen wird zwar die Klitoris entfernt, aber ...«

Ich war schockiert! Er ist ein intelligenter Mensch, ein talentierter Musiker ... Was wäre, wenn Männern der Penis entfernt würde? Die Klitoris ist ein kleiner Penis! Männer ›haben‹ kleine Brustwarzen, die ihnen sexuelle Freude bereiten können, und Frauen ›haben‹ einen kleinen Penis, der ihnen wunderbare Orgasmen bringen kann!

Als ich wieder mit ihm über dieses Thema sprach, erzählte er mir, daß die Frauen dort sogar ohne Klitoris glücklich wirkten.

Ein deutscher Freund, dessen Vater in Afrika geboren wurde, erzählte, daß diese Sitte von den Mohammedanern übernommen worden sei, weil sie gut zu dieser Religion paßte, und daß die Afrikaner sie schon seit ewigen Zeiten praktizieren würden. Als ich ihn nach dem Grund fragte, antwortete er:

»Pyari, Frauen ohne Klitoris verlassen das Haus nicht so schnell. Sie lassen sich leichter versklaven!«

Einmal wurde Osho gefragt, warum die Frauen im Osten so schön seien, während sie im Westen manchmal so häßlich wären.

Der Fragesteller wollte darauf hinaus, daß die asiatischen Frauen, wenn sie nie die Chance ›hätten‹, Sex zu genießen, doch eigentlich gräßlich aussehen müßten.

Die Antwort verblüffte mich. Sinngemäß lautete sie: Wenn Frauen nicht wissen, was ihnen fehlt, sind sie glücklich und sehen glücklich aus. Aber westliche Frauen wissen ziemlich genau, was sich abspielt, was ihnen vorenthalten wird. Deshalb sind sie oft sehr frustriert und sehen auch dementsprechend aus!

Aber nicht nur auf der sozialen Ebene unterscheiden sich die Frauen von den Männern und scheinen in einer anderen Welt zu leben. Der Menstruationszyklus bewirkt, daß wir sehr erdverbunden sind.

Uns begegnen nur selten Männer, die eine gute Verbindung zur Erde ›haben‹. Männer achten weniger auf den Körper, sie glauben nicht, daß sie schön sein müssen. Und wenn ein Mann wert darauf legt, hübsch auszusehen, wird er gleich als homosexuell abgestempelt!

Ich mag keine häßlichen Männer! Ich kann sie auf einer spirituellen Ebene lieben, aber niemals in der körperlichen Dimension, denn wenn ein Mann ›seinen‹ Körper nicht liebt, wie soll er mich dann wirklich lieben? Das wurde mir bewußt, als ich in Oshos Kommune in Oregon eine Frau aus Puerto Rico kennenlernte. Beide fühlten wir uns von demselben Mann angezogen. Er war schön und natürlich nicht mehr an uns als an sich selbst interessiert. Als wir eines Tages über ihn sprachen, sagte sie mir:

»Das Problem ist, daß wir immer nur schöne Männer mögen!«

›Warum muß das ein Problem sein?‹ wunderte ich mich.

In Brasilien hielt ich mich am liebsten in Gesellschaft von Schwulen auf: Sie waren die schönsten! Und sie fangen an zu glauben, sie seien schwul, wenn die anderen Männer sie so nennen, weil es in ›Macho‹-Ländern nicht als erstrebenswert gilt, daß ein

Mann gut aussieht oder sexy ist. Homosexualität kann oft ein soziales oder kulturelles Phänomen sein!

Etwas, das mir an Deutschland gefällt, ist, daß Männer auf ›ihr‹ Äußeres achten, ohne sich deswegen für schwul zu halten!

Ich habe Osho sagen gehört, Männer würden ebenfalls menstruieren, aber das geschähe innerhalb des Körpers, so daß sie sich der Ursache plötzlicher Stimmungsschwankungen, die oft mit diesem inneren Ausscheidungsprozeß einhergehen, nicht bewußt seien. Für Frauen ist diese emotionale Veränderungen offensichtlicher, da bei ihnen die Blutung äußerlich wahrnehmbar ist.

Ich verstehe dieses eigenartige Phänomen der körperlichen Entladung inzwischen immer besser. Ich weiß, daß die Woche davor die Hölle ist, denn dann drängen viele Erinnerungen und Traumata, die sich im Unbewußten und Unterbewußten festgesetzt hatten, nach oben, weil sie ebenfalls ausgeschieden werden wollen. Mutter Erde wird traurig, weil es nicht zu einer Fortpflanzung kommt! Ich experimentiere immer noch damit, wie ich mit den Emotionen, die dann nach draußen wollen, am besten umgehen kann. Es ist besser, dabei allein zu sein, diese Gefühle zu beobachten und zu akzeptieren, tiefer in die weibliche Dimension einzutauchen, sich mit der Erde zu verbinden und das Tier in uns zu spüren. Das Freisetzen von Emotionen und dynamische Meditationen sind in dieser Zeit sehr hilfreich. Momentan mache ich viele Shiatsu-Selbstbehandlungen, und in diesem Monat gelang es mir, die Menstruation ohne Krämpfe zu überstehen.

Seit ich mich 1983 in Holland sterilisieren ließ, habe ich während der Periode unter diesen heftigen Unterleibsschmerzen gelitten. Ich vermute, daß Schuldgefühle dabei eine Rolle spielen. Die Schuldgefühle sind entstanden, weil ich mich 1972 einer spirituellen Operation unterzog, um Mutter werden zu können. Durch die normale Medizin dieser Möglichkeit ein Ende zu setzen erschien mir wie ein Verrat an der Natur.

Ein weiterer Grund dafür, daß sich die Wirklichkeit einer Frau stark von der eines Mannes unterscheidet, ist die Tatsache, daß Sex für sie jedesmal mit der Möglichkeit einer Schwangerschaft einhergeht. Nicht jede Frau weiß, daß diese Gefahr nur für sieben bis zehn Tage besteht. Die Angst vor einer Schwangerschaft kann es einer Frau unmöglich machen, sich während des Liebesaktes zu entspannen. Zweifellos hindert das Frauen oft daran, das Liebeserlebnis wirklich zu genießen. Wie kann sie loslassen, wenn sie Angst davor hat, schwanger zu werden? Doch ohne loszulassen gibt es keinen Orgasmus. Und dann stellt sich für sehr viele Frauen ernsthaft die Frage: Wozu überhaupt Sex, wenn es dabei nicht zum Orgasmus kommt? Bei Männern ist das völlig anders! Sie ficken, ejakulieren. Doch weil sie dabei gleichfalls nur selten einen Orgasmus erleben, bewirkt diese Energievergeudung oft, daß sie die Frau hinterher hassen. Und wenn sie ihn nicht nur physisch erschöpft, sondern dann auch noch obendrein schwanger wird, empfindet er sie schließlich zwangsläufig als echte Plage! Ich sage nicht, daß alle Männer so sind, aber meistens läuft es so ab, und zwar nicht, weil ›die Männer nichts taugen‹, sondern weil beim Thema Sex eine so große Unwissenheit herrscht! Und natürlich ›haben‹ sie keine Angst vor einer Schwangerschaft, denn sie können ja nicht schwanger werden. Daher ist Sex für sie nie mit Furcht verknüpft; er ist meistens nur ein Ventil, um sich Erleichterung zu verschaffen. Neuza erzählte mir, daß ›ihre‹ Mutter immer sagte:

»Frauen sind die Toiletten der Männer.«

Die Deutschen, die ich kennengelernt habe, sind meistens bestrebt, die Frau beim Sex zufriedenzustellen, auch wenn viele in dieser Hinsicht ziemlich unwissend sind. Überall ist die Unwissenheit groß, was den Sex betrifft! Die meisten Deutschen, besonders die jüngeren, suchen nach Liebe, wenn sie sich auf Sex einlassen. Doch es fällt ihnen schwerer als den Frauen, Gefühle zu zeigen. Ein großes Problem in Deutschland ist, daß auch die Frauen nicht wissen, wie man mit Gefühlen umgeht …!

Als ich mich auf dem Trip befand, ein möglichst naturnahes Leben zu führen, kam für mich eine Abtreibung nicht in Frage. Einmal, nach einer frustrierenden sexuellen Begegnung mit einem sehr gutaussehenden Jungen, glaubte ich, schwanger zu sein. Als ich ihm das erzählte, brachte ihn das völlig aus dem Gleichgewicht. Er bekam Angst. Zum Glück für uns beide stellte es sich als falscher Alarm heraus. Ich ›hatte‹ nicht das geringste mit ihm zu tun, es war lediglich eine nette Begegnung während einer Party gewesen, und doch war ich so dumm, eine Abtreibung auszuschließen. Das hätte bedeutet, mit einem Kind von jemandem dazustehen, den ich nie wiedersehen würde, oder aber an den ich deswegen für den Rest des Lebens gekettet sein würde …! Das kann eine Frau wirklich kastrieren!

Hinzu kommt: Wenn wir ein Kind bekommen, muß die Frau es im Bauch tragen, alle Unannehmlichkeiten in Kauf nehmen, die Geburtsschmerzen ertragen, manchmal unter Lebensgefahr. Und wenn sie dem Kind Milch gibt, zerstört sie für immer die Schönheit der Brüste …! Das ist wirklich eine ganz andere Welt als die des Mannes, der lediglich in einem Moment der Selbsterleichterung den Samen gibt und bestenfalls hilft, für die sozialen und materiellen Bedürfnisse des Kindes zu sorgen. Trotzdem bleiben Mann und Frau dann in der heutigen Gesellschaft ein Leben lang aneinander gekettet! Was für eine Scheiße!

Wäre es nicht besser, wenn die Frau während der Schwangerschaft und der Stillzeit mit anderen Frauen zusammenleben würde? Männer können uns in dieser Phase ohnehin nicht verstehen, auch wenn sie sich ernsthaft bemühen! So ist nun einmal die Natur der Dinge.

Doch nur in einer Kommune läßt sich ein solches Zusammenleben praktisch durchführen.

Als ich mich zum erstenmal in einen Sannyasin verliebte und damals wirklich schwanger wurde, war ich sehr schockiert, als er sagte:

»Dann lassen wir schnell eine Abtreibung machen!«

Für ihn schien das völlig natürlich zu sein. Ich hatte immer geglaubt, Abtreiben sei unspirituell! Daraufhin gab er mir einen Text von Osho zu diesem Thema zu lesen. Ich sah ein, daß es völlig richtig ist abzutreiben, weil eine Schwangerschaft immer einer bewußten Entscheidung entspringen ›sollte‹, und nicht einem unbeabsichtigten Mißgeschick. Auch ist mir heute klar, daß es sich dabei nicht, wie Christen behaupten, um ein Verbrechen handelt, denn in der Natur sterben ständig Millionen von Zellen und Arten, in jedem Augenblick. Wenn ein Spermatozoon das Ei erreicht – oder zwei, drei, maximal sechs von ihnen –, sterben Millionen andere Spermatozoen! Dann könnten wir ebensogut sagen, daß ein Mann, wenn er ejakuliert, ein millionenfaches Verbrechen begeht! Das ist natürlich Unsinn. Eine Abtreibung dient dazu, das Leben einer Frau zu retten, wenn sie das Kind nicht großziehen kann. Und auch das Leben des Kindes wird gerettet, denn was wäre das für ein Leben, mit einer Mutter, die sich nicht richtig um es kümmern kann? Wenn man an die Seelenwanderung glaubt, gibt es ohnehin genug Gebärmuttern, die für eine Inkarnation in Frage kommen.

Laut dem **Tibetischen Totenbuch** sind sich die Seelen so gut wie nicht bewußt, in welcher Gebärmutter sie ausgetragen werden. Von dem Moment an, wenn sie in den Körper der Mutter eintreten, vergessen sie völlig, was vorher war. Nur sehr selten gibt es bewußte Seelen, die in der Lage sind, selbst eine Wahl zu treffen! Es ist eine Illusion, anzunehmen, wir wären in irgendeiner esoterischen Weise auserwählt worden; die Geburt ist meistens nur ein weiterer Unfall auf dieser großen, unbewußten Erde!

Ich erinnere mich an einen Witz, den ich Osho erzählen hörte: Es gab einmal ein Spermatozoon, das ständig schwimmen übte.

Während die anderen untätig herumhingen, trainierte es unaufhörlich.

Eines Tages, als es in den Hoden richtig heiß wurde, sauste dieses Spermatozoon mit voller Fahrt los. Die anderen erkannten sofort, das sie es nicht einholen würden. Doch als sie, träge, wie sie waren, erst den halben Weg zurückgelegt hatten, kam ihnen das aktive schon wieder mit vollem Tempo entgegen und kreischte entsetzt:

»Sie machen Oralsex!«

Nachdem ich Sannyas genommen und mich von den Vorurteilen bezüglich der Abtreibung befreit hatte, beschloß ich, mich sterilisieren zu lassen. Zwei Kinder waren mehr, als ich bewältigen ›konnte‹, so daß ich sie oft bei den Vätern lassen ›mußte‹. Ein weiteres Kind hätte mich ganz sicher umgebracht. Schon Adhara hatte ich eigentlich nicht bekommen wollen. Als ich damals schwanger wurde und sehr schockiert deswegen war, sagte Toninho mir, ich solle das Kind austragen, er werde sich um es kümmern. Natürlich ist es schrecklich für eine Mutter, das Kind wegzugeben. So empfand ich auch, und daher beschloß ich, daß Adhara bei mir bleiben ›sollte‹, denn bei der Geburt lebte ich ohnehin bereits nicht mehr mit Toninho zusammen. Es ist in Ordnung, ich habe zwei Mutanten ins Dasein verholfen, aber es war nicht leicht, und das ist es auch heute noch nicht. Mutter zu sein ist in der Tat ein schwerer Vollzeitjob ...! Lebenslang! Und wenn eine Frau, wie ich, den inneren Pfad beschreiten möchte, wird es besonders schwierig ...

Ich sah ein, daß ich als Sannyasin frei war, über die Natur hinauszugehen – mit Natur meine ich hier, das von jeder Frau verspürte Bedürfnis, Mutter zu sein, die Art zu erhalten. Wenn man sich dafür entscheidet, erleuchtet zu werden, ein voll entwickeltes

Wesen, geht man damit einen Schritt über die Natur, über den Planeten hinaus. Wenn die Sannyasins sich auf den Weg machen, haben sie sich schon immer von der Welt losgesagt. Das heißt, eigentlich sagen sie sich nur von der Familie los, denn in der Welt bleiben sie natürlich. Wo sollten sie auch sonst hingehen? Die Welt ist überall. Sich von der Familie loszusagen bedeutet ganz einfach, über die Biologie hinauszugehen. Doch für Frauen ist das ein SEHR SCHWIERIGER Schritt, weil wir der Erde so viel näher sind! Wir sind die Nester, in denen der Planet die Kinder hervorbringt. Deswegen haben die Meister immer gezögert, uns zu initiieren. Immerhin bewirkt die starke Kraft der Menstruation, die uns mit der Erde und dem Mond verbindet, immer wieder, daß wir auf die unbewußte Ebene zurückfallen.

All diese Umstände in Betracht ziehend, beschloß ich, mich sterilisieren zu lassen. Außerdem wollte ich den Sex ohne Einschränkung erleben, ohne jede Furcht vor Schwangerschaft oder Abtreibung.

Die Abtreibung damals war eine sehr schlimme Erfahrung. In Brasilien war sie verboten, daher mußten wir zu einem Haus gehen, das wie ein Gefängnis aussah. Hinter uns fielen schwere Türen ins Schloß. Wir waren viele Frauen, die zusammen auf den Eingriff warteten, und nachdem wir aus der Narkose erwacht waren, wollten die uns gegenüber seltsam boshaften und gemeinen Krankenschwestern uns so schnell wie möglich hinauswerfen. Eine schrie uns an:

»Na los! Als ihr das gemacht habt, habt ihr euch auch nicht schlecht oder traurig gefühlt, also habt ihr jetzt auch keinen Grund dazu. Steht auf und macht, daß ihr hinauskommt!«

Die meisten Frauen wurden von schrecklichen Schuldgefühlen geplagt. Um ihnen Mut zu machen, verteilte ich kleine Zettel mit spirituellen Weisheiten eines erleuchteten Arztes, den ich in Brasilien kennengelernt hatte ... Das ganze war wie ein Alptraum!

Ich weiß nicht, ob die Abtreibung in Brasilien inzwischen legalisiert ist. Ich hasse alle diese Verbote. Sie sind ganz gewiß ein großes Verbrechen gegen die Frauen. Man erlaubt uns nicht, selbst zu entscheiden, ob wir in der Lage sind, ein neues Geschöpf auf diesen übervölkerten und kranken Planeten zu bringen!

Niemand sollte sich das Recht herausnehmen, uns Schuldgefühle einzureden, weil wir den Mut haben, zu sagen, daß wir es nicht schaffen, Mutter zu sein, und daß wir das Kind dem Universum zurückgeben wollen! Wir sind freie Individuen, wir können für uns selbst denken und besitzen ein fühlendes Herz. Nur die Frau selbst kann entscheiden, was das beste für sie ist!

Gesetze bezüglich Geburtenkontrolle, Abtreibung und Sterilisation können nur von Frauen gemacht werden, denn Männer können diese Dinge nur mit dem Intellekt verstehen. Und Frauen leben sowieso mehr aus dem Herzen. Wenigstens ›sollten‹ sie das, wenn sie nicht bloß die Männer nachahmen wollen!

❦

Der damalige ›Liebhaber‹ bezahlte die Abtreibung und kümmerte sich sehr um mich, doch Conceição war schockiert, weil er ein Sannyasin und elf Jahre jünger als ich war, in roten Gewändern herumlief und das Bild eines Gurus an einer Halskette trug! Sie erlaubte ihm nicht, mich zu besuchen. Ich versuchte mich dort auszuruhen, wo ich geboren war, doch das erwies sich als Fortsetzung des Alptraums aus der Abtreibungsklinik. Ich plante, nach Poona zu gehen, und ›hatte‹ keine feste Wohnung. Er kam gerade von dort, als wir uns kennenlernten. Wir beschlossen, uns nach einer gemeinsamen Wohnmöglichkeit umzuschauen und das erste Sannyas-Center in Rio zu eröffnen. Wir lebten hier und dort, jede Nacht schliefen wir und liebten wir uns woanders. In Mutters Augen war ich einmal mehr die verrückte Tochter, die nichts anderes im Sinn ›hat‹, als das Leben zu genießen. Ich hatte Adhara zum erstenmal bei Toninho gelassen und beabsichtigte, sie zurückzuholen, wenn wir ein Haus gefunden hatten.

Ich entschied, zu Joinha zu gehen. Ich ›hatte‹ große Schmerzen und hohes Fieber; vermutlich waren die Schuldgefühle dafür verantwortlich! Sílvia, ›seine‹ Geliebte, besuchte mich und schenke mir Liebe und Zuwendung. Sie erzählte mir, sie hätte schon vierzehn Abtreibungen überstanden, und jedesmal sei es furchtbar gewesen, weil Frauen sich dabei einfach nicht gut fühlen können. Ich empfand Mitleid mit allen Frauen auf der Welt ... Und ich beschloß, es nicht wieder zu tun. Ich würde mich sterilisieren lassen!

Drei Jahre später, als ich mit Avinash in Amsterdam lebte, ließ ich den Eingriff vornehmen. Es war nicht leicht für mich. Ich hatte in der Nacht davor Hasch geraucht, und eigenartiger Weise war Sebastian wieder in ›meinem Film‹ aufgetaucht. Ich hatte ihn in Haarlem wiedergetroffen, als ich dort einen Workshop veranstaltete, und wir schliefen sogar miteinander, nachdem er mir beim Meditieren zugeschaut hatte. Wir blieben in Kontakt, und als wir nach Amsterdam zogen, wohnte er ebenfalls dort. Er erzählte mir, daß Dope die Wirkung der Anästhesie aufhebt und daß ich deshalb vor der Operation auf keinen Fall etwas rauchen sollte. Avinash lieh sich ›seinen‹ Wagen, damit er mich zur Klinik fahren konnte. Es ist schön, daß Sebastian in diesem wichtigen Augenblick wieder bei mir war!

Wenn ihr also gerne Pot raucht, verzichtet, wenn ihr euch einer Anästhesie unterziehen müßt, vorher mindestens zwei Tage darauf!

Frauen verließen nach diesem Eingriff normalerweise aufrecht gehend die Klinik, doch ich ging gebückt. Die Kinder erinnern sich, obwohl sie damals noch klein waren, genau daran, wie seltsam Mami ging, als sie nach Hause kam.

Erst heute, wo ich intensiv an mir selbst arbeite und für eine Weile keine Sessions und Workshops gebe, gelingt es mir allmählich, mich von den Schuldgefühlen bezüglich der Sterilisation zu befreien. Ich bin glücklich, daß die Schmerzen in diesem Monat nicht aufgetreten sind. Es ist sehr schwer, Schuldgefühle loszuwerden! Aber ich sage euch:

Es gibt nichts, für das wir uns schuldig fühlen müßten. Selbst die allerschlimmste Handlung sollte verstanden und vergessen werden. Der gegenwärtige Augenblick ist die einzige Realität, und wir sollten immer mehr im Hier und Jetzt leben.

Während der Menstruation halte ich mich nicht gerne in der Küche auf. Von den südamerikanischen Indianern habe ich gehört, daß Frauen während dieser Zeit nicht kochen sollten. Sie gehen allein in den Wald und geben die Monatsblutung der Erde zurück.

Es gefällt mir, das Blut in die Erde sickern zu sehen und es den Tieren zu überlassen. Das habe ich von einer Freundin gelernt, als ich mit ihr im Wald war und starke Schmerzen ›hatte‹. Sie sagte:

»Gib es der Erde zurück.«

Ich hockte mich auf den Boden, berührte die Erde und ließ die Hose herunter. Es war eine Freude, das Blut in die Erde fließen zu sehen. Es kam sehr viel heraus! Es war wirklich erstaunlich. Und hinterher waren die Schmerzen verschwunden!

Jetzt, wo ich mich frei von Schuld fühle, genieße ich diese Weiblichkeit erst richtig, dieses rot fließende Blut. Ich versuche, davon so viel wie möglich der Erde zurückzugeben. So auch jetzt. Gleich werde ich aufstehen und der Mutter Erde wieder ein Geschenk machen.

Nach der Menstruation möchte ich mit einem Mann zusammensein. Ich möchte Sex, und wenn das nicht möglich ist, masturbiere ich. Manchmal fällt es mir immer noch schwer, die Selbstbefriedigung zu akzeptieren, aber ich tue es trotzdem. Sie hilft sehr gut gegen Migräne, und es gibt sogar eine Heilmethode, die auf der Masturbation basiert:

Masturbiere bis kurz vor dem Orgasmus, ohne zu kommen. Lenke die Energie dann hinauf in den erkrankten Körperteil. Tue das dreimal. Danach kannst du dich in die Ekstase fallenlassen.

Als ich zum erstenmal von dieser Methode hörte, mochte ich sie nicht, weil ich dachte, sie würde mir die Energie entziehen, die eigentlich für das Zusammensein mit einem Mann vorgesehen war. Doch die Freundin, die sie mir empfahl, ist eine sehr sinnliche und schöne Frau, die sich mit Hexerei beschäftigt. Sie sagte:

»Sie ist kein Ersatz dafür, mit einem Mann zusammenzusein, sondern dient dazu, den Körper auf beide Arten besser genießen zu können!«

Das befreite mich von Schuldgefühlen, und heute kann ich das Masturbieren wirklich genießen. Seit ich mich dabei nicht mehr schuldig fühle, treten beim Masturbieren auch keine Fantasien mehr auf. Oder ich stelle mir Dinge vor, die ich mir wirklich wünsche, statt mir, wie es früher der Fall war, seltsame Situationen auszumalen, in denen die Frau zum Sex gezwungen wird. Das kam aus dem Unterbewußtsein: Begierde gemischt mit Schuldgefühlen, weil Conceição mir das in der Kindheit eingeprägt hatte! In diesen kindlichen Prägungen liegen auch die Wurzeln für den sadomasochistischen Sex.

Dennoch sollte die Masturbation nicht den Impuls verdrängen, mit einem Mann zusammenzusein. Während dieser fruchtbaren Woche nach der Periode, ›sollte‹ eine Frau ausgehen und flirten. Schon allein diese ›Männer-Jagd‹ wird Ihnen eine Menge Energie verleihen!

Und das ist völlig in Ordnung. Du bist keine Prostituierte,

wenn du dich so verhältst, denn Prostituierte würden so etwas nicht tun! Prostituierte ›haben‹ keine Freude am Sex!

Wichtig ist dabei auch, daß Sie sich klar darüber sind, was Sie **wirklich** wollen, und nichts akzeptieren, was nicht Ihren wirklichen Wünschen entspricht - nur weil Sie **glauben,** das Gewünschte ohnehin nicht bekommen zu können. Das wäre ein reiner Unsicherheits-Trip! Wenn Sie abgewiesen werden, müssen Sie sich den damit verbundenen Gefühlen stellen. Doch das ist viel besser als langsam zu sterben, weil Sie es gar nicht erst versuchen, gelähmt von der Angst vor Zurückweisung. Suchen Sie sich einen Mann, bei dem Sie das Gefühl ›haben‹, daß er Sie wirklich befriedigen wird! Geben Sie sich nicht mit weniger zufrieden!

Als ich mich noch mit der Furcht vor Zurückweisung herumplagte - das geht mir auch heute noch manchmal so, aber das Gefühl hält nicht mehr lange an -, las ich bei Osho, daß wenn Sie an eine Tür klopfen, vielleicht ein Nein die Antwort ist. Doch eines Tages wird sich irgendeine Tür für Sie öffnen. Klopfen Sie dagegen nie an, ›haben‹ Sie keine Chance, die Erfahrung zu machen, daß Sie jemand aufnimmt. So warten alle! **Jemand muß anklopfen!** Das bedeutet keineswegs, daß sie alles machen müssen. Es bedeutet nur, daß Sie der Liebe eine Chance geben und verletzlich bleiben sollen. Dann wird Ihnen eine Menge Energie zufließen!

Während der dritten Woche der Periode werde ich sehr praktisch und erdverbunden. Man könnte sagen: Die Natur hat damit, daß das Ei freigegeben wurde, die Arbeit getan, und nun ist es an der Zeit, das Nest vorzubereiten. Dies ist die beste Zeit für das, was dem weiblichen Wesen entspricht: zu nähren, zu sorgen, Liebe und Wärme zu geben.

Ganz gewiß leben wir nicht in der gleichen Welt wie die Männer: Wir genießen nicht die gleichen Rechte und in emotionaler Hinsicht funktionieren wir ziemlich verschieden. Doch dieser Unterschied ist etwas sehr Schönes, und gegenwärtig können wir entdecken, wie herrlich es ist, eine Frau zu sein, besonders hier in Deutschland. Wir ›sollten‹ unter keinen Umständen versuchen, so wie die Männer zu sein! Wir müssen herausfinden, was Weiblichkeit ist, und dann uneingeschränkt dazu stehen. Männer haben uns seit Jahrtausenden unterdrückt – aus Angst. Angst vor der Schönheit, Intelligenz und sexuellen Energie der Frauen. Es gibt keinen Grund, gegen die Männer zu kämpfen. Wir können sie lieben und trotzdem frei sein, uns von **niemandem** Vorschriften machen lassen, den Impulsen des Herzens, des Körpers, der Liebe folgen, nackt im Licht der Wahrheit dastehen, welche Konsequenzen das auch immer haben mag. Dann werden Sie die Männer anziehen, die bereit für eine Revolution sind, die bereit sind, sich der Liebe, der Frau wirklich hinzugeben. Und denken Sie immer daran, daß der Wunsch, einen anderen Menschen besitzen zu wollen, die Liebe tötet, daß Sie damit versuchen, den anderen einzusperren wie einen schönen Vogel in den Käfig!

Die Liebe kann nur frei fließen, wenn zwischen zwei Menschen Freiheit herrscht. Sie ist ein Gast, der kommt und plötzlich wieder verschwindet, wie ein Vogel aus dem Nest. Alles, was wir tun können, ist, sie willkommen zu heißen, wenn sie uns besucht, und sie im richtigen Moment wieder ziehenzulassen.

Ich kenne viele Männer, die sich in den Alkohol flüchten, weil sie nicht fähig sind zu lieben, nicht fähig sind, sich für die Liebe zu öffnen. Wie immer sie uns besuchen mag, die Liebe ›sollte‹ immer willkommen geheißen werden. Frauen sind nicht so sehr daran interessiert, sich selbst zu zerstören, weil Liebe immer noch ›ihr‹ grundlegendes ›Bedürfnis‹, der wichtigste Wert ist. Wenn Sie nicht von Männern geliebt werden, lieben Sie sich selbst, kümmern sich um den Körper und machen ihn schön. Vielleicht wird eines Tages der Prinz kommen ...

Und jetzt ein Rat an die Männer:

Liebe beginnt zu Hause. Mit dem Zuhause meine ich den Körper, in dem du jetzt lebst. Liebe den Körper, mache ihn schön, und schäme dich nicht, feminin zu sein. Liebe dich selbst so sehr, daß diese Liebe von dir zu anderen Menschen ausstrahlt. Dann werden die Frauen anfangen, dich zu lieben, denn Frauen lieben die Schönheit.

Natürlich gilt das auch für jene Frauen, die versuchen, wie Männer zu werden. Wenn wir anfangen, sie zu kopieren, gibt es für die Menschheit keine Rettung. Wir sind der weibliche Pol des Lebens, die Yin-Seite. Wenn wir uns von der uralten männlichen Vorherrschaft befreien, ›sollten‹ wir dabei nicht jene passive Energie zerstören, die wir als Frauen verkörpern. Passivität bedeutet nicht Lethargie. Es bedeutet Empfänglichkeit, Offenheit. Wir sind die Blumen des Lebens, und die Macht der Frauen wird nicht gestärkt, indem wir die Männer nachahmen, sondern indem wir die weibliche Energie verstehen. Wenn wir sie einmal verstanden haben, wird sie zu voller Schönheit erblühen, und dann wird kein Mann mehr fähig sein, uns zu beherrschen, zu vergewaltigen oder uns in anderer Weise zu schaden.

Ich bin als Anhalterin durch Brasilien und Nordeuropa gereist, weil ich das Abenteuer liebe und gerne neue Leute kennenlerne. Viele Male bin ich allein getrampt, sogar während ich schwanger war, und dabei nie in gefährliche Situationen geraten, weil ich in ›meinem‹ Benehmen konsequent und selbstbewußt bin und keine Angst vor Männern ›habe‹. Ich weiß, wieviel Angst sie vor uns Frauen ›haben‹, und liebe sie dafür, ich empfinde Mitgefühl für sie. Schließlich ›haben‹ wir sie geboren. Daher rühren ›ihre‹ Ängste! Wir brauchen die Männer nicht zu fürchten oder zu hassen.

Mitgefühl ist der Schlüssel.

Als ich mit Adhara schwanger war, fuhr ich einmal per Anhalter von Brasília ins achthundert Kilometer entfernte Belo Horizonte.

Unterwegs wurde ich von einem Lastwagen mitgenommen. Es war mitten in der Nacht, und der Fahrer ›mußte‹ ein paarmal anhalten, weil mir übel war. Während der ersten drei Schwangerschaftsmonate ›mußte‹ ich mich ständig übergeben.

Plötzlich sagte er mir, daß er gerne mit mir schlafen wollte. Ich schaute ihn an. Der Typ sah gräßlich aus! Ich sagte ihm, daß ich schwanger sei und nur ein Stück mitgenommen werden wollte, weiter nichts! Ich versuchte, freundlich zu bleiben, damit er sich nicht verletzt fühlte. Ich weiß selbst, wie unangenehm es ist, abgewiesen zu werden.

Doch er redete immer weiter auf mich ein, und ich sagte ihm, daß ich aussteigen würde, wenn er nicht damit aufhörte. Er glaubte mir nicht. Hier gab es weit und breit nur unbewohntes Land und Bäume. Ich blieb cool und sagte ihm, daß ich nur Liebe mache, wenn ich selbst es will … und plötzlich kamen wir zu einer Tankstelle. Er hielt an, und ich stieg aus. Ich sagte zu ihm:

»Jetzt kannst du allein weiterfahren!«

»Aber es ist drei Uhr morgens! Wer wird dich von hier mitnehmen?« fragte er.

»Ich bin nicht in Eile«, antwortete ich. »Ich warte auf den nächsten Wagen, der vorbeikommt.«

Und geduldig genoß ich die kühle Nachtluft, die Einsamkeit dieses Ortes und die Erleichterung, nicht mehr bei diesem Fahrer im Lastwagen zu sitzen.

Bei einer anderen Gelegenheit, als ich mit Avinash auf derselben Straße unterwegs war, ebenfalls mitten in der Nacht, faßte mir der Fahrer plötzlich zwischen die Beine. Sofort sagte ich ihm laut und deutlich, er solle auf der Stelle damit aufhören. Er schämte sich furchtbar, und wir konnten bis Belo Horizonte mit ihm mitfahren.

Das waren die beiden einzigen problematischen Erlebnisse, die ich auf Reisen mit Männern ›hatte‹. Meistens ›hatte‹ ich das Gefühl, daß der Fahrer dankbar war, mich mitnehmen zu können. Warum ›sollte‹ er diese Zeit dadurch verderben, daß er sich gemein oder respektlos verhielt?

Als ich das letzte Mal in Poona war, verliebte ich mich in einen Mann, der, nachdem wir zusammen gegessen hatten, zu mir sagte:

»Ich beneide euch Frauen, weil ihr euch über die Gefühle im klaren seid. Wir Männer sind dazu nicht in der Lage!«

Das erstaunte mich, und ich erinnere mich oft daran, wenn ich einen Mann frage:

»Was fühlst du?«

Und er antwortet:

»Ich weiß es nicht.«

Nachdem dieser Mann mir in Poona eine Weile aus dem Weg gegangen war, lud er mich schließlich zum Essen ein, und nachher gingen wir zusammen ins Bett. Dann fickte er mich rasch und aggressiv, statt mit mir Liebe zu machen und mich zum Orgasmus zu bringen. Hinterher sagte er, er hätte das ›gebraucht‹. Es war wie eine Art männlicher Racheakt! Er war in bezug auf Gefühle derartig verwirrt, daß ich fürchte, er behandelte alle Frauen auf diese Weise. Und dabei war er ein so gutaussehender deutscher Sannyasin! Wie sonderbar und traurig! Aber genau aus diesem Grund werden Frauen von Männern vergewaltigt: aus Wut und aus Neid. Wir ›brauchen‹ nicht zu vergewaltigen; wir können verführen. Und warum ›sollten‹ wir jemanden zum Sex zwingen? Sex ›sollte‹ aus Freude und Vergnügen geschehen! Frauen wissen das, spüren das.

Wenn eine Frau sich dieser Macht des Weiblichen bewußt ist, empfindet sie Dankbarkeit, wenn ein Mann sie begehrt. Diese Begierde gibt ihr Energie, auch wenn sie auf den Wunsch des Mannes nicht eingeht. Sie muß nicht mit ihm ins Bett gehen, kann aber dennoch die Zuneigung des

Mannes als Geschenk empfinden und dabei zentriert und erdverbunden bleiben.

Die Natur schützt starke und freie Frauen, weil sie uns ›braucht‹!

Und vergiß nicht: Leidenschaft, Mitgefühl *und* Freiheit.

Gestatte es einem Mann niemals, dich in irgendeiner Weise zu dominieren, was auch immer es bedeuten und kosten mag. Dann wird die Mutter Erde dich stets anlächeln!

5

Frauen lieben Abwechslung

Das erste, was mir beim Schreiben dieser Kapitelüberschrift in den Sinn kam, war das Zeichen der Jungfrau, mit dem ich sehr verbunden bin, weil der Mond dort stand, als ich geboren wurde. Die Sonne stand im Krebs, der das Mondzeichen ist. Daher wird ›mein‹ Bewußtsein sehr stark vom Mond in der Jungfrau beeinflußt. Da diese bei mir zudem in Konjunktion zum feurig aktiven Mars im zehnten Haus stand, wirkt sie sich stark, unmittelbar und energetisch über den Kopf aus.

Die Astrologen verstehen mich nun etwas besser. Für Laien kann ich sagen, daß ich mich wegen dieser starken Verbindung zur Jungfrau so sehr für die Sache der Frauen einsetze, denn sie ist im wesentlichen das weibliche Zeichen des Tierkreises. Der Umstand, daß sie im zehnten Haus stand, verbindet diesen Einfluß mit ›meiner‹ Arbeit, mit dem, wodurch ich mir Bekanntheit erwerbe und was ich der Welt gebe.

Es ist interessant, daß ich hier über Astrologie schreibe. Sie ist das Thema der Bücher gewesen, die ich bislang veröffentlicht habe! Da ich immer mehr im Körper lebe, habe ich das Interesse an der Astrologie verloren, die mir heute als zu kopflastig erscheint. Dennoch erinnere ich mich immer wieder einmal an sie, als Kuriosität, als Werkzeug zur Heilung, oder in Notfällen.

Die Jungfrau kam mir wegen ›ihrer‹ Haupteigenschaften in den Sinn: Vielfalt und Frauen! Sie bringt Verzweigungen und Rationalisierungen hervor, die Myriaden Ideen, die einem Menschen in den Sinn kommen können, und geistige Funktionen wie Erinnerung

Die Zeichnung des Tierkreiszeichens Jungfrau aus Pyaris letztem Buch: »Astrologia Esotérica« (Rômulo).

und Intuition. Daher ist die Astrologie ein Produkt der Jungfrau. Und der Tanz ist ›ihre‹ künstlerische Ausdrucksform. Alle Menschen, die sich mit Astrologie und Hexerei beschäftigen, stehen unter dem Einfluß der femininen Jungfrau.

Die Astrologie stützt gleichfalls diese Aussage, daß eine Frau stets nach Abwechslung sucht. Wenn sie diese weibliche Charaktereigenschaft nicht genießen kann, wird sie sich sehr frustriert fühlen! Es macht Spaß, sich immer wieder zu verändern, Dinge auf neue Weise zu tun: Frisur, Kleidung, Beruf, die bevorzugte Liebesart und, wenn möglich, auch den Geliebten zu wechseln. Abwechslung tut Frauen gut – sie werden dadurch schöner, intelligenter und kreativer.

Zunächst wählte ich für dieses Kapitel die Überschrift: Frauen brauchen Abwechslung. Jetzt, während des Schreibens, wurde mir bewußt, daß es nicht sehr gesund ist, etwas zu ›brauchen‹. Besser ist es, zu sagen, daß man etwas liebt. Bedürftigkeit, das Bewußt-

Die Zeichnung des Tierkreiszeichens Krebs, gleichfalls aus ›Astrologia Esotérica‹ (Rômulo).

sein, daß einem etwas fehlt, zieht Sklaverei nach sich, Abhängigkeit, daher versuche ich stets, dieses Wort zu vermeiden. Manche Leute finden es etwas fanatisch, daß ich so sehr auf die richtige Wortwahl achte, doch wenn man im Leben ernsthaft nach Erleuchtung strebt, ist es erforderlich, sich der Worte bewußt zu werden, die man täglich gebraucht.

Auch achte ich sorgfältig darauf, was ich mir wünsche, denn manchmal wünschen wir uns etwas, werfen diesen Wunsch in die Luft und denken nicht mehr daran. Wenn dann das, was wir erschaffen haben, zu uns zurückkommt, wollen wir es häufig gar nicht mehr. **Dann ist guter Rat teuer.** Das bedeutet auch, daß wir uns entspannen können, wenn uns einmal klargeworden ist, daß alles, wonach wir uns sehnen, auf irgendeine Weise Gestalt annehmen wird. **Innere Anspannung entsteht in erster Linie aus der Unsicherheit und Angst, nicht bekommen zu können,**

was wir ›brauchen‹! Sind wir jedoch selbst die Schöpfer, können wir uns entspannen! Und das sind wir! Wir müssen nur genau hinsehen, dann wird es uns bewußt werden!

Wir können uns ganz von der Vorstellung befreien, etwas zu ›brauchen‹. Luft ist das, was wir wirklich zum Leben brauchen, und Luft ist immer da, auch wenn sie an manchen Orten ziemlich verschmutzt ist. Darum halte ich es für wichtig, dort zu leben, wo die Luft erfrischend und belebend ist!

Der Körper wartet ohnehin nicht, bis wir zu ihm sagen: »Atme jetzt ein!« Sonst würden wir vermutlich mit dem Atmen aufhören und sterben, sobald wir zu grübeln anfangen und darüber vergessen, den Lungen Befehle zu erteilen. Was die Dinge betrifft, die wir wirklich brauchen, ist der Körper von der Natur sehr gut darauf programmiert, sie sich zu beschaffen, ohne daß wir ihm entsprechende Anweisungen erteilen müßten.

Natürlich ›brauchen‹ wir Nahrung und Unterkunft, die oft nicht vorhanden sind. Aber damit sind wir wieder bei der sozialen Problematik, der Ausbeutung des Menschen durch den Menschen.

Die meisten Dinge jedoch, von denen wir glauben, daß wir sie brauchen, sind in Wahrheit entbehrlich. Wir mögen sie oder sind ganz versessen darauf, sie zu besitzen, aber wir sterben nicht ohne sie! Oft setzen wir uns selbst einem langsamen Sterben aus, wenn wir in der Sehnsucht nach diesen Dingen steckenbleiben, statt zu erkennen, daß wir immer weitergehen und etwas anderes finden können, das wir lieben können.

Das interessante am Sex ist, daß der Körper ihn ›braucht‹, aber ohne ihn nicht sofort stirbt. Wenn eine Person so gehemmt oder neurotisch ist, daß sie keine sexuelle Erfahrung machen kann, geschieht etwas Eigenartiges: Ein bestimmter Teil des Verstandes überlagert den kleinen bewußten Teil – von Genies heißt es, daß sie 8 Prozent der Gehirnkapazität nutzen; normale Menschen nutzen 5 Prozent und Dumme noch weniger. In diesem großen Monster, dem Unbewußten, also spielen sich die Dinge in Wahrheit ab. Wir wissen nicht, was dort abläuft, und werden doch irgendwie von diesem Unbewußten gelenkt. Dieses Monster wird von den Eltern programmiert, der Gesellschaft und allen anderen, denen wir Zugang zu ›unserem‹ Verstand ermöglichen, denen wir zuhören, an die wir glauben. Darum sagt jeder **Wahre Meister:**

»Glaubt nicht an mich. Glaubt an niemanden, an nichts! Erfahrung ist entscheidend, nicht der Glaube!

Erfahrung ist etwas anderes als Glauben. An einer Erfahrung nehmt ihr selbst teil, statt euch den Kopf mit Ideen vollzustopfen, die in keinem existentiellen Zusammenhang stehen.«

Freud und andere, die die Psyche wissenschaftlich erforschten, entdeckten, daß dann, wenn der Körper nach Sex hungert und dieser Hunger nicht befriedigt wird, manchmal das Unbewußte die Kontrolle übernimmt und Sie dazu veranlaßt, Dinge zu tun, die Sie bewußt gar nicht tun wollten oder für unmöglich gehalten hätten.

Oft geschieht es, daß Professoren, Priester und andere hoch angesehene, aber sehr gehemmte Leute plötzlich anfangen, perverse Dinge zu tun, ohne zu wissen, warum, ja manchmal sogar, ohne sich dessen überhaupt bewußt zu sein.

Tatsache ist: Niemand kann ohne Sex leben. Wird die eigene Sexualität nicht auf eine gesunde, befriedigende Weise gelebt, wird sie auf pervertierte Weise zum Vorschein kommen.

Mangel an Sex kann darüber hinaus das Gehirn schädigen und Menschen verblöden lassen. Diese Verbindung ist es, die uns befähigt, uns allein durch entsprechende Gedanken in sexuelle Erregung zu versetzen. Niemand berührt uns, niemand provoziert, daß das Herz schneller schlägt, und doch können wir sehr heiß werden, einfach indem wir an jemanden denken oder uns eine bestimmte Situation vorstellen.

Ich habe Osho sagen hören, daß Juden intelligent sind, weil sie beschnitten werden. Da die Genitalien mit dem Gehirn verbunden sind, erhält es durch die Beschneidung einen unmittelbaren Schock, wodurch es effizienter funktioniert. Viele Denker, die den Lauf der Geschichte veränderten, waren Juden: Einstein, Freud, Marx, Reich und viele andere.

Natürlich kannst du alles ändern, wenn du bewußt bist. Aber Sex kann auf sehr viele Arten erlebt werden. Du **kannst:**

- ganz ohne ihn leben und ohne sich bewußt zu sein, was im Körper geschieht, wenn du dich nicht auf Sex einlassen, ihn nicht genießt;
- Sex auf eine pervertierte Weise genießen. Manchmal können Menschen ihn überhaupt nur auf diese Weise erleben;
- das sexuelle Bedürfnis befriedigen, so wie du ißt und aufs Klo gehst: völlig blind gegenüber dem Menschen, mit dem du Sex ›hast‹, und sogar gegenüber dir selbst;
- für den Sex oder während der sexuellen Handlung töten;
- masturbieren und sich dabei den perversesten Fantasien hingeben;
- jemand anderen masturbieren oder mit jemand anderem masturbieren;
- Masturbation zur Heilung anwenden;
- die sexuelle Freude mit allen körperlichen Sinnen genießen;
- sich selbst und andere mit Sex heilen;
- Liebe machen;
- und du kannst Zeit- und Raumlosigkeit erfahren, die Ewigkeit, indem du dich bewußt, frei und natürlich der sexuellen Erfahrung öffnest.

❦

Ja, Frauen lieben Abwechslung. Und was wir lieben ist von großer Wichtigkeit. Liebe ist die Quelle des Lebens! Sie schenkt uns Energie, Kraft, Kreativität und Freude!

Das Frausein basiert auf der Vielfalt, der Abwechslung. Der Körper der Frau ist, weit mehr als der des Mannes, voll von unterschiedlichen erogenen Zonen. Wenn ein Mann lediglich das Glied in die Scheide schiebt, wird die Frau dabei überhaupt nichts empfinden. Der Mann schon: Er kann sofort mit dem Penetrieren anfangen und dabei Lust empfinden. Anders die Frau: Sie kann ohne ein Vorspiel nicht zur Erregung gelangen. Und das nicht etwa, weil sie sich auf einem neurotischen Trip befindet, sich vor dem eigentlichen sexuellen Kontakt drücken will oder Angst davor ›hat‹, wie die Männer oft denken, sondern weil sie beim Sex kaum etwas spürt, wenn nicht der ganze Körper vom Mann berührt und stimuliert wird. Das ist auch etwas, was den Männern angst macht: Die Frau ist zunächst kühl und uninteressiert ... Er fängt an, mit ›ihrem‹ Körper zu spielen, denkt, zu mehr würde es nicht kommen, weil sie es nicht will, und dann plötzlich explodiert sie in eine orgasmische Erfahrung, die Männer nie nachvollziehen können, weil die Natur sie nicht entsprechend ausgestattet ›hat‹. Und sie kann immer wieder kommen, kann nacheinander viele Orgasmen ›haben‹! Der Mann gerät in Panik! ›Was ist passiert?‹ Es ist einfach zu viel für ihn. Er selbst ist gleich nach der Ejakulation erschöpft. Manchmal kann er nach einer kleinen Weile erneut beginnen ... Und wenn der Mann, zufrieden darüber, daß er ihr zu einem solchen Orgasmus verholfen hat, beim nächsten Mal dieselben Stellen ›ihres‹ Körpers berührt, geschieht überhaupt nichts, keine Explosion! Jetzt langweilt sie sich. Neue Eindrücke sind nötig, neue Abenteuer. Neue Pfade müssen beschritten werden, neue Flüsse überquert werden. Wieder muß er an ›ihrem‹ Körper die ›richtigen‹ Stellen finden, wieder findet ein Spiel aus Verführung und Berührung statt, die Suche nach dem Moment der Explosion! Und wenn der Mann das nicht versteht, werden sie keine weiteren sexuellen Begegnungen ›haben‹. Ich meine wirklichen Sex, nicht die Vergewaltigung, die Frauen jede

Nacht von Ehemännern erdulden müssen, so daß ihnen nur der Gedanke bleibt:

»Bringen wir es schnell hinter uns, damit er endlich einschläft.«

Ich erinnere mich an zwei Erlebnisse, bei denen Männer Angst bekamen, weil ich einen starken Orgasmus erlebte. Einmal geschah es in Poona, mit einem Mann, der das Rebalancing Training machte. Erst wollte er sich nicht mit mir einlassen. Auf die Art von Person, die er war, muß ich ziemlich ausgeflippt gewirkt haben. Und außerdem hielt er mich für zu alt! Dabei betrug der Altersunterschied zwischen uns nur sieben Jahre! Wenn er mich heute mit Männern sehen könnte, die so viel jünger als er sind ...

Als ich ihn das erste Mal ansprach, bat ich ihn um eine Massage, denn ich wußte, daß Leute, die das Rebalancing erlernen, sich stets über eine Gelegenheit zum Üben freuen. Ich fand ihn sehr gutaussehend: einer der ältesten Männer, für den ich mich je interessiert habe. Ich vermute, daß ich mich zu jüngeren Männern hingezogen fühle, weil sie frisch sind, offen für neue Ideen und besser in Kontakt mit dem Körper.

Er antwortete mir kühl, daß sie momentan keine Patienten suchten, und ich vergaß ihn. Kurze Zeit danach trafen wir uns auf einer großen Party im sogenannten Weißen Haus, wo einige Sannyasins lebten und stets viele interessante Dinge geschahen. Er lächelte, ich auch. Ich fühlte mich wieder von ihm angezogen, und wir tanzten ein bißchen zusammen, wild und voller Energie. Dann ging ich allein herum, schaute mir die glücklichen Gesichter an und tanzte mit einigen anderen Männern. Aber er war eindeutig der interessanteste unter ihnen, und ich ging zurück zu dem Swimming-pool, wo ich ihn getroffen hatte. Er saß dort und schaute mich an, lud mich mit den Augen ein. Ich setzte mich zu ihm, ließ die Füße ins Wasser baumeln, und wir flirteten ein wenig ohne Worte, erfreuten uns einfach an der Gegenwart des anderen. Plötzlich fragte er mich, ob ich immer noch von ihm massiert werden wollte. Ich sagte ja.

»Sollen wir es jetzt gleich tun?« lud er mich mit einem verführerischen Lächeln ein.

Ich war überrascht und schaute mich einen Moment um. Es war eine nette Party, aber wozu sollte ich noch länger bleiben, wenn dieser nette Mann mir eine Massage anbot?

Wir gingen zu mir. Ich ›hatte‹ eine wunderschöne Wohnung in der Nähe des Ashrams, mit einer schönen, langgezogenen Terrasse und Blick auf den großen Fluß neben dem Krematorium. Auf dieser Terrasse hielt ich mich frühmorgens stundenlang auf und lag nackt in der Sonne. Das liebe ich noch immer, wie einst der Grieche Diogenes ...

Ich lud ihn ein, mit mir dort hinaufzugehen und sich für einen Moment an der herrlichen Aussicht zu erfreuen. Bald versuchte er, den Ausschnitt ›meines‹ Kleides zu öffnen. Ich half ihm dabei, denn es ging ein wenig schwer. Er fing an, ›meine‹ Brüste zu küssen und zu streicheln. Ich fand es wunderbar und war völlig high vor Liebe! Anschließend gingen wir unter die Dusche, wo wir noch mehr Spaß miteinander ›hatten‹. Zu guter Letzt fanden wir uns im Bett wieder und liebten uns, bis er morgens um kurz vor sechs aufstand, um an der dynamischen Meditation teilzunehmen.

Ich war von diesem Mann völlig bezaubert. Es war 1989, und ich hielt mich zum leider letzten Mal in Poona auf. Damals hatte ich schon sieben Jahre mit Avinash zusammengelebt, und erstmals befand ich mich ohne ihn dort. Erst ein paar Monate zuvor waren wir gemeinsam aus Poona zurückgekehrt. Ich war in die Schweiz, nach Villeret, gefahren, um dort einen Workshop zu geben, aber ich hatte die ganze Zeit an eine Liebesaffäre denken ›müssen‹, die sich zwei Tage vor ›unserer‹ Abreise aus Poona ereignet hatte. Es war eine dieser schönen Begegnungen gewesen, wie sie dort immer wieder zustande kamen, diesmal mit einem Tänzer aus Kanada, einem jungen Mann, der sich in mich verliebte, als er mich bei einer brasilianischen Party singen und Gitarre spielen hörte. Wir verbrachten die Nacht und den folgenden Tag zusammen, und weil Osho an jenem Tag nicht zum Diskurs erschien, genossen wir ein paar weitere gemeinsame Stunden. Dann war es vorüber.

Im Flugzeug wollte Avinash nichts davon hören. Er war eifersüchtig. Auch mit Adhara konnte ich die Freude nicht teilen. Sie war damals erst elf Jahre alt und empört, daß Mama eine Liebesaffäre mit einem anderen Mann als Avinash genoß!

Ich konnte den schönen blonden Jungen, der so sehr in mich verliebt gewesen war, nicht vergessen. Auf diesem Trip nach Poona hatte ich mich von Avinash ein wenig lösen und andere Männer kennenlernen wollen. Es kam zu einer verwirrenden Liebesaffäre mit einem Brasilianer; wir ›hatten‹ viel Freude miteinander, obwohl er sich nicht auf Sex mit mir einlassen konnte. Als er sich dann doch dazu durchgerungen hatte, traf ich den Kanadier, der zweifellos ein weitaus befriedigender ›Liebhaber‹ war! Doch dieser eine Tag war viel zu kurz gewesen!

Ehe ich abreiste, sagte der Brasilianer erstaunt zu mir:

»Es ist verblüffend und wunderbar, wie du so ganz und gar aus dem gegenwärtigen Augenblick heraus leben kannst!«

Zurück in Europa, träumte ich von dem Kanadier. Wir schrieben uns einige Briefe und planten, daß er mich in Europa besuchen ›sollte‹, dachten auch darüber nach, zusammen aufzutreten. Dann kam Avinash mit der glänzenden Idee, daß ich allein nach Poona fliegen sollte, um mir darüber klarzuwerden, ob das mit dem Kanadier dazu bestimmt war, zu einer dauerhaften Freundschaft zu werden, oder ob es sich nur um eine kurze Leidenschaft handelte. Er sagte:

»Wenn er jetzt herkommt, werdet ihr kaum Gelegenheit ›haben‹, euch wirklich intensiv aufeinander einzulassen. Die Wohnung ist nicht sehr groß, die Kinder und ich sind immer in der

Nähe ... Es ist besser, wenn du nach Poona reist, die Atmosphäre dort genießt. Und wenn das mit ihm wirklich etwas Besonderes ist, kann er anschließend mit dir hierherkommen.«

Ich war unsicher und ängstlich, aber es war eine gute Idee, und ich flog. Er hatte mir geschrieben, daß er Sannyas genommen hatte und eine Liebesaffäre mit einer brasilianischen Tänzerin eingegangen war, die ich selbst ihm vor ›meiner‹ Abreise vorgestellt hatte. Das machte mich natürlich noch unsicherer! Dennoch entschloß ich mich, zu reisen, und auf dem Flughafen von Bombay empfing er mich mit einem schönen Blumenstrauß. Das Prickeln zwischen uns war immer noch da, obwohl ich uns mit Plänen für die Zukunft und anderen Dummheiten die gemeinsame Zeit verdarb ...

Es ist verrückt, nach Poona zurückzufliegen, um einen ›Liebhaber‹ wiederzusehen. Die Zeit vergeht dort sehr schnell, alles verändert sich ständig, und ich wußte, daß ich nicht nur wegen dem Kanadier dorthin reiste. Vor allem tat ich es für mich, und er diente mir als schöne Entschuldigung.

Wir schliefen nur einmal miteinander, gleich nach ›meiner‹ Ankunft. Nachher entwickelte sich zwischen uns eine schöne, aber platonische Freundschaft. Wir meditierten zusammen und unternahmen viele andere interessante Dinge gemeinsam. Er dachte, etwas stimme nicht bei ihm, weil er keine Lust mehr verspürte, mit mir Sex zu ›haben‹, doch ich machte eine Therapiesitzung mit ihm, bei der sich herausstellte, daß er ganz einfach körperlich nicht mehr an mir interessiert war.

Wir teilten uns ein Gästezimmer in der Wohnung einer indischen Familie. Einmal beschlossen wir, eine kleine Party zu veranstalten, bei der ich als Tänzerin auftrat. Dazu hatte ich auch den im vorigen Kapitel bereits erwähnten deutschen Sannyasin eingeladen, der das ›Bedürfnis‹ verspürte, mich zu ficken. Auf dieser Party unterhielt ich mich zum ersten Mal näher mit ihm. Nach der Party blieb er bei mir, die Liebe war da und der Kanadier übernachtete bei einer ehemaligen Freundin.

Mit ihm gelangte ich nicht zum Orgasmus und ›mußte‹ oft an den Kanadier denken! Dennoch war es deutlich besser als unsere zweite sexuelle Begegnung, dieser wie eine aggressive Bestrafung wirkende ›Liebes‹-Akt ein paar Nächte danach!

Am folgenden Morgen ging er, nur mit einem Handtuch umwickelt, auf die Toilette, was ein Schock für die Familie war. Ich war ihnen sympathisch gewesen, und sie hatten sogar respektiert, daß ich mich morgens nackt auf ›ihrer‹ Terrasse sonnte. Doch von da an verhielten sie sich mir gegenüber sehr reserviert, und ich beschloß auszuziehen. Zwischen dem Kanadier und mir spielte sich ohnehin nicht mehr viel ab. Wir liebten uns, aber das war alles. Kein Sex mehr, kein Feuer. Ich bekam die Wohnung mit der schönen Aussicht und genoß es zum erstenmal im Leben, allein zu sein!

Das Erlebnis mit dem ›Bestrafer‹ war frustrierend und schmerzhaft, aber immerhin half es mir, die Unterschiede zwischen Männern und Frauen besser zu verstehen.

Als ich einmal neben ihm beim Frühstück saß, sprach er kein Wort. Er schaute mich noch nicht mal an und ging so rasch wie möglich. Ich war am Boden zerstört. Dann kam er zurück, bat mich um Verzeihung, hielt mich in den Armen. Ich weinte, und er sagte, er sei noch nicht bereit für eine neue Beziehung, weil er sich emotional immer noch sehr an eine andere Frau gebunden fühle. Dabei wollte ich überhaupt keine Beziehung, ich wollte ihn einfach nur manchmal genießen ...!

Natürlich war ich selig, als ich nach diesen beiden frustrierenden Liebesaffären den anderen Deutschen traf, der mir die Rebalancing-Massage anbot! Endlich konnte ich auf dieser Reise, die ich ja schließlich der Liebe wegen unternommen hatte, doch noch einen Mann genießen. Osho hielt keine Vorträge, und ich bekam ihn während des gesamten sechswöchigen Aufenthalts kein einzi-

Pyari bei einer Fotosession für die Tanz-Shows. Hamburg, 1991.

ges Mal zu Gesicht. Das empfand ich als zusätzliches Zeichen, mich ganz jenem Bereich zu widmen, den ich offenbar intensiv erforschen wollte. Was das war, stand für mich außer Zweifel: die Liebe zu leben. Das bedeutet der Name Pyari! Ja, das war Oshos Botschaft für mich gewesen, als ich initiiert wurde: mich der Liebe hinzugeben!

Nun hatte ich endlich jemanden gefunden, mit dem ich sie uneingeschränkt genießen konnte!

An diesem Morgen ging er früh zur dynamischen Meditation. Später begab ich mich ebenfalls in den Ashram, um nach ihm zu suchen. Als ich den Kopf auf ›seine‹ Knie legte, wir beide noch ganz im Bann der wunderbaren Nacht, die wir zusammen verbracht hatten, schauten die Leute, die vorübergingen, uns erstaunt an, offenbar verwundert über die Natur dieser Begegnung. Wir sahen wirklich aus, als kämen wir aus verschiedenen Welten: Er, so normal, und ich, so hatte es jemand ein paar Tage zuvor beschrieben, ›wie ein Paradiesvogel‹.

Diese Tage in Poona waren für uns beide wunderbar. Anfangs versuchte er, vor mir wegzulaufen, und schaute sich nach anderen Frauen um. Doch nach einer frustrierenden Nacht, in der er versucht hatte, eine andere zu finden, sagte er selbst zu mir:

»Mir ist klargeworden, daß ich mit dieser nächtlichen Jagd aufhören sollte, denn im Moment paßt du einfach am besten zu mir. Und mir begegnet sowieso keine Frau, die aufregender wäre als du. Außerdem hast du Verständnis dafür, wenn ich allein sein möchte, und fühlst dich dadurch nicht gekränkt.«

Ich besuchte ihn jede Nacht, und manchmal wollte er nicht mit mir schlafen oder mit mir zusammensein, und das war dann völlig in Ordnung. Ich akzeptierte es einfach. Dann ging ich allein aus, aber alle anderen Männer erschienen mir zu langweilig, und ich kehrte mit dem glücklichen Gefühl nach Hause zurück, ihn am nächsten Tag wieder treffen zu können. Wir lernten viel und ›hatten‹ – wie alle dort – das Gefühl, daß ein Tag in Poona wie anderswo ein ganzes Jahr ist!

Eines Abends verging ich förmlich vor Sehnsucht nach ihm. ›Sein‹ Mitbewohner öffnete mir die Tür. Ich beschloß, in ›seinem‹ Bett auf ihn zu warten, in der Hoffnung, daß er gerne mit mir schlafen würde. Er kam spät und war erfreut, mich bei sich anzutreffen. Wir begannen mit der schönen, sehr wachen und bewußten Sannyas-Liebe, ohne Küsse und mit Kondom, um uns vor Aids zu schützen. Ich erreichte einen Orgasmus, der ungeheuer stark war! Vielleicht weil ich schon so lange in ›seinem‹ Bett gewartet hatte, erfüllt von erwartungsvoll pulsierender Energie. Vielleicht aber auch, weil wir besonders total sein wollten, da es sich um eine der letzten Nächte handelte. Was immer es war, es brach wie ein Hurrikan herein und wirbelte mich davon. Der Körper begann zu explodieren, bebte, zitterte. Ich weinte, lachte, verlor alle Grenzen. Er bekam Angst, hielt mich in den Armen und fragte:

»Bist du okay?«

Ich konnte nicht antworten, selbst erstaunt über das, was da geschah. Hinterher, als ich irgendwie wieder zur Erde zurückgekehrt war, sagte ich:

»Ich hoffe, auch nachdem das passiert ist, möchtest du weiter mit mir Liebe ›machen‹.«

»Natürlich«, sagte er. »Warum nicht?«

»Es scheint, daß Männer dieses weibliche Phänomen der Explosion nicht besonders gut verkraften«, antwortete ich. »Bei dem Kanadier war es so. Als ich kam, erlebte ich auch einen solchen Orgasmus, und er bekam Angst wie du. Danach wollte er nie wieder mit mir schlafen ...«

Er sagte, daß er anders sei, daß er lerne, als Rebalancer zu arbeiten, und sich nicht vor dem Orgasmus einer Frau fürchten würde. Dennoch war er danach sehr zurückhaltend, wenn wir wieder miteinander schliefen. Und so erreichte ich mit ihm nie wieder das, was ich einen kosmischen Orgasmus nenne!

Manche Leute behaupten, daß ein kosmischer Orgasmus nichts mit Sex zu tun habe und daß man diese Erfahrung nur in tiefer Meditation machen könne. Für mich ist Liebe die tiefste Form der Meditation, und manchmal vernichtet diese orgiastische Explosion mir das Ego.

Zweimal besuchte er mich in Hamburg und gab mir wundervolle Rebalancing-Massagen. Als wir nach der Massage zum erstenmal Sex ›hatten‹, mußte ich ihn bitten, mich nicht so doll an der Klitoris zu berühren. Ich wußte, daß die Frau, mit der er zusammenlebte, keinen Orgasmus erreichte, und wahrscheinlich versuchte er, durch diese starke Berührung viel Energie in ›ihren‹ Körper zu bringen, um ihr doch noch dazu zu verhelfen. Diese Gewohnheit brachte er offenbar zu mir mit. Ich sagte ihm also, daß er sich entspannen konnte, wenn wir Liebe machten, damit ich mich auch entspannen konnte, denn dann würde ich ganz automatisch zum Orgasmus gelangen.

Diese Freundin war auch der Grund, warum er sich mir in Poona nicht völlig hingegeben hatte. Sogar nachdem ich ihm erklärt hatte, wie ich diese Dinge sehe, und daß ich keine Beziehung zu ihm oder irgendeinem anderen Mann wollte, wahrte er in der Liebe zu mir immer noch eine gewisse Zurückhaltung. Aber die Energie zwischen uns war einfach stärker als all dieser mentale Mist, und wenn wir uns erst einmal in den Armen lagen, konnte er nicht länger cool zu bleiben. Dann gab er sich hin und tauchte in den Ozean der Freude und Liebe ein.

Als er mich zum zweitenmal besuchte, brachte er eine schöne Kassette mit Ashram-Musik mit, die den Titel ›Offenes Fenster‹ trug. Ich überspielte sie mir, und sie ist auch heute noch ›meine‹ bevorzugte Entspannungsmusik. Dann gab er mir eine sehr schöne Massage. Aber zum Schluß entdeckte ich dabei so viel Verlangen in ›seinen‹ Augen, daß ich mich abgestoßen fühlte. Sex und Liebe sind etwas Heiliges für mich, und ich mag es nicht, wenn diese magischen Kräfte auf eine pornographische Ebene hinabgezogen werden. Das verdarb mir die Freude am Sex mit ihm.

Der andere Mann, der sich vor ›meinen‹ Orgasmen fürchtete, war jener, der nach dem Workshop ›Touch‹ irgendwann im Jahr 1993 glaubte, ich hätte ihn verhext. Als ich nach einem wundervollen Orgasmus laut zu kreischen begann, sagte er:

»Du bist wirklich verrückt!«

Danach machten wir nie wieder Liebe zusammen. Und dabei war es mit ihm so nett gewesen!

❦

Männer können auch allein einen kosmischen Orgasmus erleben, aber die höchste Energie der Vereinigung strömt immer vom weiblichen in den männlichen Körper. Möglicherweise ist das der Grund für die Furcht der Männer vor den Frauen, und dafür, daß sie uns seit Jahrtausenden unterdrücken!

Es ist interessant zu sehen, wie die Dinge ins Gegenteil verkehrt wurden. Normalerweise glaubt man, besonders in lateinamerikanischen Ländern, daß Männer mehr als eine Frau ›brauchen‹, während Frauen mit einem Mann vollkommen zufrieden sind. Ich habe dagegen beobachtet, daß Frauen nicht lange bei einer Sache bleiben können. Die Frau liebt Abwechslung! Deshalb macht sie immer wieder neue Pläne, sucht nach neuen Schuhen, einem neuen Make-up, und, wenn sie sexuell frei ist, nach neuen Männern! Ich spreche hier nicht von jenen Frauen, die Sicherheit ›brauchen‹ oder einen neuen Vater, der sie heiratet. Doch sogar sie werden des öfteren umziehen wollen oder anfangen, sich endlos zu beklagen, einfach weil sie ein bißchen Veränderung ›brauchen‹!

Jene wenigen Frauen, die die Schätze der Freiheit entdeckt

haben und umherstreifen wie Tiere, wachsam gegenüber den Signalen des Körpers, voll bewußt, daß sie Töchter des Planeten sind, helfen der Mutter Erde, indem sie die Sinne stärken und für größere Bewußtheit sorgen. Sie sind nicht bereit, sich mit der Ehe oder einem einzigen ›Liebhaber‹ fürs ganze Leben zufriedenzugeben. Sie sind auf der Suche nach Schönheit. Schönheit ist eine weibliche Eigenschaft, und ›ihren‹ Gipfel erreicht man, wenn man alle Möglichkeiten sieht, wenn man all die Myriaden Aspekte der weiblichen Energie erkundet. Jeder Mann, der uns liebt, bringt eine neue Frau in uns zum Vorschein, eine, die zuvor schlief und auf den Kuß dieses ganz besonderen und einzigartigen Mannes wartete! Damit ist nicht gemeint, daß wir herumlaufen und mit jedem Mann ins Bett gehen sollen, den wir attraktiv finden. Das ist nicht der richtige Weg! Vor allem, weil nicht jeder Mann die Geheimnisse des Sex kennt und nur sehr wenige uns wirklich zufriedenstellen können. Wir sollten uns nicht einfangen, uns nicht in den Schmutz hinabziehen lassen! Frei und offen zu sein bedeutet, ganz wach und bewußt in der Gegenwart mit all ›ihrer‹ Komplexität zu leben. Das Leben ist nicht leicht, und das ist gerade das Schöne daran. Der Reichtum des Lebens wird uns nur zugänglich, wenn wir wach und achtsam sind!

Ich schlage folgendes vor: Seien Sie immer offen für die Signale des Herzens, der Sinne, der Vagina. Wenn das Herz klopft, sollten Sie diesem Signal folgen, ohne nachzudenken. Manchmal wird schon ein intensiver Blick in die Augen des Mannes genügen, um Sie zufriedenzustellen! Manchmal werden Sie einander nur die Hände halten. Manchmal geht es darum, den anderen zu streicheln, vielleicht stundenlang, oder sich in den Armen zu halten. Manchmal will die Vagina mehr, will sich diesem Mann ganz hingeben und den Orgasmus erfahren. Aber Sie müssen sich, wenn Sie mit jemandem ins Bett gehen, sicher

sein, daß er Sie zufriedenstellen kann. Und wenn Sie sich dessen nicht sicher sind, sollten Sie zumindestens stark genug sein, ihm zu sagen, wie Sie sich den Sex mit ihm wünschen!

Vor fünf Jahren fuhr ich zu der ersten großen Techno-Party in Deutschland, und ich sah dort einen schönen Mann. Ich ging zu ihm, stellte mich mit Namen vor, und wir ›hatten‹ ein nettes Gespräch. Da er gerade aus Australien zurückgekommen war, sprach er gut Englisch. Während der ganzen Party war ich in Verbindung mit ihm, wußte immer, wo er war, und die Gefühle waren schön, wann immer ich ihn tanzen und den Abend genießen sah.

Ein paar Monate später trafen wir uns auf einer anderen Techno-Party, einer kleineren. Ich kam herein, und als er mich sah, rief er: »Pyari!«, nahm mich liebevoll in die Arme und sagte voller Herzlichkeit:

»Schön, dich zu sehen!«

Ich war wie verzaubert, nahm ihn bei der Hand, und wir setzten uns draußen ans Feuer und genossen diese schöne Begegnung. Ich ›hatte‹ das Gefühl, daß er Angst bekam und sich unbehaglich fühlte, und es passierte nichts weiter.

Dann war da eine Party auf Sylt. Ich war in einen anderen Mann verliebt, der aber bereits anfing, mir auf die Nerven zu gehen und gleichfalls dort war. Ich fühlte mich etwas traurig, doch dann sah ich den zuvor erwähnten Mann, wie er ganz nah bei mir tanzte. Ich schloß die Augen und beobachtete das heftige Herzklopfen. Er sah mich auch, und wieder nahm er mich in die Arme und schrie:

»Hey, Pyari, wie schön, dich hier zu sehen!«

Ich erzählte ihm, daß ich nach Glückstadt umgezogen war, und wir gingen Arm in Arm zum Auto, wo ich ihm ›meine‹ neue Telefonnummer gab. Als wir dicht am Bus standen, küßte er mich leidenschaftlich und berührte mir die Brüste. Ich war überrascht und fühlte mich wie im Himmel! Ich schrieb ihm die Nummer auf, und mehr tat sich auf dieser Party nicht zwischen uns, denn er kam nicht noch einmal in ›meine‹ Nähe.

Auf einer anderen Party, wo wir uns erneut auf sehr freundliche Weise begegneten, bot ich ihm eine Massage an, als er mir sagte, er fühle sich nicht sehr gut. Er legte sich auf einem Sofa zwischen ›meine‹ Beine, und ich begann, wobei mir zum erstenmal auffiel, wie sehr ›seinem‹ Körper Berührung, Liebe, Sex und Freude fehlten. Ich dachte:

›Na ja, er ist nicht so wunderbar, wie ich gedacht habe. Vermutlich ist er ein ziemlich problematischer Typ.‹

Etwas später sagte er:

»Wir sollten jetzt besser aufhören. Ich werde schon ziemlich heiß.«

»Na und? Das ist gut!« sagte ich.

Er antwortete:

»Was sollen wir denn dann machen? Hier miteinander schlafen?«

»Warum nicht?« sagte ich.

Natürlich wußte ich, daß er das nicht tun würde. Es wäre möglich gewesen, aber er war nicht der Typ dafür. In Deutschland sind die Männer nicht so mutig. Ich hatte es scherzhaft gemeint – ein netter Scherz!

Es wurde klar, daß sich etwas zwischen uns entwickelte, und ich versuchte, mich in Hamburg mit ihm zu verabreden, doch er sagte jedesmal nein, immer mit komplizierten Erklärungen, und ich gab es auf.

Fast ein Jahr später wohnten wir in einem besetzten Haus und gaben dort eine große Party. Wir lebten dort in einem großen Zimmer, wo ich Workshops veranstaltete, und während der Party zog ich mich manchmal dorthin zurück, um mich auszuruhen.

Es war schon früh am Morgen, als er plötzlich auftauchte. Ich war überrascht und glücklich, als wir beisammen saßen, und er mir erzählte, er sei für sechs Monate im Krankenhaus gewesen, wegen einer Knieverletzung, die er sich beim Fußball zugezogen hatte. Er interessierte sich für Meditation, wir redeten ein bißchen darüber, und ich bot an, ihm das Zimmer zu zeigen. Es war ein sehr großer, leerer Raum, erfüllt von der Energie der Menschen, die dort meditiert hatten.

Wir legten uns auf eine Matratze, ich legte leise Musik auf und sagte ihm, er solle in den Bauch atmen, um in eine entspanten Zustand zu gelangen. Es war ein schönes Gefühl, dort an ›seiner‹ Seite zu sein, still, nach einer verrückten Nacht des Feierns und Arbeitens. Wir hatten an einer Bartheke Gesundheitsdrinks verkauft.

Plötzlich fing er an, mich zu küssen, und bald darauf leckte er mir Busen und Muschi. Ich gelangte zum Orgasmus, war befriedigt, glücklich, und wieder verschwand er ganz schnell.

Monate später, auf einer anderen Open-Air-Party, kam er im Morgengrauen zu dem Stand, wo wir Heilkräuter-Cocktails aus Brasilien verkauften. Er lächelte und nahm mich in die Arme. Ich saß

auf ›seinem‹ Schoß und ging dann mit ihm weg. Erst gingen wir zu einem Tipi, das aber schon belegt war. Das Auto war die nächste Möglichkeit, aber dort waren wir nicht ganz alleine. Er berührte mich ein bißchen, hier und da, aber wir konnten nicht miteinander schlafen, obwohl wir das beide zu wollen schienen. Wieder versuchte ich ihn dazu überreden, daß wir uns in Hamburg sehen ›sollten‹, bei ihm oder bei mir, aber er sagte, er sei ein Einzelgänger, der ›seinen‹ eigenen Weg gehen müsse. Ich fand das albern, da ich nicht vorhatte, ihm ›meinen‹ Weg aufzudrängen oder dergleichen. Aber was konnte ich machen? Ich mußte es akzeptieren!

Zeit verging, ich traf Buck, und genoß die Freuden und Leiden dieser verrückten Liebesaffäre. Ich ging auf eine Party, um Buck zu treffen, und plötzlich tauchte dieser andere Typ auf.

Nun, ich war nicht erfreut, ihn zu sehen. Er sah fett aus, häßlich, und wir redeten endlos, ohne einander zu erreichen. Ich war ohnehin viel zu verrückt nach Buck, und wollte keine platonische oder komplizierte Begegnung mit diesem anderen Mann!

Ein paar Monate später kam ich mit einem Taxifahrer ins Gespräch, der mich nach Hause fahren ›sollte‹. Er kannte mich von den Partys und lud mich ein, ihn noch zu einer zu begleiten. Wir gingen zu mir, tranken eine Tasse Tee. Ich zog mich schön an, schminkte mich, und los ging's. Buck war auch dort, aber die Leidenschaft zwischen uns hatte sich bereits abgekühlt. Ich tanzte und genoß den Körper.

Plötzlich sah ich **den anderen Mann.** Er saß mit ein paar Leuten auf dem Boden, lächelte und machte in ›meine‹ Richtung das Zeichen von Frieden und Liebe. Ich ging nicht zu ihm, erwiderte nur das Lächeln. Ich war müde und wollte keine frustrierenden Begegnungen ...

Er kam zu mir. Wir redeten ein bißchen, er fragte mich, ob ich mit ihm rauchen wollte, und ich erwiderte, daß ich keinen Tabak rauche. Er sagte, er würde etwas reinen Stoff zum Rauchen für uns organisieren, und ich ging zurück zur Tanzfläche. Der Körper war energiegeladen, ich tanzte viel, frei und voller Anmut. Ich spürte, daß ›seine‹ Augen mich beobachteten, was mir noch mehr Kraft gab! Nach einer Weile tauchte er neben mir auf und sagte:

»Ich mag nicht länger warten.«

Ich war überrascht, ging aber dann mit, um mit ihm zu rauchen. Wir redeten, ich massierte mir die Füße, erklärte ihm diese Art der Massage, wir tauschten ›unsere‹ Telefonnummern aus. Dann war er wieder verschwunden. Buck kam zu mir, wir lagen uns in den Armen. Ich zeigte ihm den anderen und sagte:

»Ich mag ihn sehr.«

Da fiel mir auf, wie leicht wir den Fehler machen, mit jemandem, den wir lieben, über andere Leute zu reden. Das bringt nichts. **Wenn wir mit jemandem zusammen sind, sollten wir uns in der Kunst üben, ganz in der Gegenwart zu sein: Nicht die Zeit, in der wir miteinander Energie austauschen können, damit vergeuden, über andere zu reden.** Diese Kunst beherrsche ich noch immer nicht ...!

Ich fing an, mit ihm zu telefonieren, und wir ›hatten‹ lange Gespräche, die für mich manchmal etwas ermüdend waren. Eines Tages kam er mich dann schließlich besuchen. Ich weiß nicht mehr, wie es dazu kam, denn zu diesem Zeitpunkt war ich nicht mehr sehr an ihm interessiert. Ich hatte mich so danach verzehrt, mit ihm zusammenzusein, daß ich mich schließlich entspannte und die Hoffnung einfach aufgab. Und da kam er plötzlich zu mir!

Er interessierte sich für Meditation, und wir sprachen stundenlang darüber. Ich versuchte, ihm alle Fragen zu beantworten. Aber dann fing das Gespräch an, mich zu erschöpfen, und es war ohnehin unmöglich, Meditation mit Worten zu erklären, weil sie erfahren werden muß. Ich hätte ihn viel lieber berührt und geliebt, denn das ist für mich die beste Form der Meditation.

»Willst du meditieren?« fragte ich ihn. »Ich glaube, das ist die einzige Möglichkeit, Meditation wirklich zu verstehen.«

»Ja«, sagte er langsam und etwas unsicher.

Drei Jahre zuvor hatte ich ihn eingeladen, an einem Marathon-Workshop teilzunehmen, da ich glaubte, es würde ihm guttun, freier und entspannter im Umgang mit Frauen zu werden. Doch damals sagte er, er ›habe‹ Angst davor, und ich konnte ihn nicht überzeugen, daß es nichts gab, wovor er sich fürchten mußte. Jetzt, Jahre später, schien er mehr Vertrauen zu ›haben‹. Ich bot ihm an, zwischen einer aktiven oder einer stillen Meditation zu wählen, die er entweder für sich allein oder gemeinsam mit mir durchführen könne. Er entschied sich dafür, mit mir gemeinsam still zu meditieren. Ich schlug ihm eine Augenmeditation vor, die Osho für Paare empfahl, deren sexuelle Energie blockiert ist.

Mit Avinash praktizierte ich diese Meditation vier Monate lang jeden Tag. Es war eine sehr schöne Erfahrung. Und bei den Workshops oder auf Partys meditieren die Leute gerne mit mir auf diese Weise, beim Tanz oder wenn wir uns gegenübersitzen.

Sie können sie mit Liebhabern oder mit Freunden durchführen.

Schauen Sie einander 45 Minuten lang in das linke Auge, und ruhen Sie sich anschließend 15 Minuten aus. Sie können sich dabei gegenübersitzen oder zusammen tanzen. Es ist wichtig, während der ganzen Zeit mit dem linken Auge in Blickkontakt zu bleiben.

Auf diese Weise entsteht eine sehr tiefe gemeinsame Erfahrung. Ich habe mit vielen verschiedenen Menschen, Männern und Frauen, diese Tiefe erlebt, und ich liebe diese Meditation noch immer ...

Ich und dieser Freund waren also bereit, gemeinsam diese Augenmeditation zu machen. Wir befragten die Tarotkarten danach, was er bei mir lernen könne. Die Karte **Ultimativer Unfall** wurde gezogen, die ihm sagte, daß er Erleuchtung erlangen könne, aber eine Menge Vorarbeit leisten müsse, um den Boden dafür vorzubereiten. Ich war überrascht!

Jetzt begannen wir mit der Meditation. Ich zündete eine Kerze an. Wir saßen einander gegenüber, und es war eine Freude für mich, ihm in die Augen zu schauen. Aber er konnte sich nicht entspannen, bekam Angst und sagte plötzlich, nachdem er nervös die Augen und den Körper bewegt hatte:

»Ich bin zu ängstlich. Es geht nicht.«

Ich fragte ihn:

»Wovor ›hast‹ du Angst?«

»Ich weiß es nicht genau. ›Dein‹ Gesicht verändert sich, alles wirkt so beunruhigend.«

Ich redete ihm gut zu:

»Keine Sorge, das ist normal. Das Gesicht verändert sich, vielleicht verschwindet es ganz. Das ist das eigentliche Ziel: **sich der Leere aller Dinge bewußt zu werden**. Entspanne dich einfach, halte die Augen geöffnet, bewege dich nicht, versuche, auch den Körper nicht zu bewegen. Wenn du nicht stillsitzen kannst, ist das auch in Ordnung, aber bewege dich dann sehr bewußt!«

Ich stellte die Kerze näher heran, damit wir mehr Licht bekamen, und wir versuchten es erneut. Diesmal hielt er bis zum Ende durch. Die anschließende Ruhezeit von 30 Minuten war ein sehr tiefes Erlebnis für mich. Ich liebe es, mit einem Mann zu meditieren. Wenn ich es mit jemandem mache, den ich liebe, geht es viel tiefer! Ich glaube zum Beispiel, daß Avinash und ich, als wir in jener Nacht in Holm Seppensen zusammen meditierten, ein Energiefeld erzeugten, durch das Joe zu mir kommen, getröstet werden und den Rat erhalten konnte, die Erde zu verlassen! Ich hoffe, daß dies wirklich geschah und daß es sich nicht nur um eine Fantasie handelte!

Aber dieser Mann konnte sich während des zweiten Teils der Meditation nicht wirklich ausruhen. Ich hatte das Licht gelöscht, und er bekam erneut Angst vor der tiefen Stille, in die ich versank, und dann wurde mir klar, daß er dachte, ich wäre eingeschlafen. Zum Glück war die Zeit um, der Wecker klingelte, ich öffnete die Augen und schaute ihn an:

»Ich dachte, du seist eingeschlafen«, sagte er.

»Ich weiß.«

Er wollte mir noch mehr Fragen stellen, aber es war vier Uhr morgens, und ich wollte schlafen. Wir deckten uns zu, mit zu vielen Decken für einen Deutschen, und er fragte mich:

»Wird das nicht zu warm?«

»Das Fenster steht offen«, antwortete ich.

Ich wollte wirklich schlafen. Ich war erschöpft. Ich fühlte mich, als hätte ich ihm eine Therapiesitzung gegeben. Und das war es auch gewesen! Eine anstrengende Sitzung.

Wir schliefen zwei Stunden. Ich mußte an eine Klientin denken, die sich so sehr über einen Arbeitskollegen beklagte, daß ich mich fragte, ob sie nicht womöglich in ihn verliebt war. Daher schlug ich ihr vor, ihn einzuladen, eine Nacht mit ihr zu verbringen. Frustriert berichtete sie hinterher:

»Kannst du dir vorstellen, mit einem Brasilianer ins Bett zu gehen, ohne daß etwas passiert! Das ist doch unmöglich, oder nicht?«

Ich lachte. Das stimmte. Sogar ein schwuler Brasilianer wird dich wenigstens berühren! Aber mir gefällt es hier in Deutschland, warum, weiß ich auch nicht genau. Alles ist so kompliziert, daß es sich in ein Abenteuer verwandelt!

Gegen sechs Uhr früh bewegte ich mich im Halbschlaf und legte den Arm unter ›seinen‹ Kopf, was uns der animalischen Natur näherbringt. Er nahm ›meine‹ Hand und fing an, sie zu küssen. Ich war wie erstarrt, wartete erregt. Er berührte mich, und ich stöhnte. Der ganze Körper wurde heiß und bereit. Ganz sanft schob ich mich näher an ihn heran. Vielleicht gefällt mir das in Deutschland so. Alles braucht Zeit. So bekommt die Frau Zeit, die intime Berührung wird heilig, tief, und das Geheimnis der Liebe kann sich voll entfalten.

Er wurde wilder und wilder, berührte mich beinahe brutal. Aber ich war schon so heiß, daß ich es okay fand. Ich wollte uns den Augenblick nicht verderben, ich wollte diesen Mann so genießen, wie er war ... Der Orgasmus fand ausschließlich in den Genitalien statt!

Als er später am Morgen fortging, sagte er sanft und entschuldigend:

»Vielleicht werde ich zwei Monate brauchen, ehe ich wieder zu dir kommen kann!«

Ich lächelte und glaubte ihm nicht, doch als ich ihn anrief, war er kalt. Er sagte, er würde mich nicht lieben und ich sollte keine falschen Erwartungen hegen. Natürlich versuchte ich, ihm klarzumachen, daß ich überhaupt nichts erwartete, keine Liebe – oder sonst etwas in dieser Richtung. Aber er blieb abweisend.

Die nächste Party fand statt! Sobald er mich sah, kam er zu mir. Ich wartete mit klopfendem Herzen. Es war nur eine kurze Begegnung. Aber später kam er wieder, als das Fest am wildesten war. Er befand sich auf einem Acid-Trip, nahm mich in den Arm. Als ich mich beklagte, daß er am Telefon so unfreundlich zu mir gewesen sei, sagte er:

»Du weißt doch, wie dumm ich bin, Pyari!«

Wir tanzten zusammen. Da war ein Achtzehnjähriger, der eifersüchtig wurde, weil er scharf auf mich war und ich ihm versprochen hatte, in einer Arbeitspause mit ihm zu tanzen. Doch dann war plötzlich der ›Meditations-Mann‹ aufgetaucht, und ich hatte nur noch ihm zugelächelt. Als ich ihm sagte, was mit dem eifersüchtigen Jungen los war, riet er mir:

»Schenke ihm auch ein bißchen Aufmerksamkeit. Eifersucht wird durch Aufmerksamkeit geheilt.«

Ich umarmte den Jungen freundlich und warmherzig, und wir gingen zu dritt auf die Tanzfläche. Ich schämte mich ein wenig, denn ›meine‹ Kleidung war etwas zu sexy!

Die Tanzfläche war voll, Tausende von Leuten tanzten dort, standen herum, tranken, viele hatten Drogen genommen. Wir fühlten uns wie in einem Ozean aus Energie. Er sagte zu mir:

»Ich schließe die Augen und fühle mich völlig allein.«

Ich schloß ebenfalls die Augen und fühlte mich als Teil der Menge, ein Sandkorn auf dem riesigen Strand der Menschheit, bewegte den Körper und löste mich ins Nichts auf.

Als ich die Augen wieder öffnete, sah ich, wie er verzaubert ein sehr schönes, weißgekleidetes Mädchen anschaute, das den Körper wie einen Hurrikan herumwirbelte. Die Verbindung zu mir war verloren. Kurze Zeit später verließ er die Tanzfläche. Erst am anderen Morgen begegneten wir uns wieder. Er sagte:

»Ich habe nach dir gesucht und konnte dich nirgendwo finden! Ich bin zum Verkaufsstand gegangen, zum Tipi ...«

Ich überlegte, daß möglicherweise ich selbst die Energie zwischen uns blockiert hatte, als ich ihn dabei beobachtete, wie er das Mädchen ansah! Und dann konnte er mich nicht mehr finden! Eifersucht ist wirklich ein verrücktes Phänomen ...! Aber kurz nach dem Tanzen traf ich ohnehin Buck und blieb den Rest der Party mit ihm zusammen. Er war stolz darauf, kümmerte sich, wie stets, sehr gut um mich und sagte zu den Leuten:

»Ich gehe mit ›meiner‹ Hexe.«

Und als ich den BH auszog, weil es sehr heiß war und ich den Brüsten etwas Freiheit und frische Luft gönnen wollte, behielt er die anderen Leute ein wenig im Auge und beschützte mich vor schädlichen Energien. Ich mache mir deswegen keine Gedanken mehr. Ich gestehe dem Körper das Recht zu, nackt zu sein, und ich bin froh, daß man hier in Deutschland deswegen nicht ins Gefängnis geworfen wird. In Brasilien gab es ein Gesetz, demzufolge es gegen die guten Sitten verstieß, sich nackt zu zeigen. Man konnte dafür eingesperrt werden! In Deutschland kann man in einer psychiatrischen Klinik landen!

Einmal riefen Nachbarn in Poppenbüttel die Polizei, als ich nackt im Fenster meditierte, um Sonne an den Körper zu lassen. Adhara öffnete die Tür des Meditationszimmers und sagte leise:

»Pyari, die Polizei ist hier. Sie wollen, daß du vom Fenster weggehst.«

Ich antwortete nicht, denn wenn ich meditiere, lasse ich mich dabei durch nichts ablenken. Später erzählte sie mir, sie hätte den Polizisten gesagt:

»Sie meditiert und ist bald damit fertig. Keine Sorge.«

Da gingen sie wieder.

In Brasilien saß ich einmal oben-ohne auf der Veranda und machte jene Übung, die ich jahrelang jeden Tag praktizierte. Die Nachbarin war eine frustrierte Frau, ›deren‹ einjähriger Sohn nicht mit Atman spielen durfte! Jedesmal wenn er zu dem kleinen Tor kam, das die beiden Verandas voneinander trennte, um mit Adhara zu spielen, die immer nackt war, nahm sie ihn und trug ihn zurück ins Haus!

Eines Tages rief sie die Polizei. Ich habe mit Polizisten fast immer Glück gehabt, weil ich meistens versuche, ›ihre‹ menschliche Seite zu sehen, nicht ›ihre‹ autoritäre Seite. Sie kamen und waren sehr freundlich. Sie sagten, ich sei eine schöne Frau und solle die Gefühle von Leuten respektieren, die dümmer als ich seien. Ich sagte kein Wort. Als sie gegangen waren, visualisierte ich die Frau und umgab sie in dieser Visualisierung mit rosa Flammen. Es heißt, daß diese rosa Flammen die Energie der Liebe bringen. Ein paar Tage später kam sie und fragte, ob ich Streichhölzer oder Klopapier gebrauchen konnte. Sie zog aus, und vielleicht war sie darum so glücklich: Nun würde sie keinen Grund mehr zu dieser panikartigen Eifersucht ›haben‹, die sie immer überfiel, wenn ›ihr‹

Mann zur Arbeit ging, dabei an der Veranda vorbeikam und ›meine‹ nackten Brüste sah! Als wir uns viel später einmal auf einem Straßenfest trafen, begrüßte sie mich freundlich und stellte mich Freunden als frühere gute Nachbarin vor! Ich mußte im stillen lachen!

❦

Es dauerte tatsächlich viele Monate, bis der ›Meditations-Mann‹ mich wieder besuchte. Ich erzählte ihm von einem Osho-Video, das ich mir mit ihm anschauen wollte. Ich hatte mir lange keines mehr angesehen. Und dieses war wirklich gut. Osho sprach darin über den Kommunismus und Frauen. Er war neugierig, beschloß, zu kommen, und wir planten, anschließend mit Avinash auf eine Party zu gehen. Als er eintraf, machten wir einen Spaziergang durch den Park, und ich fragte ihn:

»Glaubst du, wir werden wieder miteinander schlafen?«

Er legte den Arm um mich und antwortete:

»Sicher.«

Ich sagte:

»Dann muß ich dir etwas sagen: Ich mag dich sehr, und es macht mir immer Freude, wenn wir uns lieben, aber ich möchte mit dir gerne das erleben, was ich einen kosmischen Orgasmus nenne. Bislang war das nicht möglich, weil du dich nur so zögernd für den Sex öffnest! Und wenn es dann geschieht, wirst du sehr hungrig. Das liegt daran, daß du sexuell unbefriedigt bist. Ich bekomme aber genug Sex, er ist Teil des Lebens für mich. Aber ich möchte ihn auf eine meditative Weise genießen, auf tantrische Art, was bedeutet, sich langsam zu bewegen, entspannt den Orgasmus zu erreichen, so daß die Freude den ganzen Körper durchströmen kann und ihn zur Explosion bringt.«

Er hörte aufmerksam zu und fragte mich ein paar Dinge. Ich erzählte ihm, daß die Brustwarzen und die Klitoris der Yang-Teil des weiblichen Körpers sind und gerne sanft berührt werden wollen, da sie sich sonst fürchten!

»Alles muß sehr sanft geschehen, eine Frau muß man berühren wie eine Blumen, denn sie ist in der Tat eine.«

Das alles sagte ich ihm.

Wir gingen nach Hause, machten die »Osho White Robe Brotherhood«-Meditation gemeinsam und schauten uns das Video an. Dabei kamen wir uns langsam immer näher, bis er mich berührte, sehr sanft, wie noch nie zuvor! Er konzentrierte sich auf das Video, und ich schwebte in dem Raum, den diese beiden Hände für mich schufen, einen paradiesischen Raum der Liebe und Freude.

Wir gingen auf keine Party. Avinash rief an, aber wir hörten das Telefon gar nicht! Ich befand mich nicht mehr auf der Erde. Dann fragte er mich etwas schamhaft, ob er sich das Fußballspiel im Fernsehen ansehen dürfe. Ich dachte:

›Verdammt! Was tue ich hier mit diesem Typ? Ich hätte mit Avinash tanzen gehen können ...! Oft beklage ich mich darüber, daß er mir gegenüber nicht ›sein‹ Bestes gibt. Und nun sitze ich hier mit jemandem, der mir diesen gräßlichen Fernsehkrach zumuten will!‹

Glücklicherweise funktionierte der Fernseher nicht. Ich benutze ihn nur, um Osho-Videos anzuschauen, und die Videos von ›unseren‹ Shows und Performances. Ich habe sowieso schon nicht genug Zeit, alles zu bewältigen, was ich gerne tun möchte, wie soll ich da auch noch in diesen ›Idiotenkasten‹ starren, wie ich ihn Osho einmal nennen hörte. Nur in Brasilien, wenn es nichts zu tun gab und ich mich wirklich langweilte, habe ich mir einige der netten Seifenopern angesehen!

Als wir überlegten, ob wir noch auf die Party gehen sollten oder nicht, sagte er, er würde gerne mit dem experimentieren, was ich ihm über Sex erzählt hätte. Wir gingen ins Bett. Ich war ebenso ängstlich wie er.

Er fragte mich, als er begann, mich zu berühren:

»Pyari, wie kann ich loslassen?«

»Schau mir in die Augen, während du mir Freude schenkst, und beobachte, warum du Angst ›hast‹ oder wovor du dich fürchtest.«

»Aber ich kann mich nicht auf die Angst konzentrieren, wenn ich sehe, wie du dich freust«, sagte er, als ich ekstatisch zu stöhnen begonnen hatte.

»Dann liebe mich, als sei es das letzte Mal, als würdest du mich danach niemals wiedersehen. Denn das ist durchaus möglich, das Leben kann in jedem Augenblick vorbei sein!«

Es war wunderbar! Er hatte tatsächlich alles verstanden, was ich ihm erklärt hatte! Ich erlebte einen dieser schönen kosmischen Orgasmen und fühlte mich restlos dankbar ihm und dem Leben gegenüber!

Auch entdeckte ich, daß es ihm gleichfalls gefiel, an den Brustwarzen berührt zu werden, wie bei einer Frau. Als ich es zum erstenmal tat, sagte er:

»Du machst mich wirklich verrückt!«

So erlebte ich selbst, was für ein Gefühl es für ihn ist, wenn er mich zur höchsten Lust bringt, so daß ich vor Freude den Verstand verliere!

Nachdem ich ein wenig geschlafen hatte, wollte ich mehr und berührte ihn am Penis. Er wachte auf, drehte sich zu mir um und überschüttete mich mit Liebe, Küssen und einem weiteren schönen Orgasmus. Am Morgen wollte er dann keinen Sex mehr. Ich massierte ihn, was ihm guttat. Er erzählte mir, wieviel Freude es ihm früher bereitet hätte, wenn ›seine‹ Schwester ihn auf diese Weise liebkoste, während er in ›ihrem‹ Schoß lag wie nun bei mir.

Als er ging, umarmte er mich und sagte:

»Du weißt, wie schwer es mir fällt, Gefühle auszudrücken. Aber du weißt, was ich fühle, nicht wahr?«

Es wäre mir lieber gewesen, er hätte wenigstens ein bißchen

darüber sprechen können. Aber was sollte man da machen? Das war bereits ein beträchtlicher Fortschritt für ihn!

Inzwischen sind ungefähr acht Monate vergangen, und ich habe bislang noch nicht wieder einen so guten Orgasmus erlebt! Er besuchte mich manchmal, wollte aber nicht mehr so tief mit mir gehen. Er machte uns ein Bett, was mir sehr half, den strengen Winter zu überstehen. Er erzählte mir viel von sich, und mir wurde klar, daß er ›seiner‹ Mutter noch nicht verziehen hat, wie in ›seinen‹ Augen abscheulich sie die Kinder behandelte: Sie ›hatte‹ wechselnde ›Liebhaber‹ und ließ es zu, daß einer von ihnen ihn und den Bruder in ein Waisenhaus schickte, als die Mutter krank war. Er trifft sich nicht mit anderen Frauen, und wenn er mit einer schläft, will er sie danach normalerweise nicht wiedersehen. Darum ist er, was den Sex angeht, mir gegenüber so zurückhaltend. Er denkt, daß er mich, wenn wir miteinander schlafen, dann hinterher nicht mehr wiedersehen mag, und das möchte er nicht. Wenn wir uns liebten, hat er mich nie penetriert, was auch völlig in Ordnung ist. In der gegenwärtigen Phase des planetaren Lebens ist die Penetration nicht mehr nötig!

Viele Male, wenn ich mich gerade damit abzufinden beginne, daß ich ihn vergessen ›muß‹, passiert es, daß er plötzlich wieder auftaucht. Die Liebe zwischen uns wird immer tiefer, obgleich wir uns nicht oft sehen. An ›meinem‹ Sannyas-Geburtstag wachte ich auf und dachte:

›Was möchte ich heute wirklich gerne tun? Ich möchte mit IHM zusammensein!‹

Ich rief ihn an, sagte ihm das, und überraschenderweise kam er tatsächlich zu mir, ein paar Stunden später. Wir machten einen Hafenspaziergang. Es war eisig kalt, viele Grade unter Null. Ich trug den Mantel, den er mir für den Winter geliehen hatte. Als wir nach Hause kamen, gingen wir sofort ins Bett. Wieder erlebte ich diese schöne Liebe ... aber keinen Orgasmus, denn ich war so entspannt, so meditativ, daß die Zeit sich scheinbar endlos ausdehnte. Wir schenkten einander glückselige Wonne, die Körper tanzten beide auf eigene Weise... Wir waren beide auf den Knien, und er hielt mich fest, aus Angst, ich könnte fallen, als ich mich in Ekstase zurückbeugte... Aber plötzlich sagte er:

»Jetzt sollten wir uns wieder beruhigen, denn ich muß bald gehen.«

Vor ein paar Monaten trafen wir uns auf einer Party. Ich war so glücklich, ihn zu sehen, mich an diesem Anblick zu erfreuen. Er war ebenfalls glücklich, mich zu sehen. Es war schon Morgen, als er auftauchte. Ich dachte, als ich ihn sah:

»He, was für ein schöner Mann!«

Dann erkannte ich erst, daß er es war!

Plötzlich sah er mich auch, zeigte auf mich und rief:

»Hey, du!«

Wir hielten einander im Arm. Ich war selig und gab mich ganz dieser schönen Erfahrung hin. Dann erinnerte ich mich an die tantrischen Techniken:

›**Wenn ein positives oder ein negatives Gefühl gegenüber einer bestimmten Person in dir aufsteigt, richte es nicht auf diese Person, sondern bleibe zentriert.**‹

Ich richtete die gesamte Aufmerksamkeit auf das Gefühl, daß mich durchströmte. Alle Erwartungen und Neurosen schwanden. Ich sagte zum Herzen:

»Du darfst fühlen, was du möchtest. Ich errichte keine Barriere.« Und das Herz explodierte. Ich mußte nicht in ›seiner‹ Nähe sein. Tatsächlich habe ich diesen Zustand auch schon erlebt, wenn ich zu Hause bin, weit weg von ihm oder sonst jemandem, den ich liebe. Es geschieht dann, wenn ich alle Gefühle des Herzens zulasse. Zeit und Raum spielen dabei keine Rolle, Entfernungen sind unwichtig...

Er fragte mich, ob ich ein Glas Wein mit ihm trinken mochte.

Ich sagte nein. Ich zog es vor, ihn aus der Distanz zu beobachten. Manchmal tanzte er mit mir, schaute mir kurze Zeit in die Augen und flüchtete sich dann in Worte, fragte mich irgend etwas Unsinniges. So ist es immer: Wenn wir nicht bei den Gefühlen bleiben ›können‹, nehmen wir zu Worten Zuflucht!

Etwas später ging ich zu ihm und gab ihm einen Kuß. Ich fragte ihn, was geschehen sei. Ob er in eine andere verliebt sie, weil er mich gar nicht mehr besuchen käme. Er war betrunken und schämte sich irgendwie. Er sagte, daß er nicht mehr mit mir Liebe machen wolle, daß der Altersunterschied zwischen uns zu groß sei. Er empfahl mir, besser bei Avinash zu bleiben, da ein Mensch etwas Sicheres für die späten Jahre brauche und er sagte, daß er das Gefühl hätte, daß ich ohnehin nur Sex mit ihm wollte ...

So viel Unsinn, all diese Dinge, die uns von der Gesellschaft eingeredet werden, um zu verhindern, daß wir lebendig und frei werden ...! Aber ich wollte keine schlechten Gefühle ihm gegenüber aufbauen. Nichts konnte das zerstören, was ich empfand! Zum erstenmal machte ich mir keinerlei Sorgen, welche Scheiße er auch reden mochte. Ich hörte einfach zu, und manchmal fragte ich mich, ob er vielleicht recht ›hatte‹. Doch das, was er sagte, war so weit von der Realität entfernt, in der ich lebte!

Er sagte, er würde mich nicht lieben und daß ich nicht an ihn denken würde. Ich dachte schon, er meinte damit den Geschlechtsakt selbst, doch das bestritt er. Es ging ihm um etwas anderes. Um was?

Er sagte, er interessiere sich für Meditation, aber diese große Verwirrung zwischen uns beiden könne er nicht mehr aushalten.

»Vielleicht bin ich nicht die richtige Lehrerin für dich«, sagte ich. »Wenn du dich in ›meiner‹ Nähe nicht wohl fühlst ...«

Und ich beendete das Gespräch:

»Es ist in Ordnung, kein Problem. Ich bin für dich da. Wenn du möchtest, kannst du mich besuchen kommen; dann werde ich es genießen. Das ist alles.«

Wir verabschiedeten uns, und es machte mich glücklich, daß ich deswegen überhaupt nicht traurig war. Ich kam mit dem Gefühl der Liebe in Kontakt, das ich ihm gegenüber spürte, und sagte mir:

»Öffne dich und fühle es. Blockiere es nicht, versuche nicht, ihn besitzen zu wollen!«

Dann explodierte das Herz wieder vor Liebe, und ich mußte sogar die Hände darüber halten! Ich spürte die gleiche Wonne wie bei ›seinen‹ Berührungen.

Wochen später begegneten wir uns erneut. Er war tatsächlich froh, mich zu sehen. Als wir uns umarmten, sagte er, daß er schon lange nicht mehr in den Arm genommen worden sei. Ich war viel entspannter. Auf der Party hatte ich erneut beschlossen, ihn zu vergessen. Dann lösten sich alle Erwartungen auf, und diesmal konnte ich offener sprechen. Er meinte, er sei damals betrunken gewesen, und ich sollte nicht so ernst nehmen, was er gesagt hätte.

»Du sagtest, ich würde dich nicht lieben«, begann ich, »aber wie kann ich mich denn dir gegenüber öffnen? Wenn ich auch nur die leiseste Andeutung in diese Richtung mache, bekommst du es sofort mit der Angst zu tun.«

Er lachte.

»Das stimmt«, sagte er, immer noch lächelnd.

Ich hatte mich hingekniet und hielt ›seine‹ Beine, was ihm sehr guttat, das spürte ich.

Wir redeten, er erzählte mir von der Mutter, die offenbar eine freie Frau war und die er immer noch haßt. Darüber hatten wir schon einmal gesprochen. Damals hatte ich zu ihm gesagt:

»Deswegen kommst du immer wieder zu mir zurück. Weil ich auch ein bißchen wie ›deine‹ Mutter bin ...«

»Und vielleicht gebe ich mich dir deshalb nicht völlig hin«, sagte er.

Zum erstenmal war ich es, die die Initiative ergriff und damit anfing, ihn zu berühren und zu küssen. Es gefiel ihm.

»Ich halte nichts mehr von mir zurück«, sagte ich.

Und als er ging, fragte ich:

»Kann ich etwas tun, um dir zu helfen, deine Blockaden abzulegen?«

»Wenn es funktioniert ...«

»Aber du mußt es mir erst erlauben«, sagte ich.

»Das werde ich.«

Seither habe ich ihn noch nicht wiedergetroffen. Wenn ich an ihn denke, sende ich ihm rosa Liebesflammen, manchmal telefonieren wir, und ich warte immer noch, daß er mich in Holm Seppensen besucht.

Ich wollte nicht viel über diese Geschichte erzählen ...! Sie ist noch frisch, ich lerne noch daraus. Er ist in ›meinem‹ Herzen völlig gegenwärtig. Vielleicht besucht er mich in den nächsten Tagen, so daß uns noch mehr Liebe durchströmen kann ...

Gestern habe ich Buck getroffen. Er ist gerade aus Indien zurückgekehrt, und wieder war die Liebe für uns da. Zum erstenmal war ich ohne jede Erwartungshaltung. Ich wollte einfach nur bei ihm sein. Dann ›hatten‹ wir Sex zusammen. Er sagte, er sei schüchtern, was mich gleichfalls schüchtern machte, aber ganz behutsam kamen wir uns körperlich näher. Er erinnerte sich an die Dinge, die ich ihm gesagt hatte, daran, daß er die Brüste streicheln ›sollte‹, ganz sanft ... Dennoch werde ich ihm noch viel mehr zeigen ›müssen‹. Wenn wir beieinander liegen und nicht viel Zeit ist, muß ich ›seinen‹ Händen helfen, Freude in ›meinem‹ Körper zu finden ...

Zum erstenmal mit ihm erlebte ich die Explosion eines echten Orgasmus, und ›meine‹ Stimme sang die Musik der Freude, die er so liebt. Ja, er liebt es, wenn ich stöhne ...! Wie er mir gestern sagte, fürchtet er sich noch immer davor, sich dieser Liebe völlig hinzugeben. Aber er sagte auch:

»Ich kann nichts dagegen tun. Ich muß mich ganz hingeben.«

Vergangenen Samstag hatte ich außerdem ein schönes Erlebnis mit einem Mann, den ich auf einer Party kennenlernte. Er war schön, nett und lächelte. Wir wurden von gemeinsamen Freunden einander vorgestellt, ich saß an ›seiner‹ Seite, und schon bald berührten sich ›unsere‹ Köpfe. Er fragte mich sofort:

»Lebst du mit Avinash zusammen?«

»Ja, warum?« sagte ich.

»Ich glaube, ich bin ein bißchen altmodisch«, antwortete er.

»Was meinst du damit?«

»Daß ich eine Frau ganz für mich allein will.«

»Dann kannst du mich nicht lieben?« fragte ich ihn.

»Doch, das kann ich«, sagte er lächelnd und betrachtete mich aufmerksam.

Wir berührten einander, er gab mir eine Menge Energie, und am Ende wurde er heiß, auf diese hungrige Weise, die ich hasse. Ich versuchte ihm zu zeigen, wie ich von einem Mann gerne berührt werden möchte, indem ich ihn sanft streichelte und ihm den Kopf massierte, der auf ›meinen‹ Beinen lag. Er wurde ebenfalls sanfter, und ich begann auch, heiß zu werden, ließ ›meine‹ Stimme vor Freude stöhnen, als er mich liebkoste. Plötzlich rief ein Freund nach ihm, und er mußte gehen. Er sagte zu mir:

»Das ist immer so: Wenn es am schönsten ist, muß man gehen.«

Das ›Schönste‹ war, daß sich zwischen uns gerade eine Kommunikation auf der körperlichen Ebene angebahnt hatte.

Dennoch, als ich ihn zwei Tage später anrief und vorschlug, ihn zu besuchen, sagte er zu mir, daß ich das, was auf der Party passiert war, nicht so ernst nehmen sollte! Das war okay. Ich denke nicht mehr darüber nach. **Nur, was ihm gegenwärtigen Augen-**

blick geschieht, zählt, und auf jeden Fall liebe ich Abwechslung, viel Abwechslung! Die Liebe in mir wird dadurch nicht vermindert. Sie wächst und wächst! **Beim Sex lasse ich den Körper die Führung übernehmen, in der Liebe lasse ich mich vom Herzen leiten, und der Verstand ist nur für geschäftliche Dinge zuständig.** Für die Liebe lasse ich den Kopf beiseite und genieße den Körper.

❦

Ich habe bemerkt, daß Männer zufrieden sein können, wenn sie eine Frau lieben. Es klingt ein bißchen komisch, ist aber offensichtlich: Wenn er ejakuliert hat, ist er fertig! Zumindest muß er dann ein bißchen abwarten. Bei der Frau ist es genau umgekehrt: Wenn Sie zum Orgasmus gelangt, ist sie bereit für viele weitere Höhepunkte, und dann will und genießt sie Sex wirklich.

Und damit möchte ich nicht sagen, daß die Ejakulation ein Orgasmus wäre ...

Heute morgen erhielt ich einen Brief von Joinha. Ich hatte ihm eine Kopie der Einleitung zu diesem Buch geschickt, die ihm sehr gut gefiel. Er dankte mir für die guten Worte über ihn und riet mir, dieses Buch für Männer zu schreiben. Sie benutzten Frauen lediglich zur Masturbation, schrieb er weiter, würden sich Ehefrauen nur halten, um Nachwuchs zu zeugen, und für das Vergnügen gingen sie zu Prostituierten. Und sogar die Prostituierten würden von ihnen noch unterdrückt.

Das mag für Brasilien zutreffen. Hier in Deutschland gehen die Männer nicht so oft zu Prostituierten. Die meisten von ihnen bleiben cool, sobald sie verheiratet sind. Und die Frauen erwarten das auch von ihnen.

Joinha schrieb außerdem, das die meisten Frauen, die er kennengelernt habe, nie einen Orgasmus erlebt hätten! Sogar verheiratete Frauen mit vielen Kindern! Dabei gebe es im Körper der

Frau so viele erogene Zonen, daß sie an vielen verschiedenen Stellen bis zum Orgasmus stimuliert werden könne.

»Einmal habe ich eine Frau per Telefon, nur durch ›meine‹ Stimme zum Orgasmus gebracht«, schrieb er.

Das hatte er mir früher schon erzählt. Natürlich ist er stolz darauf. Bestimmt erfüllt es jeden Mann mit Stolz, wenn es ihm gelingt, eine Frau zu befriedigen!

»Und wenn der Mann erst einmal gelernt hat, in der Kunst der Liebe Lippen und Zunge zu gebrauchen, kann er einer Frau viele unterschiedliche Arten von Orgasmen schenken«, fuhr er fort. »Dann kann er, wie ich, auch mit über achtzig Jahren noch Vergnügen bereiten.«

Und ich füge hinzu: Ein Mann erfährt dann die größte Zufriedenheit und Stärke, wenn es ihm gelingt, einer Frau Freude zu schenken.

Nachdem ich mit Buck, den es freute, mich stöhnen zu hören, zum Orgasmus gelangt war, forderte ich ihn auf, sich über mich zu legen, damit die Energie in ›seinen‹ Körper fließen konnte. Am nächsten Tag erzählte er mir:

»Das war eine sexuelle Heilung. Ich fühle mich geheilt!«

Ich fühlte mich ebenfalls geheilt. Wir waren beide schwach gewesen, ein bißchen krank. Er glaubte, er hätte sich eine Darminfektion aus Indien mitgebracht. Ich tastete ihm den Bauch ab, gab ihm eine Shiatsu-Massage und hatte nicht das Gefühl, daß er ernsthaft erkrankt war. Vermutlich ›hatte‹ er zu viel geraucht, und der Körper mußte sich erst wieder an das deutsche Essen gewöhnen.

Am nächsten Tag war er trunken von dem zweiten Orgasmus, den ich erreichte, ohne daß wir uns ausgezogen hatten, nur durch Küssen und ›seine‹ Hand an der Klitoris!

»Ich war so erschöpft, als ich mich ins Bett legte«, sagte er. »Und dann plötzlich all diese Energie!«

Ich war gleichfalls erstaunt. Wieder und wieder bin ich erstaunt über die Macht der Liebe!

Ich möchte dieses Kapitel mit einer interessanten Geschichte abschließen, die ich von Rose Lacretta gehört habe, einer brasilianischen Filmemacherin. Als ich sie besuchte, erzählte sie mir von dem neuen Film, den sie drehen wollte. Die Idee kam ihr, als sie in Paris mit dem Taxi zum Flughafen fuhr. Der Fahrer fragte sie ›ganz beiläufig‹, woher sie stamme, und als sie es ihm sagte, war er sofort Feuer und Flamme! Sie ist eine schöne Frau, aber darum ging es nicht. Sie fragte ihn, warum er sie plötzlich so aufregend fände, und er antwortete, daß brasilianische Frauen berühmt dafür wären, ungebunden und sexy zu sein. Sie dachte einen Moment nach und pflichtete ihm dann voll und ganz bei.

»Dann«, erzählte sie mir, »beschloß ich, die Ursprünge dieser Wildheit der brasilianischen Frauen herauszufinden, Pyari. Ich stieß auf die Legende von den **Amazonen,** den wilden Indianerinnen, und forschte vor Ort nach. Davon handelt der Film. Ich habe gerade herausgefunden, daß es sie offenbar wirklich gegeben hat. Die Geschichte geht folgendermaßen: Zu Beginn waren einige Indianervölker sehr hoch entwickelt. Vor der Ankunft des weißen Mannes gab es Völker wie **die Inka, die Maya und die Azteken.** Noch vor der Zeit dieser Stämme lebten im Amazonas-Regenwald die Frauen gleichberechtigt mit den Männern zusammen. Dann gab es plötzlich einen Bruch. Wie es scheint, wurden die Männer eifersüchtig und wollten die Frauen mit Gewalt unterdrücken. Daraufhin flohen sie und lebten allein im Dschungel, ritten auf Pferden und entführten gelegentlich einen Mann, damit er ›ihre sexuellen Bedürfnisse‹ befriedigte. Nach langer Zeit kehrten einige dieser Frauen zurück, weil sie die Trennung von den Männern nicht ertragen ›konnten‹. Sie ›mußten‹ sich ihnen unterwerfen, doch in jedem Jahr gibt es seither zehn Tage, während denen die Frauen nicht kochen und die Männer alles tun ›müssen‹ und sie bedienen. Bei den meisten Indianern in Brasilien gilt diese Tradition bis heute. Die Frauen ›dürfen‹ dann in die Tempel, zu denen sie normalerweise keinen Zutritt haben. Dort veranstalten sie Orgien. Bei diesem großen jährlichen Fest tragen alle Masken, und wenn die maskierten Männer die Tempel betreten, können die Frauen mit jedem von ihnen Sex ›haben‹. Wenn die zehn Tage vorüber sind, ist alles wie immer, alle nehmen die Masken ab, und die Frauen kehren wieder in die Küchen zurück, vielleicht für das ganze nächste Jahr zufrieden!«

Ich hoffe, daß es Rose gelungen ist, diesen Film zu produzieren, denn er kann enorm dazu beitragen, für Klarheit über Sex zu sorgen, der, wenn er nicht auf gesunde Weise gelebt wird, Ursache für die Mehrzahl der körperlichen Krankheiten ist.

Wenn Männer diesen Drang der Frauen nach Abwechslung begreifen, werden sie nicht eifersüchtig oder aggressiv reagieren, wenn die Geliebte hin und wieder allein eine kleine Urlaubsreise unternimmt. Ich habe Osho sagen hören, daß wir manchmal in ein Restaurant gehen müssen, um das einfache, alltägliche Essen wieder schätzen zu können. Ein Abend in einem exotischen chinesischen Restaurant, und am nächsten Tag schmeckt der normale Reis mit Bohnen wieder hervorragend!

Eine nette Freundin, die ich über Atman kennenlernte, kam zu einigen Workshops, ging nach Poona, nahm dort Sannyas, ›hatte‹ bei verschiedenen Gelegenheiten ziemlich heißes Petting mit Avinash und landete nach einem Workshop sogar im Bett mit uns beiden. Vor kurzem rief sie an und berichtete mir von ›ihrem‹ neuen Job und den neuesten Liebesaffären. Erstaunt hörte ich, daß sie es schafft, einen ›Liebhaber‹ aus einem muslimischen Land zu ›haben‹, und dennoch frei zu bleiben. Sie erzählte mir, daß sie mit diesem Perser sehr glücklich sei. Sie sagte:

»Ich weiß nicht, wie es kommt, aber alles ist sehr schön. Ich habe ihm sogar gesagt, daß ich gerne einmal mit zwei Männern zugleich Liebe ›machen‹ würde. Daraufhin brachte er einen Freund mit. Hinterher rief der Freund mich an, worauf er ein bißchen eifersüchtig wurde, aber normalerweise ist alles okay. Er versteht, daß Frauen Abwechslung lieben!«

Sie ist 22, und zu hören, daß ich wieder einmal einer Frau geholfen habe, frei zu werden, freute mich sehr. Sie beabsichtigte, mit ihm in den Iran zu reisen, aber das wollte er nicht. Dieser Junge ist wirklich klug. Ich sagte zu ihr:

»Den Deutschen ist gar nicht klar, wie gut sie es hier ›haben‹, wo es für eine Frau keine großen Probleme mit sich bringt, wenn sie sich entschließt, frei zu sein. Das wird in der Regel respektiert, und viele Leute lieben sie sogar dafür. Wenn du in ein Moslem-Land fährst, aus Neugierde, weil dort alles anders ist, kannst du wirklichen Ärger bekommen. Ich kenne Frauen, die nach Afrika und Jamaika flogen und es sehr aufregend fanden, dort mit exotischen schwarzen Männern zusammenzusein, aber die Männer dort wissen ganz genau, daß sie diesen Frauen lediglich als exzentrische Lustobjekte dienen. Und sie sind in der Regel nicht frei genug, um eine Frau zu verstehen, die einfach nur eine schöne Zeit will oder fähig ist, ohne alle Bindungen zu lieben.«

Sex und Liebe sind die beiden machtvollsten Energien auf diesem Planeten und sollten nicht mißbraucht werden. Wenn du gerne einige Fantasien erforschen möchtest, solltest du dir den Mann, mit dem du das tust, sehr sorgfältig aussuchen. Es muß ein Mann sein, der dich respektiert und die freie Geisteshaltung wertschätzt, die du entwickeln möchtest. Vermische keine unterschiedlichen Kulturen!

Manche Religionen sind wirklich fanatisch, und Männer aus diesen ›Macho‹-Ländern sind wirklich gefährlich, besonders Moslems, für die Mord im Namen Gottes keine Sünde, sondern eine Tugend ist. Überlege es dir gut, ehe du es einem Mann gestattest, ›deinen‹ Körper zu penetrieren. Um sexuelle Freude zu erleben, mußt du dich nicht ficken lassen, und die meisten dieser ›exotischen‹ Männer verstehen überhaupt nichts vom Sex!

Frauen gelangen nicht einfach nur durch Ficken zum Orgasmus. Vielmehr ist es notwendig, mit dem Körper zu spielen, weil eine Frau Zeit braucht, wirklich heiß zu werden. Ohne längeres Berühren von Brustwarzen und Klitoris wird sie nie einen kosmischen Orgasmus erreichen. **Abwechslung bedeutete aber keineswegs, herumzulaufen und wahllos mit jedem Mann zu ficken.** In ›meinen‹ momentanen Liebesaffären mit Männern, von denen ich in diesem Buch berichte, findet der Sex ohne Penetration statt. Wenn du dich von einem Mann penetrieren läßt, führt das zu einer sehr starken Verbindung zwischen euch beiden. Und wenn du das Sperma in dir aufnimmst, transportiert dir der Samen auch alle Neurosen dieses Mannes in den Körper.

Abwechslung bedeutet für mich, frei und empfindsam durchs Leben zu gehen, offen und empfänglich **ausschließlich für das, was der Körper möchte. Laß dich nicht darauf ein, Kompromisse einzugehen und die eigenen Wünsche beseitezuschieben, nur um Männern zu gefallen.**

Die Männer sollen endlich lernen, uns zufriedenzustellen!

Sich von einem Mann penetrieren zu lassen, ist ein sehr weitreichender Schritt. Tue das also nur, wenn du es **wirklich** willst. Es gibt viele andere Möglichkeiten, sich gegenseitig zu befriedigen, und manchmal ›haben‹ Liebe und Sex gar nichts miteinander zu tun. Manchmal ist die Energie so stark, daß wir, wie Joinha schrieb, zum Orgasmus gelangen, allein indem wir einen Menschen anschauen, der völlig offen ist, oder einfach indem wir einander mit genug Leidenschaft und Hingabe berühren.

Der weibliche Körper freut sich in ›seinen‹ tiefsten Geheimnissen ergründet zu werden. Und wenn diese Kraft dann aufgeweckt wird, kann sie der ganzen Welt Heilung bringen. Wenn wir uns daran erinnern.

6

Mehr als einen Menschen lieben

Im Sommer 1995 fuhr ich in den Süden Tschechiens zum **Rainbow Gathering.** Es war eine herrliche Erfahrung, wieder einmal draußen in der Natur zu sein, ohne elektrischen Strom, Autos oder die Notwendigkeit, Geld wechseln zu müssen. Es gab dort viele Zelte, wo man umsonst Tee oder Suppe erhielt. Das Essen wurde zweimal täglich dort serviert, wo alle im großen Kreis zusammensaßen und die Veranstaltungen des nächsten Tages angekündigt wurden. Man ließ den **magischen Hut** kreisen, und während der Mahlzeiten sangen die Leute und spielten viele unterschiedliche Instrumente. Wer wollte, konnte sich als freiwilliger Helfer betätigen, was ich mit Freude tat. Besonders gern servierte ich das Essen. Dabei kommt man sehr gut mit den Leuten in Kontakt. Avinash kaufte jeden Morgen für die ganze Kommune Milch. Das Geld kommt aus dem **magischen Hut**, und es ist immer genug davon da. Als die zwei offiziellen Wochen des Rainbow-Gatherings um waren, setzten sich die Organisatoren und alle, die Lust ›hatten‹, zusammen und diskutierten darüber, was mit den 10 000 überschüssigen Dollar geschehen ›sollte‹! Es gab verrückte Vorschläge! Jemand kam sogar mit der Idee, ein Stück des Amazonas-Regenwaldes zu kaufen, um die Bäume zu retten!

Diese Tage waren einfach wundervoll! Ich ›hatte‹ viel Spaß und lernte eine Menge. Hoffentlich schaffe ich es, zum diesjährigen Treffen nach Portugal zu fahren.

Im letzten Jahr begegneten mir beim **Rainbow Gathering** interessante Leute, und ich erlebte ein paar schöne Liebesaffären. Ei-

Das ›Rainbow Gathering‹ in Tschechien, Sommer 1995.

gentlich war ich hingefahren, um jemanden wiederzutreffen, den ich ein paar Wochen zuvor auf der **Voov** kennengelernt hatte. Die **Voov** ist eine große jährliche Goa-Party.

Auf den Goa-Partys lernte ich viele Leute kennen, die später zu ›Liebhabern‹ oder Freunden wurden. Es ist herrlich, sich tanzend näherzukommen. Im letzten Jahr bekamen wir ein Tipi, das wir als Liebestempel benutzten. Ein Freund, der mit uns in der Band spielt, hatte mir vorgeschlagen, ein **Liebeszelt** herzurichten. Einer der Veranstalter gab uns das Tipi, und wir schmückten und dekorierten es. Niemand kam, weil wir nicht genug Werbung gemacht hatten, um die Leute zu informieren, aber wir ›hatten‹ mit ein paar Freunden viel Freude in dem Zelt. Früh am Morgen, als der Himmel Regen weinte, lag ich dort mit Buck. Avinash genoß das Zelt mit der Freundin, mit der wir zuvor in Glückstadt eine Nacht verbracht hatten.

Es war wunderbar, keinerlei Eifersucht zu spüren, als ich das Zelt betrat und merkte, daß Avinash es war, der dort auf dem hübschen Bett, das wir zusammen hergerichtet hatten, eng umschlungen mit einem erregt stöhnenden Mädchen lag. Ich ging sofort hinaus und beobachtete ›meine‹ Gefühle: Ich war cool!!! Das empfand ich als eine große Befreiung! Nun gut, sie ist eine gute Freundin, und ich fühlte mich von ihr nicht bedroht. Wir haben viele Workshops zusammen erlebt, und es herrscht ein großes Einverständnis zwischen uns. Was das Thema Frauen und Liebe angeht, sind wir völlig einer Meinung. Ich glaube nicht, daß sie versuchen würde, mich bei Avinash schlechtzumachen oder mit mir um ihn zu konkurrieren. Daher bestand in jenem Moment keine wirkliche Gefahr, ihn zu verlieren, so daß sich bei mir keine Eifersuchtsanfälle einstellten. Trotzdem war es ein gutes Gefühl, daß ich die Sache leichtnehmen und mich für ihn freuen konnte, als er später total energetisiert von diesem Liebeserlebnis aus dem Zelt kam! Diese Art von Feuer können wir beide heute nur noch schwer entfachen, weil es aus neuen Erlebnissen entsteht, und nach so vielen gemeinsamen Jahren sind wir oft nicht mehr kreativ genug, uns immer wieder etwas Neues einfallen zu lassen.

Am Morgen nach der Party saßen wir mit denen zusammen, die nicht so schnell in die Städte zurückkehren ›mußten‹, als mir ein bunt gekleideter Junge auffiel, der mit katzenhaft geschmeidigen Bewegungen auf uns zuging. Ich verlor jedes Zeitgefühl, während ich die Bewegungen dieses schönen Geschöpfes verfolgte. Er suchte den herumliegenden Müll nach neuen Elementen ab, die er ›seinem‹ magisch anmutenden Outfit hinzufügen konnte. Plötzlich kam er dabei ganz in ›meine‹ Nähe, zusammen mit zwei hübschen, englisch sprechenden Mädchen. Sie fragten mich, ob ich ihnen etwas für ›ihren‹ Freund und Manager geben könnte, der offenbar starke Lungenprobleme ›hatte‹. Ich erzählte ihnen etwas über die Heilkräuter, die wir zum Verkauf anboten, und sie gingen, um den

Manager zu holen. Der ›Katzenhafte‹ schenkte mir ein so schönes Lächeln, daß ich mich sofort in ihn verliebte!

Später kamen sie wieder zurück, und ich sprach stundenlang mit dem kranken Jungen, erzählte ihm vom Tantra und andere Geschichten über Spiritualität und Sex, denn mir war sofort klar, daß ›sein‹ Hauptproblem dieses Thema betraf, das für Menschen auf dem Pfad der Erleuchtung stets sehr verstörend ist. Der ›Katzenhafte‹ war die ganze Zeit über dabei, und ihn nur anzusehen wirkte auf mich so heilsam und energetisierend, daß ich schließlich zu ihm sagte:

»Ich bekomme so viel Energie von dir! Spürst du das auch?«

»Ich lerne gerade, mich für diese Energien zu öffnen«, antwortete er.

Er fing an, sich mit einem Freund über den Maya-Kalender und Raumschiffe zu unterhalten, aber ich war nicht an ›seinem‹ Intellekt interessiert. Ich konzentrierte mich völlig auf die sinnliche Erfahrung, spürte die Schwingungen, die er ausstrahlte. Ich war nackt, weil ich die Morgensonne genießen wollte, und als wir uns zum Abschied intensiv und liebevoll umarmten, sagte er zu mir:

»Wir sehen uns beim **Rainbow!**«

Er gehört zu einer umherreisenden Künstlertruppe, und ich fand es herrlich, daß sie genau das tun, wovon ich seit ewigen Zeiten geträumt habe, ohne mir dessen bewußt zu sein! Jetzt scheint die Zeit dafür reif zu werden!

Also mußte ich ganz einfach zum **Rainbow** fahren! Wieder rief mich die Liebe, und immer wenn ich auf den Gesang der Liebe hörte, hat er mich zu unglaublichen Erfahrungen geführt.

Als wir eintrafen, war er noch nicht da, so daß ich frei war, andere Leute zu treffen.

Nachts kamen sie dann endlich, und ich erkannte ihn gleich unter den vielen anderen Menschen, allein an der Bewegung des Feuers, mit dem er während ›seines‹ Auftritts jonglierte. Ich schlug ihnen vor, dicht bei uns zu kampieren, aber sie suchten sich einen anderen Platz, den sie, wie sie sagten, gemütlicher fanden. Wir setzten uns zusammen ans Feuer, berührten uns zärtlich und schliefen später eng umschlungen. Er hielt ›meine‹ Hand über ›sein‹ Hara, wie die Japaner den Punkt zwischen Bauchnabel und Genitalien nennen.

Wir verbrachten viel Zeit miteinander, was eine große Freude war. In der Vollmondnacht, dem Höhepunkt des Rainbow-Festes, führten viele Künstler gemeinsam eine große Feuershow auf, und über vierzig Leute trommelten dazu. Ich hatte eine Nadabrahma-Meditation angeboten. Sie fand nachts um drei Uhr an einem schönen Platz in der Nähe des Medizin-Zeltes statt. Ich schlug den Leuten vor, wenn sie verliebt waren, den Geliebten oder die Geliebte mitzubringen.

Während wir auf das Eintreffen der Teilnehmer warteten, saß ich mit dem ›Katzenhaften‹ zusammen. Er spielte Gitarre und war so wunderbar, daß ich mich immer leidenschaftlicher in ihn verliebte. Er war erstaunt, was ich den Leuten alles mitteilen konnte, und sagte, daß ich im nächsten Jahr unbedingt ein großes Zelt bekommen ›sollte‹, wo ich Beratungen und Workshops durchführen konnte.

Ungefähr dreißig Leute fanden sich ein, um im Mondlicht zu sitzen und diese schöne Heilmeditation zu erleben. Es war kalt, und ich sagte ihnen in vier Sprachen, daß sie für eine Stunde still sitzen ›müßten‹. Ein paar Leute zogen es nach dieser Vorabinformation vor, wieder zu gehen, aber die meisten blieben bis zum Schluß, und es war eine wundervolle Begegnung. Viele von ihnen hatten noch nie zuvor meditiert. Einer blieb in völliger Verzückung fast vier Stunden dort sitzen. Der ›Katzenhafte‹ saß nahe bei mir, konnte sich aber nicht richtig entspannen und in die Meditation vertiefen. Er hatte Pilze genommen und schaffte es nicht, ruhig sitzenzubleiben. Ich streichelte sanft ›seine‹ Hände, um ihn vom Kopf in den Körper zu bringen. Dadurch beruhigte er sich doch noch, aber ich selbst kam nicht zum Meditieren. Mir wurde klar, daß er viel Zeit brauchen würde, um loslassen und mich so lieben zu können, wie ich es mag.

❦

Den folgenden Tag verbrachten ich und der ›katzenhafte‹ Freund damit, in der Hängematte zu liegen und Tarot zu spielen. Zwischen uns floß eine starke und schöne Energie, die ›unsere‹ Körper beben ließ, wann immer wir schweigend beieinander waren. Dann machte er einen Spaziergang, und anschließend sagte ich ihm, daß ich ihm gerne körperlich näherkommen wollte, und schlug ihm vor, daß wir uns gegenseitig massieren könnten. Er war einverstanden, sagte aber, daß er zunächst den Tag allein verbringen und durch die Felder spazieren wollte.

Später trafen wir uns bei einer Musiksession, die so gut war, daß sie eine Menge Zuschauer anzog. Ich spürte gleich, daß etwas nicht stimmte. Er wollte nicht von mir massiert werden und verschwand erneut zu einem einsamen Spaziergang. Kurz vor dem Abendessen begegneten wir uns dann vor dem Zelt der Musiker. Zögernd akzeptierte er die Einladung, mit mir zusammen zu essen. Ich spürte, wie unsicher wir beide waren, aber es war schön, zum erstenmal alleine eine gemeinsame Mahlzeit einzunehmen. Er sagte mir, daß er nicht zu viel Nähe zu mir wollte. So etwas hatte ich bereits gespürt und erklärte ihm, wie ich die Dinge sah:

»Ich bin nicht an einer Beziehung interessiert. Ich möchte die Liebe erleben, wenn sie mir begegnet, und auf Wiedersehen sagen, wenn sie wieder geht. Wenn du keine körperliche Freude mit mir erleben möchtest, ist das okay. Es ist auch so schon wunderbar, daß ich wegen dir hierher gekommen bin.«

»Ich freue mich, daß ich dich hierher geführt habe«, sagte er.

Bei diesem Abendessen wurde mir klar, daß dies wieder einmal eine Leidenschaft war, die Schmerz mit sich bringen würde. Ich versuchte, ›meine‹ Gefühle zu beobachten. Wir machten einen Spaziergang und setzten uns abseits der Menge ins Mondlicht.

»Ich liebe freie Frauen«, sagte er. »Aber ich gerate immer an solche, die eine Menge Probleme ›haben‹ und für die ich den Vater spielen soll ...«

»Das ist das ›Macho‹-Muster«, sagte ich. »Um sich überlegen fühlen zu können, lassen sie sich mit Frauen ein, für die sie sorgen ›müssen‹.«

Es war kalt, also legte ich mich über ihn, und schweigend verbrachten wir **einen dieser ewig erscheinenden Augenblicke, wenn zwei Menschen die Liebe erfahren.** Ich genoß es so intensiv wie möglich, denn ich wußte nicht, ob ich mit ihm je wieder einen solchen Moment erleben würde!

Als es sehr kalt wurde, standen wir auf und gingen zum großen zentralen Feuer. Wir tanzten, er trommelte, und dann war er plötzlich verschwunden! Ich wurde traurig und suchte nach ihm. Ich entdeckte ihn an dem Teeladen neben dem Zelt der Zirkusgruppe. Ich schaute ihn an, er erwiderte den Blick ziemlich beiläufig, wie mir schien, so daß ich mich schrecklich zurückgewiesen fühlte.

›Okay‹, dachte ich, ›er will nicht mehr mit mir zusammensein. Ich werde dieses Gefühl der Zurückweisung und das Ende dieser Liebesaffäre aufmerksam beobachten. Ich werde versuchen, loszulassen, und den Schmerz beobachten.‹

Ich ging zurück zu ›meinem‹ Schlafplatz und fühlte mich schrecklich, mit einem großen schwarzen Loch im Herzen. Alle Freunde waren dort, auch Avinash. Ich setzte mich aufs Bett und wollte mich ganz tief auf das Gefühl, abgewiesen worden zu sein, und das Ende einer weiteren schönen Liebesbegegnung einlassen. Mitten unter all diesen lachenden kleinen Buddhas legte ich mich hin und fühlte mich sehr traurig. Während ich den Schmerz beobachtete, erinnerte ich mich an alles, was zwischen dem ›Katzenhaften‹ und mir passiert war.

Doch ganz allmählich begann ich, mich wieder wohl zu fühlen. Ich wußte nicht, daß sie alle magische Pilze eingenommen hatten. Ich nahm die Gitarre, sang bis zum Sonnenaufgang und ärgerte mich darüber, daß ihm in der Vollmondnacht eine Saite gerissen war und er nicht genug Verantwortungsgefühl ›besessen hatte‹, sie zu reparieren. Die Gefühle wechselten von Traurigkeit zu Wut, von Ablehnung zu Verzweiflung, aber als ich einschlief, nachdem ich so lange gesungen und den Schmerz durchlebt hatte, WAR ICH GLÜCKLICH UND LÄCHELTE. DER SCHMERZ WAR VÖLLIG VERSCHWUNDEN. Ich war sehr erstaunt. Der ganze Alptraum hatte sich in Luft aufgelöst, allein dadurch, daß ich mich entschieden hatte, die Gefühle zu beobachten! Ich fühlte mich befreit und dankbar, daß ich hierher gekommen war und Gelegenheit ›gehabt hatte‹, zahlreiche Menschen in die Meditation einzuführen.

Als ich am nächsten Morgen zum großen Kreis ging, um zu frühstücken, fühlte ich mich glücklich, frei und schön, leuchtend, in einem langen, gelben Rock, der im Wind flatterte. Dann kam er lächelnd auf mich zu, glücklich, mich zu sehen.

Warm und liebevoll setzte er sich neben mich, und ich sagte:

»Ich dachte schon, du wolltest nichts mehr von mir wissen.«

»Ich werde allmählich offener für ›deine‹ Energie«, sagte er.

»Warum bist du gestern einfach verschwunden?« fragte ich, ein bißchen verärgert.

»Ich bin einfach nur der Energie gefolgt. Ich dachte, du würdest mir sowieso nachkommen. Später kamst du wirklich, doch dann warst du es, die verschwand!«

»Ich dachte, du wolltest mich nicht sehen.«

»Und ich dachte, du wärst gekommen und hättest dich neben mich gesetzt, wie zuvor ...!«

»Als du sagtest, daß du nicht zu viel Nähe zu mir willst, dachte ich ...«

»Die Dinge haben sich verändert, nachdem wir miteinander geredet hatten«, sagte er.

»Ja, aber dann mußt du mir das auch sagen. Ich kann nicht raten oder ›deine‹ Gedanken lesen«, fügte ich hinzu.

Er lächelte und sagte:

»Ich werde versuchen, offener zu sein!«

Ich war völlig überrascht, daß die Sache eine solche Wendung nahm!

Er wollte an diesem Tag nach Prag fahren, sagte aber, er werde auf jeden Fall zurückkommen. Wir gingen zusammen den langen Weg zu den Autos, einander bei den Händen haltend und die Liebesenergie genießend.

Der letzte Abschied war kalt! Diese Leute mit englischem Blut sind gehemmter als die Deutschen!

Am nächsten Tag kehrte er für einige ziemlich unruhige Stunden zurück. Wir konnten ein wenig zusammensein, aber es war nicht mehr so intensiv wie zuvor. Er ›hatte‹ nicht genug Zeit, und für mich ist es immer wie eine kalte Dusche, wenn der Mann etwas Negatives über das sagt, was zwischen uns passiert. Für die orgasmische Explosion muß es Feuer geben oder ein kühles Einverständnis wie zwischen Avinash und mir, daß wir einander lieben, was auch geschieht. Die Angst, sich selbst zu verlieren, zerstört die Liebe, weil **zu lieben bedeutet, sich im anderen zu verlieren. Genau deshalb ist die Liebe so wichtig und kann uns ebenso zur Erleuchtung führen wie die Meditation.**

Ich habe Osho viele Male sagen hören, daß wir zwischen Liebe und Meditation wählen können. Beide können uns zum selben Punkt völliger Auflösung führen. Und dieses Gefühl der Auflösung bedeutet, ein größeres Einssein mit dem Kosmos zu erfahren. Es ist, wie wenn ein Samenkorn aufbricht, so daß die

Pflanze hervorsprießen kann. Für mich ist **Liebe der größte Ego-Killer!**

Der ›Katzenhafte‹ reiste ab. Das war okay. Ich fühlte mich lediglich ein klein wenig leer. Aber ein neues Kapitel würde neue Erfahrungen und neue ›Liebhaber‹ bringen.

So, wie wir es ausgemacht hatten, trafen wir uns kurze Zeit später auf einer Party in München. Ich war sehr erschöpft und ›hatte‹, nachdem er das Rainbow-Fest verlassen hatte, noch eine sexuell erfüllende Begegnung mit einem anderen Mann erlebt. Es machte mich ein bißchen traurig, daß ich so viel Energie würde investieren müssen, um ›seine‹ Blockaden aufzulösen und ›seine‹ Aufmerksamkeit ganz in den Körper zu lenken, damit eine explosive Liebeserfahrung zwischen uns stattfinden konnte.

Er sagte, daß mir Neuseeland, ›seine‹ Heimat, gewiß gefallen würde. Ich habe immer noch vor, ihn dort zu besuchen, vielleicht in diesem Winter. Seither ist fast ein Jahr vergangen, und wir haben uns einige Male geschrieben. Ich rief ihn vor ein paar Wochen in England an, nachdem er mir eine Postkarte aus Israel geschickt hatte, auf der er mir mitteilte, daß sie in der Nähe von London auftreten würden. Dann, nachdem wir uns ein paar schöne und liebevolle Faxe geschickt hatten, verabredeten wir, uns beim nächsten **Voov** zu treffen. Ich bin aufgeregt. Vielleicht hat sich bei ihm etwas verändert, und er ist etwas mehr im Körper. Vielleicht kann er inzwischen besser ›seine‹ Gefühle ausdrücken. Vielleicht ist er es leid, immer so viel zu denken ...! Schauen wir, was geschieht ...

Nachdem der ›Katzenhafte‹ abgereist war, traf ich auf dem **Rainbow** noch einen anderen schönen Mann, einen Sannyasin. Die Begegnung mit ihm war eine weitere wertvolle Lektion darin, **loszulassen, sich nicht an etwas Vergangenes festzuklammern, denn es wartet immer wieder etwas Neues, Schönes auf uns. Und das Neue ist stets besser!**

Am wichtigsten an dieser Begegnung mit dem Sannyasin war, daß er mir etwas über die frauenorientierte Kultur in Tibet erzählte, als wir darauf zu sprechen kamen, wie ich es mit dem Sex und der Liebe halte.

Er berichtete mir, daß die Männer dort ständig auf Wanderschaft sind, während die Frauen zu Hause bleiben. Wenn der Winter kommt, schauen sich die Männer nach einem Haus um, wo sie leben können. Jedes Haus kann mehrere von ihnen aufnehmen, je nach dem vorhandenen Platz und der Bereitschaft der Frau, die dort wohnt. Sie bleibt die Gastgeberin, und sie helfen ihr als willkommene Gäste. Nachts ›darf‹ einer von ihnen mit ihr schlafen. Wenn ein Paar Schuhe vor ›ihrer‹ Tür steht, ist das ein Zeichen, daß schon jemand bei ihr liegt. Dann gehen die anderen und schlafen allein.

Dies zu hören fand ich sehr aufregend! Es gibt also bereits einen Ort hier auf der Erde, wo die Menschen ein wenig von der wahren Natur von Sex, Liebe und der Verbindung zwischen Mann und Frau zu verstehen scheinen!

Ein anderer interessanter Aspekt an der Begegnung mit dem Sannyasin war, daß er sich intensiv mit den Geheimnissen des tantrischen Sex beschäftigte und zu mir sagte:

»Ich mag Frauen, die über dreißig sind, weil sie wissen, daß sie Sex wollen. Das macht die Dinge leichter.«

Das fand ich großartig!

In der vergangenen Woche lud uns Buck zum **Folk Festival** nach Ingelheim ein. Dort trafen wir jemanden, der sich für die tibetische Befreiungsbewegung einsetzt und uns von Tibet erzählte. Ich fragte ihn nach der Geschichte, die ich von dem Sannyasin gehört hatte – daß die Frauen dort mehr als einen Mann lieben ›könnten‹, ohne deswegen Schuldgefühle zu ›haben‹, und daß dies Teil eines allgemein akzeptierten Gesellschaftssystems sei, das offenbar im Einklang mit der Natur stehe. Er erzählte mir, daß diese Dinge in Ladakh in Indien tatsächlich geschähen.

Wie es scheint, werde ich dorthin reisen ›müssen‹, um mir selbst ein Bild zu machen. Es ist sehr schön, daß es hier auf dem Planeten ein paar Gegenden gibt, wo die freie Liebe nicht nur Theorie ist. Wenn dies auf der Erde schon stattfindet, dann sind diese Schwingungen Teil des kollektiven Unbewußten, und wir können sicher sein, daß wir eines Tages alle eine so fortschrittliche Stufe erreichen werden!

Für mich ist es ohnehin schon eine Realität. Seit dem Vorfall mit Sérgio, als ich ihm erzählt hatte, was ich für einen Kollegen bei der Fluggesellschaft empfand, und er von mir verlangte, mich zwischen ihm und diesem Kollegen zu entscheiden, weiß ich, daß die Natur nicht ›unseren‹ Versprechungen folgt und mit ›ihren‹ Töchtern anderes im Sinn ›hat‹. Seit damals machte ich es mir zur Regel, jedem Mann, der mich interessiert, zu allererst offen zu sagen, wie ich über Sex und Liebe denke. Nach Sérgio habe ich mich mit keinem Mann mehr eingelassen, der das nicht verstehen kann oder es nicht wenigstens versucht! Und wenn ich es sehr deutlich ausspreche und mir sehr bewußt bin, was ich sage, gibt es niemanden, der es nicht akzeptieren kann!

Nach der Liebesaffäre mit den beiden Brüdern aus Deutschland war ich völlig verwandelt, denn von da an wußte ich, daß solche Dinge möglich waren. Ich wurde offen für das Leben, für die Liebe, und schon bald erlebte ich eine immer tiefer und aufregender werdende Liebe zu zwei Männern.

Als ich mich mit Joe und Telmo treiben ließ, gab es keinen festen Platz zum Schlafen. Oft lagerten wir mit Freunden an schönen Stränden. In einer dieser Nächte ›sollte‹ Telmo nach Rio fahren, um dort Baß in einer Band zu spielen, und lud mich ein, ihn zu begleiten. Ich kann mich nicht mehr an Einzelheiten dieser Party erinnern, aber ich weiß noch, daß er ›Brown Sugar‹ von den Stones spielte und dabei so sexy wirkte und mit solcher Hingabe spielte, daß ›meine‹ freundschaftlichen Gefühle ihm gegenüber sich in Leidenschaft verwandelten. Als er von der Bühne kam, schloß ich ihn in die Arme und überschüttete ihn mit Küssen. Anschließend ließ er einen Freund ans Steuer des Wagens, und wir tauschten einen Kuß, der erst endete, als wir nach einstündiger Fahrt ins Lager am Strand zurückkehrten!

Beide genossen wir diese Leidenschaft in vollen Zügen! Schon bald mieteten wir mit Joe das Haus in einem Armenviertel von S. Tereza, wo sich für uns alle viel verändern ›sollte‹. Kurze Zeit später verlor ich die Anstellung als Stewardess. Doch ich ging zur Zeitung ›Diário de Notícias‹, wo man mir anbot, die bereits erwähnte esoterische Kolumne zu schreiben. So begann ich, über die Medien esoterische Ideen zu verbreiten. Vielen Leuten gefiel das, ich erhielt viele Briefe und jemand lud uns zu einem Yoga-Seminar ein. Er war der erste tantrische Lehrer, der mir begegnete. Die Workshops, die ich unter dem Titel *Touch* veranstalte, basieren auf jenen Ritualen, die wir damals in der Yogaschule in Copacabana kennenlernten. Wir lernten rasch, wieviel Energie der Körper allein dadurch erhält, daß er nackt ist.

Als dann Joe auszog, beschlossen wir, daß in diesem Haus alle nackt herumlaufen ›sollten‹. Auch die Besucher ›mußten‹ an der Tür die Kleider ablegen! Antônio, der große, dicke Rechtsanwalt, ›hatte‹ großen Spaß daran, nachmittags um fünf zu kommen, sich auszuziehen und mit uns im leeren Eßzimmer Tee zu trinken. Während einer dieser nackten Zusammenkünfte ermutigte er uns, ›unseren‹ Talenten zu vertrauen und das Horoskop-Flugblatt zu verfassen.

Als es gedruckt war, verkauften wir es überall in der Stadt, besonders vor kulturellen Einrichtungen, zum Beispiel Theatern. Das ›Teatro Ipanema‹ wurde bald einer dieser Orte, die wir regelmäßig aufsuchten. Sie führten ein fantastisches Stück auf, mit dem Titel: ›Heute ist Rock 'n' Roll-Tag‹. Es war einfach großartig! Während der Zeit der Militärdiktatur öffnete es uns einen völlig neuen Horizont. Wir lernten es teilweise auswendig und sprachen uns lachend gegenseitig die Dialoge vor. Es war wunderbar, plötzlich in eine völlig neue Wirklichkeit überzuwechseln, die uns einen Ausweg aus dem Krieg zwischen der ›Stadtguerrilla‹ und der Militärregierung bot! In diesem Stück wurde das Entstehen einer neuen Sorte Mensch propagiert: die Mutanten!

Viele Schauspieler und Schauspielerinnen begannen, sich für Astrologie zu interessieren, wollten auf diesem Weg mehr über sich selbst herausfinden. Damals wurde Astrologie ausschließlich mit jenen falschen Zeitungshoroskopen in Verbindung gebracht, die auch heute immer noch gedruckt werden. Als ich damals für die Zeitung arbeitete, sagten sie einmal zu mir:

»Schreibe einfach irgendwas! Es stimmt doch sowieso alles nicht!«

Das lehnte ich entschieden ab. Ich erklärte ihnen, daß ich die Astrologie wirklich studierte und diese Arbeit ernst nahm, daß das Erstellen eines täglichen Horoskops erheblichen Zeitaufwand erforderte und daß ich es keinesfalls umsonst machen würde. Da boten sie mir an, eine esoterische Kolumne für die Sonntagsbeilage zu schreiben!

Wir freundeten uns mit vielen Theaterleuten an. Ich erinnere mich an einen Acid-Trip in der Wohnung eines Schauspielers. Wir lagen herum, ich hörte zum erstenmal Tina Turner und erlebte Visionen, in denen mir Krishna erschien.

Die beiden Söhne der Hauptdarstellerin wurden enge Freunde von Telmo und mir. Auf einer Party, zu der Maurinho, der ältere der beiden, uns eingeladen hatte, bat er mich, den Kopf auf ›seinen‹ Schoß zu legen, und streichelte mich zärtlich. Bald waren wir ziemlich scharf aufeinander. Er war erst achtzehn, und ich hatte nicht damit gerechnet, daß er sich als ein so guter ›Liebhaber‹ erweisen würde!

Telmo und ich hatten das Haus in S. Tereza aufgegeben und zogen vorübergehend mit in die Wohnung in Ipanema ein, nahe beim Theater, die der Vater den beiden Brüdern finanzierte. Maurinho und ich verbrachten viel Zeit mit der Liebe. Wir waren wirklich sehr heftig ineinander verliebt! Telmo gesellte sich häufig zu uns. Das war das erste Mal, daß ich mit zwei Männern gleichzeitig im Bett war! In Europa hatten Tom, Sebastian und ich das auch versucht, aber im Bett hatte es sich als reine Frustration erwiesen. Ich glaube, für die beiden war es ein bißchen zu viel, sich gegenseitig körperlich zu lieben. Es ist nicht so einfach, die üblichen brüderlichen Konflikte hinter sich zu lassen und obendrein sogar mit derselben Frau gleichzeitig das Bett zu teilen, auch wenn man es vom Verstand her noch so sehr akzeptieren und okay finden mag!

Telmo war manchmal eifersüchtig und schockiert über die Art, wie Maurinho mich liebte, der sich ganz der sinnlichen Erfahrung hingab und den Sex ohne alle Schranken erkundete, mich sogar von hinten penetrierte und regelrecht zum Tier wurde. Telmo und ich beschäftigten uns dagegen bereits mit Tantra und liebten uns auf eine entspannte Weise und zögerten den Orgasmus lange hinaus, um die Energie für uns zu bewahren. Daher war Maurinhos wilde Liebesart für Telmo ein bißchen viel! Manchmal wußte er nicht, wie er sich im Bett daran beteiligen ›sollte‹. Doch Maurinho bemühte sich immerhin, auch die Kunst des meditativen Sex zu erlernen, soweit sein Teenager-Feuer das zuließ.

Für viele Leute war dieser Lebensstil ein bißchen zu viel. Das Hausmädchen und ›ihr‹ ›Liebhaber‹ sprachen kein Wort mit uns, so sehr wir uns auch bemühten, nett zu ihnen zu sein! Auch Maurinhos Vater war schockiert, wenn er zu Besuch kam und uns kopfstehend antraf, was zu den täglichen Tantra-Yoga-Übungen gehörte. Aber wir redeten ohnehin wenig und ›hatten‹ kein Interesse am gesellschaftlichen Leben. So halte ich es auch heute noch. Es gibt so viele Geheimnisse, die darauf warten, von uns erfahren zu werden, daß einfach keine Zeit für überflüssiges Gerede ist!

Das Ganze endete, als Maurinho sich plötzlich in das nächste

Mädchen verliebte, eine schöne Schauspielerin, die in Brasilien später ein berühmter Star wurde. Telmo und ich zogen daraufhin in ein großes Haus, daß ›seine‹ Eltern auf Paquetá gekauft hatten, einer Insel, auf der keine Autos erlaubt sind und die bis heute ein beliebter Urlaubsort von Rios Mittelklasse ist. Dort feierten wir ›meinen‹ Geburtstag mit einem großen Kostümfest. Joinha schluckte Meskalin. Er verließ die Party um sechs Uhr morgens, um, immer noch berauscht, den Dienst als Zahnarzt in einem Krankenhaus anzutreten. Er stellte fest, daß er in diesem Zustand besser operieren konnte als nüchtern!

Damals machte ich die Erfahrung, zusammen mit Telmo und einer anderen Frau im Bett zu sein. Es gefiel mir nicht besonders, obgleich sie sehr schön war. Ich vergnügte mich ein wenig mit ihr, fand es, nachdem ich befriedigt war, aber besser, das Feld zu räumen, so daß die beiden allein sein konnten.

Nach diesem Erlebnis wurde mir klar, daß wir viele Menschen lieben können, daß es aber besser ist, nur zu zweit Sex zu ›haben‹. Sonst bleibt die Erfahrung oberflächlich und erreicht keine spirituelle Dimension. Es wird dann nur die körperliche Ebene berührt. Für die tieferen Bereiche, die uns der tantrische Sex eröffnet, ist es gut, einander in die Augen zu sehen und immer mehr mit dem Partner zu verschmelzen. Es war schön, das Jahre später auch von Osho zu hören.

Es kam nur noch ein weiteres Mal vor, daß ich zusammen mit zwei Männern ins Bett ging. Damals lebte ich schon mit Avinash in Hamburg. Es war frustrierend, und danach beschloß ich: nie wieder! Man ›sollte‹ die Liebe nur zu zweit genießen. Ich kann in einer Nacht nacheinander mit vielen Männern Sex ›haben‹, doch jedesmal ›sollte‹ der Liebesakt zu zweit vollzogen werden, so daß wir miteinander verschmelzen und einswerden können. Für Anfänger ist Gruppensex okay, um sich von Blockaden und Konditionierungen zu befreien. **Um aber in den Bereich der Meditation und**

der kosmischen Explosion vorzudringen, sind Orgien der falsche Weg.

Mehr als einen Menschen zu lieben ist etwas anderes. Vielleicht möchtest du ja auch gar nicht mit all diesen geliebten Menschen Sex ›haben‹. Die Liebe ist sehr geheimnisvoll. Das schönste daran ist, daß wir dabei ganz frei von Bindungen bleiben ›können‹. Bindungen entstehen durch die Angst davor, einen Menschen zu verlieren. Die Angst vor dem Verlust geliebter Menschen entsteht aus der Angst vor dem Alleinsein. Doch wie kannst du jemals allein sein, wenn du viele Menschen liebst? Dann wird es immer jemanden geben, der dir etwas geben kann, so daß du nicht von einer einzigen Person abhängig bist. Wenn du nur einen einzigen Menschen liebst, muß dieses bedauernswerte Wesen dir ALLES geben! Dann muß er oder sie ein ›Supermann‹ oder eine ›Superfrau‹ sein. Aber in Wahrheit sind wir alle Frösche. Wir alle warten auf den Kuß der Prinzessin oder des Prinzen. Doch die gibt es nicht, und darum werden sie uns auch nie küssen. Wir sind alle Frösche! Wartende Frösche!

In einem schönen Lied von Marina – einer ›meiner‹ brasilianischen Lieblingssängerinnen – heißt es: »Du wartest darauf, daß der heilige Georg den Drachen tötet, aber es ist niemand da, der dich vor den Drachen schützt!«

Also fahren wir damit fort, die Partner zu wechseln, besonders hier in Deutschland, wo die Frauen freier sind. Und der letzte ›Liebhaber‹ wird ein Feind, nur weil er oder sie die Erwartungen nicht erfüllen konnte, all die vielen Erwartungen! Niemand kann das! Das ist eine Tatsache.

Wenn wir mehr als einen Menschen lieben, kann jeder einzelne uns das geben, wozu er in der Lage ist.

Alle Männer, die ich geliebt habe, sind Freunde geblieben – mit ganz wenigen Ausnahmen. Wenn sie sehr eifersüchtig oder kritisch waren, konnten wir keine Freunde bleiben. Doch alle anderen guten Freunde sind ehemalige ›Liebhaber‹. Die besten Freunde sind natürlich jene, die fähig waren, uns Orgasmen, Freude, Vergnügen zu schenken! Und ein Mann, der eine Frau wirklich befriedigt hat, kann sie nicht vergessen. ›Sein‹ Körper wird sie niemals vergessen!

Seit langem liebe ich gleichzeitig mehrere Männer, und sie alle sind gute Freunde geworden. Sie können sich die Liebe teilen, die von mir ausgeht, weil sie ALLES bekommen, was sie sich wünschen. Ich halte nichts zurück, ich errichte keine Barrieren, warum sollte also jemand meinetwegen eifersüchtig sein? Wenn du von jemandem alles bekommst, was du dir von dieser Person wünschst, ›brauchst‹ du nicht eifersüchtig zu sein. Und wenn man sich im Zustand der Liebe befindet, ist für andere Gefühle kein Platz – wenn es wirkliche Liebe ist, ohne jeden Besitzanspruch. Dann liebt jeder jeden!

»Ich habe so viel von dir gelernt, Pyari«, sagte Buck heute. »Ich verbreite etwas von ›deiner‹ Weisheit, wenn ich andere Leute treffe. Und ich liebe das, was zwischen uns geschieht!«

»Ich liebe es auch, Buck!« antwortete ich am Telefon, während das Herz dahinschmolz. Nach dem Telefonat mit Buck ging ich in die Küche und traf dort den anderen Geliebten, mit dem ich hier lebe. Er schaute mich an und fragte:

»Was ist los, Pyari?«

»Ich habe gerade mit Buck geredet«, sagte ich.

Er nahm mich in die Arme und sagte:

»Du bist wirklich voller Liebe!«

»Ja!«

Als ich sie auf der letzten Geburtstagsparty gegenseitig vorstellte, nachdem sie mich in der Show tanzen gesehen hatten, die ich ›Darshan‹ nenne, verliebten sie sich ineinander und sagten mir:

»Wir sind uns vorher schon an der Bar begegnet. Aber wir wußten nicht, daß wir beide dich lieben!«

Mehr als eine Person zu lieben kann nur zu Komplikationen

Pyari bei einem Auftritt in Hamburg, 1991.

Pyari im ›Darshan‹, Hamburg.

führen, wenn du nicht offen dazu stehst. Wenn du aber weißt, daß es völlig in Ordnung ist, daß es der weiblichen Natur entspricht und zu deinem persönlichen Wachstum beiträgt, wirst du diesen Zustand immer mehr genießen. Dann wirst du entdecken, wie sich bei jedem neuen Mann, den du liebst, eine neue Frau in dir entfaltet.

Folge also deinen Gefühlen! Spaß und Freiheit sind sehr hohe Werte. In dem Augenblick, wenn wir uns entscheiden, immer mehr zu lieben, wird der Planet sich freuen, daß eine weitere Tochter oder ein weiterer Sohn sich von den Konditionierungen befreit hat, die eine von Furcht beherrschte Gesellschaft uns aufbürdet.

Je intensiver wir das Leben mit ›seinen‹ Höhen und Tiefen erfahren, desto mehr erkennen wir, daß wir nichts wissen. Das einzige, dessen wir uns sicher sein können, sind die Freuden, die der Körper uns zu schenken vermag, und das Klopfen des Herzens, wenn wir jemanden lieben. Von dieser Gewißheit können wir uns leiten lassen. Ich glaube, daß es besser ist, einen Menschen nicht einfach fallenzulassen, wenn das Herz für den nächsten klopft. Es ist immer besser, uns zu öffnen, und sie alle in die Liebe einzubeziehen. Als Avinash mich heute anrief, sagte er:

»Ich habe hier einen ganz besonderen Gast: Buck! Möchtest du mit ihm reden?«

Natürlich wollte ich das, und natürlich war niemand deswegen eifersüchtig. Sie alle sorgen sich um mich und möchten, daß ich glücklich bin, denn ich sorge mich auch um sie. Es ist ein nie endender Kreis der Zuneigung. Wir freuen uns daran, zusammenzusein, und die Liebe verbindet uns alle.

Denn die Liebe ist das wichtigste.

Pyari während einer Show auf der Techno-Party ›Die Nacht der Mond-Prinzessinnen‹, am 27. September 1996 in Berlin.

7

Eine Alternative zur Familie

Ich bin gerade vom Voov zurückgekommen, das eine wirklich aufregende Erfahrung war. Es war ein so großartiges Fest! Es war, als würden wir dort für die ganze Welt feiern! Manchmal ›hatte‹ ich das starke Gefühl, daß das ganze Universum dieses bedeutende Ereignis hier auf der Erde beobachtet. Adhara arbeitete mit und half uns bei allem. Es war wundervoll, mit ihr eine neue Dimension der Gemeinschaft zu erleben. Der ›Meditations-Mann‹ war plötzlich da, und es war eine große Freude, ihm zu begegnen.

»O ja, ein bißchen Meditation wird mir guttun«, sagte er, als er mich umarmte.

Der ›Katzenhafte‹ kampierte beim Circus, und es tat im Herzen gut, sich in den Armen zu liegen und wieder in diese Augen zu blicken, die Gegenwart einer Liebe zu spüren, der Entfernung und Zeit nichts anhaben konnten!

Viele Begegnungen, viel Freude, aber auch einige Traurigkeit, die es zu beobachten galt. Das Glück, daß so viele ›Liebhaber‹ dort waren... Buck ist nicht gekommen, und ich weiß nicht, warum, vielleicht wegen all des Chaos, in dem er lebt, den Gästen, die immer bei ihm sind, um so viel wie möglich aus ihm herauszusaugen.

Der ›Meditations-Mann‹ war außerordentlich schön – jene Schönheit, die sich einstellt, wenn Menschen sich des Körpers bewußt sind –, und das Herz tanzte vor Freude, als ich ihn sah und für ein paar selige Momente auf ›seinem‹ Schoß sitzen konnte. Ich sagte ihm, er sähe sehr gut aus. Er freute sich, das zu hören, und ich bat ihn, auch etwas Nettes zu mir zu sagen. Ich spürte, daß er zu einer negativen Bemerkung ansetzen wollte!

»Sag nichts Gemeines! Sag mir etwas wirklich Gutes!«

Und ich sah tief in diese leuchtenden Augen, die ich normalerweise nicht lange anschauen kann, weil ich sonst vor Liebe ohnmächtig werde ... Und er umarmte mich und sagte:

»Du siehst schön aus, ich bin froh, dich zu sehen, und ich finde es großartig, daß du hergekommen bist, um gemeinsam mit mir zu feiern.«

Ich konnte kaum glauben, was ich da gehört hatte ...

»Ist das auch wirklich wahr?«

»Ja!«

Und er ging, als er die Freunde sah, mit denen er gekommen war. Und rief mir zu:

»Wir sehen uns heute abend!«

Das war am Freitag nachmittag. Ich kochte Suppe für die Leute von zwei Verkaufsständen, und nach dieser Liebesdusche kam es mir vor, als würde das ganze Universum schmelzen. Das Herz schien sich in eine warme, feine Energie zu verwandeln, die den ganzen Körper durchströmte. Die Leute schauten mich an, und ein paar neidische Jungen machten dumme Bemerkungen, versuchten, die Liebe auf jene Ebene der Unterdrückung hinabzuziehen, auf der sie selbst leben, unfähig, zu begreifen, was ich erlebe.

Während des ganzen Festes sah ich ihn nicht, und manchmal machte mich das traurig, obgleich dieser Satz, den er zu mir gesagt hatte, mich von jedem negativen Trip abhielt. Es kam zu einigen energievollen Begegnungen mit dem ›Katzenhaften‹, aber es ergab sich keine Gelegenheit, bei der wir uns hätten berühren können. ›Seine‹ Augen ruhten aber oft auf mir. Trotzdem machte ich mir Gedanken darüber, ob er wohl Interesse an einem tieferen körperlichen Kontakt mit mir ›haben‹ könnte.

Am Montag morgen sagte Avinash mir, daß der ›Meditations-

Mann‹ immer noch da war. Ich hatte schon nicht mehr damit gerechnet, ihm dort noch einmal zu begegnen!

»Bist du sicher, daß er es ist?« fragte ich.

»Ja, er trägt das St.-Pauli-Hemd. Aber verrate ihm nicht, daß ich es dir gesagt habe!«

Ich verstand zwar Avinashs Bitte nicht, aber da war keine Zeit für weitere Erklärungen! Ich ging zu der Stelle, die Avinash mit beschrieben hatte, und traf ihn dort an, wie er gerade mit den Freunden packte. Das Herz klopfte heftig. Ich beruhigte mich und beobachtete die Gefühle. Dann sah er mich und rief:

»Hi, Pyari ...! Tut mir leid!«

»Was denn?« fragte ich, glücklich, daß er das sagte.

»Oh, ich habe die ganze Nacht durchgeschlafen, bis gerade eben, und davor war ich während des ganzen Festes völlig stoned!«

Er erzählte mir ein paar Geschichten, die mich nicht wirklich interessierten. Ich spürte nur, wie alle Zellen im Körper vor Erregung vibrierten, glücklich, mit ›seinem‹ Energiefeld in Kontakt zu kommen. Dann lud ich ihn ein, auf einen Kaffee zu uns herüber zu kommen. Er lehnte ab.

»Sie sind schon fast fertig zum Aufbruch ...«, erklärte er mir.

Dann sagte er abrupt:

»Warte.« Er ging zu ihnen und sprach kurz mit ihnen. Dann kam er zu mir und sagte:

»Okay. Geh'n wir!«

Ich erklärte den anderen Jungen, wo sie uns finden könnten, falls er doch länger bei mir blieb.

»Ich bin gleich wieder da«, sagte er trotzdem zu ihnen.

Bei uns saßen viele Leute herum, tranken Kaffee oder Tee und rauchten. Er saß auf einem Stuhl. Langsam kam ich näher und näher, bis schließlich der Kopf auf ›seinem‹ Schoß ruhte. Ich streichelte ihm den Rücken und spürte die Energie, die aus der Hand strömte, mit der er mich berührte. So viel Hitze! Der ganze Körper wurde heiß: die Muschi, die Brüste, die Beine ... Sehr unsicher, mit schwacher Stimme fragte ich ihn, ob er sich mit mir ins Auto legen wolle, da mir die Beine schmerzten ...

»Hey, klar, warum hast du das nicht gleich gesagt?« antwortete er.

Wir legten uns im Bus hin, ich auf ihm. Wir waren beide glücklich, ungestört einander so nahe zu sein.

»Ich nenne dich im Buch den ›Meditations-Mann‹«, sagte ich.

»Warum? Wir haben doch erst einmal zusammen meditiert!«

»Zweimal«, sagte ich. »Und wenn du mich liebst, gehst du doch auch jedesmal über das Denken, den Verstand hinaus, nicht wahr?«

»Ja!«

»Genau das ist Meditation! Dann kann die Liebe wirklich zu uns kommen. Und darum ist das mit uns beiden so schön!«

Erneut völlig unsicher, fragte ich ihn, ob er gerne mit mir ins Zelt gehen würde. Er sagte ja und suchte nach Wasser, um sich die Füße zu waschen.

»Sie stinken furchtbar«, sagte er.

Dann wusch ich ›seine‹ Hände, und wir gingen hinein. Mit völlig verlorenem Blick umarmte er mich und er erschien mir wie eine Vision, schön und liebenswert. Ich fragte:

»Was denkst du?«

»Ob ich loslassen sollte ...«

»Natürlich!!!« sagte ich. »Warum denn nicht?«

»›Meine‹ Freunde kommen bald.«

»Wenn sie kommen, hören wir auf. Sie wissen doch, wo du bist ...«

Er schaute mich an, und wir küßten uns, genossen die Münder, die Zungen, den Geruch, die Berührung, das Gefühl der Hände auf der Haut des anderen. Die Luft war erfüllt von Liebe und Freude, die Hitze nahm zu, ›seine‹ Hände bewegten sich überallhin, wir gaben uns völlig der Liebe hin ... Ich zog mich aus ...

»Ich möchte ›deine‹ Hände spüren«, sagte ich.

»Manchmal kann ich nicht glauben, daß du es so sehr magst, wenn wir uns lieben.«

»Warum?« fragte ich.

»Weil ich überhaupt nichts Besonderes entdecken kann, wenn ich in den Spiegel schaue!«

»Ich sehe ja auch gar nichts Besonderes in dir«, log ich, damit er sich nicht unbehaglich fühlte und noch mehr Angst vor mir bekam.

»Aber es geschieht für mich«, fuhr ich fort, »es geschieht für uns beide. Ich beobachte nur ... die Liebe geschieht einfach! Wir können selbst gar nichts machen!«

Und wieder tauchten wir in diesen Ozean der Freude, Liebe und Intimität ... Er bewegte sich mit einer solchen Bewußtheit, genau wie man es machen muß, um mit der kosmischen Energie in Kontakt zu kommen, von der ich ihm erzählt hatte ...

Er erlebte mehr Freude mit mir als je zuvor. Es machte mich froh, daß die rosa Flammen, die ich ein paar Monate hindurch für ihn visualisiert hatte, offenbar die Blockaden in ihm aufgelöst hatten! Er hatte mir erlaubt, an ihm zu arbeiten, und das hatte ich getan. Ich wollte mich nicht, wie zuvor, jedesmal schlecht fühlen, wenn ich an ihn dachte ... Ja, wegen all der Probleme, die er mit sich herumschleppt – Vorurteile und Konditionierungen –, machte es mich traurig, all diese Negativität anhören zu ›müssen‹, die sich aus ihm ergoß, wenn ich ihn wieder einmal zu mir einlud! Ich wollte der Liebe eine Chance geben und einen Freiraum schaffen, in dem sie sich ereignen konnte. Wenn ich also an ihn dachte, imaginierte ich ihn umgeben von den rosa Flammen der Liebe. Auch stellte ich mir vor, daß die Liebe alles verbrennen würde, was aus dem Ego kam, und all das verstärken würde, das wert war, von zwei Mutanten wie uns gelebt zu werden. Er steht immer noch mit einem Bein in der Gesellschaft, aber die Seele ist bereits draußen, und durch diese schöne Liebe, die zwischen uns blüht, kann ich ihn vorwärtsschieben.

Einmal masturbierte ich und stellte mir dabei vor, wie ich gerne beim nächsten Mal von ihm geliebt werden wollte, und das genügte, um mich für Wochen zu befriedigen! Es war so intensiv, als ob es tatsächlich geschehen wäre. Gleichzeitig zeigte es mir, wie ich mich noch mehr für diese Liebe öffnen konnte!

Ich möchte das Leben in seiner Totalität annehmen! Ich weiß, daß diese Liebe ein großer Sieg der Erde über die Gesellschaft sein wird, wenn ich geduldig sein kann und mich nicht an egoistische Wünsche klammere!

Dieses Gefühl erfüllte mich in dem Zelt: Die Liebe hat gesiegt!

Er war ruhig und langsam wie ein echter Tantriker, bewegte sich mit ›meinem‹ Körper, fand alle Stellen der Freude darauf, genoß die Laute, die aus mir herauskamen, genoß die Augen, die ihn ekstatisch anschauten, und drückte mit ›seinem‹ Körper den Zustand des Nicht-Denkens aus, in den Liebende geraten, wenn sie bei der Vereinigung wirklich leer sind!

»Gefällt es dir?« fragte ich und störte dadurch den Energiefluß – aus Verunsicherung, weil er so ruhig und gelassen war, wie ich ihn noch nie erlebt hatte ... ›Wie kann er das wissen?‹ dachte ich und vergaß, daß ich selbst ihm beigebracht hatte, wie er für die tantrische Art des Sex entspannt bleiben konnte, an einem Winternachmittag, als wir gemeinsam durch den Park spazierten ...

»Wenn es dir gefällt, gefällt es mir auch«, antwortete er.

Und dann mußte ich selbst mich abkühlen und entspannen, als die Agonie eines Orgasmus in mir aufstieg. ›Nichts übereilen, Pyari‹, sagte ich zu mir selbst, ›wenn der Orgasmus jetzt schon kommt, wird es vorbei sein. Genieße es! So wie es geschieht, ohne Hast!‹ Ich weiß, daß er immer aufhört, nachdem ich den ersten Orgasmus erreicht habe. Ich weiß nicht, warum! Ich muß ihn fragen!

Und ich entspannte mich, öffnete die Beine noch mehr, erlaubte es ›seinen‹ Fingern noch tiefer in mich hineinzukommen und spürte, wie die ganze weibliche Energie in mir sich weiter öffnete und **sich ausdehnte!!!** Weitere Blockaden lösten sich, und ich fragte mich, ob ich überhaupt noch irgend etwas zurückhielt! Vielleicht ist der Prozeß der Liebe so stark, daß man jedesmal, wenn man sich ihr ganz hingibt, einen Schritt nach vorn macht!

Und ich begann, an ›seinen‹ Brustwarzen zu saugen, was er, wie ich weiß, wirklich mag. Wir vergaßen Welt und Zeit, tauchten tiefer in die Freude ein. Auch er berührte mir die Brustwarzen und die Klitoris und die Vagina, und war wie ich überwältigt von dieser Freude. Als der Orgasmus für mich kam, war es jene Explosion, die den Körper verschwinden läßt und uns in reine Energie verwandelt. Ich schwitzte, nackt in ›seinen‹ Armen, wir waren beinahe eins, umarmt und verloren.

»Jetzt bist du glücklich, strahlst über das ganze Gesicht«, sagte er liebevoll und schaute mich zufrieden an.

Ich schämte mich ein wenig, das ich so viel Wonne empfand, und erkannte, wie wenig es wir uns immer noch gestatten, uns gut zu fühlen ...

Als wir aus dem Zelt gingen, leuchtete die Welt im Sonnenlicht, und die Freunde waren da, um ihn abzuholen ... Bald war er verschwunden, und die Ekstase hielt bei mir den ganzen Tag an. Ich tanzte und verbreitete überall die Energie der Liebe ...

Ich habe ihn gerade angerufen, ganz berauscht von dieser Geschichte, die ich da gerade aufgeschrieben habe. Wir lachten, und er erklärte mir, warum er nicht angerufen hat. Es war das erste Mal, daß wir nach der Begegnung auf dem Voov miteinander sprachen. Ich lud ihn nach Österreich ein, wohin ich als nächstes fahren werde, und sagte ihm, ich ›hätte‹ Angst, daß wir uns nicht mehr treffen würden ...

»Du weißt doch, wie das mit uns ist, Pyari. Wir treffen uns immer!«

»Ich bin froh, das zu hören«, antwortete ich, »aber ich weiß, daß das Leben nicht so ist. Manchmal sagen wir wirklich Lebewohl und sehen einander niemals wieder. Dann müssen wir loslassen, so wie wir eines Tages auch den Körper loslassen müssen ...!«

Vielleicht kommt er mich heute noch besuchen! Und ich bin

glücklich, daß die Liebe Blockaden, Konditionierungen, Ängste und Beziehungen überwunden hat ...

Ich frage mich, wie ich die erträumte Kommune organisieren kann, wo die Leute eine solche Alternative wirklich leben ›können‹, ohne die Angst vor dem Alleinsein, und frei von den Neurosen, die die familiäre Lebensstruktur in uns züchtet. Ja, in einer Kommune genießen alle das Alleinsein und teilen nur dann das Bett mit jemandem, wenn die Liebe sie erwischt. Keine Notwendigkeit, Geschichten zu erfinden, wenn jemand verliebt ist, kein Bedarf an falscher Romantik und an Märchen darüber, daß man sich angeblich schon in früheren Leben begegnet ist. Und immer gibt es genug Raum, sich zurückzuziehen, um allein zu sein und das Nichts zu erkunden. Manchmal kann es Platzprobleme geben, so daß nicht jedes Kommunenmitglied ein Zimmer für sich allein ›hat‹. Aber mit Hilfe von Vorhängen, Trennwänden und kreativen Einfällen kann man immer erreichen, daß allen der Respekt und die Würde des Individuums zuteil wird. Und alle sind frei zu schlafen, wie und mit wem sie wollen.

Um die Kinder kümmert sich die ganze Kommune gemeinsam. Sie gehören nicht dem Vater oder der Mutter, sondern ›haben‹ die Möglichkeit, Einflüsse von allen ›Angehörigen‹ der Gemeinschaft aufzunehmen. Sie können schlafen, wo sie wollen, und es steht ihnen ein gemeinsamer Schlafraum zur Verfügung, bis sie ihren eigenen Schlafplatz wünschen. Dadurch werden alle elterlichen Projektionen vermieden, so daß viel gesündere Menschen heranwachsen werden. Kinder werden ebenso respektiert wie die Erwachsenen, und man wird es nicht dulden, daß ihnen irgendwelche Ideen von außen aufgezwungen werden. Sie ›sollten‹ dazu ermutigt werden, ›ihr‹ persönliches Potential zu entfalten, statt ihnen Vorschriften zu machen, was sie tun und wie sie es tun sollen. Sie werden als Neuankömmlinge auf der Erde betrachtet werden, die daher noch in besonders engem Kontakt zur Wahrheit stehen. Erwachsene ›sollten‹ von den Kindern lernen, statt sie zu belehren. Wenn es an der

Zeit ist, die intellektuellen Fähigkeiten zu entwickeln, werden Lehrer ihnen dabei helfen, sich Wissen aus Bibliotheken zu beschaffen. Doch diese Lehrer werden auf keinen Fall ermächtigt sein, die Kinder in irgendeiner Weise zu unterdrücken. Die Kinder werden selbst Versammlungen organisieren, auf denen sie allein entscheiden, wie sie ›ihre‹ Probleme lösen.

Das Geld wird von der Kommune gemeinsam erwirtschaftet und verteilt, und es wird auf diese Weise für die ›Bedürfnisse‹ aller gesorgt. Privater Besitz ›sollte‹ nicht gefördert, aber auch nicht verboten werden. Die Menschen werden die Freiheit ›haben‹, selbst zu dem Schluß zu gelangen, daß sie nur wenig persönlichen ›Besitz‹ wirklich ›benötigen‹. Natürlich ›kann‹ das nur funktionieren, wenn alle in die Geheimnisse der Meditation eingeweiht sind und begreifen, daß ›das Leben ein Geheimnis ist, das gelebt werden will, und kein Problem, das gelöst werden muß‹.

Durch den Kommunismus habe ich die Idee der Kommune kennengelernt und erkannt, welchem Motiv die Institution der Familie ihre Existenz verdankt: der Gier! Und wenn man die Menschen in den Fesseln des Familienlebens festhält, stellt man sicher, daß sie kalt und tot bleiben. Dann gibt es keine Revolution, dann fehlt die Kraft zum Widerstand! **Wenn ein Mensch befriedigt ist, sexuell befriedigt, und frei, zu lieben und in anderen Strukturen als den familiären zusammenzuleben, sagt er spontan nein, wenn er etwas innerlich ablehnt. Niemand kann ein solches Individuum in Ketten halten.**

Die Familie ist die grundlegende und wichtigste Kette! Lenin zum Beispiel hatte begriffen, daß der Staat eine Notwendigkeit war, um sich gegen den Kapitalismus behaupten zu können. Ohne den Staat hätte der Kommunismus in einer so primitiven Welt nicht überleben können! Und mit Individuen, die ein freies, ungebundenes Leben führten, hätte sich niemals ein starker Staat aufbauen lassen. Um also den kommunistischen Staat aufzubauen, wurde die Familie ›gebraucht‹. Und sie blieb bestehen, obwohl alle Kommunisten wußten, daß sie ein Gefängnis ist, geboren aus rein finanziellen Interessen.

Merkwürdige Widersprüche!

Anarchismus ›kann‹ nur entstehen, wenn die Menschen die Möglichkeit ›haben‹, in Kommunen zu leben und durch Meditation einen Zustand der Spiritualität zu erreichen.

Eine Welt von unabhängig voneinander funktionierenden Kommunen aus freien, ein meditatives Leben führenden Individuen kann sich zur totalen Freiheit des Anarchismus fortentwickeln. Die Revolution wird nicht mehr mit Gewehren erkämpft oder von starken Staaten, die sich gegeneinander schützen. Die Revolution ist heute etwas Individuelles. Der einzelne Mensch ist frei und entscheidet von Moment zu Moment neu, ob er mit anderen Menschen zusammensein oder alleinsein möchte, ob er lieben oder andere wichtige Dinge tun möchte. Diese Freiheit wird die Veränderung herbeiführen, die der Planet so dringend braucht.

Mit Hilfe der Astrologie habe ich erkannt, daß im Zeitalter der Fische, in dem wir gegenwärtig leben, die Familie existiert und in allen Menschen diesen widersprüchlichen, schizophrenen Zustand erzeugt, so daß jeder Fisch in eine andere Richtung schwimmt. Im Fische-Zeitalter üben noch immer solche Religionen wie Judentum, Islam und Christentum Macht aus, die Schuldgefühle und die Idee der Sünde erzeugen.

Das Wassermann-Zeitalter, das jetzt beginnt, wird uns die Freiheit des Individuums und das Leben in Kommunen bringen. Es wird keine kleinen Gruppen neurotischer Menschen mehr geben, wo ein Mann und eine Frau aneinander gefesselt sind und die Macht ›haben‹, über die Kinder zu verfügen und ihnen vorzuschreiben, was sie tun und lassen sollen, wodurch Konflikte und Hemmungen aller Art entstehen, mit denen die Kinder sich dann ein ganzes Leben herumschlagen müssen!

Mit Hilfe einer Wissenschaft und Technologie, die sich am menschlichen Wachstum orientiert, statt Krieg und Zerstörung zu dienen, kann jeder einzelne Mensch ›sein‹ individuelles Potential entfalten, mit voller Unterstützung einer Kommune, in der niemand die Macht ›besitzt‹, über das Leben anderer zu bestimmen. Auf wöchentlichen Versammlungen entscheiden alle gemeinsam, was zu tun ist und wie Probleme gelöst werden.

Mit Telmos Familie versuchten wir, eine Kommune aufzubauen, die von Menschen wie Marcuse und Reich beeinflußt war. Telmos Eltern waren intelligente Künstler, die diesen Ideen aufgeschlossen gegenüberstanden. Sie hatten dieses Haus auf Paquetá gekauft, damit wir dort einen Versuch starten konnten. Sie respektierten uns wirklich! Wir konnten tun, was immer wir wollten. Wir lebten dort in einem Liebesdreieck mit Saulo, wir konnten immer nackt herumlaufen, alle Freunde konnten jederzeit kommen, und nie gab es irgendwelche destruktiven Diskussionen über ›unsere‹ Ideen. Aber es war trotzdem immer noch eine Familie! Der neurotische Strom elterlicher Projektionen war spürbar. Sie wußten das, und Telmo und ich ebenfalls. Elsy, Telmos Mutter, wurde eine wirklich gute Freundin, aber immer gab es Eifersucht seitens der Schwester und des ›Liebhabers‹, wir selbst waren eifersüchtig – Komplikationen und noch mehr Komplikationen, wie sie in einer familiären Lebensstruktur immer auftreten. Wir wußten einfach nicht, wie wir damit klarkommen ›sollten‹! Das Hauptproblem bestand darin, daß Telmos Eltern den Lebensunterhalt finanzierten, dafür hart arbeiteten und ständig erschöpft waren, während wir einen völlig anderen Lebensstil pflegten, ein kreatives Leben führten, das nie genug einbrachte, um ein so großes Haus unterhalten zu ›können‹. Hinzu kamen die emotionalen Probleme von Telmos Vater und Schwester, die beide tranken, vielleicht weil sie das künstlerische Talent, über das sie beide verfügten, nicht auf befriedigende Weise zum Ausdruck bringen ›konnten‹. Und wir waren die einzigen auf der Insel, die solche Ideen zu leben versuchten! Und schwach, unfähig, uns in dieser Art Welt zu behaupten, was aber notwendig war, um zu überleben. Die Eltern fuhren jeden Morgen nach Rio zur Arbeit. Eine Stunde mit dem Fährboot! Hin und zurück! Schön und romantisch, aber nervenaufreibend!

Später verliebte ich mich dann in Cândido, einen der besten Maler, die ich kenne. Er hat eine spirituelle Kommune gegründet, die auf den Lehren Jesu basiert. Mir ist sie ein bißchen zu christlich, außerdem basiert sie noch immer auf der Idee der Familie. Aber trotzdem ist sie schön und aufrichtig gewesen, und ich hoffe, sie existiert noch immer, dort in S. Lourenço, Minas Gerais.

Diese Liebe bewirkte, daß ich per Anhalter nach Bahia fuhr, wo er Weihnachten und Silvester verbrachte. Damals erlebte ich zum erstenmal Energieübertragungen, als ich mit ihm und anderen Freunden im Kreis saß, auf dem Sand des Strandes von Arembepe. Wir sangen Hare-Krishna-Lieder. Plötzlich spürte ich aus ›seiner‹ Hand, die ›meine‹ hielt, einen Energiestoß! Ich war völlig verblüfft und verliebte mich sofort noch mehr in ihn!

Die Kommune, die sich um Cândido geschart hatte, entsprach nicht ›meinen‹ Vorstellungen von persönlichem Wachstum. Wie ich schon erwähnt habe, bleiben viele sensible Männer in Brasilien wegen der männlichkeitsorientierten Kultur dort in der Homosexualität stecken. Es ist schade, wenn die Menschen nicht der natürlichen Anziehung zum anderen Geschlecht folgen. Dann herrscht ständig eine Art von kindischer Atmosphäre.

Für Cândido war es sehr verstörend, einer Frau wie mir zu begegnen, die nicht nur am spirituellen Leben interessiert war, sondern auch die Ekstasen des Körpers mit ihm teilen wollte. Und auch er schien in mich verliebt zu sein! Wir waren ständig zusammen, wohnten in ›seiner‹ schönen weißen Hütte. Eine starke platonische Energie floß zwischen uns, und oft teilten wir sogar das Bett.

An jenem Abend, als ich gespürt hatte, wie Energie von ihm in ›meine‹ Hand schoß, erklärte ich ihm, daß ich mir ein Kind von ihm wünschte. Damals fand ich keinen besseren Weg, ihm zu sagen, daß ich Sex wollte. Im Licht des Vollmonds lagen wir zusammen am Strand, und er erzählte mir, er habe ein Keuschheitsgelübde abgelegt, als jemand, den er geliebt habe, gestorben sei. Davon war ich sehr beeindruckt. Und es machte mich traurig.

Ein früherer ›Liebhaber‹ tauchte auf, mit dem ich wieder ins Bett ging, was für uns alle eine Menge Chaos heraufbeschwor. Dieser Mann erkannte, daß ich mich in Cândido verliebt hatte. Cândido wurde eifersüchtig, wollte das aber nicht wahrhaben, was wohl auf ›seine‹ verworrene und unterdrückte Sexualität zurückzuführen war.

Der andere ›Liebhaber‹ reiste bald wieder ab, nachdem er, so oft es nur ging, mit mir Liebe gemacht hatte, was ich sehr genoß. Er fühlte sich verletzt und war wütend, völlig vergessend, daß ich ihm nie Treue versprochen hatte, weil das nun einmal nicht ›meiner‹ Sicht der Dinge entspricht. Und dabei ›hatte‹ ich noch nicht einmal Sex mit Cândido!

Ich war nicht offen oder stark genug, um mit Cândido über all das zu sprechen, und wir bekamen beide eine schlimme Infektion am Gesäß, was symptomatisch für Wut, Eifersucht und sexuelle Frustration ist. Er unterzog sich einer Operation, und ich verließ Arembepe mit einem anderen Mann, der mich zu einer Farm brachte, wo ich Gelegenheit erhalten ›sollte‹, mich auf makrobiotische Weise selbst zu heilen. Das erwies sich aber als unmöglich, weil alle viel zu besorgt um mich waren, als ich mit hohem Fieber fastete, um dem Körper Gelegenheit zu geben, sich zu heilen. Schließlich schluckte ich doch Antibiotika, damit die Leute sich beruhigten!

Als ich wieder nach Arembepe kam, zog ich mich in eine abgelegene Hütte zurück, wo ich das Fasten fortsetzte, um den Körper von den Medikamenten zu reinigen. Leider ist es für eine Frau schwierig, in Brasilien allein zu bleiben. Ständig kamen Leute zu mir, vor allem Männer. Zwei nette ›Schwule‹, die sich in mich verliebt hatten, kümmerten sich ganz besonders um mich, brachten mir Essen und Zuneigung. Das war für mich eine der besten Zeiten in diesem Leben. Ich erlebte während des Fastens spirituelle Offenbarungen und Visionen und verbrachte viel Zeit mit Meditation und Kontemplation.

Schließlich brachte ein Freund mich zurück nach Rio, wo Telmo mich mit Hilfe der Makrobiotik heilen ›sollte‹, weil ich es in Arembepe allein nicht ›schaffte‹. Ich war dort einfach zu vielen anderen Einflüssen ausgesetzt, und die Leute konnten ›meine‹ Art zu leben nicht verstehen.

Die Erkrankung war, wie sich später herausstellte, durch radioaktive Strahlung aus einer Uranfabrik verursacht worden, die dort von den Deutschen ohne Wissen der einheimischen Bevölkerung gebaut worden war. Manche Leute sind sogar an den Folgen gestorben, wie mir Jahre später Conceição berichtete, die einen Bericht darüber im Fernsehen gesehen hatte.

Wieder zurück in Rio und auf Paquetá, half mir Telmo mit natürlichen Heilmethoden. Wir verkauften das erste Sortiment von Astrologiebüchern, das wir verlegt hatten, und ich wurde schwanger mit Atman. Zuvor hatte ich mich einer spirituellen Operation unterzogen, da es mir sonst medizinisch nicht möglich gewesen wäre, ein Kind zu empfangen.

Als ich mit Neuza in Peru gewesen war, hatte ich mich von einem Arzt untersuchen lassen, der mir gesagt hatte, ich könnte keine Kinder bekommen, weil ›meine‹ Eierstöcke voller Zysten seien und keine Eier produzierten. Doch dann schlug der Shiatsu-Heiler, den ich regelmäßig aufsuchte, mir vor, die spirituelle Operation vornehmen zu lassen. Er sagte, dabei würde ›mein‹ Körper durch keinerlei chirurgischen Schnitte verletzt! Ich hatte gar nicht vor, Mutter zu werden, aber aus reiner Neugierde beschloß ich, zu diesem spirituellen Behandlungszentrum zu gehen. Als die Frau an der Anmeldung mich sah, sagte sie sofort, daß ich die Operation so schnell wie möglich machen lassen sollte, da bereits ein Wesen darauf warten würde, durch mich geboren zu werden. Ich glaubte ihr nicht, war aber doch verblüfft, daß sie ohne ein Wort von mir sofort erraten hatte, aus welchem Grund ich gekommen war! Diese verrückte Frau legte ganz spontan die Hand auf ›meinen‹ Bauch und sagte:

»Ah, es ist da! Du mußt dich beeilen! Er will geboren werden!«

In der Schlange warteten ungefähr dreihundert Leute, aber ich kam sofort an die Reihe. Sie ließen mich alle vor! Ich ›mußte‹ einige Pflanzentees trinken, was mich wegen ›meiner‹ makrobiotischen Vorurteile einige Überwindung kostete.

Nach einer Woche kamen wir zurück, Telmo, Saulo und ich, sehr berauscht von Liebe und Gras. Wieder wurden wir ohne zu warten gleich ins Behandlungszimmer vorgelassen, und das Medium des deutschen Arztes Dr. Fritz sagte mir, ich sollte mich hinlegen und nach der Operation nicht sofort aufstehen. Dann sagte er:

»Wo ist der Ehemann?«

Wir schauten uns an und wußten nicht, was wir sagen ›sollten‹. Dann rief er Telmo und wies ihn an, die Hand auf ›meinen‹ Bauch zu legen. Sofort spürte ich, wie ein Ätherstrom aus Telmos Hand floß! Und das war alles. Ich vergaß den Rat, den das Medium mir gegeben hatte, und stand auf. Sofort wurde mir schwindelig, und ich erkannte, daß tatsächlich eine Operation stattgefunden hatte! Sie trugen mich zum Auto. Ich legte mich auf den Rücksitz und hörte im Kopf die Engel singen. Ich fühlte mich, als hätte man mir ein starkes Narkotikum verabreicht!

Wir fuhren in die Wohnung in Ipanema, und ich mußte mich für eine Woche ausruhen, genau wie sie es mir in dem spirituellen Zentrum gesagt hatten. Außerdem sollte ich mich täglich genau um sechs Uhr abends für eine halbe Stunde ruhig hinlegen, weil dann Dr. Fritz kommen und an ›meinen‹ Eierstöcken arbeiten würde. Während dieser Zeit hatte ich tatsächlich das Gefühl, daß zwei Hände sich in ›meinem‹ Unterleib bewegten!!! Conceição besuchte mich oft, sehr erstaunt über die verrückte Tochter, und als die Woche vorüber war, brachte sie mich zu dem kommunistischen Doktor, der zuvor die Diagnose des peruanischen Arztes bestätigt hatte. Doch nun starrte er mich ungläubig an, denn zu ›seinem‹ Erstaunen waren ›meine‹ Eierstöcke wieder völlig gesund!

Als ich Monate später auf dem Weg nach *Arembepe* war, traf ich in Rio zufällig die Sprechstundenhilfe des spirituellen Behandlungszentrums. Sie sagte mir, ich sollte mich so schnell wie möglich mit Telmo treffen, denn der Geist des Kindes schwebe bereits um mich herum und wolle endlich auf die Welt kommen! Da war ich gerade in Cândido verliebt und fand diese ganze Geschichte einfach absurd!

Als ich dann zu Telmo nach Paquetá zurückkehrte, stritten wir uns, was in jener Zeit häufig geschah, und ich schlief im Zimmer ›seiner‹ Schwester. Am Morgen ›hatte‹ ich einen schrecklichen Traum, in dem ich ihn zum Bett kommen sah, das von Messern umgeben war. Dennoch überkletterte er diese fluchbeladene Barriere und kam blutend zu mir. Ich fing an, laut zu weinen, Telmo kam wirklich, ich erzählte ihm von dem Traum, und wir fingen an, uns zu lieben, und erlebten dabei auf merkwürdige Weise alle auf diesem Planeten möglichen Beziehungsformen: Mann und Frau, Vater und Tochter, Sohn und Mutter, und viele, viele andere; alle! Als wir uns dem Orgasmus näherten, den wir normalerweise zu vermeiden versuchten, blickte er mir tief in die Augen und sagte:

»Beobachte, identifiziere dich nicht mit dem, was geschieht!«

Die Körper gingen in den Orgasmus, doch wir selbst schwebten darüber! Und wir spürten, daß wir ein Kind empfangen hatten!

Dann vergaßen wir völlig, was geschehen war, bis mir eines Tages, als ›meine‹ Brustwarzen schmerzten, Elsy sagte, ich wäre schwanger.

Wir waren in keiner Weise darauf vorbereitet, ein Kind großzuziehen! Da wir ihn oder sie auf keinen Fall den schädlichen Einflüssen eines Familienlebens aussetzen wollten, beschlossen wir, zu einem Kloster in der **Serra do Roncador** zu reisen, wo angeblich ein Eingang zum Inneren der Erde verborgen sein ›sollte‹. In dieser Geschichte heißt es, niemand sei je aus der Serra do Roncador zurückgekehrt. Uns gefiel der Gedanke, dorthin zu gehen und dieser Welt den Rücken zu kehren, die uns zu dumm und primitiv erschien.

Wir schafften es nie bis zur **Serra do Roncador.** Atman wurde während eines weiteren Versuches geboren, ein Kommunen-Leben zu führen. Es handelte sich um eine Farm für straffällig gewordene Kinder, die ein Esperantist mit ›seiner‹ Frau in **Chapada dos Veadeiros** gegründet hatte. Als wir einen Monat vor der Geburt immer noch nicht wußten, wohin wir gehen ›sollten‹, hörten wir, daß dort Lehrer gesucht wurden. Rasch fuhren wir hin. Es war eine geradezu kosmisch verrückte Reise, auf der sich unglaubliche Dinge ereigneten. Zum Beispiel streikte unterwegs der Jeep, und ich brachte ihn allein mit der Kraft des Geistes wieder zum Laufen ...! Wenn ich heute darüber nachdenke, kann ich kaum glauben, was damals alles passierte. Ich ›hatte‹ das Gefühl, unter dem Einfluß einer starken Kraft zu stehen, die alle Ereignisse auf eine mir unbegreifliche Weise lenkte.

Die Natur in der **Chapada** war fantastisch. Es gab vierzehn Kinder dort, Straßenkinder, die dieser Esperantist aus dem Gefängnis geholt und größtenteils adoptiert hatte. Sie waren zwischen sechs und achtzehn Jahren alt. Ich liebte sie alle, aber viele Male fochten wir harte Kämpfe miteinander aus, und ich schrie sie an:

»Wollt ihr **Frieden und Liebe** oder **Krieg und Haß?**«

Bald lernten sie alle, mich zu lieben, lernten zu schreiben und zu lesen, zu duschen und sich die Nägel zu schneiden, weil sie nur dann zu Atman und mir ins Zimmer ›durften‹! Sie standen aufgereiht vor der Tür, alle gewaschen, sauber und ordentlich gekleidet, um das Baby und die Lehrerin privat sehen zu können. Abends erzählte ihnen Conceição, die zu Besuch gekommen war, um die Geburt des ersten Enkelkindes mitzuerleben, am großen Eßtisch Geschichten. Darauf verstand sie sich gut, und sie alle starrten sie mit großen Augen an. Zum erstenmal kamen sie in den Genuß dieser Freude, die eigentlich jedes Kind verdient!

Nach einem intensiven und verrückten Monat waren sie alle ganz vernarrt in mich, sogar die aggressivsten und schwierigsten unter ihnen, denn die Liebe ist stärker als alles andere! Es gefiel ihnen, mir zuzusehen, wenn ich nackt im Wald Yoga übte. Ich wußte, daß sie hinter den Bäumen standen und mich beobachteten, doch das machte mir nichts aus. Warum sollte ich ›meinen‹ Körper verbergen? Es war schön, mit dem dicken Bauch Yoga zu machen, schön, draußen in der Natur zu sein, und ich ›hatte‹ das Gefühl, wie ein Geschenk für diese Kinder zu sein. Wann würden sie je wieder Gelegenheit ›haben‹, eine nackte, schwangere Frau im Wald Yoga üben zu sehen?

Das Paar, das uns angestellt hatte, wurde sehr eifersüchtig auf mich. Nachdem Atman zur Welt gekommen und Telmo nach Brasília gefahren war, um ihn dort registrieren zu lassen – 250 Kilometer über unbefestigte Straßen, mitten durch die Wildnis –, fingen sie an, mich zu terrorisieren. Sie nannten Atman auf eine sarkastische Weise ›den Prinzen‹ und schrien mich bei jeder Gelegenheit an. ›Ihr‹ sechsjähriger Sohn wollte nichts lernen. Er war immun gegen die Liebe, die ich gab, weil er die Abende immer bei ›seiner‹ fetten Mutter verbringen mußte. Wie eine undurchdringliche Rüstung umgab ihn die Negativität, die sie mir gegenüber verbreitete. Als sie mich fragte, warum er nichts lernte, empfahl ich ihr, daß sie ihn mit den anderen Kindern schlafen lassen ›sollte‹. Das faßte sie als Beleidigung auf und wurde noch wütender auf mich.

Eines Nachts klopften einige der älteren Jungen an ›mein‹ Fenster. Ich konnte sie nicht hereinlassen, weil das Paar das als großen Skandal empfunden hätte, so berichteten sie mir durchs Fenster, daß sie gerade ein UFO gesehen hätten und daß sie mir davon erzählten, weil ich die einzige sei, die ihnen glauben würde ...

Atman war drei Monate alt, als wir traurig und enttäuscht von dort wegzogen. Wieder hatte die Familie gesiegt! Aber die Kinder hatten eine Menge von uns gelernt. Wir hatten ein paar Samen ausgesät!

Von dort gingen wir nach **Vale del Sol**, wo es eine Kommune gab, die ebenfalls auf familiären Strukturen basierte: zwei Paare, die versuchten, ein Leben in der Natur zu führen. Einige Jahre später trafen wir sie in Rio wieder. Sie führten dort wieder ein normales Leben, jede Familie lebte in einer eigenen kleinen Wohnung, und die Eltern rackerten sich ab, um in dem Babylon der Großstadt zu überleben!

Telmo und ich fühlten uns verwirrt und verloren. Nirgendwo schien es für uns einen Ort zu geben, wo wir den Traum einer Kommune verwirklichen konnten. Überall blieb die althergebrachte familiäre Struktur siegreich. Wir beschlossen, es ganz auf uns allein gestellt zu versuchen.

Wir suchten nach einem geeigneten Stück Land und genossen es, durch die freie Natur zu reisen. Atman war immer nackt, und manchmal nahmen wir an herrlichen Wasserfällen und auf Blumenwiesen magische Pilze ein!

Schließlich fanden wir in Goiás einen schönen, bislang unbewohnten Platz mit eigener Quelle, der genau ›unseren‹ Wünschen entsprach.

Zusammen mit Freunden, die wir von der Lebensform der Kommune überzeugen wollten, ließen wir uns auf diesem Land nieder, wo uns Schlangen und exotische Vögel Gesellschaft leisteten. Wir zäunten die 10 000 Quadratmeter ein und fingen an, das Land zu bearbeiten und ein Gelände zu roden, wo wir ein Haus bauen wollten. Dann fuhren wir zum Einkaufen nach Brasília, und als wir zurückkehrten, fanden wir auf der Lichtung, die wir angelegt hatten, eine kleine Hütte, eine große, arme Familie und ein Pferd vor! Wir waren völlig schockiert. Wir sprachen mit den Leuten, und der Familienvater sagte uns, dieses Land gehöre ›seiner‹ verstorbenen Großmutter und niemand hätte das Recht ›gehabt‹, es uns zu verkaufen. Dann schlug er uns vor, das Land gegen Bezahlung für uns zu bearbeiten.

Der Mann, der es uns verkauft hatte, entpuppte sich also als Betrüger! Er hätte es nicht verkaufen ›dürfen‹, weil es ihm gar nicht ›gehörte‹. Solche Dinge geschehen in Brasilien oft, besonders in Goiás.

Wir gingen zu ihm, und er behauptete, der andere habe uns angelogen. Außerdem sei es ›unser‹ Fehler gewesen, das Land unbeaufsichtigt zu lassen, denn in Goiás ›gehöre‹ Land immer demjenigen, der darauf lebe.

»Zündet einfach die Hütte an und bleibt dann dort auf dem Grundstück«, riet er uns.

Mit ein paar Freunden kehrten wir dorthin zurück. Ich war sogar bereit, Feuer an die Hütte zu legen, doch Telmo sagte:

»Willst du diese Menschen wirklich vertreiben? Sieh sie dir doch an! Sie hungern! Und wir können diesen unfairen Krieg sowieso nicht gewinnen. Sie stammen hier aus dieser Gegend. Versuchen wir lieber, das Geld zurückzubekommen!«

Dabei hatte ich mich so in dieses Land verliebt. Der Verkäufer gab uns nie etwas von ›unserem‹ Geld zurück. Er ließ uns warten, bat, ihm etwas Zeit zu geben, und dann verschwand er plötzlich.

In der Rückschau finde ich es geradezu komisch, daß ich zu dem Zeitpunkt, als ich den Kaufvertrag unterschreiben ›sollte‹, plötzlich hohes Fieber bekam und das Land nicht mehr kaufen wollte. Telmo wurde damals ungeduldig und sagte:

»Du und deine sonderbaren Eingebungen!«

Und dann kauften wir es, und die Kaufdokumente sind noch immer in ›meinem‹ Besitz. Wegen diesem wundervollen Paradies verloren wir alles Geld, das wir mit dem Verkauf der Astrologiebücher verdient hatten. Das ist die seltsame Realität Südamerikas!

Nun wußten wir nicht mehr weiter. Ich kehrte mit Atman nach Paquetá zurück. Telmo beschloß in Brasília, den Kombi, den wir von Elsy bekommen hatten, als Anzahlung für eine Haushälfte in Sobradinho herzugeben, einer ärmeren Wohngegend, wo bereits eine Menge Leute wie wir in einer Art alternativen Gemeinschaft lebten.

Dort gab es Babys wie Atman, intelligente Frauen, die darauf warteten, eine echte Kommune zu gründen, und langhaarige Jungen, die zumindestens teilweise vom Betrieb eines makrobiotischen Restaurants lebten. Wir alle stammten aus Großstädten und waren verzaubert von der Ruhe unter den großen Pinien und von den Pilzen, die in den Alleen entlang der Straße nach Brasília wuchsen. Joe wohnte mit Margot und Rômulo in einer benachbarten Straße.

Und der Traum wurde Wirklichkeit: Schon bald lebten wir in einer Kommune! Wir waren drei Frauen und drei Männer, plus Atman. Das Haus ›hatte‹ ein Wohnzimmer und drei weitere Räume. Der erste dieser Räume, mit zwei großen Tischen, blieb der Arbeit vorbehalten, da wir alle Künstler waren und auf unterschiedliche Weise mit den Händen arbeiteten. Dort fanden wir alles, was wir dazu brauchten. Der zweite Raum diente der Meditation. Er war völlig leer, bis auf einige Matten, die man zum Üben benutzen konnte.

Pyari und Atman auf ›Taboca‹, dem Grundstück in Goiás, 1974.

Im dritten Raum schliefen wir. Wir schliefen alle zusammen auf großen Bodenmatten. Atman krabbelte morgens glücklich lachend über uns. Im Eßzimmer schlief lediglich ein Mädchen, das noch Jung-

Atman im Kombi, Brasília, 5. März 1975.

frau war und Angst ›hatte‹, mit uns anderen zu schlafen. Sie blieb nicht lange bei uns.

In dem großen, Eßzimmer genannten Raum tanzten wir und führten wöchentliche tantrische Rituale durch, zu denen wir oft Gäste einluden. Auch dieses Zimmer war völlig leer. Für mich und alle anderen war das eine fantastische Zeit ...

In Sobradinho traf ich Rômulo wieder, einen gutaussehenden neunzehnjährigen Jungen, der bei Joe wohnte. Ich kannte ihn aus

Arembepe, wo wir sofort gute Freunde geworden waren. Damals ermutigte ich ihn dazu, ›seine‹ Zeichnungen zu verkaufen, denn ich hatte erkannt, daß er ein talentierter Künstler war.

Eines Abends arbeitete Telmo im makrobiotischen Restaurant. Es war in der Zeit, bevor die anderen Kommunenmitglieder bei uns einzogen. Ich war allein zu Hause, und da kam Rômulo und brachte mir einen Blumenstrauß. Wir führten ein sehr schönes Gespräch. Plötzlich gestand er mir, daß er seit Arembepe in mich verliebt war! Ich war verblüfft. Das lag zwei oder drei Jahre zurück, und ich hatte

Conceição mit Atman in Sobradinho, 1975.

Atman vor der Tür des Hauses in Sobradinho, 1975.

in ihm damals nie einen richtigen Mann gesehen. Als er mir dieses Liebesgeständnis machte, sah ich ihn sofort mit neuen Augen und entdeckte, daß er nicht nur ein schöner Junge war, sondern auch die Leidenschaft eines jungen und kraftvollen Mannes in sich trug! Wir machten Liebe zusammen, und von da an kam er jede Nacht, um mit mir diese frische, wunderbare Leidenschaft zu genießen.

Rômulo liebte mich auf völlig neue Weise. Er war wie ich an der tantrischen Form des Sex interessiert, und die Nähe ›seiner‹ Künstlerseele tat mir sehr gut. Vor allem war er ein guter Freund und in jeder Hinsicht sehr frei. Ich mußte ihm nichts erklären, und oft war ich diejenige, die von ihm lernte. Es gab keine Eifersucht und desgleichen. Alles war Liebe, reine Freude und pures Vergnügen! Ich glaube, ich war die erste Frau, mit der er wirklichen Geschlechtsverkehr erlebte. Davor war er immer eine Art Liebesobjekt für Männer gewesen, die eine Schwäche für schöne Jungen ›hatten‹. Mir ist es immer leichtgefallen, mich in Homosexuelle zu verlieben, weil ich sie gegenüber den ›Machos‹ als völlig gleichwertig betrachtete. Ja, ich fand diese zerbrechlichen und schönen Seelen sogar viel begehrenswerter als die starken, besitzergreifenden Muskelmänner. Sie liebten mich auf eine viel sanftere, hingebungsvollere Weise.

Rômulo kam immer mit dieser zärtlichen, hingebungsvollen Liebe zu mir, stets bestrebt, mir eine Freude zu machen. Bald zog er bei uns ein, und so begann die Kommune zu wachsen. Er machte uns mit anderen netten Leuten bekannt, so mit Virginia und einer ›ihrer‹ Freunde, die ebenfalls zu uns zogen. Joe wurde ein bißchen eifersüchtig, aber bei ihm zu Hause konnte sich Rômulos Kreativität nicht recht entfalten, weil das Leben dort normaler war: Jeder ›hatte‹ ein eigenes Zimmer, es gab Möbel, Fernseher und eine Reihe von strikten Regeln. Wir waren chaotischere, emotionalere Künstlerseelen, die sich mehr für die Menschen und die Liebe als für irgendwelche Systeme interessierten.

Für mich war es eine wichtige Entdeckung oder Bestätigung, daß alle Schwierigkeiten, die ich bereits mit Telmo ›hatte‹, daher rührten, daß wir allein lebten und es keine Abwechslung gab. Seit Arembepe war ich in keinen anderen Mann mehr verliebt gewesen! Mit deutlichen Worten wies Rômulo mich auf diese Tatsache hin:

»Kein Wunder, daß es zwischen Telmo und dir Probleme gibt! Ihr lebt ja wie eine richtige Familie! Wir werden alle verrückt, wenn wir allein mit einer Frau oder einem Mann zusammenleben!«

Daher entschied er, bei uns einzuziehen, um das Leben für uns alle einfacher zu machen.

Er war voller Kreativität, zeichnete, malte, beschäftigte sich mit Astrologie und bereitete sich darauf vor, als Grafiker zu arbeiten. Als die Kommune größer geworden war, lud er mich eines Tages zu einer kurzen Reise nach Rio ein. Er wollte, daß ich ›seine‹ Mutter kennenlernte, der er schon viel über mich erzählt hatte. Ich hielt das für eine nette Idee, ein neues Abenteuer mit diesem leidenschaftlichen Maler, der mich so sehr liebte und mir so viel Spaß und Vergnügen schenkte!

Also fuhren wir per Anhalter nach Rio. Rômulos Mutter war wundervoll, und sie schloß Atman und mich sofort ins Herz.

»Er ist auch ein bißchen ›mein‹ Sohn«, sagte Rômulo, der Atman auf dem Arm trug, als wir ankamen. Sofort nahm sie Atman, herzte und küßte ihn. Doch außerhalb der Kommune und dem wilden Leben in Sobradinho schwand bei mir die Leidenschaft für Rômulo. Ich konnte im großen Haus der Mutter in Jacarepaguá wie eine Prinzessin leben, und Atman, der überall nackt herumlief, gefiel es dort sehr, aber die Sicherheit einer Familie hat mir noch nie gefallen. Dann lieber das Chaos und das laute Gelächter einer Horde Mutanten!

Unerwartet rief mich Telmo aus Paquetá an.

»Was machst du denn dort?« fragte ich.

»Ich habe dich vermißt! Ohne dich ist in Sobradinho alles ziemlich langweilig, und die Leute wissen nichts mit sich anzufangen. Es spielt sich nicht mehr viel ab.«

Ich ärgerte mich, daß in Sobradinho offenbar alles den Bach herunterging, und fuhr nach Paquetá, um mich mit Telmo zu treffen, der sich dort mit einer alten Freundin vergnügte, die später in Brasilien eine berühmte Sängerin wurde.

Damals beschlossen wir, nach Rondônia zu gehen und eine andere Kommune auszuprobieren. Auch reizte es uns, dort Auasca zu trinken. Rômulo spielte übrigens später eine prominente Rolle in jener Sekte, die in Brasilien Auasca-Rituale durchführte. Er mietete das Haus in Sobradinho, das nach ›unserem‹ Auszug leerstand. Als er später kein Geld ›hatte‹, gab er mir einige ›seiner‹ Bilder, um die

Pyari, Atman und Telmo in Paquetá, März 1976.

Mietschuld zu begleichen. Ich habe Rômulos Zeichnungen immer geliebt, und diese zwölf Illustrationen der Tierkreiszeichen wurden Teil des letzten von mir in Brasilien veröffentlichten Buches. Darin erläuterte ich die Theorie der astrologischen Therapie.

Auf Einladung eines Schauspielers, mit dem ich eine wundervolle Liebesnacht verbracht hatte, veranstaltete ich in Belo Horizonte ›meinen‹ ersten Astrologie-Workshop. Er wurde ein voller Erfolg. Achtzig Leute nahmen daran teil, und wir sorgten in den örtlichen Medien für eine Menge Aufmerksamkeit!

Während dieses Workshops lernte ich Toninho kennen. Er saß anfangs wie eine Statue auf einem Stuhl und strahlte dabei eine sehr liebevolle Energie aus. Bei einem tantrischen Ritual vereinigten sich ›unsere‹ beiden Körper plötzlich, und es war wie eine energetische Explosion! Wir zogen uns von den anderen zurück und lagen engumschlungen in einer Ecke des Raumes. In diesem Moment kam es mir so vor, als hätten wir uns nach einer langen Trennung wiedergetroffen, um in diesem Leben einen neuen Anfang zu machen!

Wir erlebten eine ungeheuer tiefe Vereinigung, und ich kann sagen, daß es bis heute die für mich stärkste sexuelle Erfahrung war. Wir stießen in Höhen vor, die ich nie zuvor erreicht hatte. Wir verloren uns in den Augen des anderen und bekamen manchmal das Gefühl, als könnte diese enorme Freude uns fast umbringen! Er liebte Atman so sehr, daß der sich noch heute an ihn erinnert. Und dabei war Atman damals erst drei Jahre alt! Toninho konnte ihn selbst in den schwierigsten Augenblicken verstehen. Und auch mich verstand er, wenn ich Krisen durchlebte, die mich in seltsame schwarze Löcher fallen ließen. Ich weiß noch, daß er zu mir sagte:

»Mach dir keine Sorgen. Wenn jemand so hoch hinauf schweben kann wie du, dann ist es ganz natürlich, hinterher in tiefe Löcher zu fallen.«

So begann ich, die Stimmungstiefs zu verstehen, die jeder Meditierende erlebt.

Wir verbrachten eine kurze, schöne Zeit draußen auf dem Land bei Belo Horizonte, in einem Haus, das eine der Workshop-Teilnehmerinnen dort für sich und ›ihre‹ einjährige Tochter gemietet hatte. Dort versuchten wir, eine neue Kommune zu organisieren, und halfen in ›ihrer‹ kleinen Modeschneiderei mit.

Wir hörten viel Janis Joplin und Pink Floyd, was heute Atmans Lieblingsmusik ist!

Ich weiß noch, wie Toninho und ich zusammen duschten …

»Ich verstehe nicht, wie du jemanden wie mich lieben kannst, der nicht so intelligent wie du ist«, sagte er.

Ich fand es ganz süß, daß er so etwas sagte!

»Wie kommst du darauf, daß du weniger intelligent bist?«

»Ich weiß nicht, ich bin nicht sehr lange zur Schule gegangen …«

»Du meinst also, daß du weniger kultiviert bist …«

»Ich bin, nun ja, nicht gerade ein Intellektueller …«

Ich lachte, nahm ihn in die Arme, und wir liebten uns ein weiteres Mal …

»Deshalb kannst du so gut lieben«, sagte ich. »Intellektuellen fällt das schwerer, weil sie viel zu sehr aus dem Kopf leben. Sie denken viel zu viel. Ich bin froh, daß ich den Kopf völlig vergessen kann, wenn ich liebe … Wie kann man sonst überhaupt lieben?«

Dann beschlossen wir, für ein paar Tage nach Brasília zu fahren, um dort so etwas wie Flitterwochen zu verbringen. Rômulo hatte das Haus in Sobradinho verlassen, und so konnten wir dort für eine Woche allein sein. Atman war inzwischen fast drei, so daß ich es für einen guten Zeitpunkt hielt, mit dem Stillen aufzuhören. Ich ließ ihn bei Telmo, der zu Besuch gekommen war und damals gerade mit Aninha zusammenlebte, die wir ebenfalls bei dem Seminar kennengelernt hatten.

In Brasília begegnete mir eine gute Freundin. Als sie sah, wie ich das Zusammensein mit Toninho genoß, fragte sie mich:

»Ist er der Mann deines Lebens?«

Ich wußte nicht, was ich darauf erwidern sollte! Ich fand diese Frage so unsinnig! Wie konnte eine intelligente Frau wie sie glauben, es gäbe im Leben den einen, richtigen Mann? Natürlich ist das die Frage, die einem der Priester bei der Trauung stellt, aber das ist nicht ›meine‹ Art zu leben! Ich spürte nur, daß Toninho und ich Liebesenergie ausstrahlten, und wenn die Leute so etwas bemerken, wollen sie es konservieren und ihm einen Namen geben. Doch dabei vergessen sie, daß sich alles ständig verändert und nicht mit Etiketten versehen werden muß ...

Als wir zurückkehrten, lag Atman wie tot im Bett, völlig geschockt durch diese erste Trennung von der Mutter. Schwach streckte er mir die Arme entgegen, als er mich ins Zimmer kommen sah.

»Er wollte nichts essen«, sagte Telmo und machte ein hilfloses Gesicht.

»Warum hast du ihn nicht gezwungen?!« schrie ich, fühlte mich schrecklich und wohl auch ziemlich schuldig.

»Er hat sich einfach geweigert, irgend etwas zu essen«, antwortete Telmo, den die ganze Sache offenbar sichtlich überfordert und erschreckt hatte.

Ich nahm Atman in die Arme und gab ihm die Brust, zu ›seiner‹ großen Freude und Erleichterung.

Wir fuhren wieder nach Brasília, diesmal mit ihm, und dort, am Tage von Atmans drittem Geburtstag, wurde ich mit Adhara schwanger. Auch das war ein ziemlich heftiges Ereignis, wenn auch nicht so esoterisch wie die Empfängnis Atmans.

Ich hatte einen ziemlichen Kampf mit Atman ausgefochten, weil es ihm Spaß machte, nein zu sagen und zu sehen, wie ich darauf reagierte. Manchmal machte mich das wahnsinnig. Toninho hatte einen Weg gefunden, damit umzugehen. Er forderte Atman einfach auf, das Gegenteil von dem zu tun, was wir eigentlich von ihm wollten. Dann tat Atman prompt genau das, was wir von ihm erwarteten, und schaute uns trotzig an. Das war zum Beispiel die einzige Möglichkeit, ihn zum Essen zu bewegen. Wir machten ihm einen Teller zurecht, und dann sagte Toninho:

»Atman kann nicht von diesem Teller essen.«

Sofort kam er und aß und schaute uns dabei mit herausforderndem Gesichtsausdruck an. Wir spielten die Komödie weiter mit und sagten zu ihm:

»Nein, nein, iß nicht! Du **kannst** nicht essen!«

Auch am Morgen ›seines‹ Geburtstages fing er mit diesem Spiel an. Ich verlor die Geduld, trug ihn aus dem Zimmer und setzte ihn draußen in den Flur. Er weinte wie verrückt und schiß auf den Boden, eine wässerige Scheiße! Ich drehte durch, und Toninho fing an, Liebe mit mir zu machen, um mich zu beruhigen. Und ejakulierte! Normalerweise gelang es ihm sehr gut, den Samenerguß zurückzuhalten. Auch diesmal war er so cool und entspannt wie immer, doch als ich auf die Toilette ging, sah ich das Sperma und wußte, daß ich schwanger war! Später vergessen wir es immer, aber im Moment der Empfängnis wissen wir Frauen genau, daß es passiert ist! Es machte mich wütend, daß er den Samenerguß nicht kontrolliert und mir anschließend nicht wenigstens gesagt hatte, was geschehen war. Ich fühlte mich verraten! Aber was war da noch zu machen?

Ich spürte bereits, wie die Familienstruktur sich wieder einmal anschickte, mir Fesseln anzulegen, und wie die Liebe zwischen uns dadurch zerstört wurde.

Heute verstehe ich einen weiteren seltsamen Trick der Natur: Frauen werden ganz verrückt nach einem Mann und wollen unbedingt ein Kind von ihm, weil sie glauben, ihm auf diese Weise näherzukommen, ein tieferes Band zwischen ihnen beiden zu erzeugen. Doch das ist nur die Natur, die bestrebt ist, die Art zu erhalten. Wenn die Arbeit getan ist, ›braucht‹ die Frau den Mann nicht länger. Wenn sie in einer Kommune leben, kann sie die Zeit der Schwangerschaft zusammen mit anderen Frauen genießen und später wieder zurückkehren, um erneut die Liebe des Mannes zu genießen. Doch in der neurotischen familiären Lebensweise läßt die Liebe nach, wenn die Frau schwanger geworden ist, und schon bald wird das Paar denken, sie sei ganz erloschen. Viele Leute erleben dieses Phänomen und wissen nicht, wie sie damit umgehen sollen ...!

Toninho schlug vor, nach Belo Horizonte zu ziehen, in ein Haus, das ›seiner‹ Mutter ›gehörte‹. Es war groß, mit einem Garten voller Obstbäume. Ich vermietete das Haus in Sobradinho, und wir fuhren nach BH. Dort trat ich zum erstenmal als Solotänzerin auf, zur Musik von Pink Floyd, vor einer Menge Leuten, alle high und sehr erstaunt.

Dann fühlte ich mich sehr schlecht und fuhr nach Rio, um mich untersuchen zu lassen. Es stellte sich heraus, daß ich schwanger war! Ich war schockiert und erinnerte mich nur schwach an das Gefühl, das ich zuvor in Sobradinho auf der Toilette ›gehabt‹ hatte. Ich wollte eine Abtreibung vornehmen lassen, aber Toninho sagte, er werde sich um das Kind kümmern. Ich sollte es austragen. Aninha, die in Paquetá mit Telmo lebte, ermutigte mich gleichfalls, das Kind zu bekommen. Dabei war es schon schwer genug für mich, Atman großzuziehen! Ich konnte mir nicht vorstellen, auch noch mit einem zweiten Kind zurechtkommen zu ›können‹. Telmo und Aninha beschlossen, zu uns nach Belo Horizonte zu ziehen, um erneut den Traum von einer Kommune zu leben. Ich erklärte Atman, daß ich ihm nun keine Milch mehr geben ›konnte‹, weil ich ein Baby erwartete, und daß es mich viel Kraft kostete, dieses neue Kind in mir heranwachsen zu lassen. Er verstand. Er merkte auch, daß ich, jedesmal wenn ich ihn stillte, blaß und schwach, ja manchmal beinahe ohnmächtig wurde.

Für Atman war es sehr schön, daß Telmo und Aninha bei uns einzogen. Ich lebte wie ein Mönch: ernährte mich gesund, übte Yoga und half ihm, zu einem freien Individuum heranzuwachsen. Toninho brachte abends Freunde ins Haus, mit denen er sich betrank, und wenn ich deswegen wütend wurde, liebte er mich, um mich zu beruhigen. Schließlich sagte ich ihm, ich könnte es nicht mehr ertragen, daß morgens überall im Haus betrunkene Leute herumlagen, die oft obendrein noch alles vollgekotzt hatten. Daraufhin ging er abends weg, traf sich woanders mit ihnen zum Trinken und kehrte erst spät zurück. Wir blieben dann allein in dem großen Haus zurück, Mami mit einem anschwellenden Bauch und einer traurigen Seele, wieder einmal als Gefangene dieses niedlichen Monsters namens Familie! Telmo und Aninha brachten den Geist der Meditation zurück. Wir richteten ein Zimmer dafür her und meditierten dort morgens und nachmittags gemeinsam, wobei Atman um uns herumsprang und sich freute, daß es nun mehr Leute gab, mit denen er spielen und sich anfreunden ›konnte‹.

Wir gaben der Kommune eine für uns alle angenehme Struktur. Wir waren zu viert, und es gab im wesentlichen nur drei Dinge zu tun: saubermachen, kochen und Atman betreuen. Also stellten wir einen Plan auf: Jeden Tag würden drei von uns diese Aufgaben erledigen, während der vierte frei hatte. Der Plan wurde in der Küche aufgehängt, und die Sache funktionierte sehr gut.

Als ich das sexuelle Interesse an Toninho verlor, zog er aus. Er konnte sich nicht vorstellen, ohne den herrlichen Sex, den wir acht Monate hindurch genossen hatten, weiter mit mir zusammenzuleben. Es war so kurz und intensiv gewesen!

Als ich bei einem Besuch in Rio, als Toninho und ich noch sehr scharf aufeinander gewesen waren, Joinha von dem berichtet hatte, was zwischen uns ablief, hatte er gesagt:

»Wenn es so intensiv ist, wird es nicht lange dauern. Je höher es hinaufgeht, desto schneller geht es auch wieder nach unten!«

Damals war ich wütend auf ihn gewesen, weil ich geglaubt hatte, er sähe die Dinge wieder einmal viel zu pessimistisch. Doch er behielt recht. Plötzlich war es vorbei. Und so intensiv, wie zuvor das Vergnügen gewesen war, war nun der Schmerz. Noch heute kann ich nicht darüber schreiben, ohne ein seltsames Gefühl in der Magengegend zu bekommen! Und Toninho erkrankte zwei Jahre später an Krebs!

Adhara kam in Abaeté zur Welt, wo diese schreckliche Sache mit Arnaldo und der Pistole geschah.

Wir zogen wieder nach Paquetá, wo Telmo, Aninha und ich versuchten, eine neue Kommune aufzubauen. Aber im Nest der Familie gab es zu viele Konflikte. Der Vater bemühte sich sehr, mich mit einem Kind von einem anderen Mann zu akzeptieren. Doch Telmo war inzwischen mit Aninha verheiratet, und die ganze Atmosphäre wirkte seltsam. Trotzdem versuchten wir, in Harmonie zusammenzuleben. Telmos Schwester stellte das größte Problem dar, da sie sich wie der Vater sehr dem Alkohol zuneigte. Ihr Freund, der sich an sie herangemacht hatte, als sie völlig betrunken gewesen war, verstand es, sie sich durch Sex gefügig zu machen. Zunächst ließ er sie nicht aus den Augen und folgte ihr auf Schritt und Tritt.

»Wie soll ich ihn loswerden?« hatte sie mich bei ›meinem‹ letzten Besuch gefragt.

»Indem du ganz unverblümt und aufrichtig bist«, antwortete ich.

Doch als wir nun nach Paquetá kamen, hatte er sich fest bei ihr eingenistet. Sie hatte sich sehr verändert, betrank sich regelmäßig mit ihm und war unfähig, wieder zu klarem Verstand zu kommen.

Heute wird sie in diesem Haus alt, lebt mit drei Kindern allein, zwei Mädchen von diesem seltsamen Kerl, und einem weiteren in Atmans Alter, von einem anderen sehr neurotischen Vater. Die Trennung von diesen beiden Männern war eine große Tragödie für sie! Doch sie ›besaß‹ schon immer eine seltsame Vorliebe für finstere Geschichten, wie diese Sexaffäre mit einem häßlichen Onkel, die sie als blühend schöne Neunzehnjährige regelrecht genossen hatte! ›Ihr‹ Zimmer erinnerte mich an eine Hard-Rock-Horror-Show, voller Spinnen und mit wundervollen, düster erotischen Gemälden. Sie war und ist noch immer eine der schönsten Frauen, die ich kenne, hat aber nie etwas Befriedigendes aus der immensen Kreativität machen können, mit der sie begabt ist. Sie ist eine fantastische Designerin, aber das Bild dieses zerbrechlichen Vaters, der Maler war,

Von links nach rechts: Pyari, Aninha mit Adhara auf dem Schoß, Atman, Bill und Conceição auf der Fähre nach Paquetá, im Dezember 1977.

Pyari und Adhara auf Paquetá, Dezember 1977.

sich jedoch damit begnügte, als Kunstlehrer Kindern das Malen beizubringen, weil er eine Familie ernähren ›mußte‹, hat sie tief geprägt. Wie er glaubte sie nicht, daß sie es als Künstlerin ›schaffen‹ könnte.

Elsy, Telmos Mutter, gleichfalls Malerin und Musikerin, arbeitete in einer Bibliothek, um die Träume der Kinder finanzieren zu können! Sie war für mich zugleich Mutter und Seelenschwester, jemand, der mich immer verstand und mit dem ich über alles sprechen konnte. Sie war ein in jeder Hinsicht sehr hoch entwickeltes menschliches Wesen! Wir erlebten eine wunderbare Freundschaft, was allerdings in der Familie beträchtliche Eifersucht auslöste.

Stets träumte ich davon, abzureisen und anderswo eine Kommune zu gründen. Doch obwohl es dort viel Grund zur Verzweiflung gab, fiel es mir schwer, dieses schöne, große und komfortable Haus zu ver-

Pyari läßt Atman zum erstenmal Adhara halten, Dezember 1977.

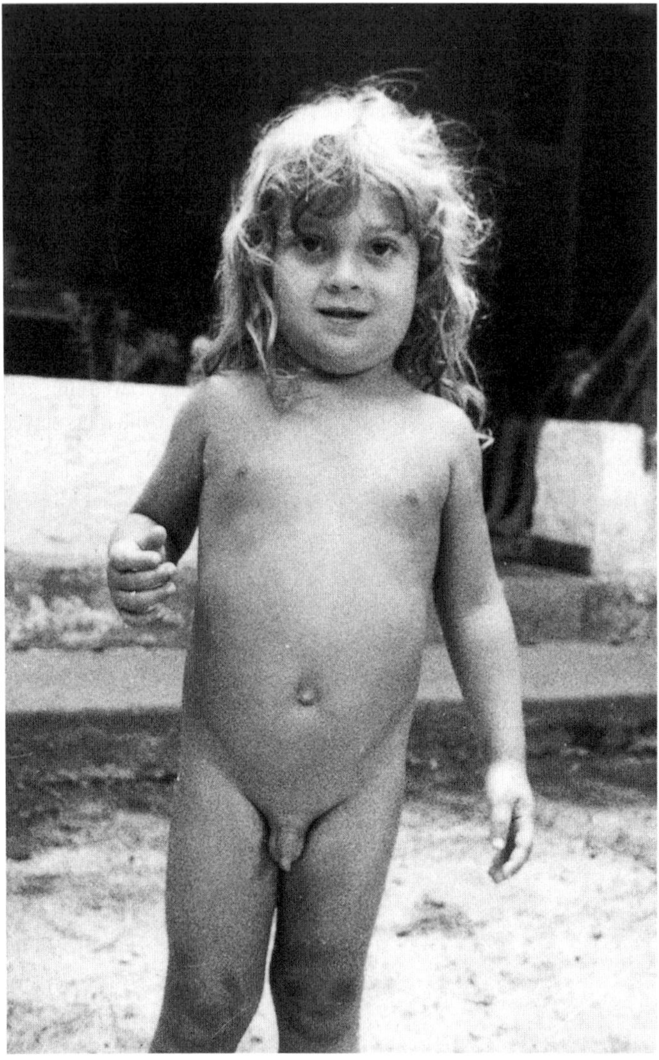

Atman in Paquetá, 1977.

lassen, das einen so wunderbaren Garten hatte, voller Avocado- und Mangobäume. Es war eine schwierige Zeit, es gab Streit und Mißverständnisse, viele seltsame Gefühle lagen in der Luft, und alle fühlten sich verloren. Aninha beschloß, fortzugehen und für eine Weile anderswo zu wachsen. Sie war eine wundervolle Person und eine sehr schöne Frau und ist nie zurückgekehrt. Wenn ich mich an sie erinnere, erfüllt es mich mit Bedauern, daß ich diesen Engel vielleicht nie wiedersehen werde! Sie hat mir so sehr geholfen, auf vielfältige Weise!

Bald darauf ›hatten‹ Telmo und ich das Glück, ein anderes Haus mieten zu ›können‹, das in der gleichen Straße lag, ebenfalls nahe am Strand. Dort zogen wir mit den Kindern ein. Zunächst versuchten wir, es uns mit einem anderen Paar zu teilen, die auf dem gleichen Trip wie wir zu sein schienen. Doch es zeigte sich, daß die Frau sehr putzwütig war, die besitzergreifende Mutterrolle spielte und von ›ihrem‹ Mann ständig verlangte, daß er die Verantwortung eines Va-

Atman vor dem Haus auf Paquetá, 1978.

Atman und Adhara vor dem neuen Haus auf Paquetá, 1978.

Adhara im neuen Haus auf Paquetá, Oktober 1978.

ters übernahm. Das ging mir auf die Nerven, es gab keine Harmonie zwischen uns. Glücklicherweise zogen sie wieder aus, nach einem Monat, der mir wie eine Ewigkeit erschienen war – jedoch ohne ›ihren‹ Anteil der Miete zu bezahlen!

Ich schrieb ein Buch und gab Adhara die Brust.

Dann kam Joel, ein Musiker und Poet, von dem ich viel über die Schriftstellerei lernte. Er und Telmo musizierten oft bis zum Morgen. Aber für ›meinen‹ Geschmack war er dem Alkohol zu sehr zugetan, was mir rasch unerträglich wurde. Telmo und ich ›hatten‹ einen sehr dramatischen Streit. Er ohrfeigte mich, nachdem ich ihm eine Eifersuchtsszene gemacht ›hatte‹, weil er mit einer ›unserer‹ Schülerinnen ins Kino gegangen war! Dumm, aber wahr! Es war nicht gut, weiter zusammenzubleiben: kein Sex mehr, keine Freundschaft, zu viele Neurosen. Wir wußten, daß niemand als Paar auf gesunde

Adhara, Oktober 1978.

Weise zusammenleben ›konnten‹, und ich war fest entschlossen, nicht erneut eine familienartige Situation entstehen zu lassen. Denn das führte nur dazu, daß ich das Verhalten ›meiner‹ Mutter nachahmte, wie ich es Telmo gegenüber tat und immer noch tue, wenn ich allein mit einem Mann lebe.

Die beste Zeit kam, als auch Telmo auszog und ich mit Adhara allein zurückblieb. Anfangs war ich ein bißchen traurig, daß alles schiefgegangen zu sein schien, doch schon bald erlebte ich ein neues Glücksgefühl, fand einen Rhythmus, den ich nachher nie wieder zurückerlangte, und der mir auch heute noch perfekt erscheint: Ich unternahm frühmorgens, bei Sonnenaufgang, lange Strandspaziergänge mit Adhara im Kinderwagen; ich joggte und genoß, wenn sie schlief, das Alleinsein; manchmal empfing ich den zärtlichen Besuch eines ›Liebhabers‹, den ich in die Kunst des tantrischen Sex eingeweiht hatte: Entspannung und keine Ejakulation. Wenn Adhara in den Nächten, wenn er bei mir war, aufwachte, kroch sie zu uns ins Bett. Wir drei genossen diesen Raum der Liebe und Gemeinschaft, mit einem großen Mick-Jagger-Poster an der Wand.

Ein paar Jahre später, als ich in Brasilien das Osho-Fieber entfachte, nahm dieser ›Liebhaber‹ Sannyas. Manchmal forderte er eine Liebesbeziehung von mir, aber ich versuchte, kein neues Karma mit anderen Leuten zu erzeugen. Ich lebte zum erstenmal allein und wollte keine zu große Nähe zu einem Mann. So, wie es war, gefiel es mir sehr gut: Manchmal kam er mit ›seiner‹ sanften Liebe, diesem guten, tantrischen Sex, und am Morgen ging er wieder.

Es war wirklich eine der besten Zeiten in diesem Leben. Ich empfand es als Segen, allein zu sein, kümmerte mich um Adhara, ›hatte‹ manchmal Atman zu Besuch bei mir, und schrieb ein Buch über die geistigen Ursachen von Krankheiten und wie sie sich mit Hilfe der Astrologie heilen ließen.

Im Sommer mußte ich ausziehen, weil der Eigentümer das Haus anderweitig ertragreicher vermieten konnte. Ich führte ein weiteres Astrologie-Seminar durch, das von einer esoterischen Organisation gesponsort wurde. Die Veranstalterin stellte mich einem Fotografen vor, der mich einlud, in Minas Gerais an einem Projekt für Kinder mitzuarbeiten. Er erzählte mir, er ›besäße‹ dort eine Farm, wo wir eine freie Schule gründen ›könnten‹. Mir gefiel diese Idee sofort! Er wußte von ›meinen‹ diesbezüglichen Erfahrungen und stand allen Vorschlägen, die ich machte, aufgeschlossen gegenüber. Ich packte ›meine‹ Sachen, holte die Kinder, und wir fuhren nach Minas.

Es war ein so malerischer Ort! Es gab wunderbare Hügel, viele friedliche Kühe, viele Bäume und Wasserfälle, überall wuchs wilder Ingwer. Das Haus war nichts Besonders. Es gab dort viel zu tun, aber den Kindern gefiel die neue Umgebung, und Adhara lernte Laufen.

Wir machten schöne Pläne für eine antiautoritäre Schule, wo es genug Platz gab, Kinder aus Gefängnissen oder von der Straße aufzunehmen. Alles schien wunderbar!

Nach einer Woche tauchten ›seine‹ Eltern auf. Sie blieben nur eine Nacht, und am nächsten Morgen erzählte er mir, ›seine‹ Mutter hätte gesagt:

»Ich will nicht, daß diese Frau hier wohnt. Sie sieht wie eine Hexe aus!«

Und dieser dumme, dicke Knabe sagte einfach ja zur Mama und bat mich, das Haus zu verlassen. Ich fragte ihn:

»Bist du verrückt? Du hast mich mit den Kindern an diesen Ort gebracht, meilenweit von Rio entfernt, nur um mir nach einer Woche zu sagen, daß ›deine‹ Mama mich nicht hierhaben will? Warum hast du ihr nichts von ›unseren‹ Plänen erzählt?«

Das hatte er, wie er sagte, aber dann gestand er mir, daß das ganze Haus und Grundstück in Wahrheit ihr ›gehörte‹, wovon er mir vorher nichts erzählt hatte. Ich tobte, war wie von Sinnen!

»Wie kannst du dich nur so verhalten?!« schrie ich ihn an.

Doch es half alles nichts. Er war ein kleines Baby, das Mamis Befehlen Folge leistete. Er schlug vor, ich könnte in einem kleinen, weit abgelegenen Haus wohnen, das für die Pächter des Farmlandes gedacht war. Ich lehnte ab. Das war einfach zu viel für mich!

Wir fuhren zurück nach Rio, und unterwegs fragte ich mich, wie ich so naiv hatte sein ›können‹, diesem Kerl alles zu glauben, was er mir erzählt hatte. Vielleicht, überlegte ich, war er ja an einer Liebesaffäre mit mir interessiert gewesen und nur mit der Idee von dieser Schule gekommen, weil er keinen anderen Weg gesehen hatte, mich herumzukriegen. Als sich dann, nachdem er eine Woche mit mir in einem Zimmer übernachtet hatte, immer noch nichts zwischen uns anbahnte, weil er einfach nicht ›mein‹ Typ Mann war, hatte er schließlich den Einwänden der Mutter nachgegeben. Aber wer weiß? Vielleicht war er auch einfach nur ein ver-

Atman in Minas, Ende 1978.

rückter Junge, den ich verzaubert hatte und der sich völlig unrealistischen Träumen hingab ...

Wir kamen spät abends in Rio an und übernachteten im Auto. Am nächsten Tag brachte ich Atman zu Telmo und begab mich auf ein Marathon, reiste in der Hoffnung umher, für Adhara und mich eine Bleibe zu finden.

Wir fuhren per Anhalter nach S. Lourenço, um Cândido zu besuchen. Doch obwohl ich die Kommune wirklich schön fand, erkannte ich sofort, daß sie nicht der richtige Ort für mich war. Cândidos Haus dort erinnerte mich an das, in dem er in Arembepe gewohnt hatte – die gleiche Dekoration, die gleiche Atmosphäre. Er empfing mich liebevoll, aber es floß keine Energie mehr zwischen uns. Besonders gut gefiel mir die Toilette, die sich draußen in einem Zen-Garten befand, hinter einem Wandschirm aus Bambus. Mit Ausnahme von Cândido selbst bestand die Kommune aus Familien.

Ein Mann aus Peru lebte dort mit der Tochter eines berühmten Dichters zusammen, die früher einmal in Telmo verliebt gewesen war. Ich besuchte sie, und dieser Mann sagte zu mir:

»Warum reist du allein mit einem Kind herum, wo es doch so viele Männer gibt, die eine Frau brauchen, um eine Familie zu gründen, und die dir ein gutes Leben bieten könnten?«

Ich schaute das Mädchen an und fragte mich, was sie an diesem Kerl fand. Vor ein paar Jahren war sie mir so intelligent erschienen! Jetzt saß sie, dick und behäbig geworden, in einer Familie fest und sah nicht länger lebendig und glücklich aus. Außerdem befanden sie sich beide auf diesem Hare-Krishna-Trip, der ›meines‹ Erachtens nur eine Flucht vor dem Leben ist!

Ich fragte mich, ob ich wie eine aussah, die einen Mann suchte, um sich mit ihm häuslich niederzulassen. Diesen Gedanken fand ich entsetzlich! Ich wollte unbedingt frei bleiben, statt mich an ein Familienleben zu fesseln und einen langsamen Tod zu sterben. Und was meinte er mit ›einem guten Leben‹? Es ist nach wie vor schwierig, aber ich möchte zwei wunderbare Kinder ohne Familie großziehen, denn ein gutes Leben bedeutet für mich: FREIHEIT! Und die kann einem niemand geben; die Leute können sie dir wegnehmen, aber sie können sie dir nicht geben, denn Freiheit kommt immer von innen. Wir können sie verlieren, und dann ist es schwer, sie zurückzuerlangen, weil Ketten mitunter bequemer erscheinen als ein freier Raum, wo man alles selbst entscheiden muß.

Ich reiste so schnell wie möglich wieder ab.

In Rio traf ich einige Leute, die daran interessiert waren, mit mir in einer Kommune zu leben. Also mietete ich außerhalb Rios ein Haus, in Pedra de Guaratiba. Doch letztlich zog ich allein mit Adhara dorthin. Von den anderen war niemand bereit, die Stadt zu verlassen. Atman kam später nach und ging dort in einen netten Kindergarten.

An den Wochenenden kamen die Leute zu den Workshops, die ich veranstaltete, und das genügte mir an menschlichen Kontakten. Es gab keine Möbel, das große Zimmer hinter der Haustür diente ausschließlich zum Tanzen, und viele Male glaubte ich zu fliegen, wenn ich dort tanzte. Manchmal sehe ich mich heute noch im Traum wie im Flug durch dieses Zimmer tanzen ...!

Es war herrlich, mich mit den Kindern an der stillen Schönheit der Natur dort draußen zu erfreuen. Ich redete nur wenig mit ihnen und war überzeugt, daß sie ganz von selbst alles wichtige lernen würden, weil sie der Quelle viel näher waren als ich. Fragten sie mich etwas, antwortete ich ihnen, wenn ich eine Antwort wußte. Und das war alles! Deshalb gab es sehr viel Schweigen – nur Musik und Lachen, wenn wir ausgelassen zusammen spielten.

Der Mann, der mit einer Frau und zwei Kindern im einzigen anderen Haus an dieser Straße wohnte, klopfte einmal mitten in der Nacht an die Tür und fragte mich, ob ich jemanden fürs Bett wollte.

»Soll ich ›deiner‹ Frau davon erzählen?« fragte ich ihn. Sie waren sehr arm, und ich bezahlte sie dafür, daß sie mir mit der Wäsche half.

Er kam nie wieder und respektierte mich von da an noch mehr.

Später stahl sie mir Geld, so wie es mir auch schon mit dem Hausmädchen auf Paquetá ergangen war. Ich sah ein, daß die Klassenunterschiede in Brasilien es uns unmöglich machen, die ökonomische Kluft zwischen den Leuten zu überwinden. Selbst die Mittelklasse wird von den Armen noch als reich betrachtet, und es gibt kein Vertrauen zwischen den Klassen. Traurig, aber wahr.

Es kostete mich einige Mühe, sie zu einem Geständnis des Diebstahls zu bewegen. Ich sagte ihr, das Schicksal würde sie schwer strafen, wenn sie einer Freundin etwas Derartiges antue. Schließlich gab sie zu, eine Hundertdollarnote genommen zu haben. Sie hätte die Banknote ›ihrem‹ Mann gegeben. Jemand, dem er sie gezeigt hätte, hätte sie als wertlos bezeichnet und dann einfach behalten. Was sollte ich machen? Später stahl sie den Kindern Kleidungsstücke und andere kleine Dinge, so daß ich beschloß, den Kontakt abzubrechen. Ich fand die ganze Geschichte sehr traurig, denn natürlich ›besaß‹ ich deutlich mehr als sie, und Diebstahl ist die natürliche Konsequenz in einer solchen Situation ...

Diese Zeit in Guaratiba und ›mein‹ späterer Aufenthalt in Mauá, diesem Paradies in den Bergen zwischen S. Paulo und Rio, war der Beweis, daß Frauen keinen Mann als Beschützer ›brauchen‹, noch nicht einmal einen Hund, wie viele in Deutschland glauben. Wenn wir klar und selbstbewußt auftreten, respektieren die Männer uns und fürchten sich sogar vor dieser weiblichen Kraft, die wir dann ausstrahlen.

In Mauá lebte ich noch isolierter als in Guaratiba. Das nächste Haus war eine Käsefabrik in drei Kilometern Entfernung. Nie ist ein Mann gekommen, um mich zu vergewaltigen, mir Schutz oder ›seinen‹ Schwanz anzubieten. Es erstaunt mich, wenn ich sehe, daß Frauen sich Hunde als Beschützer halten. Ich bin der Ansicht, **daß wir uns selbst schützen können, indem wir eine entsprechende innere Haltung einnehmen.** Von Osho habe ich eine gute Meditation gelernt, die mir in diesen verrückten Zeiten, in denen wir gegenwärtig leben, schon oft sehr geholfen hat. Es ist eine Schutz-Meditation.

Vor dem Schlafengehen setzen wir uns 5 Minuten ruhig hin und stellen uns eine ungefähr 20 Zentimeter dicke schützende Aura vor, die den ganzen Körper umgibt. Dann legen wir uns hin und fahren mit dieser Vorstellungsübung fort, bis wir einschlafen. Wenn wir es vergessen, macht das nichts. Dann machen wir einfach weiter, sobald wir wieder daran denken.

Am nächsten Morgen nach dem Aufwachen stellen wir uns die Aura wieder vor. Auch während des Tages, wenn wir dazu Gelegenheit haben.

(Aus dem Buch: ›Dance your way to God‹.)

❦

Mauá ist wirklich ein Paradies. Das therapeutische Zentrum von Roberto Freire befindet sich dort, einem der unglaublichsten Psychiater, die ich kenne. Er schrieb einige wichtige Bücher. Eines trägt den Titel **Sem tesão não há solução.** Das ist schwer zu übersetzen, aber sinngemäß bedeutet es in etwa: **Ohne Vergnügen gibt es keine Lösungen.** Selbst heute noch empfinde ich, wenn ich in diesem Buch lese, einen Drang, mich zu verändern, und Lust, zu leben!

Dieses Zentrum, daß er dort gegründet hat, wirkt wie eine Oase der Ekstase mitten auf diesem verrückten Planeten. Doch Mauá mit ›seinen‹ schönen Flüssen und Hügeln ist ohnehin schon eine Oase.

Auch dort verlebten die Kinder und ich eine unglaublich schöne Zeit. Atman kann sich noch daran erinnern, wie er im Hof den Gänsen hinterherrannte, die ihrerseits Adhara nachliefen. Am Nachmittag gingen wir hinunter zum Fluß und achteten dabei darauf, den Schlangen aus dem Weg zu gehen. Der hinunter in die Ebene strömende Fluß war an dieser Stelle nicht tief, so daß die Kinder allein darin spielen konnten. Ich tauchte den Körper in das klare, rauschende Wasser und schaute ihnen zu. Die Nächte waren kalt, und wir schliefen zusammen in einem Bett. Der Lebensrhythmus dort war wundervoll! Wir wachten früh auf und genossen tagsüber die Sonne. Ich begann jeden Tag damit, drei Stunden Yoga zu üben. Anschließend stellte ich aus Blütenessenzen Parfüm her, das ich auf den Straßen und in den Bars von Rio verkaufte. Wir fingen wieder an, Eier zu essen, weil es einfach so viele davon gab – bei all den Hühnern und Gänsen!

In Mauá visualisierte ich während der Meditationen, daß ein Meister den Finger auf ›mein‹ drittes Auge legen und daß ich einen neuen Mann treffen, der mit mir Tantra genießen würde. Diese Vision sah ich regelmäßig vor dem Einschlafen, wenn ich Adhara gestillt hatte und mich darauf vorbereitete, mich zu den Kindern ins Bett zu legen. Ich wollte einen Meister treffen, einen lebenden, und stimmte mich darauf ein. Die Begegnung mit Osho kündigte sich bereits auf verschiedene Weise an.

Ich teilte mir das Haus mit zwei jungen Männern, die es gemietet hatten. Die Schwester von einem der beiden lebte in Poona. Manchmal kamen sie an den Wochenenden her, und der eine erzählte mir, daß es mir in Poona bestimmt gut gefallen würde.

Dann forderte mich der andere von den beiden eines Tages plötzlich auf, das Haus zu verlassen. Vielleicht war er eifersüchtig auf die Freundschaft, die sich zwischen mir und dem Bruder der Sannyasin-Frau aufgrund ›unseres‹ gemeinsamen Interesses an Osho entwickelt hatte.

Ich fing an, die von Osho gelehrte Form der Kundalini-Meditation zu praktizieren und empfand sie als sehr befreiend. Ich erhielt meinen ersten orangefarbenen Rock und spielte bereits mit dem Gedanken, über den Ozean zu reisen, wie es mir das **I Ging** ein paar Wochen später vorhersagte.

Nach Mauá stand ich wieder ohne feste Bleibe da. Atman wurde erneut beim Vater einquartiert, der inzwischen mit einem netten

Mädchen aus Paquetá in S. Tereza wohnte, und ich kehrte für kurze Zeit in Marcelos Wohnung zurück. Er beabsichtigte, schon bald zu heiraten, weil ›seine‹ Freundin schwanger war. Alles veränderte sich sehr schnell. Ich wollte nach Poona fliegen.

Eines Nachmittags ging ich in eine Wohnung, wo ein paar Leute einmal wöchentlich meditierten und dabei Oshos Methoden benutzten. Dort traf ich einen Sannyasin, der gerade aus Poona zurückgekehrt war. Er trug eine orangefarbene Robe und um den Hals eine Mala.

Ich war von ihm, Pradesh, sofort fasziniert. Als er mich bemerkte, schauten wir uns eine halbe Stunde lang in die Augen. Ich beschloß, auch noch die nächste Meditation mitzumachen, rief Conceição an und bat sie, etwas länger auf Adhara aufzupassen. Sie wurde ärgerlich, nannte mich verantwortungslos, und ich erinnere mich, daß ich antwortete:

»Andere Leute gehen auf Partys, ich meditiere. Hab bitte Verständnis! Ich komme nicht so spät. Nur noch eine Meditation!«

Er begleitete mich nach Hause, sechs Kilometer entlang des schönen Copacabana-Strandes, der heute ein gefährlicher Ort geworden ist, wegen der enormen Kluft zwischen den Touristen und den Armen, die überall in der Stadt auf den Straßen schlafen ›müssen‹!

Wir waren völlig ineinander verliebt, erzählten uns aus ›unserem‹ Leben, und er bot an, mir beim Verkauf der Parfüms zu helfen. Conceição war entsetzt, als sie hörte, daß ich mich in einem so jungen Mann verliebt hatte, der in einer langen roten Robe herumlief und gerade aus Indien zurück war. Ich weiß gar nicht mehr, wo wir zum erstenmal Liebe machten. Es war eine solche Leidenschaft! Wir schwebten wie auf Wolken, schliefen jede Nacht bei anderen Leuten, manchmal mit Adhara, die sehr eifersüchtig wurde, manchmal allein, wenn sie bei der Großmutter übernachtete, die sehr wütend auf mich war.

Wir trafen uns mit anderen zur gemeinsamen Meditation und bereiteten so den Boden für das erste Osho-Meditationszentrum in Rio.

Pradesh bat mich, bei ihm zu bleiben und Sannyas per Post zu nehmen. Dann wollte er in einem Jahr mit mir nach Poona fliegen, weil wir dann genug Geld beisammen hätte, um dort im Ashram bleiben zu können. Mir gefiel dieser Gedanke, weil ich mich nicht von ihm trennen wollte. Ich war lange nicht mehr mit einem Mann zusammengewesen, und dieser heißblütige, freie und leidenschaftliche Sannyasin übertraf alle ›meine‹ damaligen Erwartungen an einen ›Liebhaber‹.

Adharas Eifersucht brachte ihn auf den Gedanken, daß ich sie für eine Weile bei Toninho unterbringen ›sollte‹. Ich war außer mir! Die Prinzessin bei diesem Vater lassen, der trank, fast an Krebs gestorben war und noch nicht einmal für sich selbst sorgen ›konnte‹? Bei mir kamen eine Menge alter Bindungen und Vorurteile zum Vorschein. Pradesh überzeugte mich schließlich davon, daß ich Adhara Gelegenheit geben ›sollte‹, Toninho kennenzulernen, der nun einmal ›ihr‹ Vater war. Und wenn sie bei uns war, konnten wir nicht viel unternehmen, uns noch nicht einmal nach einem Haus umschauen! Den Silvesterabend verbrachte ich allein mit ihr, beobachtete von der Veranda einer Psychiaterwohnung, die zu Telmos Biobäckerei umfunktioniert worden war, fliegende Untertassen, und ein paar Tage später fuhr ich mit den Kindern per Anhalter nach Belo Horizonte, um Adhara, die damals gerade zwei geworden war, bei Toninho zu lassen.

Mit einem Freund fuhr er Atman und mich nach ein paar Tagen zurück zur Landstraße. Atman lebte damals überwiegend bei Telmo, und ich hatte ihn mitgenommen, weil das eine gute Gelegenheit war, einmal wieder etwas Zeit mit ihm zu verbringen. Nachdem ich Adhara zum letztenmal die Brust gegeben hatte, schlief sie im Wagen, und wir trampten zurück nach Rio. Ich ›hatte‹ große Schuldgefühle, weil ich sie im Stich ließ, aber es gab kein zurück mehr. Ich spürte, daß etwas in mir sterben würde, das war es, was zu tun war, so wie Jesus in diesem Alter, und daß das ganz einfach notwendig war.

Ich nahm Sannyas und verwandelte mich in die Göttliche Geliebte! Der Pfad für die verrückten Liebenden! Osho unterschrieb das Dokument am 9. Februar, und ich empfing es zwanzig Tage später in Rio. Wir feierten ein großes Fest mit um die fünfzig Gästen. Sogar Joinha kam.

Wir liebten uns überall in der Stadt und führten die Leute in die Meditation ein. Ich leitete mehrere Tantra-Gruppen, zum erstenmal gegen Honorar, und bekam die Eifersuchtsanfälle zu spüren, die Pradesh gelegentlich überfielen. Ich ließ die schon erwähnte Abtreibung vornehmen. Alles entwickelte sich sehr schnell, alle Widerstände brachen zusammen, und so wurde ich auf eine große Veränderung vorbereitet. Pradesh befreite mich von allen früheren Glaubenssätzen, die ich mit mir herumgetragen ›hatte‹, und zerstörte ›mein‹ Ego.

In einem schönen großen Haus auf einem kleinen Hügel in Leme, am Rand von Copacabana, gründeten wir das Institut Shunnyan (= Leere). Es lag in unmittelbarer Nachbarschaft jenes Viertels, wo ich aufgewachsen war und siebzehn Jahre gewohnt hatte. Conceição kam regelmäßig zu Besuch, ganz verzückt, weil ›ihre‹ Tochter anscheinend in der Lotterie gewonnen hatte! Das Haus lag in der Nähe des Slums, in dem ich einmal ein Seminar bei einem **Pai de Santo** veranstaltet hatte, der mit den Händen lesen konnte. Er kam ins Zentrum, um das Energiefeld zu reinigen, verbrannte Weihrauch und sprach ein paar magische Worte. An Ostern brachte Toninho Adhara her, und alles war einfach wunderbar. Pradeshs Vater war ein reicher Anwalt, der uns finanziell unterstützte, weil er glaubte, wir könnten mit ›meinen‹ Fähigkeiten als Heilerin eine Menge Geld verdienen. Doch ich interessierte mich gar nicht mehr so sehr für das Heilen. Lieber half ich den Menschen und mir selbst dabei, verborgene Talente freizusetzen und die unterdrückten Emotionen und abgestumpften Sinne aufzuwecken.

Ich begann mit der **Corpoterapia.** Sie basierte auf der astrologischen Therapie, die ich entwickelt und in dem damals kurz vor der Veröffentlichung stehenden Buch **Astrologia Esóterica** beschrieben hatte.

Der Astrologie zufolge steht jedes Sternzeichen mit einem bestimmten Körperteil und einer spezifischen psychischen Eigenschaft in Verbindung. Ich bin überzeugt, daß man, wenn man diese zwölf Körperregionen lockert und die Blockaden in ihnen auflöst, damit gleichzeitig die mit diesen Regionen verbundenen Dimensionen der Seele befreit.

Ein Beispiel: Die Brüste sind mit dem Sternzeichen Krebs verbunden, das für Mutterschaft und Emotionen steht. Wenn wir uns von körperlichen Problemen im Bereich der Brüste befreien, werden dadurch auch Traumata und negative Emotionen und alles zum Thema Mutterschaft gelindert.

Es gibt eine Kurzversion der **Corpoterapia**, die ungefähr eineinhalb Stunden dauert, zuzüglich zwanzig Minuten anschließender Entspannung. Dabei tanzt man mit jedem Körperteil zu einem spezifischen Rhythmus, der zu der Energie des jeweiligen Sternzeichens in Beziehung steht. Nach jeder Melodie hält man bewegungslos inne und beobachtet, was im Körper, mit der Energie, im Verstand und mit den Gefühlen geschieht. Man beobachtet einfach, ohne zu urteilen. Wenn wir Urteile fällen, sagen, daß dies ›schlecht‹ und jenes ›gut‹ ist, beeinträchtigt das die Wahrnehmung, denn dann fühlt sich das Ego verletzt und sperrt sich gegen neue Einsichten. Akzeptiere einfach alles, wie es ist, immer bewußt. Man ›sollte‹ keine Veränderung anstreben, weil dadurch gleichfalls das Ego gestärkt würde, ein subtiles Ego, das nach Perfektion strebt.

Es gibt eine andere Version der **Corpoterapia**, bei der die Tänze durch Übungen mit der Energie jedes Sternzeichens ergänzt werden. Nachdem wir zum Beispiel mit dem Gesäß zu Bluesmusik getanzt haben – für die Waage –, erforschen wir die Sex- und Liebesenergie dieses Zeichens, indem wir eine Übung machen, bei der wir andere Seminarteilehmer berühren.

Diese Version dauert vier bis sechs Stunden. Und der große Workshop umfaßt Techniken aus unterschiedlichen Richtungen,

Meditationen von Osho ebenso wie subtile Energiearbeit aus dem Tantra und dem Zen. Er kann in der Dauer von neun Sitzungen bis zu einem Monat variieren und stellt eine Vertiefung und Ergänzung der anderen, konzentrierteren Versionen dar. Ich entwickele diesen Prozeß immer noch weiter, und diese Arbeit macht mir nach wie vor große Freude.

Pradesh brachte mir die Shiatsu-Massage bei, die er frisch aus Poona mitgebracht hatte. Ich schlug ihm vor, einen Workshop abzuhalten. Ich nahm selbst auch daran teil, und seither habe ich mit Shiatsu Klienten, Schülern, ›Liebhabern‹, Freunden und mir selbst immer wieder ausgezeichnet helfen ›können‹.

Nach einer Weile holte ich Atman zu uns. Ich hatte Pradesh überzeugt, daß es funktionieren würde. Anfangs war er dagegen, weil er fürchtete, zwei Kinder seien zu viel für uns. Aber die Lehrer der Schule, an der Atman gemeldet war, hatten mich mehrfach angerufen und sich beklagt, daß er den Unterricht nicht regelmäßig besuchte. Telmo hatte in S. Tereza zusammen mit einem Engländer und dessen brasilianischer Freundin ein großes Haus gemietet, wo sie Vollwertbrot buken, was für Brasilien eine wirkliche Errungenschaft war, denn es gibt dort sonst überall nur dieses schreckliche Weißbrot!

Sie hatten kein Interesse daran, die Kinder zur Schule zu schicken, doch mir war klar, daß für Atman die Zeit reif dafür war, durch die Gesellschaft verdorben zu werden. Besonders seit ich Sannyasin geworden und mit Oshos Vision in Berührung gekommen war, sah ich deutlich, daß wir der Gesellschaft nicht entkommen ›können‹. Selbst der Aussteiger ist immer noch ein Produkt der Gesellschaft. Ich erkannte, daß die Kinder dort hindurch ›mußten‹, um dann einen eigenen Weg hinaus zu finden.

Das Paar, mit dem Telmo die Bäckerei betrieb, hatte auf der **Farm** gelebt, einer großen Kommune in Amerika. Im Jahr zuvor hatte ich vorgehabt, mit ihnen das Haus in Guaratiba zu mieten, mich dann aber anders entschieden, weil mir der Engländer nicht gefiel. Er war mir zu sehr Moralist, wie die meisten Briten.

Danach zu urteilen, was die Frau mir über die **Farm** erzählt hatte, ging es für ›meinen‹ Geschmack dort viel zu streng zu. Sie erzählte mir, daß die kleinen Kinder dort nachts hinaus in die Dunkelheit gebracht und allein gelassen würden, damit sie stark wurden. Da lief es mir kalt den Rücken herunter. Wozu ›sollen‹ wir starke Leute heranziehen? Selbst Yoga, das uns körperlich fit macht, bereitet uns nicht wirklich auf diese Welt vor! Dank Osho hatte ich ›meine‹ Asanas durch Kundalini-, Nataraj-, Mandala-, Nadabrahma-, Gourishankar- und dynamische Meditationen ersetzt und fühlte mich dadurch viel besser in der Lage, mit dem Irrsinn dieser Gesellschaft zurechtzukommen!

Ich fragte mich, wie sie es fertigbrachten, kleine Kinder allein draußen in der kalten, finsteren Nacht zu lassen! Das klang einfach zu grausam! Selbst bei den schwer erziehbaren Kindern in Goiás hatte ich Strafen nur sehr zurückhaltend angewendet. Ein- oder zweimal, wenn ›ihr‹ Benehmen zu zerstörerisch wurde, ließ ich einen von ihnen sich für ein paar Minuten in die Ecke stellen. Aber selbst dabei fragte ich mich, welches Recht ich ›hatte‹, das zu tun. Und warum ›sollten‹ sie mir gehorchen? Meistens versuchte ich, sie, wenn nötig ziemlich lautstark, durch Argumente zu überzeugen, und räumte ihnen das gleiche Recht ein. Normalerweise zeigten sie sich nach einer Weile einsichtig oder schämten sich wegen des Streits, den sie provoziert hatten.

Ein einziges Mal habe ich Atman bestraft, als er sich in Mauá einmal endlos mit Adhara zankte. Da setzte ich ihn nachts vor die Tür. Aber nur für ein paar Minuten, und hinterher fühlte ich mich wirklich schlecht, weil ich nicht genügend Geduld aufgebracht ›hatte‹. Als Kleinkinder ›mußten‹ sie beide kalte Duschen aushalten, aber hinterher drückte ich sie zärtlich an mich und sang ihnen etwas vor, und später, als sie älter waren, erzählte ich ihnen Geschichten, bis sie einschliefen. Nein, starke Kinder großzuziehen finde ich faschistisch. Ich ziehe es vor, die Kinder zu sanften und bewußten menschlichen Wesen heranwachsen zu lassen und sie von Anfang an als kleine Götter zu respektieren. Und so habe ich es gemacht. Ich habe Adhara und Atman nur selten gesagt, was sie tun ›sollen‹, ich habe sie nie zu festgelegten Uhrzeiten ins Bett geschickt oder ›ihre‹ Köpfe mit Informationen vollgestopft. Ich wußte, daß sie davon in der Schule, dieser intellektuellen Welt, mehr als genug bekamen, und beschränkte mich darauf, einfach nur Mutter zu sein, ihnen, wenn sie mich brauchten, Liebe und Zuwendung, Lachen und Verrücktheit zu schenken. Und so sehen sie mich heute noch: als ein einzigartiges menschliches Wesen, daß Spaß und Musik liebt.

Das Shunnyan durchlief eine große Veränderung, nachdem Pradesh und ich von ›seinem‹ Vater eingeladen worden waren, zusammen Silvester zu feiern, auf einer Yacht, die er zu diesem Zweck gechartert hatte. Adhara war unterdessen wieder bei Toninho in Belo Horizonte, und Atman auf Paquetá.

Damals spürte ich bereits, daß sich im Zentrum eine sonderbare Struktur entwickelt hatte, die sehr stark einer Familie ähnelte. Pradeshs Vater und ›seine‹ Geliebte, die einen falschen Namen benutzte, waren oft dort, doch sie interessierten sich überhaupt nicht für Meditation. Sie halfen, so wie Eltern es gerne tun, wenn die Nachkommen sich wunschgemäß verhalten.

Ich fuhr mit einem unguten Gefühl zu diesem Fest. Auch weil die wundervolle Liebe zwischen Pradesh und mir allmählich abkühlte. Wir freuten uns an den herrlichen Stränden und dem Meer, aber die Party bestand einfach nur aus dummen Leuten, die sich betranken.

Kurz vor Sonnenaufgang, als alle schon müde waren und zu schlafen versuchten, wurde ich Zeugin einer sonderbaren und ab-

Pyari im Shunnyan, 1980.

stoßenden Szene. Pradeshs Vater, dieser große, fette Mann, schrie völlig betrunken:

»Niemand darf jetzt schlafen! Ich verlange, daß alle mit mir wachbleiben, bis die Sonne aufgeht!«

Erst glaubte ich, er mache Spaß. Aber er meinte es ernst, und alle gehorchten und standen auf, wie müde und betrunken sie auch waren...! Plötzlich ›hatte‹ ich eine Vision dieses Mannes, wie er in einer Arena die Löwen auf die Christen losließ. Auch fühlte sich die Kommunistin in mir von diesem reichen, fetten, betrunkenen Kerl angeekelt, der sich anmaßte, uns herumzukommandieren. Die Löwin in mir erwachte, und ich sagte ihm ziemlich lautstark, daß die Art, wie er die Leute behandelte, einfach unmöglich sei. Zornig ging er auf mich los und wollte mich ohrfeigen. Ich schüttete ihm ein Glas Champagner ins Gesicht. Da rastete er völlig aus, und Pradesh warf sich dazwischen, um mich zu beschützen. Sie prügelten sich, die Geliebte des Vaters versuchte, sie zu trennen, alle anderen standen geschockt drumherum, und die Matrosen lächelten mir anerkennend zu.

»Ich will auf der Stelle von hier weg«, sagte ich zu ihnen.

Sie fragten mich noch nicht einmal, ob ich mir das auch gut überlegt hätte. Ich war so fest entschlossen und es brannte solch ein Feuer in mir, daß sie kurzerhand ein kleines Boot vorbereiteten und ins Wasser ließen.

»Kommst du mit, oder willst du hierbleiben?« fragte ich Pradesh.

Er sprang zu mir ins Boot, und wir glitten davon, völlig sprachlos. Gemischte Gefühle, Verwirrung im Herzen. Wir konnten nicht sprechen, wir konnten nicht denken. Alles war gefährlich und unglaublich. Aber im dunstigen Licht des Morgens erreichten wir eine Insel. Ich war restlos glücklich. Das Vertrauen, daß nichts schiefgehen kann, wenn ich die Wahrheit des Herzens verteidige, hatte sich bewahrheitet! Überdies stellte sich heraus, daß der Mann, der auf der Insel wohnte, auch einer von diesen brasilianischen Superreichen war, denen Menschen wie ich nur selten begegnen. Wir hatten kein Gepäck bei uns, trugen kastanienfarbene Roben und Malas, leuchteten wie zwei Sterne im Feuer der Wahrheit, und er empfing uns, als wären wir ein Gott und eine Göttin aus dem Meer, zu ihm geschickt von Iemanjá, der Königin!

Wir ›konnten‹ in einem wunderschönen Zimmer übernachten, erhielten ein köstliches Frühstück, und am nächsten Morgen fuhr er uns nach Rio. Wir genossen das alles sehr, doch als wir nach Hause fuhren, fragte Pradesh mich:

»Was sollen wir jetzt tun?«

Kein Auto mehr, niemand mehr, der die Miete bezahlte ...

»Ich kann arbeiten«, antwortete ich. »›Meine‹ Eltern waren nie reich, und für kein Geld der Welt will ich ›meine‹ Seele verkaufen.«

»Kein Hausmädchen mehr ...«, fuhr er fort.

»Schau mal, Liebling«, sagte ich, »das ist nicht die Kommune, von der ich geträumt und wie ich sie schon ein paarmal verwirklicht habe. Es ist einfach nur eine Art Ehe, wieder einmal die Familien-Struktur. Sogar ›ihr‹ Hausmädchen rät mir, schwanger zu werden und dich zu heiraten, damit ich später ein Vermögen erbe. Sie sagte mir, es sei dumm von mir gewesen, die Abtreibung machen zu lassen. Ich fühle mich jetzt wirklich frei, und ich denke, daß wir es endlich schaffen werden, ein Meditationszentrum zu gründen, das wirklich auf Oshos Lehren basiert.«

Pradesh beschloß, das Haus den Sommer über zu vermieten, so daß wir eine Atempause bekamen und uns für eine Weile ausruhen konnten. Im Sommer ist es in Brasilien leicht, etwas zu vermieten, weil das Land dann bis zum Carnival von Touristen überschwemmt ist. Wir wohnten als Gäste bei einem der Meditationsschüler. Ich fühlte mich schrecklich. Ich wollte mich nicht wieder auf eine Paarbeziehung einlassen, der Sex zwischen uns floß nicht mehr so gut, und ich konnte es kaum erwarten, mit der Arbeit weiterzumachen, die ich begonnen hatte.

Am Ende des Sommers kehrten die Kinder zurück, und ich machte mich voller Elan daran, wieder astrologische Seminare und Einzelberatungen durchzuführen, lehrte Tarot und **Corpoterapia,** organisierte Musikveranstaltungen und half Pradesh bei den Shiatsu-Sitzungen und -Gruppen. Es war die beste Zeit des Zentrums. Es brodelte förmlich vor Energie, viele Leute kamen dorthin, die Idee der Kommune war wieder lebendig. Pradeshs Eifersuchtsanfälle häuften sich. Bald fing er an, mit anderen Frauen ins Bett zu gehen, offenbar bestrebt, ›mein‹ eigenes Verhalten zu imitieren. Nun war es aber keineswegs so, daß ich einfach wild herumfickte oder mich völlig zügellos verhielt, wie er oft wütend behauptete, wenn ›sein‹ arabisches Blut angesichts einer natürlichen Person wie mir verrückt spielte.

Anfangs half ich ihm, die Grenzen ›seines‹ Denkens bezüglich Frauen zu überwinden, doch schon bald wurde die Sache mir zu schmerzhaft. Ich stand eine Menge Ängste durch, weil durch den

Konflikt mit Pradesh alle möglichen Gespenster in mir zum Vorschein kamen und mich von innen heraus attackierten. Im Gegensatz zu ihm verzichtete ich aber auf Beleidigungen und Vorwürfe! Doch dann begann auch ich, mich hier und da zu verlieben, bewegte mich rasch in neue Richtungen weiter und erhielt Unterstützung von Leuten, die zu uns kamen, um zu meditieren, und dadurch tief verändert wurden.

Atman hatte im Dezember Sannyas genommen, obwohl ich eigentlich dagegen gewesen war. Ich fand, mit sechs Jahren sei es etwas zu früh, eine solche Entscheidung zu treffen. Aber er beharrte darauf, und schließlich ›mußte‹ ich einfach nachgeben. Er erhielt die Mala in Paquetá. ›Sein‹ Cousin Cheyenne hängte sie ihm um den Hals. Am Ende des Sommers bat auch Adhara darum. Ich sagte, sie sei nun wirklich zu jung und ›solle‹ sich noch gedulden! Das machte

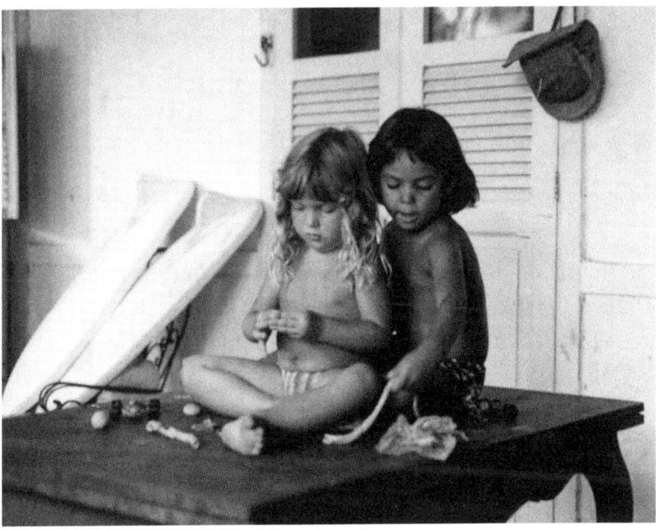

Atman und der Cousin Cheyenne in Paquetá.

Adhara in Canoa Quebrada, kurz bevor sie im Januar 1981 Sannyas nahm.

sie traurig, und sie kleidete sich von da an nur noch in Rot und Orange. In niedlicher Kindersprache sagte sie:

»Ich bin auch Sannyasin ...«

Als Telmo auch Sannyas nehmen wollte, gab ich nach. Für die Initiation von Kindern ›müssen‹ die Eltern ›ihre‹ Einwilligung geben.

Sie bekam Sannyas in einer kleinen Feier, zusammen mit Telmo und einem Schauspieler, der den Namen Bodhidarma erhielt und später das Shunnyan übernahm. In dieser Nacht ging eines der mächtigen Tropengewitter nieder. Wir zogen uns alle nackt aus, gingen auf den Hof und unterzogen uns dort kreischend und lachend einer Wasser-Initiation!

Viele Leute nahmen Sannyas, und diese wenigen Monate kamen mir wie Jahre vor.

Inmitten eines wahren Wirbelsturms von Ereignissen erreichte uns die Nachricht, daß Osho Poona verlassen und sich wegen gesundheitlicher Probleme nach Amerika begeben hatte, wo er sich in Schweigen hüllte und keine persönlichen Darshans mehr gab.

Das deprimierte mich sehr. Nun würde er mir doch nicht ›seinen‹ Finger auf das dritte Auge legen, wie ich es mir so lange gewünscht hatte...! Ich beneidete jene, die im Shunnyan Sannyas genommen und den Mut ›gehabt‹ hatten, sofort nach Poona zu fliegen.

Dann ›hatte‹ ich beim Meditieren eine Vision.

Darin offenbarte sich mir, daß jemand wie Osho nach Brasilien kommen und ich ihm nahe sein würde. Nach einer Weile hörte ich, daß Teertha, einer von Oshos engsten Schüler, nach Südamerika kommen würde. Das war es, was ich in der Vision gesehen hatte, da war ich mir sicher! Ich versuchte, mir einen Platz für Teerthas Seminare im Zentrum in Niterói zu reservieren, doch sie sagten mir, sie seien bereits ausgebucht. Pradesh und ich waren dort einmal zu Gast gewesen, als wir frisch verliebt gewesen waren. Damals hatten sie uns aufgefordert, das Haus zu verlassen – angeblich, weil wir zu viel Liebe machten! Aber ich weiß nicht, ob das der wahre Grund war!

Ins Shunnyan kam regelmäßig ein Deutscher, mit dem ich inzwischen ins Bett ging, besonders weil Pradesh sich nicht mehr oft blicken ließ. Ich war nicht wirklich verrückt nach ihm, aber mir gefiel ›seine‹ Art, mit Problemen umzugehen, besonders bei den Versammlungen. Er verhielt sich ruhig und sicher, versuchte auf eine sehr direkte Art, Konflikte zwischen den Leuten zu lösen, und war ein sehr geübter und einfühlsamer ›Liebhaber‹, was ich natürlich mochte. Er hatte in den USA an einer Gruppe mit Teertha teilgenommen und erzählte mir, daß ich Tertha bestimmt auf Anhieb gefallen würde.

Er fuhr mich zum Flughafen, damit ich Teertha kennenlernen ›konnte‹, und es stellte sich heraus, daß er recht ›hatte‹! Teertha mochte mich nicht nur, sondern wählte mich überdies als Dolmetscherin für die gesamte Tournee, was viele Leute ziemlich neidisch machte.

Bei der von mehreren tausend Menschen besuchten ersten öffentlichen Veranstaltung merkten sie, daß die Übersetzung schlecht war. Viele, die an ›meinen‹ Workshops teilgenommen hatten, forderten lautstark, mich zu nehmen. Daraufhin rief Teertha mich zu sich. Offenbar war es ihm ein Vergnügen, die Organisatorin der Tour abzulösen, die wie ein Mann aussah und viel zu ernst und steif übersetzte!

Zu ›unserer‹ großen Freude mietete er für sich und die Crew Hotelzimmer, statt in Niterói zu wohnen, wie man es dort erwartet hatte. Das Hotel lag gleich um die Ecke zum Shunnyan, und er hielt bei uns Vorträge, da, wie er sagte, das Zentrum in Niterói ihm wie ein Haus voller alter Jungfern vorkam!

Das war ein enorm wichtiger Wendepunkt für mich! Ich liebte es, mich in ›seiner‹ Nähe aufzuhalten, einfach nur dort zu sein und ›seinem‹ Atem zu lauschen. Die Seminare, die er gab, waren einfach wundervoll, ebenso wie die Einzelsitzungen.

Einer der Männer, in die ich damals verliebt war, kam zu einer persönlichen Sitzung. Als wir uns gesetzt hatten, sagte Teertha:

»Du willst mir doch keine Frage stellen, nicht wahr?«

»Nein«, antwortete er, »ich möchte einfach nur eine Weile hier bei dir sitzen.«

Dann schlossen wir drei die Augen und verharrten während der gesamten einstündigen Sitzung in schweigender Meditation.

Als Teertha Rio verließ, gingen Pradesh und ich mit ihm. Das Shunnyan ging in die Verantwortung von Bodhidarma und Punitan über, doch es wurde bald darauf geschlossen, da ihnen die Energie fehlte, es erfolgreich zu leiten. Das Haus wurde gestohlen, wie alles in Brasilien, wenn man nicht sorgfältig darauf achtgibt.

Adhara war wieder bei Toninho, Atman bei Punitan, und ich ging als Dolmetscherin von Teerthas Gruppe nach Süden. ›Meine‹ Bewußtheit wuchs, mitunter auf recht schmerzhafte Weise. Viele neue Kontakte entstanden. Als Teertha nach Australien flog, reiste ich weiter durch Brasilien und gab **Corpoterapia**-Seminare in Form eines Marathons: nur Rohkost und kein Schlaf!

Ein paar Monate später brachte Pradesh Adhara nach Belo Horizonte, wo ich gerade eine intensive Liebesaffäre mit einem Neunzehnjährigen erlebte, der dort Workshops für mich organisiert hatte und ein sehr guter Freund wurde. Zum erstenmal sagte ich einem Mann, daß ich gerne sehr sanft berührt werden möchte, damit ich den Sex entspannt genießen ›kann‹. Davor hatte ich jedesmal sofort den sexuellen Kontakt abgebrochen, wenn die Art, wie der Mann mich berührte, mir nicht gefiel. Wenn der Mann nicht von sich aus wußte, wie er mich zufriedenstellen ›konnte‹, bekam er keine zweite Chance! Aber dieser Junge war es wert, daß ich es ihm beibrachte! Er war so wundervoll und süß! Als ich in diese liebenden Augen sah, während er mich zugleich so heftig und unbewußt berührte, ›mußte‹ ich ihm einfach zeigen, wie er es anders machen ›konnte‹! Von da an erfreuten wir uns an intensivem, meditativem Sex, liebten uns sehr, entwickelten uns, teilten alles miteinander und zogen von einem Workshop zum nächsten.

Damals sah ich Pradesh zum letztenmal, nach vielen Auseinandersetzungen und sonderbaren, schwierigen Situationen.

Ich war entschlossen, Osho zu sehen, und im Mai 1982 flog ich mit den Kindern nach Amerika, wo ich einen ›schwulen‹ Sannyasin treffen wollte, der in San Francisco wohnte und mich während eines Besuchs im Shunnyan zu sich eingeladen hatte. Nach der Ankunft rief ich vom Flughafen aus bei ihm an und erfuhr, daß er nach Oregon gezogen war, wo Osho lebte und eine Kommune aufbaute. Nun wußte ich nicht, wohin! Die Sannyasins, mit denen er zusammengewohnt hatte, boten mir an, für drei Tage bei ihnen zu bleiben. Wir kampierten im Wohnzimmer. Es war kalt, und ich mußte ganz in der Gegenwart bleiben, um mit der neuen Realität zurechtzukommen. Aber ich freute mich, daß ich endlich aus Brasilien heraus war und den Mut ›besessen‹ hatte, die Kinder mitzubringen. Wir übernachteten hier und dort, und manchmal arbeitete ich unentgeltlich im dortigen Sannyas-Zentrum. Trotz allem gefiel uns die neue Umgebung. Wir waren froh, zum Kreis der Sannyasins zu ›gehören‹, der täglich wuchs, seit Osho nach Oregon gezogen war. Ich lernte einen netten deutschen Sannyasin kennen, der mich die Nataraj-Meditation tanzen gesehen hatte. Er schenkte mir ein paar schöne Liebesnächte und erzählte, daß es mir in Deutschland gewiß gut gefallen würde. Die Amerikaner schienen frei zu sein, aber es war schwer, mit ihnen auf der Herzensebene in Kontakt zu kommen.

Dann wurde ich eingeladen, ein Wochenende in der Kommune in Oregon zu verbringen! Sie suchten Helfer, und der Junge, der in dem Haus in Berkeley, das ich inzwischen organisiert hatte, bei mir zur Untermiete wohnte, erklärte sich bereit, solange auf die Kinder aufzupassen. Außerdem bat ich noch die Nachbarin, eine dicke Schwarze, der wir sympathisch zu sein schienen, ihm dabei zu helfen. Nun werde ich also zum erstenmal Osho sehen! UAUUUU ...!

Die Fahrt von Berkeley nach Oregon verlief ziemlich seltsam: Ich mußte mich mit eifersüchtigen Frauen auseinandersetzen, konnte aber mit einem ›Schwulen‹ dann doch noch ein bißchen kuscheln.

Dann schließlich erfüllte sich die große Sehnsucht des Herzens...! Wir standen aufgereiht an der Straße, als Er kam. Er steuerte den Wagen selbst und drosselte das Tempo, um allen in die Augen schauen zu ›können‹. Es war wie ein Energieschub. ›Mein‹ Körper fühlte sich wie elektrisiert an, und hinterher weinte und zitterte ich eine halbe Stunde lang.

Die meisten Leute verstanden das nicht, und manche hielten es wohl lediglich für einen hysterischen Anfall. Doch für mich war es der großartigste Orgasmus, den ich je erlebt hatte!

Das Leben in der Kommune war toll! Endlich sah ich, was ich mir immer erträumt hatte: Tausende von Menschen, die zusammen arbeiteten, meditierten und feierten! Jedem von uns wurde eine Arbeit zugeteilt, und für alles andere wurde gesorgt: Essen, Kleidung, ein Bier nach der Schicht für die, die sich etwas daraus machten, und Zigaretten für die, die rauchten.

Natürlich war nicht alles wunderbar. Die Leute brachten alle Arten von Neurosen und Machtspielen mit hierher, und das schockierte mich. Damals glaubte ich noch, daß Menschen, die meditierten, zwangsläufig ein bestimmtes Maß an Bewußtheit ›besitzen müßten‹. Ich brauchte Jahre, um zu erkennen, daß der Pfad lang und hart ist und daß es nicht in ›unserer‹ Hand zu liegen scheint, ihn zu erleichtern. Auch heute noch falle ich immer wieder in depressive Zustände, aber ich sehe die Dinge jetzt in einem anderen Licht und bin mir bewußt, ›daß alles vorübergeht‹. Dann beobachte ich und warte ab, was als nächstes geschieht. Es ist wichtig, sich während solcher unangenehmer Zustände zu entspannen und sich ohne Widerstand auf sie einzulassen. Ich finde, daß das ein gutes Training dafür ist, auch im Moment des Todes bewußt zu bleiben.

In der Kommune traf ich viele interessante Leute. Der brasilianische ›Schwule‹ verabredete sich zu einem Rendezvous mit mir und brachte dazu einen Freund mit. Sie wollten Sex mit mir, und ich ließ mich darauf ein, weil der ›Schwule‹ mir sympathisch war. Aber diese Art von Sex, bei der das Herz unbeteiligt ist, gefällt mir nicht. In den Staaten machen sie das oft! Experimente und Gymnastik!

Das intensivste Erlebnis ›hatte‹ ich mit einem schönen Amerikaner, mit dem der Sex einfach herrlich war! Ich sagte ihm, wie sehr ich mich zu ihm hingezogen fühlte, worauf er mir antwortete:

»Also, wenn ich dir so gut gefalle, dann laß es uns doch einfach mal miteinander probieren.«

Heute, im Zeitalter von Aids, glaube ich, daß der Sex sich in eine energetische Begegnung verwandelt hat und nicht mehr so sehr auf der körperlichen Ebene stattfindet...

Und vor allem war da diese orgasmische spirituelle Erfahrung – wie soll ich es beschreiben? – immer nach dem Mittagessen, wenn Osho die tägliche Ausfahrt unternahm, und wir uns alle längs der Straße aufstellten, um den Blick dieser Augen auf uns zu spüren... AAAHHH!!!

Ich fragte nach, ob ich ein bißchen länger bleiben konnte. Ich arbeitete auf den Feldern und ›hatte‹ das Gefühl, für immer da sein zu wollen! Kein Ort auf der Erde schien mir wie dieser zu sein, und seither habe ich nie wieder etwas Derartiges finden ›können‹! Ein ›schwuler‹ amerikanischer Freund, mit dem ich ein schönes Liebeserlebnis ›gehabt hatte‹, fuhr zurück nach Berkeley, und ich bat ihn, dort Bescheid zu geben, daß ich erst ein paar Tage später zurückkommen würde. Doch er vergaß es einfach! So fand ich, als ich in Berkeley eintraf, einen verärgerten Mitbewohner vor, der die Kinder völlig vernachlässigt hatte, um mich auf diese Weise für ›mein‹ verspätetes Kommen zu bestrafen! Und dabei war Adhara erst vier und Atman acht! Ich hatte geglaubt, daß alle Sannyasins Oshos Rat befolgten, die Verantwortung für die Kinder nicht allein den Eltern zu überlassen, sondern sich als Kommune insgesamt um sie zu kümmern. Doch mehr und mehr sah ich, daß nur wenige dies konsequent in die Tat umsetzten. Ich hatte ja gar nicht erwartet, daß er alle ›meine‹ Verpflichtungen als Mutter übernahm, wie er es nannte! NEIN! Aber wieso mußte er die Kinder für ›mein‹ vermeintliches Fehlverhalten büßen lassen? Wieso konnte er sie nicht einfach als Kinder der Erde betrachten, die Liebe und Fürsorge verdienten, auch wenn die Mutter in ›seinen‹ Augen eine leichtlebige, verantwortungslose Person war? ›Meine‹ Güte, wie kompliziert die Leute oft denken!

Wir wohnten in einem Schwarzenviertel, und ich versuchte, mich mit allen Nachbarn anzufreunden. Das Haus stand ihnen immer offen. Als ich jedoch aus Oregon zurückkehrte, erzählten die

Kinder mir, daß wir bestohlen worden waren und man ihnen alles Spielzeug weggenommen hatte. Bald stellte ich fest, daß auch die Steine fehlten, die ich aus Brasilien mitgebracht hatte, um damit etwas Geld zu verdienen. Adhara hatte ›mein‹ Smaragdhalsband gerettet und war darauf sehr stolz. Die Kinder sagten, daß die Leute aus der Nachbarschaft einfach ins Haus gekommen waren und alles aus dem Fenster geworfen hatten! Immerhin war den Kindern nichts geschehen, auch wenn sie alles hilflos hatten mit ansehen müssen! Ich war froh, daß sie traurig waren, aber keine Angst ›hatten‹. Die Nachbarin hatte sich kaum um sie gekümmert und auch nichts gegen die Plünderung unternommen.

Den Untermieter warf ich hinaus und war wieder einmal mit den Kindern allein. Ich bekam das Gefühl, daß Amerika nicht das richtige für mich war. Nirgendwo konnte ich mit ihnen unterkommen, noch nicht einmal in einem Hotel! Überall: keine Haustiere, keine Kinder! Ich trug 8000 Dollar in der Tasche, konnte aber nicht viel damit anfangen, weil Kinder nirgendwo willkommen waren – ganz anders als in Brasilien, wo sie zusammen auf der Straße spielen und überall gern gesehen sind!

Im Juli fand in Oregon ein internationales Festival statt. Ich lernte zwei nette Mädchen kennen, japanische Sannyasins, die beschlossen, sich um Adhara und Atman zu kümmern, und ich fuhr für ein paar Wochen dorthin. Es war wundervoll, besonders wegen der täglichen Begegnungen mit Osho und wegen der vielen netten Jungs, die ich liebte, darunter überwiegend Deutsche! Es waren viele Deutsche dort, und ich genoß die Liebe dreier sehr wacher und schöner Männer. Dann traf ich den Mann, von dem ich zum letztenmal etwas über Tantra lernte: Christian. Seit ihm bin immer ich die Lehrerin gewesen. Er brachte mir die ersten deutschen Worte bei: »Der Mond ist schön!« Es war eine Vollmondnacht, wir spazierten durch das Zeltlager, und bald darauf gaben wir uns wieder dieser starken, meditativen Liebe hin … Erneut kam ich in Kontakt mit der romantischen Seele deutscher Männer! Die Idee, nach Deutschland zu kommen, nahm allmählich Gestalt an ...

Dort traf ich auch Avinash zum erstenmal, mit einem roten Streifen in ›seiner‹ Punkfrisur. Er war meistens mit Brasilianern zusammen und machte mit ihnen Musik. Er fiel mir auf, weil ich noch nie einen Mann mit gefärbten Haaren und einem solchen Outfit gesehen hatte! Was für ein Anblick!

Zurück in Berkeley, sah ich mich wieder einmal vor harte Tatsachen gestellt! Der Typ, der den Mietvertrag für das Haus ›besaß‹, war aus Indien zurückgekehrt und lag mit hohem Fieber auf dem Sofa im Wohnzimmer. Im ganzen Haus stank es, und es kostete mich sehr viel Mut, ihm am nächsten Morgen, als er gerade ein Bad nahm, zu sagen:

»Ich habe die Miete für diese Bude bezahlt, und ich will sie nicht mit dir teilen. Ich ziehe von hier aus, und dann kannst du sie wiederhaben.«

Ich war dabei so bestimmt und klar, daß er noch am gleichen Tag verschwand, allerdings nicht ohne mir gehörig Druck zu machen, daß ich so schnell wie möglich ausziehen sollte. Das trug zusätzlich zu der Entscheidung bei, nach Deutschland zu fliegen, obwohl ich ein US-Visum für ein volles Jahr ›besaß‹, was normalerweise nur sehr schwer zu bekommen war. Ich hatte ihnen erzählt, daß ich Schriftstellerin sei, ihnen ›mein‹ Geld gezeigt, und das hatte ihnen gefallen.

Eine brasilianische Freundin schlug mir vor, daß ich ihr das Flugticket nach Amerika bezahlen ›sollte‹. Sie versprach, mir das Geld später zurückzugeben und bei der Betreuung der Kinder zu helfen. Die Idee gefiel mir, und ich traf entsprechende Vorbereitungen, was schwierig war, wie alles in Amerika.

Den letzten Anstoß erhielt ich von einem jungen Deutschen, den ich in Oregon kennengelernt hatte. Er kam mich besuchen, schenkte mir ein paar schöne Orgasmen und warmherzige Zuwendung. Er erzählte mir, daß die deutsche Kommune, in die ich von einem anderen ›Liebhaber‹ eingeladen worden war, sehr nett sei und daß es den

Kindern dort gefallen würde. Viele Leute sagten mir, daß ich mich in Deutschland bestimmt wohl fühlen würde. Ich bezweifelte das, denn in Brasilien hatte ich immer gehört, es gäbe dort eine Menge Nazis, und nur alte, dicke, rotgesichtige Deutsche getroffen, die während oder gleich nach dem Krieg aus Deutschland geflohen waren. Ich weiß noch, daß ich dachte:

›Ich fliege. Mit den Kindern. Wenn ich unter einer Brücke sterben muß, werden wir zusammen sterben. Ich habe es hier in Amerika geschafft ... und dort kann es auch nicht schlimmer sein!‹

Die Ankunft in Frankfurt war ein Schock. Amerika hatte ich schon während ›meiner‹ Zeit als Stewardess kennengelernt – aber Deutschland! Hier war alles neu für mich! Die erste, abstoßende Überraschung bestand darin, daß alles Geld kostete, sogar die Toilettenbenutzung und die Kofferkarren auf dem Flughafen! Wie ich beim letzten Brasilienbesuch feststellen ›mußte‹, haben sie diese schreckliche kapitalistische Sitte inzwischen importiert!

Und kaum jemand sprach Englisch. Ich fühlte mich hilflos. Ein Ausländer, vielleicht ein Türke, wollte mir mit dem Gepäck helfen und ließ dabei die Schreibmaschine eine Treppe hinunterfallen! Ich beschloß, die Kinder auf die Koffer aufpassen zu lassen, und ging telefonieren. Ich rief die Kommune in Süddeutschland an und ließ mir die Route dorthin erklären. Doch bis ich endlich unterwegs nach Bayern war, mußte ich mich noch ziemlich umständlich durchfragen!

Aus den Staaten hatte ich Sebastian angerufen – er lebte zu der Zeit in Holland – und ihm berichtet, daß ich nach Deutschland kommen wollte. Er gab mir Toms Nummer, der in München wohnte, und fragte, was ich dort vorhätte. Ohne zu wissen, ob er Verständnis dafür aufbringen würde, antwortete ich, daß ich mich einer Sannyas-Kommune anschließen wollte. Darauf sagte er:

»Dann bist du also jetzt eine von denen!«

Tom besuchte mich im Sneha in Margerethenried und bot mir

die Wohnung in München an, wo ich mich manchmal aufhielt, um allein zu sein oder Christians Liebe zu genießen. Es gab noch einen anderen netten Sannyasin, der sich heftig in mich verliebte. Er schenkte mir schöne Stunden, wenn Christian keine Zeit ›hatte‹ oder mit einer anderen Frau zusammen war!

Die Kommune war wieder fantastisch, genau, was ich mir erträumt hatte, im gleichen Stil wie in Oregon, allerdings kleiner. Leider wollten sie nicht, daß ich längere Zeit dort blieb. Manche Männer waren sehr von mir angezogen, manche Frauen wurden eifersüchtig, die **Corpoterapia** ging ihnen zu tief, die Liebesaffäre mit Christian war sehr heftig. Manchmal fuhr ich mitten in der Nacht in die Kleinstadt, wo er lebte ...

»Ich will dich sehen. Nimm dir ein Taxi auf meine Kosten«, sagte er dann am Telefon.

Dann fuhr ich der Liebe wegen kilometerweit, und manchmal ›mußte‹ ich dabei mit der Eifersucht fertig werden, die ihn oft überfiel. Einmal wurde er wütend, weil ich mich freundlich mit dem Taxifahrer unterhalten hatte!

Wenn ich in die Kommune zurückkehrte, fragten mich die anderen jedesmal nach Geld:

»Kann er dir nichts geben? Der Typ ist sehr reich.«

Ich haßte den Gedanken, diese schöne Liebesaffäre mit Geldangelegenheiten zu vermischen, aber als ich ihm davon erzählte, gab er mir einmal fünfzig Mark für die Kommune!

Dann schlugen sie mir vor, daß ich nach Frankfurt gehen und dort Geld mit Peep-Shows verdienen ›sollte‹, aber daraus wurde nichts, denn als ich dort ankam, ›hatte‹ ich eine so starke Bindehautentzündung, daß ich nicht auftreten konnte! Tom wurde sehr wütend, als ich ihm erzählte, daß sie das vorgeschlagen hatten. Natürlich verstehe ich, daß die Kommune nur funktionieren ›konnte‹, wenn Geld hereinkam, aber sie trieben es damit doch ein bißchen zu weit! Ich kann ohnehin mehr Geld mit den Talenten verdienen, die die Natur mir geschenkt hat. Aber diese Talente sind gefährlich, solange jemand nicht wirklich bereit ist, sich zu verändern!

Der nächste Schock folgte, als die Frau, von der die Kommune geleitet wurde, völlig ausrastete, weil ich den Wäschetrockner falsch bedient hatte, ein Gerät, das völlig neu für mich war. Ich hatte mir in Brasilien nie eine Waschmaschine leisten ›können‹! Manchmal hatte ich jemanden dafür bezahlt, daß er mir bei der Wäsche half, aber meistens wusch ich sie allein, und mit der Hand!

Ja, ich litt unter starken Stimmungsschwankungen und beschloß, eine zehntägige Reisdiät zu machen. Das alles, und der Umstand, daß ich ständig schrieb und sehr schweigsam war, provozierte seltsame Reaktionen. Auch schockierte es sie, daß ich ohne Gewissensbisse einfach mit Männern ins Bett ging, wenn sie mir gefielen. Schließlich hielten sie eine Versammlung ab, auf der ich von ihnen ein ›Feedback‹ erhielt, wie sie das nannten. Es bedeutete, daß ich verschwinden sollte. Ich wußte nicht, wohin, und die Situation machte mich ganz krank. Schließlich erhielt ich einen Platz in Rajneesh-Stadt, in der Nähe von Swebda, und zog mit Adhara dorthin. Atman konnte im Sneha bleiben, beim Leiter der Kommune, der ihn sehr mochte. Das schien mir eine gute Lösung zu sein, zumal Atman auch gerne bleiben wollte. Er hatte sich in ein gleichaltriges Mädchen verliebt, und sie hatten sogar schon Geschlechtsverkehr ›gehabt‹, das heißt, er hatte tatsächlich den kleinen Penis in sie hineingesteckt, und das im Alter von acht Jahren! Einfach toll!!!

In Rajneesh-Stadt lebten etwa zweihundert Sannyasins. Einige schöne junge Frauen freundeten sich mit mir an, was die Dinge für mich leichter machte. Ich war deprimiert und krank, aber schon bald halfen mir die schöne Umgebung des Schlosses und die Liebe eines attraktiven Musikers, den ich am ersten Tag dort kennengelernt hatte, mich wieder besser zu fühlen. Ich weiß noch, daß ich mit ihm unter Apfelbäumen spazierenging, jede Menge Äpfel aß und darüber sehr erstaunt war, denn in Brasilien können sich nur die Reichen dieses Obst leisten!

Ich veranstaltete einen Workshop in Haarlem, wo ich nach vielen Jahren Sebastian wiedertraf. Es machte mich traurig, wie verbittert und niedergeschlagen er wirkte! Ich versuchte, ihn in die Meditation einzuführen, aber er war nur daran interessiert, mit mir ins Bett zu gehen, was wir beide wieder sehr genossen. Ich ›hatte‹ das Gefühl, daß die Dinge für ihn nicht besonders gut liefen. Er redete davon, daß die Zeit mit mir damals bei ihm ein Trauma hinterlassen und daß er sich seitdem nie wieder verliebt hätte. Es war offensichtlich, daß wir uns in ganz verschiedene Richtungen entwickelten ...

Ein ›Liebhaber‹, den ich in Haarlem kennengelernt hatte, folgte mir zum nächsten Workshop nach Stuttgart. Die drei Wochenenden dort waren die intensivsten ›meines‹ Lebens. Dort traf ich auch Avinash, der mir seither auf wunderschöne und freie Weise das Beste an Liebe und Unterstützung schenkt, das ein Mann einer Frau geben kann.

Wir reisten viel umher und ›mußten‹ eine Menge Gemeinheiten von jenen Leuten ertragen, die kein Verständnis aufbringen oder eifersüchtig werden, wenn jemand Spaß am Sex ›hat‹. Bei einem Workshop in Rajneesh-Stadt erhielt ich einen Anruf von Arup, die damals in Oregon eine mächtige Frau war. Sie erteilte mir die Anweisung, daß ich in Europa keine Workshops mehr geben ›sollte‹. Es fiel mir schwer, zu akzeptieren, daß jemand von so weit weg eine solche Entscheidung treffen konnte und daß die ganze Sannyas-Bewegung so hierarchisch und streng wurde. Allein zu diesem Thema könnte man ein ganzes Buch schreiben, doch dieses hier wird bereits zu lang! Hier möchte ich nur erwähnen, daß ich vor ›meiner‹ Abreise nach Deutschland in Oregon ein Gespräch mit ihr ›hatte‹, auf einer Versammlung für alle Seminarleiter. Dabei sagte sie, daß es in den Workshops keinen Sex, keine Gewalt und keine Nacktheit mehr geben sollte. Am nächsten Tag ging ich zu ihr und erklärte ihr, daß die Teilnehmer ›meiner‹ Workshops nackt sind, weil es sich um eine körperorientierte Arbeit handelt. Daraufhin sagte sie nur, daß ich in Europa vorsichtig sein sollte, weil dort diesbezüglich andere Vorstellungen als in Brasilien herrschten. Jetzt verbot sie mir über Telefon nicht nur, daß die Teilnehmer sich nackt auszogen, sondern ich sollte überhaupt keine Seminare mehr in Europa halten!

Das Ganze passierte, nachdem zufällig jemand in den Gruppenraum gekommen war und uns nackt tanzen gesehen hatte. Er sagte mir, daß das bei ihnen nicht erlaubt sei, worauf ich ihm von dem Gespräch erzählte, daß ich in Oregon mit Arup diesbezüglich geführt hatte. Sie besprachen das mit Puja, einer der Zentrumsleiterinnen, und beschlossen, Oregon anzurufen! Unterdessen fand im selben Gebäude ein Seminar mit der berühmten Tantra-Lehrerin Margot statt, wo die Leute miteinander fickten, ohne daß sich jemand daran störte! Natürlich sollte das niemand erfahren, aber ein ›Liebhaber‹, der an diesem Seminar teilnahm, hatte mir das Geheimnis verraten!

Puja war sehr bestürzt, nachdem sie mit Arup gesprochen hatte. Ich dachte schon, sie hätte die Anweisung erhalten, ›meine‹ Mala zurückzufordern, was bei anderen Leuten tatsächlich schon vorgekommen war. Das war Sheelas Politik. Und jetzt hat diese Sheela, die damals Oshos Sekretärin war, ein Buch geschrieben, in dem sie behauptet, Osho selbst habe ihr solche Anweisungen erteilt, völlig verrückte Anweisungen! Diese Frau ist wahnsinnig! Sie ›hat‹ überhaupt keine Ahnung von Spiritualität, denkt ausschließlich an Geld und Macht! Und verbreitet solche idiotischen Unwahrheiten, macht dabei noch nicht einmal vor dem Meister halt!

Als Puja sah, wie gelassen und unerschüttert ich auf die Machtspiele innerhalb der Organisation reagierte, sagte sie:

»Mach ruhig weiter, Pyari! Wir werden es geheimhalten! Aber ich muß jemanden von uns in den Seminarraum schicken, nur für den Fall ...«

Wir umarmten uns lange, eine gute, nette, schöne Umarmung, wie Sannyasins sie so gut ›beherrschen‹! Leider hat diese nette Frau

Sannyas aufgegeben. Soviel ich gehört habe, leitet sie heute ein therapeutisches Zentrum in Norddeutschland.

Nachdem der Typ, der uns ›ausspionieren‹ sollte, eine halbe Stunde an der Gruppe teilgenommen hatte, sagte er, daß ich die Leute wahnsinnig machen würde. Ich antwortete ihm:

»Das stimmt. Ich mache die Leute wahnsinnig, weil dieser Wahnsinn ohnehin schon in ihnen ist, unterdrückt und verdrängt durch die Erziehung und die gesellschaftlichen Normen. Ich helfe ihnen nur, ihn herauszulassen, so daß diese Leute nicht in ein Sanatorium gehen ›müssen‹. Wenn man diese Scheiße im Unterbewußtsein gären läßt, explodiert sie eines Tages, und man wird **wirklich** wahnsinnig! Und aus diesem Wahnsinn gibt es dann kein Zurück mehr!«

Ich habe Osho sagen gehört, daß man, wenn man ab und zu absichtlich verrückt wird, immer wieder aus dieser Verrücktheit herausfindet. Wenn man aber den Wahnsinn, der sich jeden Tag in uns ansammelt, immer weiter unterdrückt, kommt es irgendwann zu einem Ausbruch, der sich nicht mehr kontrollieren läßt. Dazu, gelegentlich ein Ventil für den Wahnsinn zu finden, ist die dynamische Meditation da – und Pyari! Ich arbeite nicht nach einem Lehrbuch oder gemäß einer abstrakten Theorie, sondern basierend auf ›meinen‹ eigenen Lebenserfahrungen.

Eine Frau, die in Stuttgart beobachtete, wie die Workshop-Teilnehmer mich am Montag morgen auf den Schultern trugen und mit Sekt übergossen, schrie mich wütend an:

»Diese Leute müssen wieder zur Arbeit gehen, Pyari! Du darfst sie nicht auf solche Weise verändern!«

»Ich veranstalte keine kommerziellen Gruppen, Ma«, antwortete ich. (›Ma‹ ist die Anrede für eine weibliche Sannyasin.) »Ich will bei den Leuten einen Quantensprung auslösen und bin glücklich, wenn mir das gelingt. All diese zuvor so gehemmten und blockierten Deutschen sind jetzt freie Individuen, ohne Nationaldenken und Konditionierungen, und sie werden zurück an die Arbeit gehen, wenn die

Avinash, Adhara, Atman und Pyari treffen in Amerika ein, um am Sannyas-Festival in Oregon teilzunehmen, 1983.

Arbeit, die sie tun, wirklich aus dem Herzen kommt. Wenn nicht, werden sie sie aufgeben! Das ist die Arbeit, die ich tue, mit aller Kraft und aus diesem verrückten Herzen, das in diesem lebendigen Körper schlägt, in dem ich existiere!«

An diesem Morgen kündigte Avinash ›seinen‹ Job und kam mit mir.

Nach Rajneesh-Stadt ›mußten‹ wir allein arbeiten. Avinash, der

Atman und Adhara in Kalifornien.

ein zutiefst künstlerisch veranlagter Mensch ist, ermutigte mich dazu, mit Kunst-Projekten zu beginnen. Wir gingen mit Srajano und Devagyan nach Holland, um in Devagyans Haus eine Kunstkommune zu realisieren, die jedoch nicht lange bestand.

Dann zogen wir zu Srajano nach Haarlem, wo ich die Freundschaft zu Sebastian erneuerte. Kurze Zeit später ließen wir uns im schönen Amsterdam nieder, wo wir in einem besetzten Haus wohnten und bei einer Bootsparty zum erstenmal ›**Jump Out**‹ mit der **Love Celophane Road Show** aufführten. Srajano zog nach einer Weile wieder aus. In dieser verrückten Stadt verlebten wir eine fantastische Zeit und versuchten dann, wieder in eine Kommune zu ziehen. Doch sogar Veeresh, der eine große Kommune in Holland leitet und für ›seine‹ freie Gesinnung bekannt ist, die ihm eine Menge Probleme mit der Organisation in Oregon eintrug, sagte mir, als ich ihn besuchte:

»Ich hätte dich sehr gerne hier bei mir, aber die Organisation würde die einzigartige Weise, wie du lebst und Seminare gibst, nicht dulden und dir nur Steine in den Weg legen. Du solltest besser ganz auf dich gestellt arbeiten.«

Das war ein Schock und machte mich sehr traurig, aber es ließ sich nicht ändern.

Wir flogen zum nächsten Festival nach Oregon, diesmal mit den Kindern. Wieder gab es Probleme, weil die Kinder frei umherliefen, die Organisatoren aber wollten, daß jede Mutter bei ›ihren‹ Kindern bleiben sollte!

Atman und Adhara schmückten den Weg zu dem Zelt, in dem wir übernachteten, so daß sie es unter den Hunderten von ähnlichen Zelten leicht finden konnten. Osho blieb zweimal stehen, um Atman zuzuwinken, und einmal schenkte er Adhara Süßigkeiten!

Devi, die an einem Workshop mit mir in Brasilien teilgenommen hatte, wo sie lernte, Männer zu lieben, kam dann mit uns nach Kalifornien. Zum erstenmal interessierte sich Avinash für eine andere Frau, und das war ziemlich schmerzhaft, besonders weil er zu jener Zeit nicht sehr scharf auf mich war. David interessierte sich ebenfalls für diese Frau, und sie ›hatten‹ viel Spaß miteinander. Er lebte allein in dem Haus, und die Ex-Frau war mit einem anderen Mann zusammen – und zum fünften Mal schwanger! Eigenartigerweise wollte sie plötzlich das Haus für sich haben, als sie sah, daß wir uns dort niederlassen wollten. David war deswegen überrascht und wütend, da er selbst dieses Haus gebaut hatte, aber schließlich reiste er mit unbekanntem Ziel ab. Wir gingen zu einer anderen Kommune in diesen Bergen, wo es ein Haupthaus gab und viele Busse und Tipis. Avinash und ich sorgten dort gleich zu Anfang für einen Skandal, weil wir an einem Platz, der uns gefiel, uns kurzerhand hinlegten und Sex machten. Außerdem waren die Leute dort schockiert, wie frei ›meine‹ Kinder aufwuchsen. Mir ging es dort viel zu streng und geregelt zu. Selbst die schönen Rituale, die sie nach Art der Indianer durchführten, waren nicht stark genug, die Hemmungen und Blockaden dieser Leute zu beseitigen. Und sowieso basierte wieder einmal alles auf der Familien-Struktur.

Devi bot uns an, mit ihr zu einer Sannyas-Wohngemeinschaft in San Francisco zu fahren. Sie besorgte uns Auftrittsmöglichkeiten in verschiedenen Nachtklubs. Das machte uns großen Spaß, und wir arbeiteten in drei Klubs. Nach einigen Wochen führten wir acht verschiedene Shows auf, an deren Höhepunkt Avinash und ich immer so taten, als würden wir Liebe machen. Wir nannten diese Shows **Liebesakt.**

Aus der Sannyas-Wohngemeinschaft zogen wir in die Wohnung einer Frau um, die uns zu sich eingeladen hatte, als wir sie in der Kommune in den Bergen kennengelernt hatten. Ein paar Tage später bat sie uns, gemeinsam mit ihr und einem Freund zu meditieren, und als die Meditation beendet war, wollten sie mit uns ins Bett gehen. Als wir ihnen signalisierten, daß wir daran nicht interessiert waren, gingen sie spazieren, und als sie zurückkamen, forderte uns die Frau auf, ›ihre‹ Wohnung zu verlassen.

Wir zogen hierhin und dorthin, in diesem Alptraum, wie ich ihn in Amerika schon einmal erlebt hatte. Überall waren die Leute schockiert über die Freiheit der Kinder und die Art, wie Avinash und ich die Liebe genossen! In einem Hotel gleich über den Nachtklubs, wo wir für einen Monat gewohnt hatten, setzte uns der Besitzer mitten in der Nacht vor die Tür, als wir gerade von einem kurzen Aus-

Pyari und Avinash zeigen in San Francisco den ›Liebesakt‹, Herbst 1983.

flug zu einer Feier in Oregon zurückkamen. Er tat das wohl, weil er mich um eine Massage gebeten und offenbar erwartet hatte, dabei Sex von mir zu bekommen. Vielleicht wollte er sich an mir rächen, weil ich ihn diesbezüglich enttäuscht hatte!

Atman wurde nach Brasilien geschickt, weil es zu schwer war, sich in dieser Situation um zwei Kinder zu kümmern. Wieder machten wir die Erfahrung, keine geeignete Bleibe finden zu können. Schließlich landeten wir im großen Haus eines berühmten Therapeuten, Jack Painter, wo im großen Gemeinschaftsraum ein **Orgon-Akkumulator** stand. Das war wunderbar, und wir benutzen ihn manchmal. Eine bunt zusammengewürfelte Mischung von Leuten wohnte in dem Haus, darunter einige Sannyasins. Auch dort war es nicht leicht, denn diese Leute steckten uns gegenüber voller Vorurteile, weil wir in Nachtklubs auftraten und Adhara allein ließen, wenn wir zur Arbeit gingen. Sie lief dann im Haus umher oder spielte still im Zimmer und ging schlafen, wenn sie müde war.

Ein paar der Bewohner nahmen Kokain, und einmal zerriß Avinash ein Poster, das ein Apache verteilte. Auf dem Poster wurden die Hell's Angels dazu angestachelt, nach Oregon zu fahren und Sheela zu töten! Der Indianer wurde wütend und rannte auf ›unser‹ Zimmer! Ich schlief gerade mit Adhara, und er wollte die Tür mit einem Hammer einschlagen, um mich zu töten!

Ich nahm Adhara, und wir rannten schnell nach draußen. Er brüllte:

»Sie sucht doch nur jemanden, der ihr die Pussi leckt!«

Ich wollte die Polizei rufen, aber die Telefone funktionierten nicht! Wir flüchteten auf die Straße, und ich schrie laut um Hilfe. Aber Amerika ist eine solche Hölle, es gibt überall ständig so viel Gewalt, daß sich niemand mehr darum kümmert. Lediglich ein paar Gesichter tauchten in den Fenstern auf. Plötzlich ergoß sich ein Schwall Wasser über uns! Eine neidische Frau, deren Baby ich manchmal betreut hatte, wenn sie zur Arbeit ›mußte‹, hatte uns

Avinash und Pyari im Haus Jack Painters.

»Ich möchte meine Leute darauf hinweisen, daß Meditation nicht nur aus Stille besteht – das ist lediglich ein Teilaspekt. Letztlich muß sie kreativ sein. Und wenn ein Gedicht oder ein Gemälde aus eurer inneren Stille entsteht, dann besitzt es ein Aroma, das nicht von dieser Welt ist.«

OSHO: Das Wunder

einen Eimer Wasser übergeschüttet! Adhara erinnert sich heute noch an diese Szene!

Ich war schockiert, und wir zogen aus. Vorübergehend wohnten wir bei Dorothea, einer großartigen Frau mit zwei Kindern. Durch sie lernte ich Isadora Duncan kennen, die fantastische Tänzerin aus San Francisco, die zu Beginn des Jahrhunderts lebte. Es kam mir vor, als wäre ich eine Reinkarnation dieser talentierten Seele, so geistesverwandt fühlte ich mich ihr!

Avinash träumte davon, nach Brasilien zu gehen, und ich wollte weg aus den Vereinigten Staaten. Wir begeisterten uns für die Idee, auf dem Land von jemandem, der damals im Shunnyan an einem ›meiner‹ Seminare teilgenommen hatte, eine Kommune zu gründen. Wir riefen ihn an, und er war bereit, dort ein **Zentrum für Meditation und Kunst** einzurichten. Osho forderte die Sannyasins dazu auf, Amerika zu verlassen, und nannte es ein verfluchtes Land! Zum erstenmal war überall von Aids die Rede ... Und wir flogen nach Brasilien.

Einige gute Freunde in Rio waren sehr angetan von ›unserer‹ Idee und fingen an, Geld zu sammeln, um es in das neue Projekt zu investieren. Das Haus war nur eine Ruine, aber wir beschlossen, es schön herzurichten. Wir planten eine Kommune, aber als wir die rechtlichen Aspekte diskutierten, kamen wir zu dem Schluß, daß es die beste Lösung war, wenn der Besitzer des Landes es der Stiftung schenkte, die wir gründen wollten, weil wir nur so mehr Geld auftreiben und das Projekt voranbringen konnten. Doch dazu war er nicht bereit, weil das Land in Wahrheit ›seinem‹ Vater gehörte! Wieder war die Familie das Hindernis! Trotzdem wollten wir dort bleiben. Aber nach einem Workshop wurden sämtliche Wasserrohre, die wir bereits installiert hatten, gestohlen. Da gaben wir auf. So ist die harte Realität Brasiliens!

Wir versuchten, eine andere Kommune auf die Beine zu stellen, und zogen zu einer Sannyasin, deren Wohnung aber auch wieder

Avinash und Pyari beim Carnival in Rio, 1984.

›ihren‹ Eltern gehörte. Sie fuhr zum dritten Festival nach Oregon, und wir boten an, uns solange um ›ihr‹ Kind zu kümmern, das wir in dieser Zeit von manchen neurotischen Gewohnheiten befreien konnten. Doch plötzlich tauchte die Großmutter auf und brachte das Kind weg. Die Sannyasin kehrte mit der Neuigkeit zurück, daß Sheela alle Sannyasins eingeladen hätte, sich den Kommunen in Europa anzuschließen, weil sich anderswo wegen der Wirtschaftsprobleme Kommunen nur schwer etablieren ließen. Wir spielten mit dem Gedanken, wieder nach Europa zu gehen. Dann beschloß das Mädchen, sich der Kommune anzuschließen, in der Punitan lebte, so daß wir plötzlich mitten in Rio allein in dieser großen Wohnung saßen. Ich praktizierte täglich die dynamische Meditation, und dann zogen wir in eine Sannyas-Kommune in Brasília um, wo es mir anfangs sehr gut gefiel. Die Umgebung war schön, voller Obstbäume. Ich führte Workshops und Einzelsitzungen durch und interessierte mich zum erstenmal neben Avinash noch für einen anderen Mann.

Doch es stellte sich rasch heraus, daß wir sehr verschieden von den Leuten dort waren. Sie aßen Fleisch, sahen viel fern und redeten gern schlecht über andere. Bald entstand eine feindselige Stimmung gegen mich, und sie wollten, daß ich abreiste. Wir beschlossen, nach Europa zurückzukehren. Atman, der in Rio gewesen war, flog zu uns. Ich war zutiefst verstört und bestürzt darüber, wie die Dinge sich entwickelt hatten. Nachdem ich das Haus in Sobradinho verkauft hatte, flog ich mit Avinash und den Kindern nach London. Von dort fuhren wir zur Rajneesh-Schule in Südengland. Ich war froh, wieder in einer Kommune zu sein, aber sie wollten nicht, daß wir bei den Kindern blieben. Das war die erste Enttäuschung von vielen. Ich dachte, daß ich lernen ›sollte‹, die Kinder loszulassen. Doch dann sah ich Adharas tränenüberströmtes Gesicht, als wir im Auto wegfuhren, und spürte, daß dies keine Entscheidung aus dem Herzen gewesen war. Die Zeit in dieser Schule machte den Kindern auch später noch sehr zu schaffen. Zwar wurde dort versucht, Oshos Ideen umzusetzen, aber auf die falsche Art. Damit, daß ich mich innerlich von den Kindern lösen ›sollte‹, war ganz sicher nicht gemeint, in ein anderes Land zu gehen und sie in einer völlig fremden Umgebung zurückzulassen. Natürlich gab es dort auch andere Kinder aus Brasilien, doch die lebten zusammen mit ›ihren‹ Eltern in der Kommune!

Man nahm ihnen alle brasilianischen Bücher weg und erlaubte ihnen nicht, Portugiesisch zu sprechen. Sie wurden bestraft wie in normalen Schulen und ›mußten‹ arbeiten wie Erwachsene ...!

Es war eine sehr schwere Zeit für uns. Ich wollte in der Kommune leben, ich wußte, daß das die einzige gesunde Lebensform war und daß es schwierig war, weil es sich um ein neues Experiment handelte ... Aber ich lebte schließlich nicht zum erstenmal in einer Kommune. Die Erkenntnis war schmerzlich, daß die Leute in den Sannyas-Kommunen nicht zusammenlebten, weil sie einander liebten, sondern weil sie alle Osho liebten! Das ist okay; jeder Buddha erzeugt ein Buddha-Feld, in dem persönliche Entwicklung leichter möglich ist, aber ich hatte schon Kommunen kennengelernt, wo es um die gegenseitige Liebe gegangen war. Diese neue Lebensweise, wo wir ständig ja zu Dingen sagen ›mußten‹, die uns nicht gefielen, war zu viel für mich! Diese ganze Hierarchie war einfach Mist!

Avinash und ich flogen nach Köln, und dort hatten sie zu entscheiden, wohin sie uns schicken sollten. Sie riefen Berlin an, und die Leiterin dort kannte mich bereits aus Haarlem. Sie sagte am Telefon:

»Pyari aus Brasilien? NEIN, bitte nicht!«

Wieder war ich schockiert! Und wir wurden nach Hamburg geschickt.

Eigentlich mochte ich nicht dorthin gehen, wegen einer Brasilianerin, der ich nicht gerne begegnen wollte. Aber was sollte ich machen? Viele Brasilianer befanden sich schon wieder auf der Rückreise, nannten die Kommune dort ein Konzentrationslager und waren entsetzt über die Machtspiele und andere Dinge. So war es uns nicht erlaubt, mit Sannyasins zu verkehren, die außerhalb der

Kommune lebten, und wir durften keinen Besuch empfangen, wenn wir krank waren.

Der Freund Leeladhar hatte mir, ehe er nach Brasilien zurückkehrte, eine Postkarte aus Köln geschickt: »Du wirst eine Menge ertragen müssen! Für einen tropischen Paradiesvogel wie mich geht es dort viel zu streng zu!«

Doch viele andere Dinge waren unglaublich nett, so daß ich trotz der vielen Probleme nicht ausziehen wollte. Es ist wunderbar, mit vielen Leuten zusammenzuleben, sich die Arbeit zu teilen, Probleme gemeinsam zu bewältigen. Wären die Leiter dort aufrichtiger gewesen, gäbe es diese Kommune vielleicht heute noch. Ich lernte eine Menge und bewältigte die unterschiedlichsten Tätigkeiten – putzte, arbeitete als Nachtwächterin, als Diskothekenbedienung und wusch die Wäsche für die gesamte Kommune. Wir waren zweihundert Sannyasins, und lebten in freier Liebe! Aber wir küßten uns nicht und benutzten beim Sex Kondome und Handschuhe, was der Liebe seltsamerweise eine völlig neue Dimension verlieh. Statt mit jedem ins Bett zu gehen, der uns gefiel, prüften wir jetzt genau, ob genug Energie da war, uns so tief mit einem anderen Menschen einzulassen. Und oft genügte es, sich einfach zusammen hinzulegen, ohne Sex. Doch dafür blieb uns ohnehin nur wenig Zeit, auch wenn es immer viele Umarmungen und viel Liebe gab und gern geflirtet wurde.

Außerdem gingen sie dazu über, Liebespaare voneinander zu trennen, so daß ich Avinash nicht mehr so oft sah. Dann schickten sie mich, zu ›meiner‹ großen Verzweiflung, plötzlich nach Hannover. Ich erfuhr, daß Adhara Probleme in der Schule ›hatte‹ und angeblich stahl. Doch als sie zu mir zurückkehrte, stellte sich heraus, daß in Wahrheit sie bestohlen worden war. Der große Koffer, der voller Sachen gewesen war, als ich sie in London gelassen hatte, war nun fast leer.

Im März kamen wir in diese Kommune, und im August ›mußten‹

wir wieder ausziehen. Es kam mir vor, als wären Jahre vergangen! Wir flogen zum letzten Festival nach Oregon. Dort wurden wir ständig um Geldspenden gebeten. Es war schrecklich. Dennoch wollte ich in Oshos Nähe sein und verstand nicht, wie Sannyasins sich so unmöglich benehmen ›konnten‹! Natürlich gab es auch viele nette Leute dort, die zu guten Freunden wurden, aber die Leiter der Kommune hörten nur auf die Anweisungen von oben.

Es machte mich traurig, die Kommune verlassen zu ›müssen‹. Trotz aller Probleme ›konnte‹ ich mir kein besseres Leben vorstellen, kannte ich keinen besseren Weg, zu teilen, zu feiern und zu lieben. Das Leben in einer Kommune, was es auch für Probleme mit sich bringen mag, ist in jedem Fall dem langweiligen Leben in der neurotischen Familie vorzuziehen.

Die Frau aus Haarlem leitete jetzt die Kommunen in Hamburg und Hannover. Sie sagte zu mir:

»Adhara hat nie eine normale Familie gehabt. Sie braucht sie jetzt. Sie kann nicht etwas aufgeben, das sie nie kennengelernt hat.«

Was für ein Unsinn! Sannyas ist für mich nicht der erste Schritt gewesen, sondern es ist ›mein‹ letzter! Adhara war längst eine Rebellin, ganz die Tochter einer alten Revolutionärin!

Doch mit diesen Frauen, die ›Mamas‹ genannt wurden, ließ sich nicht vernünftig reden. Sie waren wirklich wie dicke, neurotische und frustrierte ›Mamas‹, die uns vorschrieben, was wir tun und lassen sollten. Diese besagte ›Mama‹ hatte mir die Leitung der Putzcrew in Hannover übertragen, damit ich mich auch in eine ›Mama‹ verwandelte. Doch ich ließ mich nicht vom Macht-Bazillus infizieren. Statt dessen sagte ich den Leuten, sie ›sollten‹ so oft Pause machen, wie sie wollten, die Dinge leichtnehmen und den Job als Vergnügen ansehen, nicht als Pflicht. Das war ›mein‹ letzter Job. Ohnehin waren sie immer fest entschlossen, mich zu bestrafen. Jedesmal wenn sie merkten, daß mir die Arbeit Spaß machte, wurde ich versetzt. Und das machten sie nicht nur mit mir so, sondern mit allen, die Freude an der Arbeit ›hatten‹!

Es ist komisch, aber diese Frau Sanveg existiert nicht mehr. Sie gab Sannyas auf, so wie sie zuvor die Familie aufgegeben hatte. Die meisten dieser ›Mamas‹ sind keine Sannyasins mehr, seit Sheila mit einigen Freunden und all dem Geld geflohen ist, das ihr aus der ganzen Welt geschickt worden war, um die Kommune in Oregon aufzubauen. Mit diesem Geld, das uns allen gestohlen wurde, baut sie in Deutschland ein ›Heim‹ für alte Menschen, im Schwarzwald! Wieso wird ihr erlaubt, sich in diesem Land aufzuhalten? Osho wurde die Einreise verweigert. Noch nicht einmal zum Tanken durfte ›sein‹ Flugzeug hier zwischenlanden!

Ich wurde aufgefordert, die Kommune zu verlassen, und ging nach Köln, um die Kinder abzuholen, die aus England gekommen waren. Avinash hätte bleiben können, zog es aber vor, sich uns anzuschließen. Die Kinder freuten sich, uns zu sehen, doch wir waren sehr traurig und verzweifelt, da der Winter kurz bevorstand und wir nur noch fünfzig Mark ›besaßen‹! Immerhin halfen uns Sannyasins, die außerhalb der Kommune lebten. Für zweieinhalb Monate nahm uns eine Musikerin auf, mit der wir gerne eine Kommune aufgebaut hätten, aber das war nicht möglich. Das Haus ›gehörte‹ ihr, und sie wollte nicht so eng mit uns zusammenleben, da ›ihre‹ Tochter gerade ausgezogen war, und sie sich mehr Zeit für sich selbst wünschte.

Osho fing plötzlich wieder an zu sprechen, und einen Monat später floh Sheela mit dem Geld. Die Kommunen fielen auseinander. Eine Menge schmutziger Machenschaften Sheelas kamen ans Licht, viele Sannyasins gaben Sannyas auf und gaben Ihm die Schuld an dem, was geschehen war. Ich war einmal mehr erstaunt, daß ›meine‹ Gefühle sich als richtig erwiesen hatten! Er sprach über Ronald Reagan, der die Kommune beenden wollte, über die faschistische Politik Amerikas, daß wir verantwortlich sein und auf ›unsere‹ Gefühle hören müssen.

Ich habe Osho sagen gehört, jeder von uns hätte das gleiche wie Sheela tun können, weil Geld und Macht korrumpieren! Und Er könne uns nicht sagen, was wir tun sollten, in der Weise, wie ein General eine Armee kommandiere. Sheela hatte tatsächlich eine Armee aufgebaut! 1985 wimmelte es in der Kommune in Oregon von grau gekleideten, bewaffneten Sannyasins. Sie kämpften gegen die Oregoner und Fundamentalisten, die diesen wunderschönen Ort schließlich zerstörten! Osho wurde verhaftet, vergiftet und starb vier Jahre später an den Folgen dieser Vergiftung!

Ich zog mit Avinash und den Kindern in eine eigene Wohnung. Osho befand sich auf einer Odyssee um die ganze Welt. Überall warfen Ihn die Regierungen auf Betreiben der CIA hinaus. Ein Jahr später, als Er nach Indien zurückgekehrt war, flogen wir dorthin, um Ihn zu sehen. Die Kinder blieben bei einer Freundin in Hamburg. Zwei Monate zuvor hatte Er uns einen Namen für ein Zentrum geschickt, und so wurde im September 1986 das **Osho Mani Center für Kunst und Meditation** geboren. Wir versuchten, eine neue Kommune zu gründen, da wir nicht in einer Familienstruktur zusammenleben wollten. Aber das ließ sich nur schwer verwirklichen, besonders in Deutschland, wo die Leute so individualistisch sind und einander nicht genügend vertrauen.

Ich begann, Workshops zu veranstalten, einmal pro Woche, wie ein Freund es mir geraten hatte, und die Leute kamen.

Die drei Wochen in Bombay waren wie ein Wirbelwind. Jeden Tag gab es Höhen und Tiefen. Ich war geschockt über die Situation der Frauen in Indien, begeistert von dem Sannyas-Camp dort, wo wir unglaubliche Leute kennenlernten, und ich verliebte mich in einen deutschen Sannyasin, mit dem ich eine Nacht verbrachte. Zum erstenmal, seit ich vor vier Jahren Avinash kennengelernt hatte, ließ ich mich auf eine sexuelle Begegnung mit einem anderen Mann ein! Wir konnten nicht ficken, weil wir keine Kondome ›hatten‹, aber es war trotzdem wundervoll! Er war ein feinfühliger Mensch mit sehr intensiven Meditationserlebnissen. Er erzählte mir, daß sie ihn im Sannyas-Zentrum in Bremen in eine Nervenklinik schicken wollten, als er ihnen von den seltsamen medialen Erlebnissen berichtete, die sich bei ihm während der dynamischen Meditation einstellten. Von da an sprach er nicht mehr über das, was er beim Meditieren erlebte. Er war wohlhabend gewesen und hatte mit dem Schiffbau zu tun gehabt. Nach diesen Erfahrungen verließ er die Familie, schenkte ihnen das ganze Geld und ging nach Indien. Er spielte Gitarre. Wir waren uns beide schon im Camp begegnet und trafen uns dann, als wir beide von einem Hügel in der Nähe den Sonnenaufgang beobachteten. Er sagte mir, daß ich einen wunderschönen Buddha-Bauch ›hätte‹. Als wir schließlich die Schranken zwischen uns fallenließen und körperliche Zärtlichkeiten austauschten, machte es ihm große Freude, diesen Bauch zu berühren. Zwei Tage nach ›unserer‹ Liebesbegegnung wurde dieser Deutsche aus dem Camp ausgeschlossen, ohne daß wir je den Grund erfuhren. Wieder einmal eines dieser Machtspiele!

Ich sah Osho in Bombay nur ein einziges Mal, aber das genügte, um mich wieder zu elektrisieren. Dieser eine Blick, den Er mir während des stundenlangen Diskurses zuwarf, war schon allein die Reise wert! Ich verharrte den ganzen Vortrag hindurch in einer ziemlich unbequemen Haltung, nur um Ihn sehen zu können!

Dann reisten wir Anfang 1987 nach Poona, als Er gerade dorthin übergesiedelt war. In diesen vier Wochen sprach Er bei allen Diskursen über Zarathustra und die Notwendigkeit, daß der Schüler dem Meister Lebewohl sagen und den Weg allein fortsetzen ›müsse‹. Ich weinte die ganze Zeit, denn ich erkannte, daß ich mit dem ständigen Versuch aufhören ›mußte‹, mich dem Leben in einer Sannyas-Kommune anzupassen. Statt dessen war es an der Zeit, etwas mit den Leuten auf die Beine zu stellen, denen ich persönlich verbunden war. Jeden dritten Tag saßen wir bei Ihm, und am letzten Abend ›meines‹ Aufenthaltes sang ich für Ihn, von den

Pyari singt im ›Leuchter‹, Hamburg 1989.

Pyari und Atman beim Alster-Vergnügen, Hamburg 1988.

Musikern begleitet. Nach dem Diskurs, als Er, ehe Er hinausging, mit uns tanzte, stellte ich Ihm im Herzen eine Frage:

»Ich möchte gerne etwas Eigenes anfangen, im musikalischen Bereich, und damit aufhören, ständig hierher zu kommen. Ich möchte ein klares Zeichen von Dir, ob das ein Ego-Trip ist oder nicht.«

Pyari in der Garderobe, vor einer Show, Hamburg, 1989.

Pyari im ›Fools Garden‹, 1992.

Adhara in Hamburg, 1996.

Pyari und Adhara in Hamburg.

In diesem Moment schaute Er mich an, machte mit hoch erhobenen Armen ein paar heftige Bewegungen, und da spürte ich wieder diese elektrische Energie und den klaren Impuls, daß ›mein‹ Plan richtig war und nicht aus dem Ego kam. Ich fiel auf den Boden. Dort lag ich lange Zeit, ohne jede Verbindung zu irgend etwas auf dieser Welt. Als alle anderen längst gegangen waren, schickte man mich schließlich hinaus. Es war, als kehrte ich in diese Dimension zurück ...

Am Tag, als ich in Hamburg eintraf, erhielt ich einen Anruf von

Adhara und Atman während des ›Jump Out‹, im Sambrasil, Hamburg.

einem Bassisten, der mit mir eine Band gründen wollte. Nach einem unserer Workshops spielten wir zum erstenmal, und unter mehreren Vorschlägen wählte das Publikum den Namen **Pyari and the crazy colorful condoms** für ›unsere‹ Band. Er stammte von Adhara und wurde bald darauf zu **Pyari and the colorful condoms** verkürzt.

Am Stadtrand von Hamburg in einer großen Wohnung zu leben, die wie ein Meditationszentrum funktionierte, war sehr widersprüchlich. Die Kinder gingen auf normale Schulen, wir waren eine Familie, ohne eine sein zu wollen, es gab die Band, die **Love Celophane Road Show** und die Workshops. Rasch vergingen einige Jahre. Ich besuchte noch zweimal Poona und war außerdem stets bemüht, mit den Freunden eine neue Kommune zu etablieren.

Am 28. Juni 1992 wurde ich von einer Nachbarin verprügelt, die eifersüchtig war auf die Freiheit, die ich genieße, die Musik, die ich spiele, und die Art, wie ich lebe. Dabei hätte sie diese Dinge genauso

Atman und Pyari im ›Fools Garden‹, nach einer Show, 1992.

genießen ›können‹! Mit einem kleinen bißchen Mut! Der Rest wird uns vom Universum geschenkt!

Ich war schockiert, depressiv und fertig. Freunde wollten eine Demonstration gegen Gewalt organisieren, aber ich zog es vor, die Sache vor Gericht zu bringen und keinen zusätzlichen Ärger zu verursachen. Doch die Gerichte taten überhaupt nichts! Sie konnte einfach in die Wohnung eindringen und mich fast umbringen, und das war völlig in Ordnung!

Ein Freund, der an den Seminaren teilnahm, nahm mich mit nach Glückstadt, in ein Haus, das er dort seit längerer Zeit gemietet hatte. Dort wollten wir eine Kommune gründen. ›Seine‹ Frau hatte ihn verlassen, und ich gab ihm eine Menge Energie, damit er das cool und frei akzeptieren konnte. Wir gaben eine nette Party, reinigten das ganze Haus und richteten die Zimmer für Meditation und Tanz her. Aber er nahm zu viel Ecstasy und andere Drogen, und wenn er clean war, ließ sich nicht mit ihm auskommen, weil er dann ›seine‹ Umgebung durch Machtspiele zu kontrollieren versuchte. Nach zwei Monaten warf er Atman hinaus, weil er, wie er sagte, nicht noch eine Familie im Haus wollte. Aber das war auch wieder nur ein Spiel. In Wahrheit konnte er Atmans Ruhe und innere Freiheit nicht ertragen. Im Dezember forderte er uns ebenfalls auf, das Haus zu verlassen, nach einer schrecklichen Zeit voller Mißverständnisse.

Wir zogen nach St. Pauli, haben seither weiter Konzerte mit der Band gegeben und Events und Happenings organisiert. Ich tanze und gebe Gruppen- und Einzelsitzungen in diesem verrückten und reichen Land, wo es auch für Freiheit, die Künste und den Untergrund Raum gibt. Die Idee, eine Kommune nach ›unseren‹ Vorstellungen zu gründen, haben wir nicht aufgegeben. Auf dem Weg dorthin machten wir viele desillusionierende Erfahrungen, sogar mit den Punks und den Hausbesetzern. Auch sie verteidigen ›ihre‹ Privatsphäre, ›haben‹ ein Haustier, das ihnen ›gehört‹, und sind den

Kindern gegenüber sehr eifersüchtig. Aber die Bewußtheit in uns wächst! Pluto steht im Schützen, und Transzendenz ist ein ›Muß‹!

Für nächstes Jahr planen wir einen transzendenten Zirkus, der die Basis sein könnte für eine Gruppe von Leuten, die zusammen arbeiten und etwas erschaffen. Wir haben uns viele Kommunen in Europa angeschaut. Wir sind gerade aus der neuen Osho Stadt zurückgekehrt, aber die Leute dort wirkten traurig und ein bißchen fertig. Überall dort ist die Atmosphäre zu ernst, oder die Leute sind familienorientiert.

Wo wird es geschehen? Ein Stück Land in Brasilien wartet auf uns ... ich spiele mit diesem Gedanken, das Herz klopft ...

Wir wollen eine Kommune gründen, wo Musik in der Luft liegt, wo ›**Pyari and the colorful condoms**‹ spielen und die Leute glücklich machen, sie in Tanz-Trance führen; wo wir mit Theater, Malerei und Bildhauerei experimentieren, und wo wir wieder auf die Weise arbeiten können, wie wir es in Oshos Kommunen gelernt haben: Nahrung selbst anbauen, Kleidung herstellen, Menschen die Meditation beibringen, das Leben in ›seiner‹ Fülle beobachten und erfahren, Liebe explodieren und Gelächter aufsteigen lassen. Wir wollen den Neuen Mann und die Neue Frau zum Vorschein kommen lassen, die bereits in uns sind. Ich möchte Adhara und Atman erneut die Alternative zur Familie anbieten, wo wir alle eins sind, zusammenleben, ohne etwas oder jemanden besitzen zu wollen, und wo wir mehr und mehr Bewußtheit für eine bessere Welt erzeugen, in der Buddhas das Ziel sind und nicht Geld, Prestige oder Ruhm.

Und ich lade alle, die sich von diesem Buch angesprochen fühlen, dazu ein, den Traum Wirklichkeit werden zu lassen ...

HIER UND JETZT!

Pyari bietet Gruppen- und Einzelsitzungen in:

- Sex-, Beziehungs-, Lebens- und Liebesberatung
- CORPOTERAPIA (in 10 sessions)
- Tantra, Yoga, Tarot, Dance, Body Expression
- Tantric Shiatsu Massage

Außerdem können folgende Kassetten oder CD's bestellt werden:

1. »Jump Out«: Musik von »Pyari and the Colorful Condoms« für die Tanzmeditation oder einfach so zum Genießen.
2. »The Watcher« (CORPOTERAPIA): 14 Stücke von »Pyari and the Colorful Condoms«, um mit den verschiedenen Körperteilen zu tanzen und den Beobachter kennenzulernen. Mit Anweisungen von Pyari und erhältlich in drei Sprachen: Deutsch, Englisch und Portugiesisch.

Wenn Sie weitere Informationen wünschen oder eine CD oder MC bestellen möchten, wenden Sie sich bitte an folgende Adresse:

An Ma Deva Pyari
Bernstorffstr. 98
22767 Hamburg
Fax: 040/432 54 922